JN090914

情報資源組織法

日本目録規則 2018 年版
日本十進分類法 新訂 10 版　対応
基本件名標目表 第 4 版

日本図書館研究会編

日本図書館研究会

まえがき

多くの人々が利用する図書館で，その所蔵する資料・情報が効果的に利用できるようにするためには，それらが利用者に容易に理解できる形で整理されていることが重要である。そのためには，特定の人だけではなく多様な利用者を想定した場合，標準化された規則の策定と利用が求められる。そのためのツールとして日本では『日本目録規則（NCR)』『日本十進分類法（NDC)』『基本件名標目表（BSH)』（いずれも日本図書館協会編集・発行）が広く使われてきた。

日本図書館研究会では，図書館情報学を学ぶ人々や図書館司書を目指す人々に対するテキストとして，これら3つのツールに対応し，その内容の一部を収録しつつ解説を加えた『図書館資料の目録と分類』を1996年から刊行してきた。『図書館資料の目録と分類』は，ツールの改訂などに対応して改版を重ねてきた。2015年に刊行した第5版では，『日本十進分類法新訂10版』(2014）の改訂を受け，分類規程や番号構築，各類の概説，さらに『新訂10版』で充実した「使用法」も収録するなど，充実を図った。近年，図書館においては整理業務の委託化が進み，図書館員自身が分類や目録を行う機会が減ってきたと言われるが，標準化された規則を理解することは整理業務だけにとどまらず，図書館活動全般にも関わる基礎知識のひとつとして重要であろう。本書は，その理解のために貢献してきたと自負している。

今回は，『日本目録規則2018年版』の刊行を受けて，「目録法」に収録されていた『日本目録規則1987年版改訂3版』を『2018年版』に差し替えるとともに，書名を『図書館資料の目録と分類』から『情報資源組織法』に改めて刊行することとした。『日本目録規則2018年版』はRDA（Resource Description and Access）との相互運用性の担保を目指すなど，従来の版と抜本的な見直しが行われている。本書においても，これにあわせて大幅な改訂を行っている。『図書館資料の目録と分類』同様，図書館員養成，図書館情報学教育の教材として幅広く活用していただければ幸いである。

最後に，『日本目録規則』『日本十進分類法』『基本件名標目表』の本書への転載について，ご理解を賜った日本図書館協会に感謝の意を表する。

2020年4月

日本図書館研究会
理事長　原田　隆史

目　　次

日本目録規則2018年版

付　録

日本十進分類法新訂10版

基本件名標目表第4版

日本目録規則（NCR）2018年版

日本図書館協会目録委員会編　2018

規則の構成

序　説

第1部　総　説

第0章　総説

第2部　属　性

＜属性の記録＞

第1章　属性総則
第2章　体現形
第3章　個別資料
第4章　著作
第5章　表現形
第6章　個人
▲第7章　家族
第8章　団体
■第9章　概念
■第10章　物
■第11章　出来事
▲第12章　場所

＜アクセス・ポイントの構築＞

第21章　アクセス・ポイントの構築総則
第22章　著作
第23章　表現形
■第24章　体現形
■第25章　個別資料
第26章　個人
▲第27章　家族
第28章　団体
■第29章　概念
■第30章　物
■第31章　出来事
■第32章　場所

第3部　関　連

第41章　関連総則
第42章　資料に関する基本的関連
第43章　資料に関するその他の関連
第44章　資料と個人･家族･団体との関連
■第45章　資料と主題との関連
第46章　個人・家族・団体の間の関連
■第47章　主題間の関連

付　録

A. 1　片仮名記録法
▲A. 2　大文字使用法
▲A. 3　略語使用法
▲B. 1　語彙のリストの用語
▲B. 2　三次元資料の種類を示す用語と用いる助数詞（追加分）
△C. 1　関連指示子：資料に関するその他の関連
△C. 2　関連指示子：資料と個人・家族・団体との関連
■C. 3　関連指示子：資料と主題との関連
C. 4　関連指示子：個人・家族・団体の間の関連
■C. 5　関連指示子：主題間の関連
▲D　用語解説

■：保留
（規定が策定されていない章）
▲：本書で省略した章
△：本書で一部を省略した章
※なお，別法および任意規定（任意追加または任意省略）は紙数の都合により省略した。

序説

1．目録と目録規則

1-1）目録

目録は，利用者が図書館で利用可能な資料を発見・識別・選択・入手できるよう，資料に対する書誌データ，所在データおよび各種の典拠データを作成し，適切な検索手段を備えて，データベース等として編成するものである。目録に収録される書誌データは，各資料に関する諸情報を圧縮・構造化した記録である。また典拠データは，特定の個人，団体，主題等に関連する資料を確実に発見できるよう，それらに対するアクセス・ポイントを一貫して管理するための記録である。

今日その比重を急速に高めている電子資料においては，全文検索など資料自体を直接に検索対象とすることが可能で，書誌データの必要性は，従来型の資料のようには自明でない。しかし，ウェブ情報技術の世界でもメタデータが重要視されているように，資料に関する重要な情報を一定のルールのもとで構造化した書誌データには，全文検索では代替できない有用性がある。図書館は，適切な書誌データ，所在データおよび典拠データを作成し，目録を編成して利用に供することで，資料のもつ利用可能性を最大限に顕在化しなければならない。

1-2）目録規則とその標準化

目録がその役割を発揮するためには，資料に対する書誌データを作成する作業や，典拠データを通してアクセス・ポイントを適切に管理する典拠コントロール作業が，一定の基準に基づいて行われる必要がある。これらの作業のための基準が目録規則であり，これは目録の編成に必須のツールである。今日につながる近代的な目録規則は19世紀半ばに誕生し，欧米における図書館近代化の動きの中で発展を重ねた。同世紀後半に登場したカード目録が広く普及すると，目録規則もそれを一般的な提供形態と想定するようになった。また，資料を十分に識別するために必要な書誌的事項を設定し記録の基準を定めた記述（書誌記述）のルールと，資料を適切に検索するために必要な情報の選択と形式を定めた標目（アクセス・ポイント）のルールから構成されるのが，一般的な目録規則の姿となった。

個々の図書館が独自の目録規則を用いた場合，総合目録の編成などで問題が生じる。標準的な目録規則が必要となる所以である。20世紀に入ると，各国もしくは各言語圏で共通に用いられる標準目録規則が整備されていった。さらに，20世紀後半には，目録法の国際的標準化が目指された。1961年，国際図書館連盟（International Federation of Library Associations and Institutions: IFLA）主催の目録原則国際会議がパリで開催され，通称「パリ原則（Paris Principles）」という，著者書名目録における標目の選択と形式に適用される諸原則の国際合意が成立した。1969年には，記述の国際的標準化を図る「国際標準書誌記述（International Standard Bibliographic Description: ISBD）」の策定が開始され，一般原則と資料種別ごとのISBDが1970年代以降順次制定されるに至った。

パリ原則とISBDは，各国の標準目録規則の国際的な整合性を維持するための大綱を定めたものであり，各国で，目録作成の対象となる出版物やその国の言語の特性に応じた目録規則が制定されてきた。その中には「英米目録規則第2版（Anglo-American Cataloguing Rules. Second Edition: AACR 2）」のように，世界各国で広く適用され，準国際的な目録規則となったものもある。

「日本目録規則（Nippon Cataloging Rules: NCR）」は，可能な限り国際的な諸基準との整合性を図りつつ，日本における出版慣行や日本語の特性も考慮して策定された，日本の標準目録規則である。

2．NCR の展開　［略］

3．目録規則の抜本的見直し

3-1）見直しの背景

前述のように，各国・言語圏の目録規則は，長らく1960～70年代に制定されたパリ原則とISBD を基盤として制定・運用されてきた。対象資料の多様化と目録の作成・提供環境の電子化が進展する中で，一定の改訂は行われてきたものの，それでは十分でないとして既存の原則の抜本的な見直しを求める議論が，1990年前後から本格的に展開されるようになった。

このうち対象資料の多様化については，記述の部における特定の資料種別の章を改訂する措置がとられてきたが，ネットワーク情報資源を含む電子資料の発達によって，章ごとの改訂では対応しきれない，より根本的な問題が明らかとなった。一言でいえば，資料の内容的側面（コンテンツ）と物理的側面（キャリア）に関わる問題である。様々な表現形式を包含して生成され得る電子資料の登場により，従来の「資料種別」ごとの規則構成はそぐわなくなってきた。また，電子情報においては，内容的側面の一部変更も物理的側面であるキャリアの移転も，旧来のメディアよりはるかに簡便に行えるが，これによる「バージョン」の多様化は，これまでの目録規則が拠ってきた「著作」と「版」という資料把握の枠組みに見直しを迫るようになった。

一方，目録の作成・提供環境の電子化の進展も，目録規則に抜本的な見直しを迫るものであった。今日，書誌データは電子的に作成・操作され，ほとんどの図書館で OPAC（Online Public Access Catalog）が提供されており，目録規則もそうした状況に対応したものでなくてはならない。特に，検索（発見）のための標目（アクセス・ポイント）については，カード目録を前提とした既存の規定に対する根本的な見直しが避けられない。識別のための記述については，アクセス・ポイントに比べれば電子化の影響は大きくないが，人間の目による識別・理解だけでなく，コンピュータによる識別・操作にも問題のない，機械可読性の高いデータを作成できる規定が求められる。また，コンピュータ目録では記述データからもインデックス生成を行えるなど，記述とアクセス・ポイントの関係性は従来とは異なってくる。典拠コントロールの側面を考えれば記述とアクセス・ポイントの区別が意味をもたないわけではないが，記述の部と標目の部に大きく分かれる伝統的な規則構造は必ずしも適切ではなくなってきた。

さらに，1990年代半ば以降のインターネットの急速な普及により，情報流通のコストが劇的に下がり，様々な情報が大量かつシームレスに行き交う時代が到来した。このことも，目録と目録規則の置かれた環境に二つの面で大きな影響を及ぼした。一つは，国際的な書誌データの流通が容易になった分，国際的な標準化の重要性が，これまで以上に高くなったことである。もう一つは，図書館以外のコミュニティで生成されるメタデータとの相互運用性を考慮する必要が出てきたことである。図書館界のみで完結したデータ作成・活用ではなく，作成面においても活用面においても，より広い想定が求められる。最近では，主に公共的なデータを LOD（Linked Open Data）として開放的に提供し，広く自由な活用を促す動きがあり，図書館による諸情報もその一翼を担うことが期待されている。書誌データの作成等について規定する目録規則も，こうした動きに対応できるものであることが求められる。

3-2）概念モデルの FRBR，FRAD，FRSAD

IFLA は1998年に，「書誌レコードの機能要件（Functional Requirements for Bibliographic Records: FRBR)」と題する報告書を刊行した。FRBRは，目録が対象とする書誌的世界を実体関連分析（E-R 分析）の手法で分析し，概念モデルを提示したものである。FRBR では，典拠データに関わる部分について大枠の言及にとどまっていたが，2009年に「典拠データの機能要件（Functional Requirements for Authority Data: FRAD）」が，2011年に「主題典拠データの機能要件（Functional Requirements for Subject Authority Data: FRSAD）」が発表された。

FRBR 等の概念モデルでは，知的・芸術的成果である資料を，著作，表現形，体現形，個別資料という，順次具現化されていく階層的な４実体（第１グループの実体）としてとらえる。従来，ある著作の「版」の違いとしてとらえられていたものを，内容的側面を示す表現形と物理的側面を示す体現形とに分けて設定し，資料の構造的把握を行った点が特に注目された。これらに加えて，資料に関わる行為主体を個人，家族，団体の３実体（第２グループの実体）として，著作の主題を概念，物，出来事，場所の４実体（第３グループの実体）として，それぞれとらえる。また，FRAD においてはこれらの実体に加えて，名称，識別子，統制形アクセス・ポイントなど，典拠コントロールの仕組みに必要な実体も設定している。

このような実体設定を行ったうえで，FRBR 等の概念モデルでは，各実体に関する属性と実体間の関連を設定することによって，書誌的世界を表現している。属性と関連は，FRBR においては発見・識別・選択・入手，FRAD においては発見・識別・関連の明確化・根拠の提供という「利用者タスク」に基づいて設定されている。このうち実体間の関連には，従来の書誌データと典拠データとの関連づけに当たるものに加え，資料間に存在する派生や継続といった関連など，実体間の多様な関係が含まれる。実体とその属性を把握し，実体間の関連を管理するモデル化は，電子化された目録作成・提供環境との親和性が高い。

FRBR 等の概念モデルは，資料の多様化に対応するという点からも，目録の作成・提供環境の電子化に対応するという点からも，有用性の高いものと認識され，21世紀の目録規則の基盤を成すものとなった。

３－３）国際目録原則（ICP）と ISBD 統合版

IFLA は2009年に，「国際目録原則覚書（Statement of International Cataloguing Principles）」を発表した。パリ原則を約半世紀ぶりに見直した，新たな国際目録原則（ICP）である。ICP の策定にあたっては，「国際目録原則に関する IFLA 専門家会議（IME ICC）」が2003年から大陸単位で５度にわたって開催された。

ICP の主な特徴としては，次の諸点が挙げられる。

・コンピュータ目録を前提としてFRBRの枠組みを全面的に取り入れたこと
・図書だけでなくあらゆる種類の資料を対象と考えること
・書誌・典拠データのあらゆる側面を取り扱うこと
・書誌・典拠データとは別に目録の探索・検索上の要件にも言及していること

パリ原則が標目の選択と形式に特化した原則であるのと比較すると，包括的な内容となっている。FRBR の枠組みを取り入れているが，描かれる目録の姿は，書誌データと典拠データから成る従来の形とも比較的親和性の高いものである。その後 ICP は，2016年に改訂版が発表されている。

一方で IFLA は ISBD の改訂にも取り組み，2007年に予備統合版を，2011年に統合版を発表した。その名のとおり，従来の資料種別ごとの編成を取りやめ，一本に統合してエリア別の構成としたことが最大の改訂点である。あわせて，資料の内容表現の基本的な形式を示す「表現形式（content form）」と媒介機器の有無・種別を示す「機器種別（media type）」に資料種別を整理し，新設の「エリア0」に収めることとなった。その他の部分では従来の形を踏襲する規定が多く，FRBR の概念モデルを大きく取り入れるには至っていない。ISBD は従来，エレメントの定義，値を入力するルール，区切り記号法を用いた記録方法を規定し，各目録規則の記述の部の元となる標準として機能してきたが，後述のように目録規則が記述文法等の構文規則を扱わなくなる方向性の中で，その規範的役割を変容させつつある。すなわち，記述文法やエレメントの記載順序が目録規則で規定されないことを前提として，書誌データの伝統的かつ有力な表示方法を示すという役割が強くなってきている。

3-4）RDA

AACR 2の後継規則として2010年に刊行された「RDA: Resource Description and Access」は，英語圏のみならず他の言語圏にも適用が広がっており，準国際的な目録規則となっている。これは FRBR 等の概念モデルと ICP に沿い，一方で AACR 2との継続性にも配慮した規則である。

RDA は，AACR 2とは大きく異なり，FRBR 等の概念モデルに密着した構造をとっている。10セクション（計37章）のうち，前半部のセクション1～4がそれぞれ「体現形・個別資料」，「著作・表現形」，「個人・家族・団体」，「概念・物・出来事・場所」の各実体に関する属性の記録を扱い，後半部のセクション5～10が実体間の様々な関連の記録を扱っている。なお，FRBR における第3グループの実体，すなわち著作の主題となる実体に関する属性・関連を扱う章については，2010年の刊行段階では一部を除いて未刊である。

AACR 2との比較における RDA の主な特徴としては，次の諸点が挙げられる。

・FRBR 等の概念モデルに密着した規則構造をとること
・著作や個人等を実体ととらえることで，典拠コントロール作業が規則上明確に位置づけられたこと
・資料の内容的側面と物理的側面の整理が図られたこと
・実体間の関連が，実体の属性とは独立して扱われ重視されるようになったこと
・属性，関連のエレメントが大幅に増強されたこと
・情報源からの転記によらないエレメントの多くで，語彙のリストを提示して値の表現に一定の統制を図ったこと
・記述文法等の構文的側面を規則から排除し，意味的側面に特化したこと

これらは，それぞれの意義をもつとともに，機械可読性の向上という側面からもとらえられる。RDA 本体には含まれていないが，その策定過程では，エレメント分析に関する文書（エレメントごとに，その値の性格や適用されるスキーマなどを整理したもの）が作成されるなど，機械可読性が意識されていた。

また，相互運用性と国際性への志向も特徴といえる。文書館・博物館など，図書館以外のコミュニティとの相互運用性を意識している。さらに，記述に用いる言語などの面で英語圏偏重を改め，国際的な普及を志向している。

以上のように AACR 2から大きな変貌をとげた RDA であるが，これは一方で従来の規則や目録慣行との継続性も考慮している。体現形に対する記述を書誌データの根幹とすること，著作に対する典拠形アクセス・ポイントを，本則では最も主要な責任を有する創作者に対する典拠形アクセス・ポイントと優先タイトルの結合形としていること（AACR 2の基本記入標目を継承している）など，従来の原則に近い形となっている。その他の条項でも，AACR 2の規定を継承している箇所が多数ある。

4．本規則の策定方針と特徴

4－1）本規則の策定方針

「目録委員会報告」に記したように，JLA 目録委員会が本規則の策定作業を本格的に開始したのは2010年である。その後2013年からは，JLA 目録委員会と国立国会図書館収集書誌部との共同による策定作業となった。策定作業にあたっての方針は，次のとおりである。

・ICP 等の国際標準に準拠すること
・RDA との相互運用性を担保すること
・日本における出版状況等に留意すること
・NCR 1987年版とそれに基づく目録慣行に配慮すること
・論理的でわかりやすく，実務面で使いやすいものとすること
・ウェブ環境に適合した提供方法をとること

国際標準への準拠と RDA との相互運用性は，本規則が FRBR 等の概念モデルを基盤とするものとなったことを意味する。RDA との相互運用性を特に重視し，RDA に存在するエレメントは本規則でもすべて定義することとした。規定についても，日本における出版状況や目録慣行にそぐわないものを除いては反映に努め，その結果アクセス・ポイント関係などNCR1987年版に比べ飛躍的に詳細となった部分もある。

ただし，論理的なわかりやすさ，実務面の使いやすさの観点から，あえてRDAとは異なった構成や規定とした箇所もある。例えば，RDA では属性の記録を扱う章にアクセス・ポイントの構築に関する規定を含むが，属性の組み合せとして表現されるアクセス・ポイントの規定が属性自体の規定と混在するのはわかりにくいため，本規則では属性の部を「属性の記録」と「アクセス・ポイントの構築」に分け，それぞれに総則と実体別の各章を配置する構成とした。

4－2）本規則の特徴

NCR 1987年版との比較における本規則の特徴としては，次の諸点が挙げられる。

①FRBR 等の概念モデルに密着した規則構造

「第1部　総説」に続いて，「第2部　属性」，「第3部　関連」に大きく分け，扱う実体ごとの章立てとしている。RDA の規則構造と類似しているが，第2部を「属性の記録」と「アクセス・ポイントの構築」に分けたこと，「属性総則」，「アクセス・ポイントの構築総則」，「関連総則」をそれぞれ置いたことなど，異なる部分もある。

②典拠コントロールの位置づけ

RDA と同じく FRBR 等の概念モデルに準拠して，著作や個人等を実体ととらえ，それぞれに属性・関連のエレメントを設定している。記述に付す標目や参照を規定するのみの NCR 1987年版とは異なり，典拠データを作成・管理する典拠コントロール作業を規則上に明確に位置づけた。次に述べる著作の扱いを含め，典拠データの比重が相対的に高められた。本規則では，各実体に必要な属性が記録され，それらをもとに典拠形アクセス・ポイントと異形アクセス・ポイントの構築が行われる。

③全著作の典拠コントロール

RDA と同じく，著作の識別および著作とその表現形・体現形との関連を重視し，すべての著作に対して典拠コントロールを行って典拠形アクセス・ポイントを構築するよう規定している。統一タイトルの適用を限定してきた NCR 1987年版からは大きな転換となる。

RDA に準じて，著作に対する典拠形アクセス・ポイントは，著作の優先タイトルと創作者に対する典拠形アクセス・ポイントを結合した形をとることを原則としている。この場合，著作の態様に応じて，創作者とみなす範囲や，優先タイトルのみの単独形をとる場合などの判断を行う必要がある。その際，RDA が AACR 2における基

本記入標目選定に関する規定を一部修正のうえ援用して，著作に対する典拠形アクセス・ポイント構築の規定としているのを受けて，本規則もそれにほぼ準じる規定としている。この結果，記述ユニット方式を採用していたNCR 1987年版にはなかった規定を大幅に盛り込んでいる。

④資料の内容的側面と物理的側面の整理

FRBR における第1グループの4実体ごとに属性の記録を章立てすることで各属性の位置づけを明確にし，とりわけ資料の内容的側面と物理的側面の整理を図っている。著作に対する典拠形アクセス・ポイントを必須とすること，著作・表現形に対して新たな属性を多数追加していることなど，NCR 1987年版に比べ内容的側面を重視したといえる。なお，RDA では体現形・個別資料の属性と著作・表現形の属性を各々まとめて扱うセクションを設定し，一つの章に複数の実体に関する属性の規定を収める場合があるが，本規則の属性の部では，例外なく実体ごとに章を分けている。

資料の種別について，表現形の種類を表す「表現種別」，体現形の種類を表す「機器種別」，「キャリア種別」，刊行方式の区分を設定して，多元的にとらえる。また，ISBD や RDAに準じて，従来の目録規則がとっていた資料種別による章立ては行わない。

⑤関連の記録

FRBR 等の概念モデルに準拠した結果，関連を実体の属性とは別立ての部とし，これを重視することとなった。実体間の関連の記録という形をとることで，目録提供時のリンク機能が無理なく提供できるなどの効果を期待できる。なお，一部の関連については，RDA に準じて，関連の詳細を示す「関連指示子」を設定している。

⑥書誌階層構造

NCR 1987年版における書誌階層構造の考え方を維持している。書誌階層構造は，FRBR で規定する体現形における関連の一種（全体と部分）に相当する。体現形の記述を行う場合に推奨するレベルとして，基礎書誌レベルを設定する。なお，形態的に独立した資料だけでなく，その構成部分も記述対象とできるよう規定する。

⑦エレメントの設定

利用者の利便性とデータ処理上の柔軟性に鑑みて，従来の規則の「注記に関する事項」，「その他の形態的細目」等を多数のエレメントに細分するなど，より小さな単位でエレメントを設定している。また，RDA との相互運用性を重視して，RDA に存在するエレメントは，すべて本規則にも設定している。

NCR 1987年版に設けていた記述の精粗のレベルの規定は置かず，RDA に準じて，記録を必須とする「コア・エレメント」を明示する方式をとっている。

⑧語彙のリスト

RDA に準じて，情報源からの転記によらないエレメントの多くで，用いる語彙のリストを提示している。この種のものはNCR 1987年版にもいくつかあったが，本規則では RDA の語彙をベースとし，RDA に存在する語はできる限り採録したうえで，日本独自のものを加えている。

⑨意味的側面と構文的側面の分離

ISBD区切り記号法等を規定していたNCR 1987年版とは異なり，RDA と同じく規定対象をエレメントの記録の範囲と方法に限定し，エレメントの記録の順序，エンコーディングの方式，提供時の提示方式は，原則として規定していない。意味的側面（エレメントの定義や値のルール）と構文的側面（記述文法やエンコーディング）の分離は，メタデータ関連の諸標準で意識される事項である。構文的側面については，図書館界にとどまらない相互運用性を備えた方式が採用され，LODとして開放的に提供された書誌データの広範な活用につながることが望ましい。

⑩機械可読性の向上

上記9項目に述べたことは，それぞれの意義をもつとともに，機械可読性の向上という側面からもとらえられる。FRBR等の概念モデルを基盤とし，RDAとの相互運用性を担保した規則とすることで，NCR 1987年版に比べて機械可読性の高い書誌データを作成できる。

⑪統制形アクセス・ポイントの言語・文字種と読み，排列の扱い

NCR 1987年版では，タイトル・著者等の標目について，和資料は片仮名で，洋資料はローマ字で表すこととしていた。表示形を標目としないのは，カード目録における排列を考慮した規定であった。本規則では，作成・提供の電子化が進んでからの目録慣行を踏まえて，日本語の優先タイトルおよび日本の個人・家族・団体，場所の優先名称について表示形とし，あわせて読みを記録することを原則としている。外国語（中国語および韓国・朝鮮語を除く）の優先タイトルおよび外国の個人等の優先名称については，表示形または翻字形とする本則と，片仮名表記形とする別法を設け，データ作成機関の選択に委ねる。

NCR 1987年版は，記述の部，標目の部に続けて排列の部を設けていたが，目録の作成・提供の電子化を考慮して，本規則では排列は扱っていない。

⑫RDAとの互換性

準国際的な目録規則であるRDAを適用して作成された書誌データとの互換性に配慮している。前述のとおり，エレメントの設定をRDAと整合させている。また，NCR 1987年版とRDAの規定が異なる場合は，RDAの規定に優位性がある場合はもちろん，優劣つけがたい場合もRDAにあわせる規定とした。日本の出版状況や目録慣行からRDAと異なる規定をとる場合もあるが，その際は原則としてRDAの方式を別法に規定した。さらに，目録用言語に英語を採用した場合の記録の方法をできる限りRDAと一致させる，語彙のリストを日英併記とする，等の措置も行っている。

⑬NCR 1987年版からの継続性

一般に体現形に対する記述を書誌データの根幹とする点などは，NCR 1987年版による目録作成と変わらない。また，規則構造は大きく変わったが，個々の条項ではNCR 1987年版を継承する規定も少なからずある。

日本の出版状況や目録慣行から，NCR 1987年版の規定を継承した方がよいと判断した場合は，RDAと異なっていても採用している。また，RDAに準じて変更した箇所の多くで，NCR 1987年版の方式を別法とした。

4-3）本規則の今後

現時点の本規則には，規定の策定を保留している未刊の部分がある。また，本規則は従来のNCRと異なり，数年以上の間隔をおいてなされる改訂版の刊行まで固定されたものではない。RDAや国際標準の改訂に伴う事項を含めて随時見直し，改訂を行っていく予定である。

現時点で，以下の点を検討すべき問題と認識している。

①IFLA LRMへの準拠

IFLAは2017年に，FRBR，FRAD，FRSADの3つの概念モデルを統合して再検討を加えた新たな概念モデルとして，IFLA LRM（Library Reference Model）

を発表した。ICPは2016年の改訂でIFLA LRMの考え方を一部取り入れている。また，RDAは2018年に，これに対応した改訂を行ったベータ版を公開している。本規則も，対応を図る必要がある。

②FRBRの第3グループの実体を扱う章の完成

FRBRの第3グループの実体については，場所の属性の一部を除き，保留（未刊）である。RDAでも多くの章が未刊であるが，刊行されている部分もあり，相互運用性の担保が求められる。

③体現形および個別資料に対するアクセス・ポイントの構築を扱う章の完成

章を設けているが，保留（未刊）である。RDAにも該当する規定はないが，ICPは2016年の改訂で，体現形および個別資料に対しても典拠形アクセス・ポイントが作成され得ることを明確にしている。国際標準等の動向を見ながら，対応する必要がある。

④属性の記録における，上位書誌レベルおよび下位書誌レベルの情報の扱い

上位書誌レベルおよび下位書誌レベルの情報の記録は，関連の記録として行うことができるが，体現形の属性の記録における扱いについては，引き続き検討しなければならない。雑誌記事などの構成部分を記述対象とする場合に，収録紙誌等の情報をシリーズ表示等のエレメントとして記録することを検討したが，現時点では除外することとした。また，内容細目等を想定して下位レベルの記録の条項を設けて検討したが，現時点では不使用とした。国際標準等の動向によっては，これらの扱いについて見直す必要がある。

⑤和古書・漢籍に関する規定の充実

全体にわたって，和古書・漢籍に関する規定については，検討が不十分な状態である。充実を図る必要がある。

⑥語彙のリスト等における日本独自の用語の検討

RDAの語彙をベースとし，必要に応じて日本独自の用語を加えたが，追加分の数は比較的少ない。特に，関連指示子については，日本独自の用語をまったく追加していない。検討する必要がある。

第0章　総説

#0.1　本規則の目的

本規則は，日本における標準的な規則として策定された目録規則である。

本規則は，公共図書館，大学図書館，学校図書館など，多様なデータ作成機関における使用を想定している。また，国際的な標準に準拠する一方，日本語資料の特性や従来の規則との継続性にも配慮している。

#0.2　他の標準・規則との関係

1990年代後半以降，相次いで目録の新しい概念モデルであるFRBR，FRAD，FRSAD，それらに基づく国際標準であるICP，ISBD，および準国際的に普及しつつある目録規則RDAが刊行された。これらのモデル，標準，規則によって果たされる目録の機能改善の重要性と，書誌データ，典拠データの国際流通の必要性に鑑みて，本規則はこれらの標準・規則との整合性を保つものとする。

#0.2.1　RDAとの相互運用性

本規則は，作成されたデータが国際的に流通可能であること，およびRDAに従って作成されたデータが日本でも利用可能であることを念頭に，RDAとの相互運用性を意識して策定している。

#0.3　本規則が依拠する概念モデル

本規則が依拠する概念モデルは，FRBR等

の概念モデルを基本としている。FRBR等は実体関連分析の手法を使用した概念モデルであり，実体，関連，属性をその構成要素とする。

本規則が依拠する概念モデルの概要を，図0.3に示す。

#0.3.1　実体

実体は，書誌データの利用者の主要な関心対象を表す単位である。目録は，各種の実体についての記述（属性および関連の記録）から成る。

本規則における実体は，第1グループ，第2グループ，第3グループの3種から成り，合わせて11個ある。

第1グループの実体は，知的・芸術的成果を表す。次の4つの実体があり，著作，表現形，体現形，個別資料の順に，順次具現化される構造をもつ。

a）著作

個別の知的・芸術的創作の結果，すなわち，知的・芸術的内容を表す実体である。例えば，紫式部による『源氏物語』の知的・芸術的内容は，著作である。著作には，法令等，音楽作品などを含む。また，雑誌など多くの著作を収録した資料も，その全体の知的・芸術的内容を，著作ととらえる。

b）表現形

文字による表記，記譜，運動譜，音声，画像，物，運動等の形式またはこれらの組み合わせによる著作の知的・芸術的実現を表す実体である。例えば，著作『源氏物語』の原テキスト（厳密には各系統がある），各種の現代語訳，各種の外国語訳，朗読（話声）などは，それぞれ表現形である。音楽作品の場合は，ある作品（著作）の記譜や個々の演奏が，それぞれ表現形である。

c）体現形

著作の表現形を物理的に具体化したもの

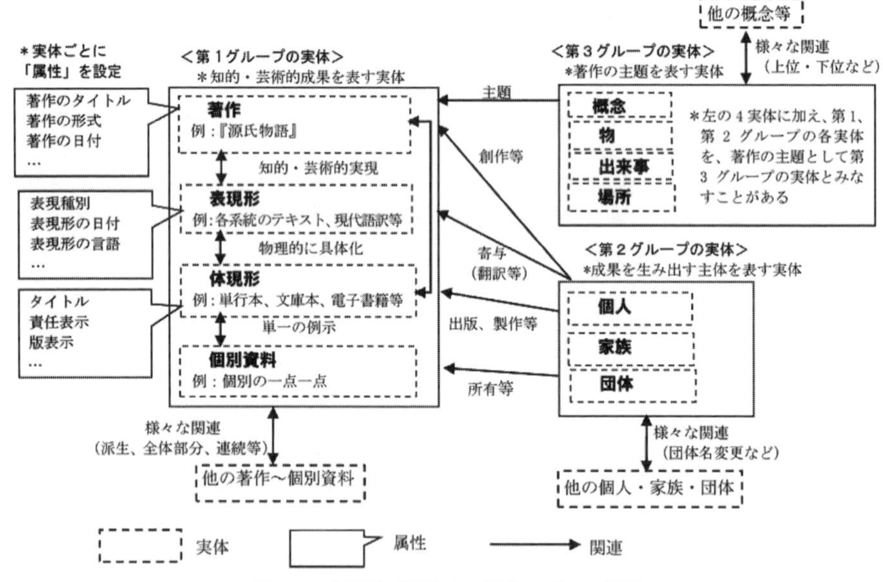

図0.3　本規則が依拠する概念モデルの概要

を表す実体である。例えば，著作『源氏物語』のある現代語訳のテキスト（表現形）の単行本，文庫本，大活字本，電子書籍などは，それぞれ体現形である。

d）個別資料

体現形の単一の例示を表す実体である。例えば，刊行された図書の，図書館等に所蔵された個別の一点一点は，それぞれ個別資料である。2巻組の辞書のように，複数のユニットから成ることもある。

本規則では，第1グループの実体の総称として，「資料」の語を用いる。また，体現形または表現形を種類分けする場合（例えば，更新資料，地図資料，三次元資料），情報源に言及する場合（例えば，資料自体，資料外）などに，必要に応じて「資料」の語を用いることがある。

第2グループの実体は，知的・芸術的成果を生み出す主体を表す。次の3つの実体がある。

e）個人

人を表す実体である。複数の人が共同で設定するアイデンティティ，または人が使用範囲を定めて使い分ける各アイデンティティの場合もある。また，伝説上または架空の人，人間以外の実体をも含む。

f）家族

出生，婚姻，養子縁組もしくは同様の法的地位によって関連づけられた，またはそれ以外の手段によって自分たちが家族であることを示す複数の個人を表す実体である。

g）団体

一体として活動し特定の名称によって識別される組織，あるいは個人および（または）組織の集合を表す実体である。会議，大会，集会等を含む。

第3グループの実体は，著作の主題となるものを表す。次の4つの実体がある。

h）概念

抽象的観念や思想を表す実体である。

i）物

物体を表す実体である。自然界に現れる生命体および非生命体，人間の創作の所産である固定物，可動物および移動物，もはや存在しない物体を含む。

j）出来事

行為や事件を表す実体である。

k）場所

名称によって識別される空間の範囲を表す実体である。

さらに，第1グループおよび第2グループの各実体を，著作の主題として，第3グループの実体とみなすことがある。

本規則では，第3グループの実体の総称として，「主題」の語を用いることがある。

#0.3.2　属性

属性は，実体の発見・識別等に必要な特性である。実体ごとに必要な属性を設定する。属性の記録は，関連の記録とともに，実体についての記述を構成する。

#0.3.3　関連

関連は，実体（資料，個人・家族・団体，主題）間に存在する様々な関係性である。異なる実体間に存在する関連（例えば，著作とそれを創作した個人との関連）と，同じ種類の実体間に存在する関連（例えば，ある著作とそれを映画化した別の著作との関連）とがある。関連の記録は，属性の記録とともに，実体についての記述を構成する。

#0.3.4　名称，識別子と統制形アクセス・ポイント

本規則における実体の識別には，名称および（または）識別子，名称を基礎とする統制形アクセス・ポイントが重要な役割を果たす。

名称は，それによって実体が知られている，語，文字および（または）その組み合わせである。本規則では，資料の名称には「タイトル」の語を使用する。

識別子は，実体を一意に表し，その実体と他の実体を判別するのに役立つ番号，コード，語，句などの文字列である。

目録の機能を実現するためには，典拠コントロールを行い，各実体に対して統制形アクセス・ポイントを設定する必要がある。統制形アクセス・ポイントは，一群の資料に関するデータを集中するために必要な一貫性をもたらす。統制形アクセス・ポイントには，典拠形アクセス・ポイントと異形アクセス・ポイントがある。［#0.5.4を見よ。］統制形アクセス・ポイントは，名称またはタイトルを基礎として構築する。

#0.4　目録の機能

目録は，利用者が資料を発見・識別・選択・入手するための手段を提供し，資料のもつ利用可能性を最大限に顕在化する道具でなければならない。

目録データは，種々の利用者ニーズに対応する必要がある。ICP に準拠し，利用者ニーズとして，次のものを想定する。

a）特定の資料の発見

b）次の資料群の発見

①同一の著作に属するすべての資料

②同一の表現形を具体化するすべての資料

③同一の体現形を例示するすべての資料

④特定の個人・家族・団体と関連を有するすべての資料

⑤特定の主題に関するすべての資料

⑥言語，出版地，出版日付，表現種別，キャリア種別，その他の検索項目によって特定されるすべての資料

c）特定の資料または個人・家族・団体の識別（記述された実体と求める実体との一致の確認，類似する複数の実体の判別）

d）ニーズに適合する資料の選択

e）選択した資料の入手（取得またはアクセスの確保）

f）目録内外における各種実体への誘導

#0.5　本規則の概要

#0.5.1　エレメント

本規則は，目録の機能の実現に必要となる，実体の属性および実体間の関連を「エレメント」として設定し，記録の範囲や方法を規定する。

#0.5.1.1　下位のエレメント

エレメントを細分する場合がある。この場合，下位のエレメントには，エレメント・サブタイプとサブエレメントとがある。

エレメント・サブタイプは，エレメントを種類によって区分したときの下位のエレメントである。例えば，エレメント「タイトル」における本タイトル，並列タイトル，タイトル関連情報などである。

サブエレメントは，エレメントの構成部分となる下位のエレメントである。例えば，エレメント「出版表示」における出版地，出版者，出版日付などである。

#0.5.1.2　コア・エレメント

エレメントのうち，資料の発見・識別に欠かせないものを「コア・エレメント」とする。特定の条件を満たす場合にのみコア・エレメントとするものもある。コア・エレメントは，適用可能でかつ情報を容易に確認できる場合は，必ず記録するものとする。［#0末尾の付表を見よ。］

当該のエレメントがコア・エレメントであるとき，規定の冒頭においてその旨を明記した。明記していないエレメントは，任意のエレメントである。

#0.5.1.3　エレメントの記録の方法

記録の方法の観点から見て，エレメントには次の種類がある。［#1.9を見よ。］

a）情報源における表示の転記を原則とするエレメント

b）統制形による記録を行うエレメント

c）本規則に提示された語彙のリストからの選択を原則とするエレメント

d）計数・計測した値（量や大きさなど）の

記録を原則とするエレメント

e）上記のいずれにもよらず，文章等により記録を行うエレメント

#0.5.1.4　実体の記述

各実体について，その属性および関連のエレメントの記録を行ったデータの集合を,「記述」と呼ぶ。

#0.5.2　属性の記録

実体ごとに，その発見・識別等に必要な属性のエレメントを設定している。このうち，体現形に関する属性の記録が，資料の識別に根幹的な役割を果たす。［#1.3を見よ。］

著作，表現形，個人・家族・団体，概念，物，出来事，場所に関する属性の記録の多くは，典拠コントロールに用いる。

#0.5.3　資料の種別

資料の種別について，表現形の種類を表す「表現種別」［#5.1を見よ］，体現形の種類を表す「機器種別」［#2.15を見よ］と「キャリア種別」［#2.16を見よ］，刊行方式の区分［#2.12を見よ］を設定して，多元的にとらえる。

従来の目録規則がとっていた資料種別による章立ては行わない。属性等の記録において，特定の種別の資料に適用される規定がある場合は，原則として一般的な規定の後に置く。

#0.5.4　アクセス・ポイントの構築

実体ごとに，規定に基づいて必要な属性を組み合わせ，実体に対する典拠形アクセス・ポイントと異形アクセス・ポイントを構築する。

#0.4に挙げた機能を実現するためには，典拠コントロールを行う必要がある。当該実体を他の実体と一意に判別する典拠形アクセス・ポイントは，典拠コントロールに根幹的な役割を果たし，関連の記録にも用いる。他方，異形アクセス・ポイントは，典拠形アクセス・ポイントとは異なる形から実体を発見する手がかりとなる。

両者は，ともに統制形アクセス・ポイントである。ほかに非統制形アクセス・ポイントがある。［#21を見よ。］

#0.5.5　関連の記録

資料や実体の発見，識別に必要な，実体間の様々な関係性を表現する，関連のエレメントを規定している。［#41を見よ。］

関連する実体の識別子，典拠形アクセス・ポイント等によって，関連の記録を行う。エレメントによっては，関連の詳細な種類を示す「関連指示子」を設け，用いる語彙のリストを提示する。

#0.5.6　書誌階層構造

体現形の構造を固有のタイトルを有する複数のレベルから成る書誌階層構造ととらえ，記述対象を任意の書誌レベルから選択できることとする。特に，形態的に独立した資料だけでなく，その構成部分も記述対象とできるよう規定した。一方で，記述対象として選択することが望ましい基礎書誌レベルについても規定している。書誌階層構造は，FRBRで規定する体現形における関連の一種（全体と部分）に相当する。一つの書誌レベルの記述において，上位書誌レベルの情報は属性の記録および関連の記録として規定し，下位書誌レベルの情報は専ら関連の記録として規定する。［#1.5.1を見よ。］

#0.5.7　記録の順序等

規定対象をエレメントの記録の範囲と方法に限定し，エレメントまたはエレメントのグループの記録の順序，エンコーディングの方式，提供時の提示方式は，原則として規定しない。

ただし，典拠形アクセス・ポイントの構築については，優先タイトルまたは優先名称に付加する識別要素の優先順位を規定する。

#0.5.8　語彙のリスト等

本規則では，記録に用いる語彙のリストを提示しているエレメントがある。それらのエレメントでは，提示されたリストから用語を選択して記録することを原則とする。ただし，適切な

用語がない場合に，データ作成機関がその他の簡略な用語を定めて記録することができるエレメントもある。

この種のエレメントについては，使用する語彙体系を明確に識別すれば，本規則が提示した語彙とは異なる体系を使用してもよい。

あるエレメントについて単一の名称や用語を入力すると規定している場合は，使用する語彙体系を明確に識別すれば，任意の体系に基づく値で代替してもよい（例：ISO 3166-1の国名コードの使用）。

＃0.5.9　保留している部分

他の標準・規則の状況を勘案し，次の事項に関する部分は規定の策定を保留している。

a）概念，物，出来事の属性およびアクセス・ポイントの構築

b）名称（主に行政地名）を除く場所の属性およびアクセス・ポイントの構築

c）体現形，個別資料に対するアクセス・ポイントの構築

d）資料と主題との関連

e）主題間の関連

第1章以下では，全体構成を示す場合などを除き，保留している部分に言及しない。

＃0.6　本規則の構成　［略］［本書p. 7を見よ。］

＃0.7　別法と任意規定

本規則では，条項番号・条項名の末尾に「別法」，「任意追加」，「任意省略」を付していない条項は，すべて本則である。

※本書では，別法，任意規定，任意省略の全条項を省略した。

＃0.8　例示　［略］

＃0.8.1　区切り記号法等

原則として，例には特定のエンコーディングの方式による区切り記号等は使用しない。ただし，例外的に次の場合などは使用することがある。この場合も，特定のエンコーディングの方式を規定するものではない。

a）読みを示す場合

湯川，秀樹‖ユカワ，ヒデキ

（＃6.1.4.1において，個人の優先名称を例示している。統制形の記録において，読みをあわせて記録することを規定しているが，二重縦線（‖）の使用は規定していない。）

b）統制形アクセス・ポイントを構築する場合

園部，三郎‖ソノベ，サブロウ，1906-1980；山住，正己‖ヤマズミ，マサミ，1931-2003．日本の子どもの歌‖ニホン　ノ　コドモ　ノ　ウタ

（＃22.1.2において，著作に対する典拠形アクセス・ポイントを例示している。優先タイトルと創作者に対する典拠形アクセス・ポイントを結合させることを規定しているが，結合の順序やピリオド，セミコロン等の使用は規定していない。）

c）複数のエレメントの対応関係を示す場合

土佐日記 / 紀貫之著；池田弥三郎訳．蜻蛉日記 / 藤原道綱母著；室生犀星訳

（＃2.2.1.2.2において，総合タイトルのない資料の責任表示を例示している。個別のタイトルと責任表示の対応がわかるように記録することを規定しているが，ISBD 区切り記号法の使用は規定していない。）

d）複合記述または構造記述を使用して関連の記録を行う場合

異版：図解ギリシア神話 / 松村一男監修．― 東京：西東社，2011

（＃43.3.1において，関連指示子に続けて，構造記述を使用した記録を例示している。標準的な表示形式の使用を規定しているが，ISBD区切り記号法に限定した規定ではない。）

＃0.9　言語・文字種

＃0.9.1　表記の形

本規則の各条項では，エレメントの記録に用いる表記の形について次の用語を用いる。

a）表示形

情報源に表示された形。漢字（繁体字または簡体字を含む。），仮名，ハングル，ラテン文字，キリル文字，ギリシャ文字等や，数字，記号など，各種文字種を含む。

b）翻字形

ラテン文字以外の文字種をラテン文字に翻字して表記する形。データ作成機関が採用した翻字法に従って表記し，翻字法については，必要に応じて注記として記録する。ラテン文字だけでなく，数字，記号等の各種文字種を含むことがある。

c）片仮名表記形

日本語，中国語，韓国・朝鮮語以外の言語のタイトルまたは名称を片仮名で表記する形。片仮名だけでなく，数字，記号およびラテン文字等の各種文字種を含むこともある。

d）読み形［#1.12を見よ。］

表示形等とあわせて，その読みを表記する形。読み形のみで記録を行うことはない。

①片仮名読み形

読み形のうち，主として片仮名で表記する形。片仮名だけでなく，数字，記号およびラテン文字等の各種文字種を含むこともある。

②ローマ字読み形

読み形のうち，主としてローマ字で表記する形。ローマ字だけでなく，数字，記号およびラテン文字等の各種文字種を含むこともある。

③ハングル読み形

読み形のうち，主としてハングルで表記する形。ハングルだけでなく，数字，記号およびラテン文字等の各種文字種を含むこともある。

#0.9.2　言語および文字種の選択

情報源における表示を転記するエレメント［#1.10を見よ］においては，情報源に表示されている言語および文字種（表示形）によることを原則とする。

ただし，転記ができない言語および文字種の場合は，データ作成機関が採用した翻字法に従って翻字形を記録する。

その他のエレメントについては，データ作成機関が選択する優先言語および文字種ならびに目録用言語を用いる。

#0.9.3　優先言語および文字種

統制形による記録を行う場合は，使用する言語および文字種をデータ作成機関が定める。これを優先言語および文字種という。［#1.11を見よ。］

日本語のみを選択することも，資料の言語によって，日本語と日本語以外の言語を使い分けることも可能である。

#0.9.4　目録用言語

目録用言語は，情報源における表示からの転記または統制形による記録のいずれにもよらない場合のために，データ作成機関が定めて用いる言語である。データ作成機関は，目録用言語として，次のいずれかを選択する。

a）常に日本語を使用する。

b）日本語資料については，常に日本語を使用する。日本語以外の言語の資料については，データ作成機関が定めた言語を使用する。

本規則の各条項では，目録用言語を日本語とする場合および英語とする場合に対応している。他の言語を目録用言語とする場合は，語彙のリストや規定に指示された語句を，必要に応じて目録用言語による表現に置き換えて記録する。

付表　コア・エレメント一覧

体現形の属性

a）タイトル

本タイトル［#2.1.1を見よ。］

b）責任表示

本タイトルに関係する責任表示（複数存在する場合は最初に記録する一つ）［#2.2.1を見よ。］

c）版表示

①版次［#2.3.1を見よ。］

②付加的版次［#2.3.5を見よ。］

d）逐次刊行物の順序表示（順序表示の方式が変化した場合は，初号の巻次および（または）年月次については最初の方式のもの，終号の巻次および（または）年月次については最後の方式のもの）

①初号の巻次［#2.4.1を見よ。］

②初号の年月次［#2.4.2を見よ。］

③終号の巻次［#2.4.3を見よ。］

④終号の年月次［#2.4.4を見よ。］

e）出版表示

①出版地（複数存在する場合は最初に記録する一つ）［#2.5.1を見よ。］

②出版者（複数存在する場合は最初に記録する一つ）［#2.5.3を見よ。］

③出版日付（複数の種類の暦によって表示されている場合は，優先する暦のもの）［#2.5.5を見よ。］

f）非刊行物の制作表示

非刊行物の制作日付（複数の種類の暦によって表示されている場合は，優先する暦のもの）［#2.8.5を見よ。］

g）シリーズ表示

①シリーズの本タイトル［#2.10.1を見よ。］

②シリーズ内番号［#2.10.8を見よ。］

③サブシリーズの本タイトル［#2.10.9を見よ。］

④サブシリーズ内番号［#2.10.16を見よ。］

h）キャリア種別［#2.16を見よ。］

i）数量（次の場合）［#2.17を見よ。］

・資料が完結している場合

・総数が判明している場合

j）体現形の識別子（複数ある場合は国際標準の識別子）［#2.34を見よ。］

著作の属性

a）著作の優先タイトル［#4.1を見よ。］

b）著作の形式（同一タイトルの他の著作または個人・家族・団体と判別するために必要な場合）［#4.3を見よ。］

c）著作の日付（次の場合）［#4.4を見よ。］

・条約の場合

・同一タイトルの他の著作または個人・家族・団体と判別するために必要な場合

d）著作の成立場所（同一タイトルの他の著作または個人・家族・団体と判別するために必要な場合）［#4.5を見よ。］

e）著作のその他の特性（責任刊行者など）（同一タイトルの他の著作または個人・家族・団体と判別するために必要な場合）［#4.6，#4.7を見よ。］

f）著作の識別子［#4.9を見よ。］

g）演奏手段（音楽作品において，同一タイトルの他の作品と判別するために必要な場合）［#4.14.3［略］を見よ。］

h）音楽作品の番号（音楽作品において，同一タイトルの他の作品と判別するために必要な場合）［#4.14.4［略］を見よ。］

i）調（音楽作品において，同一タイトルの他の作品と判別するために必要な場合）［#4.14.5［略］を見よ。］

表現形の属性

a）表現種別［#5.1を見よ。］

b）表現形の日付（同一著作の他の表現形と判別するために必要な場合）［#5.2を見よ。］

c）表現形の言語（記述対象が言語を含む内容から成る場合）［#5.3を見よ。］

d）表現形のその他の特性（同一著作の他の表現形と判別するために必要な場合）［#5.4を見よ。］

e）表現形の識別子［#5.5を見よ。］
f）尺度
①地図の水平尺度［#5.23.2を見よ。］
②地図の垂直尺度［#5.23.3を見よ。］

個人の属性

a）個人の優先名称［#6.1を見よ。］
b）個人と結びつく日付
①生年［#6.3.3.1を見よ。］
②没年（生年，没年はいずれか一方または双方）［#6.3.3.2を見よ。］
③個人の活動期間（生年，没年がともに不明な場合に，同一名称の他の個人との判別が必要なとき）［#6.3.3.3を見よ。］
c）称号（次の場合）［#6.4を見よ。］
・王族，貴族，聖職者であることを示す称号の場合
・同一名称の他の個人と判別するために必要な場合
d）活動分野（次の場合）［#6.5を見よ。］
・個人の名称であることが不明確な場合に，職業を使用しないとき
・同一名称の他の個人と判別するために必要な場合
e）職業（次の場合）［#6.6を見よ。］
・個人の名称であることが不明確な場合に，活動分野を使用しないとき
・同一名称の他の個人と判別するために必要な場合
f）展開形（同一名称の他の個人と判別するために必要な場合）［#6.7を見よ。］
g）その他の識別要素（次の場合）［#6.8を見よ。］
・聖人であることを示す語句の場合
・伝説上または架空の個人を示す語句の場合
・人間以外の実体の種類を示す語句の場合
・同一名称の他の個人と判別するために必要な場合
h）個人の識別子［#6.18を見よ。］

家族の属性　※本書では，第7章を省略した。

a）家族の優先名称［#7.1［略］を見よ。］
b）家族のタイプ［#7.3［略］を見よ。］
c）家族と結びつく日付［#7.4［略］を見よ。］
d）家族と結びつく場所（同一名称の他の家族と判別するために必要な場合）［#7.5［略］を見よ。］
e）家族の著名な構成員（同一名称の他の家族と判別するために必要な場合）［#7.6［略］を見よ。］
f）家族の識別子［#7.10［略］を見よ。］

団体の属性

a）団体の優先名称［#8.1を見よ。］
b）団体と結びつく場所（次の場合）［#8.3を見よ。］
・会議，大会，集会等の開催地の場合［#8.3.3.1を見よ。］
・同一名称の他の団体と判別するために必要な場合
c）関係団体（次の場合）［#8.4を見よ。］
・会議，大会，集会等の開催地より識別に役立つ場合
・会議，大会，集会等の開催地が不明または容易に確認できない場合
・同一名称の他の団体と判別するために必要な場合
d）団体と結びつく日付（次の場合）［#8.5を見よ。］
・会議，大会，集会等の開催年の場合［#8.5.3.4を見よ。］
・同一名称の他の団体と判別するために必要な場合
e）会議，大会，集会等の回次［#8.6を見よ。］
f）その他の識別要素
①団体の種類（次の場合）［#8.7.1を見よ。］
・優先名称が団体の名称であることが不明確な場合

・同一名称の他の団体と判別するために必要な場合

②行政区分を表す語（同一名称の他の団体と判別するために必要な場合）［#8.7.2を見よ。］

③その他の識別語句（次の場合）［#8.7.3を見よ。］

・優先名称が団体の名称であることが不明確な場合に，団体の種類を使用しないとき

・同一名称の他の団体と判別するために必要な場合

g）団体の識別子［#8.12を見よ。］

資料に関する基本的関連

a）表現形から著作への関連［#42.2を見よ。］

b）体現形から表現形への関連（複数の表現形が一つの体現形として具体化された場合は，顕著にまたは最初に名称が表示されている体現形から表現形への関連）［#42.6を見よ。］

ただし，著作と体現形を直接に関連づける場合は，次のものをコア・エレメントとする。

c）体現形から著作への関連（複数の著作が一つの体現形として具体化された場合は，顕著にまたは最初に名称が表示されている体現形から著作への関連）［#42.4を見よ。］

資料と個人・家族・団体との関連

a）創作者［#44.1.1を見よ。］

b）著作と関連を有する非創作者（その個人・家族・団体に対する典拠形アクセス・ポイントを使用して，著作に対する典拠形アクセス・ポイントを構築する場合）［#44.1.2を見よ。］

第1章　属性総則

#1.1　記録の目的

実体の属性の記録の目的は，次のとおりである。

a）統制形アクセス・ポイントを構成する要素として，または非統制形アクセス・ポイントとして，実体の発見に寄与する。

b）特定の実体を識別する（すなわち，記述された実体と求める実体との一致を確認する，または類似した複数の実体を判別する）。

c）利用者のニーズに適合する資料を選択する（すなわち，内容，キャリア等に照らして利用者の要求を満たす資料を選択する，または利用者のニーズに適合しない資料を除外する）。

d）記述された個別資料を入手する（すなわち，個別資料を取得する，または個別資料へのアクセスを確保する）。

#1.2　記録の範囲

書誌データおよび典拠データとして，著作，表現形，体現形，個別資料，個人・家族・団体，概念，物，出来事および場所という各実体の属性を記録する。

#1.2.1　構成　［略］

#1.2.2　コア・エレメント

コア・エレメントについては，＃0末尾の付表を見よ。

#1.3　記述対象

書誌データの根幹は，体現形の記述である。当該の資料全体の刊行方式［#1.4～#1.4.4を見よ］と書誌階層構造［#1.5.1を見よ］を把握した上で，その資料から特定の体現形を選択し，記述対象とする。

記述対象が複数の部分（巻号，部編など）から成る場合，または複数のイテレーション（更新資料における更新状態）をもつ場合は，#1.6～#1.6.2に従う。

記述対象とする体現形の属性を記録し，あわせて個別資料の記述，その体現形が属する著作および表現形の記述を作成する。また，必要に応じて関連するその他の実体（個人・家族・団体，場所）の記述を作成する。

ただし，書写資料，肉筆の絵画，手稿譜等については，個別資料を記述対象として，体現形の記述を作成する。

#1.4　刊行方式

セクション2［第2章～第5章］では，体現形の刊行方式ごとに規則を定めている場合がある。刊行方式による区分には，単巻資料，複数巻単行資料，逐次刊行物，更新資料がある。

#1.4.1　単巻資料

物理的に単一のユニットとして刊行される資料（例えば，1冊のみの単行資料）である。無形資料の場合は，論理的に単一のユニットとして刊行される資料（例えば，ウェブサイトに掲載されたPDFファイル）である。

#1.4.2　複数巻単行資料

同時に，または継続して刊行される複数の部分から成る資料で，一定数の部分により完結する，または完結することを予定するものである。例えば，2巻組の辞書，1セット3巻組のオーディオカセット，複数巻から成る全集，終期を予定するシリーズがある。

#1.4.3　逐次刊行物

終期を予定せず，同一タイトルのもとに，部分に分かれて継続して刊行され，通常はそれぞれに順序表示がある資料である。雑誌，新聞，終期を予定しないシリーズなどがある。特定のイベントに関するニュースレターなど，刊行期間は限定されているが，連続する巻号，番号，刊行頻度など逐次刊行物としての特徴を備えた資料や，逐次刊行物の複製をも含む。

#1.4.4　更新資料

追加，変更などによって内容が更新されるが，一つの刊行物としてのまとまりは維持される資料である。更新前後の資料は，別個の資料として存在するのではなく，更新箇所が全体に統合される。例えば，ページを差し替えることにより更新されるルーズリーフ形式のマニュアル，継続的に更新されるウェブサイトがある。

#1.5　書誌階層構造と記述のタイプ

#1.5.1　書誌階層構造

体現形は，シリーズとその中の各巻，逐次刊行物とその中の各記事のように，それぞれが固有のタイトルを有する複数のレベルとして，階

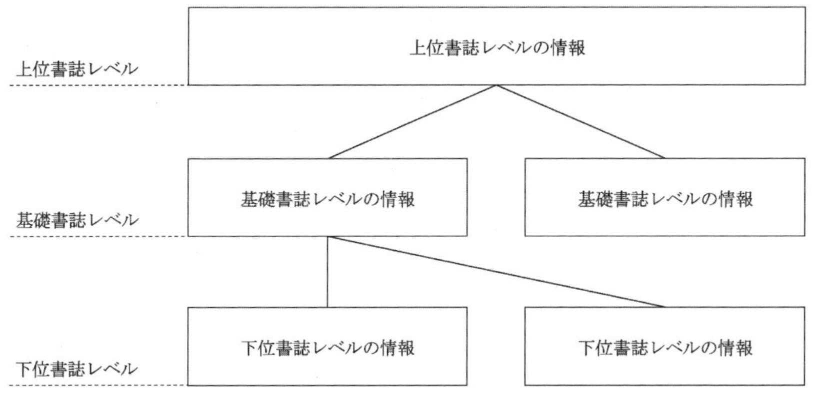

図1.5.1　書誌階層構造

層的にとらえることができる。これを書誌階層構造という。

書誌レベルは，書誌階層構造における上下の位置づけを示す。記述対象として選択することが望ましい書誌レベルを，基礎書誌レベルという。その上下の書誌レベルを，それぞれ上位書誌レベル，下位書誌レベルと定める。

データ作成者は，任意の一つの書誌レベルを選択し，体現形の記述（包括的記述または分析的記述）[#1.5.2.1，#1.5.2.2を見よ] を作成する。複数の書誌レベルを選択し，それらの記述を組み合わせた階層的記述 [#1.5.2.3を見よ] を作成することもできる。

一つの書誌レベルの記述において，上位書誌レベルの情報は，属性の記録（シリーズ表示），および（または）関連の記録（体現形間の上位・下位の関連）として記録することができる。下位書誌レベルの情報は，専ら関連の記録（体現形間の上位・下位の関連）として記録することができる。異なる書誌レベルにそれぞれ対応した複数の記述を作成し，関連の記録によって相互に結びつけることもできる。

基礎書誌レベルについては，刊行方式に応じて，次のとおりに設定する。

a）単巻資料

それ自体を基礎書誌レベルとする。

b）複数巻単行資料

全体を構成する各部分が固有のタイトルを有する場合は，そのタイトルを有する部分（1巻，複数巻）を基礎書誌レベルとする。各部分が固有のタイトルを有しない場合は，全体を基礎書誌レベルとする。

c）逐次刊行物

その全体を基礎書誌レベルとする。ただし，それぞれ独立した順序表示をもつ部編等に分かれている場合は，部編等を基礎書誌レベルとする。

d）更新資料

その全体を基礎書誌レベルとする。

なお，固有のタイトルを有しない物理的（または論理的）な単位に記述対象を分割して扱う場合は，その単位を物理レベルとよぶ。物理レベルで記述を作成してもよい。

#1.5.2　記述のタイプ

体現形の記述のタイプには，包括的記述，分析的記述，階層的記述がある。

データ作成の目的にあわせて，いずれかの記述のタイプを採用する。

#1.5.2.1　包括的記述

包括的記述は，体現形の全体を記述対象とする記述である。書誌階層構造でいえば，下位書誌レベルが存在する場合の上位書誌レベルの記述が該当する。また，単一の書誌レベルしか存在しない場合の記述も該当する。

包括的記述を採用するのは，次のような体現形の全体を記述対象とする場合である。

a）単巻資料

b）複数巻単行資料

c）逐次刊行物

d）更新資料

e）個人収集者，販売者，図書館，文書館等が収集した，複数の部分から成るコレクション

単巻資料，逐次刊行物，更新資料については，包括的記述が基礎書誌レベルのデータ作成に相当する。複数巻単行資料については，各部分が固有のタイトルを有しない場合に限り，包括的記述が基礎書誌レベルのデータ作成に相当する。

包括的記述を採用した場合は，資料の部分に関する情報（著作に関する情報をも含む）を次のいずれかの方法で記録することができる。

f）キャリアに関する記録の一部として

g）関連する著作の記録として

h）関連する体現形の記録として

また，包括的記述とは別に，各部分を記述対象とする分析的記述を作成し，相互に関連づけ

ることもできる。

#1.5.2.2　分析的記述

分析的記述は，より大きな単位の体現形の一部を記述対象とする記述である。複数の部分から成る体現形のうちの一つの部分を記述対象とする場合や，シリーズのうちの1巻を記述対象とする場合などがある。書誌階層構造でいえば，上位書誌レベルが存在する場合の下位書誌レベルの記述が該当する。また，物理レベルでの記述もこれに該当する。

分析的記述を採用するのは，次のような体現形の部分を記述対象とする場合である。部分の数は任意であり（一つの部分，選択した複数の部分，全部分のいずれの場合もある），それぞれに対するデータを作成することができる。

a）単巻資料の一部（1冊の歌曲集のうちの1曲など）

b）複数巻単行資料の一部（本編と索引から成る2巻組のうちの索引など）

c）逐次刊行物の一部（1号のうちの1記事，全号のうちの1号全体，選択した複数号など）

d）更新資料の一部

e）個人収集者，販売者，図書館，文書館等による，複数の部分から成るコレクションの一部

分析的記述を採用した場合は，より大きな単位の資料に関する情報（著作に関する情報をも含む）を，次の方法で記録することができる。

f）分析的記述におけるシリーズ表示の記録として

g）関連する著作の記録として

h）関連する体現形の記録として

また，作成した分析的記述とは別に，より大きな単位の体現形を記述対象とする記述を作成し，相互に関連づけることもできる。

分析的記述を採用した場合に，さらに小さな単位の部分が存在するときは，小さな単位の部分に関する情報を次のいずれかの方法で記録することができる。

i）キャリアに関する記録の一部として

j）関連する著作の記録として

k）関連する体現形の記録として

#1.5.2.3　階層的記述

包括的記述に一つまたは複数の分析的記述を連結した記述である。複数の部分から成るあらゆる体現形は，その全体と部分をそれぞれ包括的記述と分析的記述の双方によって記録することができる。分析的記述は，複数の階層に細分できる場合がある。

#1.6　識別の基盤

記述対象の体現形が複数の部分（巻号，部編など）から成る場合，または複数のイテレーションをもつ場合は，#1.6.1，#1.6.2に従って，識別の基盤となる部分またはイテレーションを選定する。

単巻資料に対する包括的記述を作成する場合，または単一の部分に対する分析的記述を作成する場合は，記述対象全体を識別の基盤とする。

次のエレメントについては，識別の基盤となる部分またはイテレーションから情報源を選定して記録する。

a）タイトル

b）責任表示

c）版表示

d）逐次刊行物の順序表示

e）出版表示

f）頒布表示

g）製作表示

h）非刊行物の制作表示

#1.6.1　複数の部分から成る記述対象

複数巻単行資料または逐次刊行物に対する包括的記述など，記述対象が複数の部分（巻号，部編など）から成る場合は，次のように識別の基盤を選定する。

a）各部分に順序を示す番号付がある場合は，

最も小さな番号が付された部分（逐次刊行物の初号など）を識別の基盤とする。それが入手できない場合は，入手できた範囲で最も小さな番号が付された部分を識別の基盤とし，識別の基盤とした部分について，注記として記録する。

刊行が終了した逐次刊行物の順序表示，出版日付，頒布日付，製作日付，非刊行物の制作日付については，最も大きな番号が付された部分（終号）も識別の基盤とする。

b）各部分に番号付がない場合，または番号付が部分の順序決定の役割を果たさない場合は，出版等の日付が最も古い部分を識別の基盤とする。それが入手できない場合は，入手できた範囲で出版等の日付が最も古い部分を識別の基盤とし，識別の基盤とした部分について，注記として記録する。

出版日付，頒布日付，製作日付，非刊行物の制作日付については，出版等の日付が最も新しい部分も識別の基盤とする。

c）セットとして扱う記述対象（同時に刊行された複数巻単行資料など）のうち，番号付がない場合，または番号付が順序を示していない場合は，記述対象全体を識別の基盤とする。

#1.6.2　更新資料

記述対象が更新資料である場合は，最新のイテレーションを識別の基盤とし，基盤としたイテレーションについて注記として記録する。

出版日付，頒布日付，製作日付，非刊行物の制作日付については，出版等の日付が最も古いイテレーションおよび最も新しいイテレーションを識別の基盤とする。

#1.7　新規の記述を必要とする変化

実体の種類ごとに，新たな実体が生じたとみなして新規の記述を作成する変化について規定する。体現形については#2.0.5～#2.0.5C，著作については#4.0.4～#4.0.4.2B，個人については#6.1.3.1～#6.1.3.1B，家族については#7.1.3.1～#7.1.3.1A［略］，団体については#8.1.3.2に従う。著作に新規の記述を作成する変化があった場合は，表現形にも新規の記述を必要とするとみなす。

#1.8　情報源

資料に対する情報源は，資料自体の情報源と資料外の情報源に区分される。資料自体の範囲については，#2.0.2.1で規定する。また，資料自体の情報源から，#2.0.2.2～#2.0.2.2.4.4に従って優先情報源を選定する。

#1.8.1　体現形，個別資料

体現形，個別資料の属性を記録するにあたっては，その情報源は，各エレメントの情報源の規定が異なっていない限り，#2.0.2.2～#2.0.2.3.2を適用して選定する。

#1.8.2　著作，表現形

著作，表現形の属性を記録するにあたっては，どの情報源に基づいて記録してもよい。ただし，著作の優先タイトルの情報源については，#4.1.2に従う。

#1.8.3　個人・家族・団体

個人・家族・団体の属性を記録するにあたっては，どの情報源に基づいて記録してもよい。ただし，個人・家族・団体の優先名称の情報源は，次のものをこの優先順位で採用する。

a）個人・家族・団体と結びつく資料の優先情報源

b）個人・家族・団体と結びつく資料に表示された，形式の整ったその他の情報

c）その他の情報源（参考資料を含む）

#1.8.4　場所

場所の属性を記録するにあたっては，どの情報源に基づいて記録してもよい。ただし，場所の優先名称の情報源は，次のものをこの優先順位で採用する。

a）データ作成機関で定める言語による地名辞典等の参考資料

b）場所が属する法域で刊行された，その法域の公用語による地名辞典等の参考資料

<#1.9～#1.13　記録の方法>

#1.9　記録の方法

属性は，#0.5.1.3に示したエレメントの種類に応じて，次のように記録する。

a）情報源における表示の転記を原則とするエレメント

#1.10～#1.10.11に従って，情報源における表示を転記する。

例外的に，当該エレメントの記録の方法の規定に従って，転記によらない記録を行う場合がある。その場合は，データ作成機関で定める目録用言語を用いて記録する。

b）統制形による記録を行うエレメント

#1.11～#1.11.11に従って記録する。典拠ファイルなどの手段で統制を行う。

c）本規則に提示された語彙のリストからの選択を原則とするエレメント

当該エレメントの記録の方法の規定に示された語彙のリストから，適切な用語を選択して記録する。リストに適切な用語がない場合に，データ作成機関がその他の簡略な用語を定めて記録することができるエレメントもある。

データ作成機関の定める目録用言語を用いて記録する。日本語または英語以外の言語を目録用言語とする場合は，リストの用語を目録用言語による表現に置き換えて記録する。

データ作成機関の判断により，本規則で規定する語彙のリストとは異なる語彙体系を用いて記録することもできる。その場合は，データ作成機関が用いた語彙の体系を明らかにする必要がある。

d）計数・計測した値（量や大きさなど）の記録を原則とするエレメント

当該エレメントの記録の方法の規定に従い，計数・計測した値とその単位を記録する。記録の一部に，提示された語彙のリストからの選択を含む場合がある。

データ作成機関の定める目録用言語を用いて記録する。

e）文章等により記録を行うエレメント

当該エレメントの記録の方法の規定に従い，データ作成機関の定める目録用言語を用いて記録する。

#1.10　転記

#2の次のエレメントでは，特に指示のある場合を除いて，情報源における表示を転記する。

a）タイトル

b）責任表示

c）版表示

d）逐次刊行物の順序表示

e）出版表示

f）頒布表示

g）製作表示

h）非刊行物の制作表示

i）著作権日付

j）シリーズ表示

情報源における表示を転記する場合は，文字の大小の表示は再現せず，#1.10.1～#1.10.11およびそれらの規定が参照する付録に従って記録する。

なお，他機関が作成したデータを使用する場合，または自動的なコピー，スキャン，ダウンロード，メタデータのハーベストなどによるデジタル情報源を使用する場合は，データを修正せずに使用してよい。

#1.10.1　漢字，仮名

漢字は，原則として情報源に使用されている字体で記録する。楷書以外の書体は楷書体に改める。入力できない漢字は，入力できる漢字に置き換えるか，読みや説明的な語句に置き換え，その旨が分かる方法（コーディングや角がっこの使用など）で示し，必要に応じて説明を注記

として記録する。

仮名はそのまま記録するが，変体仮名は平仮名に改める。

#1.10.2　ラテン文字

ラテン文字は，原則として情報源に表示されているとおりに記録する。大文字使用法［付録#A.2［略］を見よ］については，当該言語の慣用に従う。発音符号は，情報源に表示されているとおりに記録する。

#1.10.3　漢字，仮名，ラテン文字以外の文字種

漢字，仮名，ラテン文字以外の文字種は，原則として情報源に使用されているとおりに記録する。入力できない文字は，入力できる文字に置き換えるか，説明的な語句に置き換え，その旨が分かる方法（コーディングや角がっこの使用など）で示し，必要に応じて説明を注記として記録する。大文字使用法［付録#A.2［略］を見よ］については，当該言語の慣用に従う。

#1.10.4　句読記号

句読記号は，原則として情報源に表示されているとおりに記録する。句読記号を表示されているとおりに記録することで，かえって意味が不明確になる場合は，記録しないか，他の句読記号に置き換える。識別のために重要な場合は，その旨を注記として記録する。

別のエレメントとして記録する情報との間に表示されている句読記号は，記録しない。

また，同一のエレメントとして記録する情報との間に表示されている句読記号は記録しない。

改行して表示されている情報を続けて記録する場合などに，必要に応じて句読記号を追加する。

【本タイトルに関係する責任表示】

Peter Watts Jones, Peter Smith

（情報源では，1名ずつ改行して表示されている。）

#1.10.5　句読記号以外の記号等

記号等は，原則として情報源に表示されているとおりに記録する。再現不能な記号等は，説明的な語句に置き換え，その旨が分かる方法（コーディングや角がっこの使用など）で示す。さらに必要がある場合は，説明を注記として記録する。記号を再現することで，かえって意味が不明確になる場合は，記録しないか，他の記号に置き換える。識別のために重要な場合は，その旨を注記として記録する。他の情報と分離するためなどレイアウトに使用した記号等は，記録しない。

#1.10.6　計量の単位

計量の単位は，情報源に表示されているとおりに記録する。

#1.10.7　イニシャル・頭字語

情報源に表示されているイニシャルや頭字語の間にスペースがある場合は，スペースを入れずに記録する。ピリオドは省略しない。

#1.10.8　再読を意図して表示された文字または語句

一度の表示で明らかに再読を意図して表示されている文字または語句は，繰り返して記録する。

#1.10.9　略語

略語は，付録#A.3.2［下記参照］に従って記録する。

※「付録A.3　略語表記法」は本書では省略

#A.3.2　転記

情報源における表示を転記するエレメントにおいては，情報源に略語が表示されている場合に限り，略語を使用する。エレメントのすべてまたは一部を情報源における表示以外から補う場合は，略語を使用しない。

#1.10.10　数，日付

数または日付は，数字で表示されている場合と，語句で表示されている場合とがある。次のエレメントで数または日付を記録する場合は，

特に指示のある場合を除いて，#1.10.10.1～#1.10.10.5に従う。

a）逐次刊行物の順序表示
b）出版日付
c）頒布日付
d）製作日付
e）非刊行物の制作日付
f）著作権日付
g）シリーズ内番号
h）サブシリーズ内番号
i）学位授与年

その他のエレメントで数または日付を転記する場合は，情報源に表示されているとおりに，#1.10.1～#1.10.9に従って記録する。

和古書・漢籍については，出版日付，非刊行物の制作日付を記録する場合に，#1.10.10.5の規定を適用せず，#2.5.5.2A，#2.8.5.2Aに従ってそれぞれ記録する。

#1.10.10.1　数字

数が，情報源に数字で表示されている場合に，アラビア数字に置き換えることで理解が困難にならないときは，アラビア数字で記録する。

【シリーズ内番号】 3
（情報源の表示：三）

#1.10.10.2　語句で表示された数

数が，語句で表示されている場合は，アラビア数字に置き換えて記録する。

【初号の巻次】 Volume 2
（情報源の表示：Volume two）

#1.10.10.3　省略された数

範囲を示す数または日付の一部が省略されている場合は，完全な形で記録する。

【シリーズ内番号】 801-815
（情報源の表示：801-15）

#1.10.10.4　序数

序数は，数字と語句のいずれで表示されていても，当該言語の標準的な序数を示す表記の形式に従って，数字として記録する。

a）日本語，中国語または韓国・朝鮮語の場合
「第」を省略せずに「第8」，「第3巻」などと記録する。

b）英語の場合
「1st」，「2nd」，「3rd」，「4th」などと記録する。

c）その他の言語の場合　［略］

#1.10.10.5　日付

日付は，当該エレメントの記録の方法の規定に従った暦で記録する。

【初号の年月次】 平成8年版
（情報源の表示：平成八年版）
【出版日付】 2013
（情報源の表示：平成25年　#2.5.5.2本則を採用した場合）

西暦以外の暦で記録した場合は，必要に応じて西暦を付加することができる。この場合は，資料外の情報源から採用したことを注記および（または）その他の方法（コーディングや角がっこの使用など）で示す。

【出版日付】 平成2年［1990］
（情報源の表示：平成2年　#2.5.5.2別法［略］を採用した場合）

情報源に表示されていない日付を記録する必要がある場合は，資料外の情報源から採用したことを注記および（または）その他の方法（コーディングや角がっこの使用など）で示す。実際の日付が不明な場合，二つのいずれの年か不明な場合，日付が推測できる場合，ある期間のいずれかであることが推測できる場合，特定の時点より以前または以降であることのみ判明している場合等は，その旨が分かるように記録する。

【出版日付】 ［2015］
【出版日付】 ［2013または2014］
【出版日付】 ［2008？］
【出版日付】 ［1990年代］
【出版日付】 ［1881から1886の間？］

#1.10.11　誤表示

誤記または誤植は，当該エレメントに関する規定が特にない場合は，情報源に表示されているとおりに記録する。識別またはアクセスに重要な場合は，正しい表記について注記する。誤記または誤植がタイトル中に存在して，それが重要とみなされる場合は，正しい表記を異形タイトルとして記録する。[#2.1.0.4.1を見よ。]

#1.11　統制形の記録

統制形は，#4～#12におけるタイトルおよび名称の記録に使用する。統制形の記録にあたっては，データ作成機関が優先する言語および文字種を定めておく必要がある。

著作の優先タイトルおよび個人・家族・団体，場所の優先名称は，選択した言語および文字種で記録する。著作の異形タイトルおよび個人・家族・団体，場所の異形名称は，必要に応じて適切な言語および文字種で記録する。

統制形は，用いる言語および文字種によって，#1.11.1～#1.11.4.3に従って記録する。

[言語・文字種の選択は，#4.1.3 C，#6.1.3.2 A～B，#8.1.3.1 A～B を見よ。]

統制形の記録にあたっては，文字の大小の表示は再現しない。略語については，付録#A.3[略]に示すものを使用する。

情報源に誤表示がある場合は，正しい表記に改め優先タイトルまたは優先名称を記録する。誤表示が重要な場合は，これを異形タイトルまたは異形名称として記録する。

著作，表現形，個人・家族・団体における識別要素の記録の方法は，#4～#8で規定する。

<#1.11.1～#1.11.4　言語>

#1.11.1　日本語

日本語のタイトルまたは名称の統制形は，日本語の表示形を用いて記録する。あわせて統制形の読みを，#1.12～#1.12.2に従って片仮名読み形および（または）ローマ字読み形で記録する。

漢字は，原則として情報源に表示されている字体で記録する。楷書以外の書体は楷書体に改める。入力できない漢字は，入力できる漢字に置き換えるか，入力できないことを示す「げた記号」(〓) に置き換え，必要に応じて説明を注記として記録する。

仮名はそのまま記録するが，変体仮名は平仮名に改める。

その他の数字，記号，ラテン文字等の各種文字種は，情報源に表示されているとおりに記録する。これらのうち，入力できない文字は，入力できる文字に置き換え，必要に応じて説明を注記として記録する。

　　龍馬の生きざま

　　現代詩100周年

　　京都・奈良宿泊&レジャーガイド

#1.11.2　中国語

中国語のタイトルまたは名称の統制形は，中国語の表示形を用いて記録する。あわせて統制形の読みを，#1.12～#1.12.2に従って片仮名読み形および（または）ローマ字読み形で記録することができる。

漢字は，原則として情報源に表示されている字体で記録する。楷書以外の書体は楷書体に改める。入力できない漢字は，入力できる漢字に置き換えるか，入力できないことを示す「げた記号」(〓) に置き換え，必要に応じて説明を注記として記録する。

その他の数字，記号，ラテン文字等の各種文字種は，情報源に表示されているとおりに記録する。これらのうち，入力できない文字は，入力できる文字に置き換え，必要に応じて説明を注記として記録する。

　　RDA 全視角解读

　　漢詩用例辭典

#1.11.3　韓国・朝鮮語

韓国・朝鮮語のタイトルまたは名称の統制形は，韓国・朝鮮語の表示形を用いて記録する。あわせて統制形の読みを，#1.12～#1.12.3に従って片仮名読み形および（または）ローマ字読み形，もしくはハングル読み形で記録することができる。

ハングルは，情報源に表示されているとおりに記録する。

漢字は，原則として情報源に表示されている字体で記録する。楷書以外の書体は楷書体に改める。入力できない漢字は，入力できる漢字に置き換えるか，入力できないことを示す「げた記号」（〓）に置き換え，必要に応じて説明を注記として記録する。

その他の数字，記号，ラテン文字等の各種文字種は，情報源に表示されているとおりに記録する。これらのうち，入力できない文字は，入力できる文字に置き換え，必要に応じて説明を注記として記録する。

#1.11.4　日本語，中国語，韓国・朝鮮語以外の言語

日本語，中国語，韓国・朝鮮語以外の言語のタイトルまたは名称の統制形は，表示形，翻字形，または片仮名表記形を用いて記録する。

#1.11.4.1　表示形

表示形は，原則として情報源に表示されているとおりに記録する。表示形では，読みは，原則として記録しない。入力できない文字は，入力できる文字に置き換え，必要に応じて説明を注記として記録する。

大文字使用法，数，アクセント・発音符号等，冒頭の冠詞，ハイフン，イニシャル・頭字語の後のスペース，略語については，#1.11.5～#1.11.11に従う。

Library of Congress

#1.11.4.2　翻字形

翻字形は，情報源に表示されている形を，データ作成機関が採用した翻字法に従って，ラテン文字に翻字して記録する。翻字形では，読みは，原則として記録しない。翻字法については，必要に応じて注記として記録する。

大文字使用法，数，アクセント・発音符号等，冒頭の冠詞，ハイフン，イニシャル・頭字語の後のスペース，略語については，#1.11.5～#1.11.11に従う。

ただし，翻字法によって規定されている場合は，そのまま記録する。

Iḥyā' maktabat al-Iskandarīyah

（情報源の表示：إحياء مكتبة الاسكندرية）

#1.11.4.3　片仮名表記形

片仮名表記形は，情報源に表示されている形を，その発音に従って，片仮名を用いて記録する。あわせて統制形の読みを，#1.12～#1.12.2に従って片仮名読み形および（または）ローマ字読み形で記録することができる。

付録#A.1に従い，適切な単位に分かち書きして記録する。

その他の数字，記号等の各種文字種は，情報源に表示されているとおりに記録する。これらのうち，入力できない文字は，入力できる文字に置き換え，必要に応じて説明を注記として記録する。

＜#1.11.5～#1.11.11　統制形の記録の補足規定＞

#1.11.5　大文字使用法　［付録A.2［略］］

著作のタイトルは大文字で始める。ただし，小文字を使用すべき語で始まる場合は，小文字で始める。

iPhone 6s 究極の快適設定

個人・家族・団体，場所の名称の大文字使用法については，次のとおりとする。

a）各名称の冒頭の語は，原則として大文字で始める。

b）各名称の2番目以降の語は，当該言語の慣用に従って大文字とするか小文字とするかを決定する。

c）冒頭の語について，例外的に小文字とする場合がある。

#1.11.6　数

著作のタイトルに含まれる数は，語句で表示されているものもアラビア数字で表示されているものも，情報源に表示されているとおりに記録する。

著作の部分の優先タイトルにおける部分の順序を表す数は，情報源の表示にかかわらず，アラビア数字で記録する。

個人・家族・団体，場所の名称に含まれる数は，語句で表示されているものもアラビア数字で表示されているものも，情報源に表示されているとおりに記録する。

#1.11.7　アクセント，発音符号等

著作のタイトルに含まれるアクセント，発音符号等は，情報源に表示されているとおりに記録する。

個人・家族・団体，場所の名称に含まれるアクセント，発音符号等は，情報源に表示されているとおりに記録する。情報源で省略されている場合でも，それが名称に不可欠である場合は，付加して記録する。大文字使用法の規定によって，情報源に表示されている大文字を小文字で記録する場合に，当該言語の慣用ではアクセント，発音符号等が必要なときは，これを付加する。

#1.11.8　冒頭の冠詞

著作のタイトル，団体および場所の名称の冒頭に冠詞がある場合は，それを省略せずに記録する。

#1.11.9　ハイフン

個人の名称に含まれるハイフンは，当該名称の保持者が使用している場合は，そのまま記録する。

#1.11.10　イニシャル・頭字語の後のスペース

著作のタイトルにイニシャルや頭字語が含まれる場合は，次のように記録する。

a）イニシャルが続く場合は，その間のピリオドの後にスペースを空けずに記録する。

Buddhist remains in South India and early Andhra history, 225 A.D. to 610 A.D.

b）独立した文字やイニシャルが間にピリオドをはさまずに続いている場合は，間にスペースを空けずに記録する。

WHO 分類による脳腫瘍の MRI

個人または家族の名称にイニシャルが含まれる場合は，次のように記録する。

c）名または姓を表すイニシャルの後に続くピリオドと，次のイニシャルまたは名の間に，スペースを空けて記録する。

Keystone, J. S.

d）名称が，全体としてまたは主として独立した文字から構成されている場合は，文字の後のピリオドの有無にかかわらず，間にスペースを空けて記録する。

X Y Z

e）名称に称号や敬称の一部を形成するイニシャルまたは略語が含まれる場合は，そのイニシャルや略語と，それに続くイニシャル，略語，番号または語との間に，スペースを空けて記録する。

Dr. K

団体または場所の名称にイニシャルが含まれる場合は，次のように記録する。

f）イニシャルが続く場合は，その間のピリオドの後にスペースを空けずに記録する。

A.H. Belo Corporation

g）独立した文字やイニシャルが，間にピリオドをはさまずに続く場合は，間にスペースを空けずに記録する。

NHK 出版

#1.11.11　略語

著作のタイトルの記録に際して，略語はそれがタイトルの不可欠な構成部分である場合に限って使用する。

現代アート etc

個人・家族・団体，場所の名称の記録に際し

て，略語はそれが名称の不可欠な構成部分である場合に限って使用する。

DJ Joe T

#1.12　読みの記録

統制形による記録を行うエレメントでは，使用する言語および文字種に応じて，あわせて統制形の読みを記録する。統制形をとらないエレメントにおいても，必要に応じてその読みを記録することができる。

読みは，読みの対象となる文字列との対応が分かるように，適切なコーディングを用いて記録する。

使用する言語および文字種により，表1.12に従って読みの有無および表記の形を選択する。

#1.12.1　片仮名読み形

片仮名読み形は，付録#A.1に従い，適切な単位に分かち書きして記録する。記号，アラビア数字，ラテン文字等は，情報源に読みが表示されている場合は，それを片仮名に置き換えて記録する。読みが表示されていない場合は，そのまま記録する。記号については，意味を損なわない限り，省略できる。対象となる文字列が，片仮名読み形と完全に一致する場合は，読みの記録を省略できる。

現代詩100周年||ゲンダイシ　100シュウネン

クイズ123||クイズ　ワン　ツー　スリー

（情報源に読みが「ワン　ツー　スリー」と表示されている場合の例）

タモリ

（名称が片仮名読み形と一致し，読みの記録を省略した例）

#1.12.2　ローマ字読み形

ローマ字読み形は，適切な単位に分かち書きして記録する。記号，アラビア数字，ラテン文字等は，情報源に読みが表示されている場合は，それをローマ字読みに変換して記録する。読みが表示されていない場合は，そのまま記録する。対象となる文字列が，ローマ字読み形と完全に一致する場合は，読みの記録を省略できる。

現代詩100周年||Gendaishi 100shunen

クイズ123||Kuizu wan tsu suri

（情報源に読みが「ワンツースリー」と表示されている場合の例）

京都・奈良の寺社||Kyoto・Nara no jisha

中国語の表示形に対するピンインを，ローマ字読み形として扱うことができる。

#1.12.3　ハングル読み形

ハングル読み形は，適切な単位に分かち書き

表1.12　読みの文字種

対象となる文字列の言語および文字種	読みの表記の形
日本語	片仮名読み形および（または）ローマ字読み形
（片仮名のみ）	片仮名読み形および（または）ローマ字読み形，または記録しない
（ラテン文字のみ）	片仮名読み形および（または）ローマ字読み形，または記録しない
中国語	片仮名読み形および（または）ローマ字読み形，または記録しない
韓国・朝鮮語	片仮名読み形および（または）ローマ字読み形，またはハングル読み形，または記録しない
（ハングルのみ）	（原則として記録しない）
その他の言語	
（表示形）	（原則として記録しない）
（翻字形）	（原則として記録しない）
（片仮名表記形）	片仮名読み形および（または）ローマ字読み形，または記録しない

して記録する。

漢詩用例辭典 || 한시 용례 사전

#1.13　注記

注記は，#1.13.1～#1.13.3に従って記録する。

#1.13.1　引用

資料自体またはその他の情報源からの引用を行う場合は，かぎかっこまたは引用符で囲んで記録し，続けて情報源を示す。ただし，その情報源が優先情報源である場合は，情報源を示さない。

「本書の執筆編集は松田民俗研究所及び御殿場市教育委員会が行った」--凡例

#1.13.2　参照

次のいずれかの場合は，資料自体またはその他の情報源にある情報および（または）参照先を記録する。

a）記録内容の裏付けを示す場合

b）その他の情報源を参照すれば情報を容易に得られるため，情報の内容そのものの記録を省略する場合

#1.13.3　対象部分の特定

注記の内容が記述対象全体に該当しない場合は，該当する部分またはイテレーションを識別できるように記録する。

下巻の責任表示：マイク・アシュレイ編；スティーヴン・バクスター［ほか］著；日暮雅通訳

第2章　体現形

#2.0　通　則

この章では，体現形の属性の記録について規定する。

#2.0.1　記録の目的

体現形の属性の記録の目的は，体現形の識別を可能とすること，ならびに利用者のニーズに合致する体現形の選択および入手に役立つことである。

#2.0.2　情報源

体現形の属性の記録にあたって，その情報を#2.0.2.1～#2.0.2.3および#2.1.0.3をはじめとする各エレメントの情報源の規定に従って採用する。資料外の情報源から採用する場合は，必要に応じてその情報源を注記として記録する。

#2.0.2.1　資料自体の範囲

情報源となる資料自体の範囲は，資料の形状により異なる。資料（紙，テープ，フィルムなど）および資料と分かち難い収納物（カセット，カートリッジなど）は，資料自体の一部として扱う。資料刊行時の容器は資料自体の一部として扱い，資料刊行後に作製された容器（所有者が作製した容器等）は資料外として扱う。

また，資料自体の範囲は，記述のタイプによっても異なる。資料全体を対象として包括的記述［#1.5.2.1を見よ］を作成する場合は，付属資料も資料自体の一部として扱う。資料の一つまたは複数の部分を対象に分析的記述［#1.5.2.2を見よ］を作成する場合は，その部分に対する付属資料は資料自体の一部として，資料全体に対する付属資料は資料外（関連する資料など）として扱う。

#2.0.2.2　優先情報源

優先情報源は，#2.0.2.2.1～#2.0.2.2.3.1に従って，資料自体から選定する。該当する優先情報源が複数存在する場合は，#2.0.2.2.4～#2.0.2.2.4.4に従って選定する。

体現形を識別する情報が資料自体のどの情報源にも表示されておらず，優先情報源を得られない場合は，#2.0.2.3に従って，資料外の情報源を選定する。

#2.0.2.2.1　ページ，リーフ，シート，カードで構成される資料

ページ，リーフ，シート，カードで構成される資料には，紙媒体の他に，それを画像化したものを収録した媒体（マイクロフィルム，PDFを収録したコンピュータ・ディスク等）を含む。また，同様に構成されたオンライン資料（PDF，EPUB等）をも含む。

優先情報源の選定において，有形の電子資料およびマイクロ資料については，#2.0.2.2.1 Aに従う。和古書・漢籍については，#2.0.2.2.1.3に従う。それ以外の資料については，#2.0.2.2.1.1～#2.0.2.2.1.2 Cに従う。いずれにおいても，その他の情報源を使用することがあり，その場合は#2.0.2.2.1.4に従う。

#2.0.2.2.1 A　有形の電子資料，マイクロ資料

有形の電子資料，マイクロ資料については，収録されている画像から#2.0.2.2.1.1～#2.0.2.2.1.3に従って，優先情報源を選定する。#2.0.2.2.1.1～#2.0.2.2.1.3で規定するどの情報源も存在しない場合，またはどの情報源にもタイトルが表示されていないか不十分な場合は，次の優先順位で優先情報源を選定する。

a）タイトルが表示されている，資料内部の情報源

b）タイトルが表示されている，資料に印刷または貼付されたラベル，または肉眼で読めるヘッダー

c）資料刊行時の容器，または資料自体の一部として扱う付属資料

#2.0.2.2.1.1　タイトル・ページ等がある資料

資料にタイトル・ページ，タイトル・シートまたはタイトル・カード（またはその画像）がある場合は，これを優先情報源として使用する。

#2.0.2.2.1.1.1　タイトル・ページの情報が不十分な和資料

和資料については，タイトル・ページがあっても，その情報が不十分な場合は，#2.0.2.2.1.1.1 A，#2.0.2.2.1.1.1 Bに従って，優先情報源を選定することができる。

#2.0.2.2.1.1.1 A　逐次刊行物

和資料のうち逐次刊行物については，タイトル・ページがあっても，その情報が不十分な場合は，次の優先順位で優先情報源を選定することができる。

a）背・表紙またはカバー

b）キャプション

c）奥付

#2.0.2.2.1.1.1 B　その他の和資料

逐次刊行物以外の和資料については，タイトル・ページがあっても，その情報が不十分な場合は，次の優先順位で優先情報源を選定することができる。この場合は，必要に応じてタイトル・ページ以外のものを情報源とした旨を，注記として記録する。

a）奥付

b）背・表紙またはカバー

c）キャプション

#2.0.2.2.1.2　タイトル・ページ等がない資料

資料にタイトル・ページ，タイトル・シート，タイトル・カード（またはその画像）がない場合は，次の優先順位で優先情報源を選定する。

a）奥付

b）背・表紙またはカバー

c）キャプション

d）マストヘッド

ただし，逐次刊行物，洋図書等（日本国内刊行を除く），初期印刷資料（和古書・漢籍を除く）については，#2.0.2.2.1.2 A～#2.0.2.2.1.2 Cに従って優先情報源を選定する。

#2.0.2.2.1.2 A　逐次刊行物

逐次刊行物については，タイトル・ページが

ない場合は，次の優先順位で優先情報源を選定する。

a）背・表紙またはカバー

b）キャプション

c）マストヘッド

d）奥付

#2.0.2.2.1.2 B　洋図書等

洋図書（日本国内刊行を除く）およびアジア諸言語図書（中国語図書，韓国・朝鮮語図書を除く）については，タイトル・ページ，タイトル・シート，タイトル・カードがない場合は，次の優先順位で優先情報源を選定する。

a）背・表紙またはカバー

b）キャプション

c）マストヘッド

d）奥付

#2.0.2.2.1.2 C　初期印刷資料（和古書・漢籍を除く）　[略]

#2.0.2.2.1.3　和古書・漢籍

和古書・漢籍については，おおむね次の優先順位で優先情報源を選定する。ただし，時代，ジャンルまたは造本等の事情を考慮する。

a）巻頭，題簽，表紙

b）目首，自序，自跋，巻末

c）奥付，見返し，扉，版心，著者・編者以外の序跋

d）小口書，識語等

#2.0.2.2.1.4　その他の情報源の使用

ページ，リーフ，シート，カードで構成される資料において，#2.0.2.2.1 A～#2.0.2.2.1.3で規定するどの情報源も存在しない場合，またはどの情報源にもタイトルが表示されていないか不十分な場合は，タイトルが表示されている資料自体の他の情報源を優先情報源として使用する。その場合は，表示されている形式が整った情報を優先する。

#2.0.2.2.2　動画で構成される資料

動画で構成される資料には，映画，ビデオ・ゲーム等を含む。これらの資料については，#2.0.2.2.2 A～#2.0.2.2.2 B に従って，優先情報源を選定する。いずれにおいても，その他の情報源を使用することがあり，その場合は#2.0.2.2.2.1に従う。

#2.0.2.2.2 A　有形資料

有形資料については，次の優先順位で優先情報源を選定する。

a）タイトル・フレームまたはタイトル・スクリーン

b）資料に印刷または貼付された，タイトルが表示されているラベル

c）資料刊行時の容器，または資料自体の一部として扱う付属資料

d）（電子資料の）内部情報源

複数のコンテンツが収録されている資料について，タイトル・フレームまたはタイトル・スクリーンにそれら個別のタイトルしか列挙されていない場合は，総合タイトルが整った形式で表示されている情報源を優先する。

#2.0.2.2.2 B　オンライン資料

オンライン資料については，次の優先順位で優先情報源を選定する。

a）タイトル・フレームまたはタイトル・スクリーン

b）内容に現れる文字情報

c）資料に埋め込まれた（タイトルを含む）メタデータ（文字情報）

#2.0.2.2.2.1　その他の情報源の使用

動画で構成される資料において，#2.0.2.2.2 A～#2.0.2.2.2 B で規定するどの情報源にもタイトルが表示されていないか不十分な場合は，タイトルが表示されている資料自体のどの部分を優先情報源として使用してもよい。その場合は，表示されている形式が整った情報を優先する。

#2.0.2.2.3　その他の資料

その他の資料とは，#2.0.2.2.1，#2.0.2.2.2

のいずれにも該当しない資料である。オーディオ・ディスク，プログラムやレイアウトが固定されていないテキストを収録したコンピュータ・ディスク等が，これに当たる。これらの資料については，#2.0.2.2.3A～#2.0.2.2.3Bに従って，優先情報源を選定する。いずれにおいても，その他の情報源を使用することがあり，その場合は#2.0.2.2.3.1に従う。

#2.0.2.2.3A　有形資料

有形資料は，次の優先順位で優先情報源を選定する。

a）資料に印刷または貼付された，タイトルが表示されているラベル

b）タイトルを含む内部情報源（タイトル・スクリーンなど）

c）資料刊行時の容器，または資料自体の一部として扱う付属資料

#2.0.2.2.3B　オンライン資料

オンライン資料は，次の優先順位で優先情報源を選定する。

a）内容に現れる文字情報

b）資料に埋め込まれた（タイトルを含む）メタデータ（文字情報）

#2.0.2.2.3.1　その他の情報源の使用

その他の資料において，#2.0.2.2.3A～#2.0.2.2.3Bで規定するどの情報源にもタイトルが表示されていないか不十分な場合は，資料を構成するどの部分を優先情報源として使用してもよい。その場合は，表示されている形式が整った情報を優先する。

#2.0.2.2.4　複数の優先情報源

優先情報源の規定［#2.0.2.2.1～#2.0.2.2.3.1を見よ］に該当する情報源が複数存在する場合は，規定に挙げられた情報源のうち最初に出現するものを優先情報源として選定する。ただし，複数の言語または文字種によるもの，複数の日付を表示しているもの，複製と原資料の情報源が存在するもの，全体と部分を示すものについては，#2.0.2.2.4.1～#2.0.2.2.4.4に従う。

#2.0.2.2.4.1　複数の言語・文字種

複数の言語または文字種による複数の優先情報源が存在する場合は，次の優先順位で優先情報源を選定する。

a）資料の内容（または内容の大部分）が記されている言語または文字種による情報源

b）同一内容を複数の言語または文字種で記した資料で，翻訳を目的とすることが判明している場合は，翻訳言語または文字種の情報源

c）同一内容を含む複数の言語または文字種の資料で，原文の言語または文字種が識別できる場合は，それによる情報源

d）複数の情報源のうち，最初に出現するもの

e）資料が複数の言語または文字種を同等に扱って，向かい合わせに製本されているような場合（テートベーシュ等）は，データ作成機関で定める言語または文字種の情報源

#2.0.2.2.4.2　複数の日付の表示

資料が複数の日付を表示している場合は，最新の日付を示す情報源を優先情報源として選定する。ただし，包括的記述を行う場合の複数巻単行資料および逐次刊行物を除く。

#2.0.2.2.4.3　複製と原資料

複製が原資料の優先情報源に相当するものと，複製の優先情報源に相当するものの双方を有する場合は，後者を優先情報源として選定する。

#2.0.2.2.4.4　全体と部分

識別の基盤［#1.6を見よ］の全体に対する優先情報源と，その部分に対する優先情報源が存在する場合は，全体に対する情報源を優先情報源として選定する。

全体に対する優先情報源がなく各部分に対する優先情報源のみが存在する場合は，主要な著作または内容に対する情報源があれば，それを優先情報源とみなして選定する。主要な著作ま

たは内容を特定できない場合は，各部分に対する情報源の総体を優先情報源として扱う。

#2.0.2.3　資料外の情報源

資料を識別する情報が資料自体のどの情報源にも表示されていない場合は，次の優先順位で情報を採用する。

a）分析的記述を作成する場合の，資料全体に対する付属資料

b）資料の批評・解説として刊行された資料

c）資料刊行後に作製された容器（所有者が作製した容器など）

d）その他の資料（参考資料など）

#2.0.2.3.1　情報源の記録

資料外の情報源から次に示したエレメントの情報を採用した場合は，その旨を注記および（または)その他の方法(コーディング，角がっこの使用等）で示す。

・タイトル（本タイトル，並列タイトル，タイトル関連情報，並列タイトル関連情報）

・責任表示（本タイトルに関係する責任表示，本タイトルに関係する並列責任表示）

・版表示（版次，並列版次，版に関係する責任表示，版に関係する並列責任表示，付加的版次，並列付加的版次，付加的版に関係する責任表示，付加的版に関係する並列責任表示）

・逐次刊行物の順序表示（初号の巻次，初号の年月次，終号の巻次，終号の年月次，初号の別方式の巻次，初号の別方式の年月次，終号の別方式の巻次，終号の別方式の年月次）

・出版表示（出版地，並列出版地，出版者，並列出版者，出版日付）

・頒布表示（頒布地，並列頒布地，頒布者，並列頒布者，頒布日付）

・製作表示（製作地，並列製作地，製作者，並列製作者，製作日付）

・非刊行物の制作表示（非刊行物の制作地，非刊行物の並列制作地，非刊行物の制作者，非刊行物の並列制作者，非刊行物の制作日付）

・シリーズ表示（シリーズの本タイトル，シリーズの並列タイトル，シリーズのタイトル関連情報，シリーズの並列タイトル関連情報，シリーズに関係する責任表示，シリーズに関係する並列責任表示，シリーズのISSN，シリーズ内番号，サブシリーズの本タイトル，サブシリーズの並列タイトル，サブシリーズのタイトル関連情報，サブシリーズの並列タイトル関連情報，サブシリーズに関係する責任表示，サブシリーズに関係する並列責任表示，サブシリーズのISSN，サブシリーズ内番号）

#2.0.2.3.2　識別情報を有しない種類の資料

通常は識別情報を有しない種類の資料（写真，自然物，コレクション等）については，資料外から情報を採用した旨を，注記としても，その他の方法（コーディングや角がっこの使用など）によっても，記録しない。

#2.0.3　記録の方法

体現形の属性は，採用した情報源にある情報を，#1.9，#1.10～#1.10.11および体現形の各エレメントの記録の方法の規定に従って記録する。

#2.0.4　複製

複製を記述対象として体現形の記述を作成する場合は，複製自体についてのデータを記録する。原資料についてのデータは，関連する著作または関連する体現形のエレメントとして記録する。

#2.0.5　新規の記述が必要な変化

複数巻単行資料，逐次刊行物，または更新資料については，何らかの変化によって，新規の記述の作成を必要とする場合がある。

#2.0.5A　複数巻単行資料

次の場合に体現形に対する新規の記述を作成

する。

a）刊行方式の変化

b）機器種別の変化［#2.14.0.6を見よ。］

#2.0.5B　逐次刊行物

次の場合に体現形に対する新規の記述を作成する。

a）刊行方式の変化

b）機器種別の変化［#2.14.0.6を見よ。］

c）オンライン資料のキャリア種別の変化［#2.14.0.6を見よ。］

d）本タイトルの重要な変化［#2.1.1.4, #2.1.1.4.1を見よ。］

e）責任表示の重要な変化［#2.2.0.6を見よ。］

f）版表示の変化［#2.3.0.6を見よ。］

#2.0.5C　更新資料

次の場合に体現形に対する新規の記述を作成する。

a）刊行方式の変化

b）機器種別の変化［#2.14.0.6を見よ。］

c）加除式資料のベースの更新

d）版表示の変化［#2.3.0.6を見よ。］

#2.1　タイトル

タイトルは，エレメントである。

#2.1.0　通則

#2.1.0.1　記録の範囲

体現形のタイトルを記録する。タイトルは，資料自体の情報源，カバーやケース，付属資料などに複数表示されている場合がある。また，参考資料に記載されているタイトル，データ作成者が付与するタイトルなど，記述対象には表示されていないタイトルもある。

#2.1.0.2　エレメント・サブタイプ

タイトルには，次のものがある。

a）～i）は，タイトルのエレメント・サブタイプであり，#2.1.0.3～#2.1.9.2.2で規定する。

a）～i）のうち，本タイトルはコア・エレメントである。

a）本タイトル［#2.1.1を見よ。］

b）並列タイトル［#2.1.2を見よ。］

c）タイトル関連情報［#2.1.3を見よ。］

d）並列タイトル関連情報［#2.1.4を見よ。］

e）先行タイトル［#2.1.5を見よ。］

f）後続タイトル［#2.1.6を見よ。）

g）キー・タイトル［#2.1.7を見よ。］

h）略タイトル［#2.1.8を見よ。］

i）異形タイトル［#2.1.9を見よ。］

j）～q）については，シリーズ表示のサブエレメントであり，#2.10.0.3～#2.10.12.2で規定する。

j）シリーズの本タイトル［#2.10.1を見よ。］

k）シリーズの並列タイトル［#2.10.2を見よ。］

l）シリーズのタイトル関連情報［#2.10.3を見よ。］

m）シリーズの並列タイトル関連情報［#2.10.4を見よ。］

n）サブシリーズの本タイトル［#2.10.9を見よ。］

o）サブシリーズの並列タイトル［#2.10.10を見よ。］

p）サブシリーズのタイトル関連情報［#2.10.11を見よ。」

q）サブシリーズの並列タイトル関連情報［#2.10.12を見よ。］

#2.1.0.3　情報源

本タイトル，並列タイトル，タイトル関連情報，並列タイトル関連情報，先行タイトル，後続タイトル，キー・タイトルは，その情報源に関する規定を各エレメントに関する規定の中で定める。

略タイトルおよび異形タイトルは，どの情報源に基づいて記録してもよい。

#2.1.0.4　記録の方法

タイトルは，情報源の表示を句読点，記号，略語，大文字使用法，数字なども含め，#1.10～#1.10.11に従って記録する。

地球温暖化ビジネスのフロンティア

「未納が増えると年金が破綻する」って誰が言った？

タイトルの一部として意図されていない説明的な導入句は，タイトルとして扱わない。

日本語のタイトルは，原則としてスペースを入れずに続けて記録する。意味上の区切りがある場合や，続けて記録することによって読解が困難になると判断される場合は，情報源に表示されているスペースを省略せずに記録するか，または語句の間に適宜スペースを挿入することができる。

福島第一原子力発電所事故その全貌と明日に向けた提言

（スペースを入れずに続けて記録している例）

長いタイトルは必要不可欠な情報を残した上で省略できる。省略部分は省略記号（...）で示す。欧文タイトルの場合は，冒頭の5語を省略してはならない。

#2.1.0.4.1　誤表示

情報源に表示されているタイトルに誤記，誤植，脱字などがあっても，そのままの形を記録し，その旨を注記として記録する。正しい形がわかり，識別またはアクセスに重要な場合は，訂正したものを異形タイトルとして記録する。

広告ポタスー銘鑑

（異形タイトル：広告ポスター銘鑑）

（タイトルに関する注記：正しい本タイトル：広告ポスター銘鑑）

ただし，逐次刊行物または更新資料の場合は，明らかな誤りは正しい形に改めたものを記録し，情報源に表示されている形を注記として記録する。識別またはアクセスに重要な場合は，情報源に表示されている形を異形タイトルとして記録する。誤りかどうか判断できない場合は，情報源に表示されている形をそのまま記録する。

［#2.41.1.2.3，#2.1.9.1.1 e）を見よ。］

#2.1.0.4.2　総称的な語句，数字，略語

情報源に表示されている総称的な語句，数字，略語も，タイトルとして記録する。

詩集

1984

E.T.

#2.1.0.4.3　不可分な数値，番号など

情報源に表示されているタイトルが，不可分な数値，番号などを含む場合は，それらを含めてタイトルとして記録する。

MAB 1：図書館用機械交換フォーマット

#2.1.0.4.4　個人・家族・団体または場所の名称

情報源に表示されているタイトルが，個人・家族・団体または場所の名称のみから成る場合は，それをタイトルとして記録する。

梅原龍三郎

本来，責任表示や出版者，頒布者等として扱われる名称が，タイトルの不可分な一部として表示されている場合は，それらをタイトルに含めて記録する。

ヴォート基礎生化学

#2.1.0.5　複製

複製については，原資料のタイトルではなく，複製自体のタイトルを記録する。原資料のタイトルは，関連する体現形のタイトルとして記録する。［#43.3を見よ。］

ただし，原資料のタイトルが同一の情報源に表示されている場合は，#2.1.1.3に従う。

#2.1.0.6　変化

複数巻単行資料，逐次刊行物または更新資料においては，タイトルが変化することがある。

本タイトルの変化については，#2.1.1.4に従って記録する。

本タイトル以外のタイトルの変化については，#2.1.2.3，#2.1.3.3，#2.1.4.3に従って記録する。

#2.1.1　本タイトル

本タイトルは，タイトルのエレメント・サブタイプである。

本タイトルは，コア・エレメントである。

#2.1.1.1　記録の範囲・情報源

#2.1.1.1.1　記録の範囲

本タイトルは，体現形を識別するための固有の名称である。情報源に表示されている主なタイトルを本タイトルとして扱う。

複数巻単行資料，逐次刊行物または更新資料の場合は，記述対象全体を通じて共通する固有の名称を本タイトルとして扱う。

資料自体と資料外の情報源のどこにもタイトルが表示されていない場合は，データ作成者が本タイトルを付与する。

電子資料については，ファイル名，データセット名は，本タイトルとして扱わない。ただし，資料自体に他にタイトルが表示されていない場合は，本タイトルとして扱う。

#2.1.1.1.2　情報源

本タイトルは，#2.0.2.2で規定する優先情報源から採用する。ページ，リーフ，シート，カードで構成される和資料（逐次刊行物を除く）について，#2.0.2.2.1.1.1Bによってタイトル・ページ以外の情報源を優先情報源としてそこから本タイトルを採用した場合は，その旨を注記として記録する。

和古書・漢籍について，#2.0.2.2.1.3によって巻頭以外の情報源を優先情報源としてそこから本タイトルを採用した場合は，その情報源を注記として記録する。

資料自体のどの情報源にもタイトルが表示されていない場合は，資料外の情報源から採用する。この場合は，その旨を注記として記録する。

優先情報源と資料自体の他の情報源で表示されているタイトルが異なる場合は，他の情報源に表示されているタイトルは異形タイトルとして扱う。

Official パーツマニュアル
（異形タイトル：K-carスペシャル・パーツマニュアル）
（異形タイトルの情報源は背）

#2.1.1.2　記録の方法

本タイトルは，情報源から#2.1.0.4～#2.1.0.4.4に従って記録する。

工業技術英語入門
歌曲集≪美しき水車小屋の娘≫

#2.1.1.2.1　別タイトル

情報源に表示されている別タイトルは，本タイトルの一部として記録する。

ジュリエット物語又は悪徳の栄え

#2.1.1.2.2　上部または前方の語句

情報源において，明らかに本タイトルと判定される部分の上部または前方に表示されている語句は，次のように扱う。

a）語句が，本タイトルの一部として意図されていない説明的な導入句である場合は，本タイトルに含めない。

b）語句が，明らかに本タイトルと判定される部分と不可分な場合は，本タイトルの一部として記録する。複数行に割って書かれた割書きは1行書きとし，また文字の大小にかかわらず原則として続けて記録する。

NHK 名曲アルバム
作句と鑑賞のための俳句の文法
（情報源の表示：「作句と鑑賞のための」が割書き）

c）語句が，本タイトルの一部とみなされず，タイトル関連情報，責任表示，版次，出版者，シリーズの本タイトル等の別のエレメントと判断される場合は，情報源に表示されている順序にかかわらず，本タイトルに含めず，それぞれの該当するエレメントとして記録する。

お祭りの太鼓
（タイトル関連情報：鈴木信太郎随筆集）
（タイトル・ページの表示：鈴木信太郎随筆集　お祭りの太鼓）

#2.1.1.2.3　ルビ

情報源に表示されたタイトルに付記されたルビは，本タイトルに含めない。識別またはアクセスに重要な場合は，ルビを含めたタイトルを異形タイトルとして記録する。

青い思想

（情報源の表示：青い思想（こころ））

#2.1.1.2.4　併記された語句

同義語による別の表現，原語形とその略語，外来語とその原語などが，タイトルに併記されている場合は，情報源での表示順序，配置，デザイン等に基づいて本タイトルを選定する。この場合に，識別またはアクセスに重要なときは，他方を異形タイトルとして記録する。

誰でもわかる！狂牛病対策マニュアル

（異形タイトル：誰でもわかる！BSE対策マニュアル）

情報源でタイトル全体が，複数の言語および（または）文字種で併記されている場合も，情報源での表示順序，配置，デザイン等に基づいて本タイトルを選定する。この場合に，識別またはアクセスに重要なときは，他方を並列タイトルとして記録する。

#2.1.1.2.5　内容と異なる言語・文字種によるタイトル

情報源に表示されているタイトルの言語および（または）文字種が，主な内容で使われている言語および（または）文字種と異なっていても，情報源に表示されているタイトルを本タイトルとして記録する。

An introduction to Brazil

（本文は日本語）

#2.1.1.2.6　複数の言語・文字種によるタイトル

情報源に複数の言語または文字種によるタイトルがある場合は，主な内容で使われている言語または文字種によるタイトルを本タイトルとして記録する。

内容が言語表現によらない資料，または主な内容が一言語でない資料の場合は，情報源での表示順序，配置，デザイン等に基づいて本タイトルを選定する。

本タイトルとしなかったタイトルは，識別またはアクセスに重要な場合は，並列タイトルとして記録する。

Concerto for piano and orchestra, no. 20 in D minor, K. 466

（並列タイトル：ピアノ協奏曲　第20番　ニ短調）

#2.1.1.2.7　同一の言語・文字種による複数のタイトル

情報源に，一つの体現形に対して，同一の言語および文字種による複数のタイトルが表示されている場合は，その情報源での表示順序，配置，デザイン等に基づいて本タイトルを選定する。表示順序，配置，デザイン等から判断できない場合は，最も包括的なタイトルを本タイトルとして記録する。

ただし，逐次刊行物または更新資料で，情報源にイニシャルまたは頭字語形とその展開形のタイトルの双方が表示されている場合は，表示順序等にかかわらず，展開形を本タイトルとして記録する。

いずれの場合も，本タイトルとしなかったタイトルが，識別またはアクセスに重要な場合は，タイトル関連情報または異形タイトルとして記録する。

#2.1.1.2.8　部編，補遺等のタイトル

複数巻単行資料，逐次刊行物または更新資料で，独立して刊行された部編，補遺等を記述対象とする場合，情報源にその部編，補遺等のタイトルと，すべての部編，補遺等に共通するタイトルの双方が表示されているときと，一方のみが表示されているときがある。これらのときは，#2.1.1.2.8 A～#2.1.1.2.8 C に従っていずれのタイトルを本タイトルとして記録するかを決定する。

その結果，選定した本タイトルが，共通タイトルと従属タイトルおよび（または）順序表示から構成されている場合は，次の順に記録する。

a）共通タイトル，従属タイトル

b）共通タイトル，順序表示，従属タイトル

c）共通タイトル，順序表示

なお，部編等は複数階層になっていることがある。この場合は，#2.1.1.2.8 A～#2.1.1.2.8 C に従って判断し，次の順に記録する。

d）共通タイトル，従属タイトル，従属タイトル…

e）共通タイトル，順序表示，従属タイトル，順序表示，従属タイトル…

階層によって，順序表示のみ，従属タイトルのみ，または双方が存在するなど異なっていることがある。これらの場合は，存在するものを同一階層内の順序表示，従属タイトルの順に記録する。

f）共通タイトル，順序表示，順序表示…

#2.1.1.2.8 A　共通するタイトルが表示されていない場合

情報源に，部編，補遺等のタイトルのみが表示されていて，すべての部編，補遺等に共通するタイトルが表示されていない場合は，部編，補遺等のタイトルを本タイトルとして記録する。すべての部編，補遺等に共通するタイトルは，シリーズ表示の一部としてまたは関連する著作のタイトルとして記録する。

Arctic tern migration

（シリーズの本タイトル：Animal migrations）

#2.1.1.2.8 B　部編，補遺等のタイトルと共通するタイトルの双方が表示されている場合

情報源に，部編，補遺等のタイトルと，すべての部編，補遺等に共通するタイトルの双方が表示されている場合は，双方のタイトルを次のように扱う。

a）部編，補遺等のタイトルのみで十分識別できる複数巻単行資料

部編，補遺等のタイトルを本タイトルとして記録する。すべての部編，補遺等に共通するタイトルは，シリーズ表示の一部として，または関連する著作のタイトルとして記録する。

影との戦い

（シリーズの本タイトル：ゲド戦記）

b）部編，補遺等のタイトルのみでは識別が困難な複数巻単行資料

本タイトルは，共通タイトルと従属タイトルから構成されるものとする。すべての部編，補遺等に共通するタイトルは共通タイトルとして，部編，補遺等のタイトルは従属タイトルとして扱い，共通タイトル，従属タイトルの順に記録する。

新・医用放射線技術実験．臨床編

5万分1北海道区分図．函館

部編，補遺等が，タイトルだけではなく，共通するタイトルに対する順序表示をも有する場合は，それも本タイトルに含めて，共通タイトル，順序表示，従属タイトルの順に記録する。

パソコン統計解析ハンドブック．1，基礎統計編

c）逐次刊行物または更新資料

逐次刊行物または更新資料については，すべての部編，補遺等に共通するタイトルを共通タイトルとして，部編，補遺等のタイトルを従属タイトルとして扱う。共通タイトルと従属タイトルをあわせて本タイトルとして扱い，共通タイトル，従属タイトルの順に記録する。

鹿児島県立短期大学紀要．自然科学篇

鹿児島県立短期大学紀要．人文・社会科学篇

部編，補遺等が，タイトルだけではなく，共通するタイトルに対する順序表示をも有する場合は，それも本タイトルに含めて，

共通タイトル，順序表示，従属タイトルの順に記録する。

北海道教育大学紀要. 第1部. A, 人文科学編

[「第2期」のような語句を，逐次刊行物の順序表示の一部または全体として扱う場合は，#2.4.1.1，#2.4.1.2.3を見よ。]

#2.1.1.2.8 C　部編，補遺等のタイトルが表示されていない場合

情報源に共通するタイトルのみ表示されていて，部編，補遺等のタイトルが表示されていない場合がある。部編，補遺等にタイトルが存在しない場合もある。これらの場合は，順序表示を本タイトルに含めて，共通タイトル，順序表示の順に記録する。

ファウスト. 第1部

「第2期」のような語句が，共通するタイトルとともに表示されている場合は，順序表示の一部として扱い，本タイトルに含める。

世界文学全集. 第2期　第13

複数巻単行資料の共通するタイトルとともに「新シリーズ」，「第2期」などの語句が表示されていて，他に巻次がない場合は，それらの語句を部編等のタイトルとみなし，従属タイトルとして記録する。

詩歌全集・作品名綜覧. 第Ⅱ期

[「第2期」のような語句を，複数巻単行資料のシリーズ内番号として扱う場合は，#2.10.8.2.3を見よ。]

#2.1.1.2.9　総合タイトルのある資料

#2.1.1.2.9.1　包括的記述

情報源に総合タイトルと個別のタイトルの双方が表示されている場合は，総合タイトルを本タイトルとして記録する。

文学逍遥の記

（個別のタイトル：英語ア・ラ・カルト；英語の万華鏡；随想；鳥ありてこそ）

識別またはアクセスに重要な場合は，個別のタイトルを関連する体現形のタイトルとして扱う。[#43.3を見よ。関連する著作のタイトルとして扱う場合は，#43.1を見よ。]

#2.1.1.2.9.2　分析的記述

情報源に総合タイトルと個別のタイトルの双方が表示されている場合は，個別のタイトルを本タイトルとして記録する。総合タイトルを記録する場合は，関連する体現形のタイトルとして扱う。[#43.3を見よ。関連する著作のタイトルとして扱う場合は，#43.1を見よ。]

ただし，個別のタイトルだけでは記述対象を識別するために不十分な場合は，総合タイトルと個別のタイトルをあわせて本タイトルとして記録する。

#2.1.1.2.10　総合タイトルのない資料

資料自体のどの情報源にも総合タイトルが表示されていない場合に，包括的記述を作成するときは，すべての個別のタイトルを本タイトルとして，情報源に表示されている順に記録する。

侏儒の言葉；文芸的な，余りに文芸的な / 芥川竜之介著

枕草子 / 清少納言著. 徒然草 / 吉田兼好著

個別のタイトルを表示する情報源がそれぞれにあり，そのすべてをあわせて一つの包括的な情報源とみなす場合も，すべての個別のタイトルを本タイトルとして記録する。

おあむ物語 / 山田去暦女著. おきく物語

#2.1.1.2.11　タイトルのない資料

資料自体のどの情報源にもタイトルが表示されていない場合は，資料外の情報源によって本タイトルを選定する。その情報源は，注記として記録する。本タイトルは，資料外の情報源から採用したことが分かる方法（コーディングや角がっこの使用など）で示すことができる。

雙玉紀行

（タイトルに関する注記：本タイトルは「国書総目録」による）

資料自体に通常はタイトルが表示されていない資料（美術作品，写真，ポスターなど）は，

公表の際に付与されたタイトル，伝来のタイトル，所蔵機関が付与したタイトル，および資料外の情報源（箱書，キャプション）によるタイトルも，本タイトルとして使用できる。資料の種類によっては，#2.1.1.2.11A～#2.1.1.2.11Dも適用して本タイトルを付与する。

資料外の情報源によって本タイトルを選定できない場合は，データ作成者が本タイトルを付与する。この場合，記述対象の内容に適した言語および文字種，またはデータ作成機関が定めた言語および文字種を用いる。データ作成者は，次のいずれかの方法で本タイトルを付与する。資料の種類によっては，#2.1.1.2.11A～#2.1.1.2.11Dも適用して本タイトルを付与する。

a）資料の様式，形式，形態を表す簡略な語句（地図，小説草稿，日記，広告など）

　　日記

b）資料の主題を表す簡略な語句（個人・家族・団体，物，活動，出来事，場所，日付など）

　　日本石炭産業関連資料コレクション

c）詩などの本文の冒頭の語句

　　Birdies may grow upon trees

d）資料を特徴づけるその他の語句

e）関連資料に基づくタイトル

記述対象の内容から本タイトルの記録にふさわしい言語および文字種が明らかでない場合，またはそれらによって記録できない場合は，データ作成機関が定めた言語および文字種を用いる。

データ作成者が本タイトルを付与した旨を注記として記録する。ただし，タイトルなどの情報を通常は保持しない資料（写真（私的なもの，未公開のもの等），自然物，コレクション等）については，注記として記録する必要はない。

　　選挙の記録

　　（タイトルに関する注記：本タイトルは国立国会図書館による）

#2.1.1.2.11 A　音楽資料　［略］

#2.1.1.2.11 B　地図資料

地図資料の本タイトルの付与にあたっては，対象地域を示す名称または情報を必ず含める。必要に応じて，主題（使用目的，地図の種類など）も含める。

　　五千分一東京図

#2.1.1.2.11 C　動画資料

短い広告フィルムまたは広告ビデオの本タイトルの付与にあたっては，広告対象の製品，サービス等を示す名称または情報を含め，「広告」または「advertisement」の語を付加する。

未編集の映像資料（複数の映像，ニュース・フィルムなどを含む）の本タイトルの付与にあたっては，出現順に主要な要素（場所，イベント日付・撮影日付，個人名，主題など）を含める。

#2.1.1.2.11 D　文書，コレクション

文書，コレクションの本タイトルの付与にあたっては，創作者，収集者，または出所の名称のうち，適切なものを含める。

　　対馬宗家文書

#2.1.1.2.12　和古書・漢籍の書誌的巻数

和古書・漢籍については，書誌的巻数を本タイトルの一部として記録する。巻数を示す数字は，アラビア数字で記録する。記述対象が1巻または巻立てがない場合は，書誌的巻数を本タイトルに含めなくてもよい。

　　古今和歌集20巻

欠巻がある場合は，完本の巻数を記録し，続いて記述対象の現存巻数を「存」を冠して丸がっこに入れて付加する。完本の巻数が不明な場合は，現存巻数のみを「存」を冠して丸がっこに入れて付加する。存巻ないし欠巻の詳細については注記として記録する。

　　八家四六文註8巻補1巻（存7巻）

　　（タイトルに関する注記：欠巻：第4，補）

巻立てを有するものの零本等の場合は，形態的に独立した特定の部分だけを本タイトルとして採用することができる。巻次を含めて本タイ

トルとして記録するときは，アラビア数字に置き換えることはせず，情報源に表示されているとおりに記録する。

大般若波羅密多経巻三百八十二

#2.1.1.2.13　音楽資料の楽曲形式等　［略］

#2.1.1.2.14　地図資料の尺度

地図資料について，尺度（縮尺）がタイトルと不可分な場合は，本タイトルの一部として記録する。

20万分の1北海道実測地図

#2.1.1.2.15　逐次刊行物，更新資料の変化前のタイトルを示す表示

逐次刊行物または更新資料について，本タイトルが変化した場合に，変化前のタイトルまたは吸収されたタイトルを示す表示は，それが不可分な一部として表示されているとしても，本タイトルの一部としては記録しない。省略記号（...）も使用しない。変化前のタイトルまたは吸収されたタイトルを示す情報は，関連する著作として扱う。

The journal of fluid control
（情報源の表示：The Journal of Fluid Control including Fluidics Quarterly）

#2.1.1.2.16　複数巻単行資料，逐次刊行物の巻号ごとに変わる日付，名称，番号等

複数巻単行資料または逐次刊行物のタイトルが，巻号ごとに変わる日付，名称，番号を含む場合は，本タイトルの記録においてそれらを省略する。省略部分は省略記号（...）で示す。

日韓歴史共同研究プロジェクト第...回シンポジウム報告書
（各巻の情報源の表示：第11回，第12回などの回次が変化）

#2.1.1.2.17　逐次刊行物の刊行頻度

逐次刊行物について，情報源にタイトルとともに表示されている刊行頻度は，その表示順序，配置，デザイン等に基づいて適切と判断される場合は，本タイトルの一部として記録する。

月刊アドバタイジング

#2.1.1.2.18　美術資料の作品番号　［略］

#2.1.1.3　複製

複製については，原資料のタイトルではなく，複製自体のタイトルを本タイトルとして記録する。

原資料のタイトルが同一の情報源に表示されている場合は，原資料のタイトルは，次のいずれかに従って記録する。

a）複製のタイトルと異なる言語または文字種で表記されている場合は，並列タイトルとして記録する。
b）タイトル関連情報として記録する。
c）関連する体現形のタイトルとして記録する。

原資料のタイトルが，資料自体の別の情報源に表示されている場合は，関連する体現形のタイトルとして記録する。

#2.1.1.4　変化

複数巻単行資料，逐次刊行物または更新資料においては，本タイトルが変化することがある。

a）複数巻単行資料については，包括的記述によって記録している場合に，本タイトルに変化が生じても，体現形に対する新規の記述を作成しない。本タイトルの変化が識別またはアクセスに重要な場合は，変化後のタイトルを後続タイトルとして記録する。
b）逐次刊行物については，本タイトルの変化は，重要な変化と軽微な変化に区別する。重要な変化が生じた場合は，新しい著作の出現とみなし，その体現形に対する新規の記述を作成する。変化前後の体現形に対する記述は，相互に関連する著作として扱う。軽微な変化の場合は，体現形に対する新規の記述を作成しない。本タイトルの変化が識別またはアクセスに重要な場合は，変化後のタイトルを後続タイトルとして記録する。

c）更新資料については，本タイトルに変化が生じても，体現形に対する新規の記述を作成しない。本タイトルは変化後の本タイトルに改める。本タイトルの変化が識別またはアクセスに重要な場合は，変化前の本タイトルを先行タイトルとして記録する。

#2.1.1.4.1　重要な変化

逐次刊行物の本タイトルの変化において，次の場合を重要な変化とみなす。ただし，#2.1.1.4.2に示す場合にも該当するときは軽微な変化とみなして，この条項を適用しない。

a）本タイトルが単語に区切らずに表記する言語・文字種（日本語，中国語等）から成る場合に，いずれかの単語に変化，追加または削除があるか，語順の変化があり，その結果，本タイトルの意味が変わったり，異なる主題を示すものとなったとき

b）本タイトルが単語に区切って表記する言語・文字種（英語等）から成る場合に，冠詞を除いて先頭から5番目までの単語に変化，追加または削除があるか，その範囲で語順に変化があったとき

c）本タイトルが単語に区切って表記する言語・文字種（英語等）から成る場合に，冠詞を除いて先頭から6番目以降の単語に変化，追加または削除があり，その結果，本タイトルの意味が変わったり，異なる主題を示すものとなったとき

d）イニシャルまたは頭字語が変わったとき

e）言語が変わったとき

f）本タイトルに含まれる団体名に変化があり，変化後の団体が別の団体を示すものとなったとき

#2.1.1.4.2　軽微な変化

逐次刊行物の本タイトルの変化において，次の場合を軽微な変化とみなす。判断に迷う場合は，軽微な変化とする。

a）本タイトルが単語に区切らずに表記する言語・文字種（日本語，中国語等）から成る場合に，助詞，接続詞，接尾語に変化，追加または削除があったとき

原子力発電所より排出される温排水調査の結果について　→　原子力発電所から排出される温排水調査の結果について

b）本タイトルが単語に区切らずに表記する言語・文字種（日本語，中国語等）から成る場合に，逐次刊行物の種別を示す単語について，類似の単語への変化，追加または削除があったとき

いさはや市政概要　→　いさはや市政概況

c）本タイトルが単語に区切らずに表記する言語・文字種（日本語，中国語等）から成る場合に，逐次刊行物の刊行頻度の変化を伴わずに，刊行頻度を示す単語について，同義の単語への変化，追加または削除があったとき

チャペル・アワー月報　→　月刊チャペル・アワー

d）本タイトルが単語に区切って表記する言語・文字種（英語等）から成る場合に，冠詞，前置詞，接続詞またはそれに相当する単語に変化，追加または削除があったとき

e）本タイトルが単語に区切って表記する言語・文字種（英語等）から成る場合に，表記方法（綴りの違い，略語・記号・符号とその展開形，数字・日付とその語句による形，ハイフンの有無，複合語の分割形と連結形，イニシャル・頭字語とその展開形，単数形と複数形のような文法的な違い，句読法の違いなど）に変化があったとき

Labour history　→　Labor history

f）本タイトルが単語に区切って表記する言語・文字種（英語等）から成る場合に，逐次刊行物の種別を示す単語に追加または削除があったとき

g）本タイトルが単語に区切って表記する言

語・文字種（英語等）から成る場合に，順序表示と結びつける単語に変化，追加または削除があったとき

h）規則的なパターンに従って巻号単位で複数のタイトルを使い分けているとき

i）列記されている複数語について，語順の変化，単語の追加または削除が，本タイトルの意味や主題の変化につながらないとき

鹿児島大学理学部紀要．数学・物理学・化学　→　鹿児島大学理学部紀要．数学・化学・物理学

j）重要な意味をもたない記号に変化，追加または削除があったとき

k）本タイトルと並列タイトルが入れ替わったとき

l）言語の変化がなく，文字種の変化があったとき

広報たちかわ　→　広報 Tachikawa

m）本タイトルに含まれる団体名の表記に微細な変化，追加または削除があるか，他の単語との関係の変化があったとき

相模原市図書館だより　→　相模原市立図書館だより

#2.1.2　並列タイトル

並列タイトルは，タイトルのエレメント・サブタイプである。

#2.1.2.1　記録の範囲・情報源

#2.1.2.1.1　記録の範囲

並列タイトルは，本タイトルの異なる言語および（または）文字種によるタイトルである。並列タイトルは複数存在することもある。

Goodbye, Columbus

（本タイトル：さよならコロンバス）

情報源における特定の表示を並列タイトルとみなすかどうかについては，次のように扱う。

a）並列タイトルの別タイトルは，並列タイトルの一部として扱う。

b）本タイトルと異なる言語の原タイトルが，本タイトルと同等に表記されている場合は，並列タイトルとして扱う。

c）本来，責任表示，版表示など他のエレメントとして扱われる情報が，本タイトルの異なる言語および（または）文字種による表示と不可分な場合は，それらも並列タイトルの一部として扱う。

ベイシー・ビッグ・バンド・オン・ザ・ロード '79

（本タイトル：On the road）

（本タイトルに関する責任表示：Count Basie and Orchestra）

d）本タイトルの異なる言語および（または）文字種による表示が，他のエレメント（タイトル関連情報，責任表示，版表示など）と不可分な場合は，並列タイトルとしてではなく，そのエレメントの一部として扱う。

【本タイトルに関係する責任表示】

ゼネラルデンタルカタログ2009編集委員会

（本タイトル：General dental catalog）

（並列タイトルとはせず，責任表示の一部とした例）

e）音楽資料　［略］

#2.1.2.1.2　情報源

並列タイトルは，資料自体のどの情報源から採用してもよい。本タイトルと異なる情報源から採用した場合に，それが識別に重要なときは，その旨を注記として記録する。

本タイトルを資料外の情報源から採用した場合は，並列タイトルも同一の情報源から採用する。

#2.1.2.2　記録の方法

並列タイトルは，情報源から#2.1.0.4～#2.1.0.4.4に従って記録する。

Depths of the adjacent of Japan

（本タイトル：日本近海の深さの図）

並列タイトルが複数ある場合は，情報源での

表示順序，配置，デザイン等に基づいて判断した順に記録する。

#2.1.2.2.1　総合タイトルのない資料

個別のタイトルの異なる言語および（または）文字種によるタイトルを並列タイトルとして，情報源に表示されている順に記録する。

#2.1.2.3　変化

複数巻単行資料，逐次刊行物または更新資料においては，並列タイトルに変化，追加または削除が生じることがある。

a）複数巻単行資料または逐次刊行物については，並列タイトルに変化または追加が生じた場合に，識別またはアクセスに重要なときは，変化後，追加後の並列タイトルを異形タイトルとして記録する。並列タイトルが，後続の巻号で削除された場合に，識別またはアクセスに重要なときは，その旨を注記として記録する。

b）更新資料については，並列タイトルに変化または追加が生じた場合は，最新のイテレーションを反映して並列タイトルの記録を改める。この場合に，識別またはアクセスに重要なときは，変化前の並列タイトルを異形タイトルとして記録する。並列タイトルが，後続のイテレーションで削除された場合は，最新のイテレーションを反映して並列タイトルの記録を削除する。この場合に，識別またはアクセスに重要なときは，削除した並列タイトルを異形タイトルとして記録する。

#2.1.3　タイトル関連情報

タイトル関連情報は，タイトルのエレメント・サブタイプである。

#2.1.3.1　記録の範囲・情報源

#2.1.3.1.1　記録の範囲

タイトル関連情報は，本タイトルを限定，説明，補完する表示である。情報源における表示の位置は，本タイトルの後に続くことが多いが，本タイトルの上部や前方の位置に表示されていることもある。

情報源における特定の表示をタイトル関連情報とみなすかどうかについては，次のように扱う。

a）明らかに本タイトルと判定される部分と不可分な場合は，本タイトルに含めてタイトル関連情報としては扱わない。

b）タイトル関連情報には，サブタイトルなどを含む。

c）本タイトルに対応する別の形である背のタイトルやカバーのタイトルなど，または部編，補遺等の表示および（または）名称は，タイトル関連情報として扱わない。

d）原タイトルが本タイトルと同一の情報源に，本タイトルと同一の言語で表示されている場合は，それをタイトル関連情報として扱う。

e）同一の言語または文字種による複数のタイトルがある場合に，本タイトルとしなかったタイトルが，識別またはアクセスに重要なときは，タイトル関連情報として扱うことができる。タイトル関連情報としない場合は，異形タイトルとする。

f）逐次刊行物および更新資料については，内容の刊行または更新頻度に関する情報は，刊行頻度として扱うほかに，本タイトルの一部とすることがあるが，タイトル関連情報としては扱わない。

g）地図資料，動画資料については，本タイトルだけでは記述対象の情報が不十分で説明が必要な場合に，本タイトルを採用した情報源以外からタイトル関連情報を採用すること，またはデータ作成者が付与することがある。この場合は，#2.1.3.1.1 A，#2.1.3.1.1 B を適用する。

h）音楽資料，美術資料については，当規定に#2.1.3.1.1 C［略］，#2.1.3.1.1 D［略］

もあわせて適用する。

#2.1.3.1.1 A　地図資料

地図資料について，本タイトルに対象地域および（または）主題（使用目的，地図の種類など）を示す情報が含まれていない場合，かつそれらの情報を含むタイトル関連情報が存在しない場合は，それらの情報を含む短い語句をタイトル関連情報として扱う。

#2.1.3.1.1 B　動画資料

動画資料について，予告編であるが本タイトルがそのことを示唆していない場合，かつそのことを示すタイトル関連情報が存在しない場合は，予告編を示す短い語句をタイトル関連情報として扱う。

#2.1.3.1.1 C　音楽資料　［略］

#2.1.3.1.1 D　美術資料　［略］

#2.1.3.1.2　情報源

タイトル関連情報は，本タイトルと同一の情報源から採用する。ただし，地図資料，動画資料については，本タイトルだけでは記述対象の情報が不十分で説明が必要な場合は，本タイトルを採用した情報源以外から採用すること，またはデータ作成者が付与することがある。

#2.1.3.2　記録の方法

タイトル関連情報は，情報源から#2.1.0.4～#2.1.0.4.4に従って記録する。

通訳教本
（本タイトル：英語通訳への道）
勝利を呼ぶコミュニケーション術
（本タイトル：ザ・レーガン・スピーチ）

#2.1.3.2.1　複数の言語・文字種によるタイトル関連情報

情報源に，複数の言語または文字種によるタイトル関連情報に該当する表示が存在する場合は，それらを次のように記録する。

a）内容の異なる複数の表示

複数の言語または文字種による内容の異なるタイトル関連情報に該当する表示は，それらすべてをタイトル関連情報として扱い，その情報源での表示順序，配置，デザイン等に基づいて判断した順に記録する。

b）同一内容の複数の表示（並列タイトルがないとき）

本タイトルと同一の言語または文字種による表示をタイトル関連情報として記録する。それがないときは，最初に表示されたものをタイトル関連情報として記録する。タイトル関連情報としないものを，並列タイトル関連情報として扱う。

c）同一内容の複数の表示（並列タイトルがあるとき）

本タイトルと同一の言語または文字種による表示をタイトル関連情報として記録する。それがないときは，並列タイトルと異なる言語または文字種による最初に表示されたものをタイトル関連情報として記録する。タイトル関連情報としないものを，並列タイトル関連情報として扱う。

#2.1.3.2.2　同一の言語・文字種による複数のタイトル関連情報

情報源に，同一の言語または文字種による複数のタイトル関連情報に該当する表示が存在する場合は，それらすべてをタイトル関連情報として扱い，その情報源での表示順序，配置，デザイン等に基づいて判断した順に記録する。

18世紀英国海軍物語
密航者を探せ！
（本タイトル：大帆船）

タイトル関連情報とはせずに，異形タイトルとすることもできる。

#2.1.3.2.3　説明的な語句の付加

地図資料，動画資料について，#2.1.3.1.1 A，#2.1.3.1.1 B に従って，タイトル関連情報として簡略で説明的な語句を本タイトルと異なる情報源から採用した場合，またはデータ作成者が付与した場合は，それが分かるような方法（コーディングや角がっこの使用など）で記録する。

［登山・ハイキング最新コースタイム入り］
（本タイトル：伊豆半島・大島）
（地図の主題を表紙から採用した例）
［予告編］
（本タイトル：マルサの女）

#2.1.3.2.4　総合タイトルのない資料

総合タイトルがなく，すべての個別のタイトルを本タイトルとして扱う場合は，タイトル関連情報を次のように記録する。

a）個別のタイトルに対応する関連情報
どの個別のタイトルに対応しているタイトル関連情報であるかが分かるように記録する。

Meditation: op. 90; Klänge der Stille: op. 91

b）すべての個別のタイトルに共通する関連情報
すべての個別のタイトルに共通するタイトル関連情報であることが分かるように記録する。または，注記として記録する。

李陵；山月記：他2篇
（「他2篇」がすべての個別タイトルに共通するタイトル関連情報）

c）すべてではないが，複数の個別のタイトルに共通する関連情報
タイトル関連情報として扱わず，注記として記録する。

#2.1.3.3　変化

複数巻単行資料，逐次刊行物または更新資料においては，タイトル関連情報に変化，追加または削除が生じることがある。

a）複数巻単行資料または逐次刊行物については，タイトル関連情報に変化または追加が生じた場合に，識別またはアクセスに重要なときは，変化後，追加後のタイトル関連情報を異形タイトルとして記録する。タイトル関連情報が後続の巻号で削除された場合は，その旨を注記として記録する。

b）更新資料については，タイトル関連情報に追加が生じた場合に，識別またはアクセスに重要なときは，最新のイテレーションを反映してタイトル関連情報を追加する。
タイトル関連情報に変化が生じた場合に，識別またはアクセスに重要なときは，最新のイテレーションを反映してタイトル関連情報を改め，変化前のタイトル関連情報を異形タイトルとして記録する。タイトル関連情報が後続イテレーションで削除された場合は，最新のイテレーションを反映してタイトル関連情報の記録を削除する。この場合，識別またはアクセスに重要なときは，削除したタイトル関連情報を異形タイトルとして記録する。

#2.1.4　並列タイトル関連情報

並列タイトル関連情報は，タイトルのエレメント・サブタイプである。

#2.1.4.1　記録の範囲・情報源

#2.1.4.1.1　記録の範囲

並列タイトル関連情報は，タイトル関連情報として記録されたものの，異なる言語および（または）文字種による同一内容の表示である。ただし，本タイトルの一部のみに並列タイトルが対応していて，タイトル関連情報が存在しない場合は，本タイトルに対応するが並列タイトルに含まれない表示を，並列タイトル関連情報として扱うことができる。

タイトル関連情報に該当する同一内容の表示が，複数の言語または文字種で表示されている場合は，次のように並列タイトル関連情報を扱う。

a）並列タイトルがないとき
本タイトルと同一の言語または文字種による表示を，タイトル関連情報として扱う。それがないときは，最初に表示されたもの

をタイトル関連情報として扱う。タイトル関連情報としないものを，並列タイトル関連情報として扱う。

b）並列タイトルがあるとき

本タイトルと同一の言語または文字種による表示を，タイトル関連情報として扱う。それがないときは，並列タイトルと異なる言語または文字種による最初に表示されたものを，タイトル関連情報として扱う。タイトル関連情報としないものを，並列タイトル関連情報として扱う。

#2.1.4.1.2　情報源

並列タイトル関連情報は，対応する並列タイトルと同一の情報源から採用する。対応する並列タイトルがない場合は，本タイトルと同一の情報源から採用する。

#2.1.4.2　記録の方法

並列タイトル関連情報は，情報源から#2.1.0.4～#2.1.0.4.4に従って記録する。タイトル関連情報との対応が分かるような方法（コーディングや等号記号（＝）の使用，記録の位置など）で記録する。

京都大学情報環境機構年報：自己点検評価報告書＝Annual report of the Institute for Information Management and Communication, Kyoto University: self-study report

並列タイトル関連情報が，複数の言語または文字種で表示されている場合は，並列タイトルと同様の順に記録する。並列タイトルがない場合，または並列タイトルから判断できない場合は，情報源での表示順序，配置，デザイン等に基づいて判断した順に記録する。

#2.1.4.3　変化

複数巻単行資料，逐次刊行物または更新資料においては，並列タイトル関連情報に変化，追加または削除が生じることがある。

a）複数巻単行資料または逐次刊行物については，並列タイトル関連情報に変化または追加が生じた場合に，識別またはアクセスに重要なときは，変化後，追加後の並列タイトル関連情報を異形タイトルとして記録する。並列タイトル関連情報が後続の巻号で削除された場合は，その旨を注記として記録する。

b）更新資料については，並列タイトル関連情報に追加が生じた場合に，識別またはアクセスに重要なときは，最新のイテレーションを反映して並列タイトル関連情報を追加する。並列タイトル関連情報に変化が生じた場合に，識別またはアクセスに重要なときは，最新のイテレーションを反映して並列タイトル関連情報を改め，変化前の並列タイトル関連情報を異形タイトルとして記録する。並列タイトル関連情報が後続のイテレーションで削除された場合は，最新のイテレーションを反映して並列タイトル関連情報の記録を削除する。この場合，識別またはアクセスに重要なときは，削除した並列タイトル関連情報を異形タイトルとして記録する。

#2.1.5　先行タイトル

先行タイトルは，タイトルのエレメント・サブタイプである。

#2.1.5.1　記録の範囲・情報源

#2.1.5.1.1　記録の範囲

先行タイトルは，更新資料の本タイトルが変化した場合の変化前のイテレーションにおける本タイトルであり，識別またはアクセスに重要な場合に記録する。

#2.1.5.1.2　情報源

先行タイトルは，変化後の本タイトルを採用した情報源と対応する，更新資料の先行のイテレーションの情報源から採用する。

#2.1.5.2　記録の方法

先行タイトルは，#2.1.0.4～#2.1.0.4.4に

従って記録する。

先行タイトルが使用されていたイテレーションを注記として記録する。オンライン資料の場合は，出版日付の代わりに先行タイトルが見られた日付を注記として記録する。

The law of liability insurance
（本タイトル：New Appleman law of liability insurance）
（タイトルに関する注記：先行タイトルの表示：[1966]-2010）

#2.1.6　後続タイトル

後続タイトルは，タイトルのエレメント・サブタイプである。

#2.1.6.1　記録の範囲・情報源

#2.1.6.1.1　記録の範囲

後続タイトルは，複数巻単行資料の本タイトルが変化した場合，または逐次刊行物の本タイトルに軽微な変化があった場合の変化後の本タイトルであり，識別またはアクセスに重要な場合に記録する。

#2.1.6.1.2　情報源

後続タイトルは，変化前の本タイトルを採用した情報源と対応する，複数巻単行資料または逐次刊行物の後続の巻号の情報源から採用する。

#2.1.6.2　記録の方法

後続タイトルは，#2.1.0.4～#2.1.0.4.4に従って記録する。

後続タイトルが使用されている巻号または出版日付の範囲（現在も使用されている場合は，使用を開始した巻号または出版日付）を，注記として記録する。

急変キャッチ達人ナース
（本タイトル：達人ナース）
（タイトルに関する注記：後続タイトル：32巻6号（平23.10）より）

#2.1.7　キー・タイトル

キー・タイトルは，タイトルのエレメント・サブタイプである。

#2.1.7.1　記録の範囲・情報源

#2.1.7.1.1　記録の範囲

キー・タイトルは，ISSN登録機関が登録する，逐次刊行物，更新資料，または複数巻単行資料の一意のタイトルである。ISSNと1対1で結びつき，多くは本タイトルと対応するが，識別要素が付加されることがある。

#2.1.7.1.2　情報源

キー・タイトルは，次の優先順位で情報源を選定する。

a）ISSNレジスター
b）資料自体の情報源
c）資料外の情報源

#2.1.7.2　記録の方法

情報源に表示されているとおりに記録する。

逐次刊行物の本タイトルと同一であっても，キー・タイトルとして記録することができる。

IFLA journal

#2.1.8　略タイトル

略タイトルは，タイトルのエレメント・サブタイプである。

#2.1.8.1　記録の範囲・情報源

#2.1.8.1.1　記録の範囲

略タイトルは，索引または識別を目的として省略された形のタイトルである。略タイトルは，データ作成機関または他の機関（ISSN登録機関，抄録索引サービス機関など）によって作成される。

#2.1.8.1.2　情報源

略タイトルは，どの情報源に基づいて記録してもよい。

#2.1.8.2　記録の方法

情報源に表示されているとおりに記録する。

資料自体に表示されているタイトルと同一であっても，略タイトルとして記録することができる。

Can. j. infect. dis. med. microbiol.

#2.1.9　異形タイトル

異形タイトルは，タイトルのエレメント・サブタイプである。

#2.1.9.1　記録の範囲・情報源

#2.1.9.1.1　記録の範囲

異形タイトルは，本タイトル，並列タイトル，タイトル関連情報，並列タイトル関連情報，先行タイトル，後続タイトル，キー・タイトル，または略タイトルとしては記録しないが，体現形と結びついているタイトルであり，識別またはアクセスに重要な場合に記録する。

データ作成者が本タイトルを翻訳・翻字したタイトルも異形タイトルとして扱うことができる。

異形タイトルには，主として次のものがある。

a）資料自体（タイトル・ページ，タイトル・フレーム，タイトル・スクリーン，見出し，欄外，表紙，背，前書き，後書きなど），カバー，容器または付属資料に表示されたタイトル

Le capital au XXIe siècle
（本タイトル：21世紀の資本）
（タイトルに関する注記：原タイトル：Le capital au XXIe siècle）
（タイトル・ページ裏に表示された原タイトルを異形タイトルとして記録した例）

b）参考資料によるタイトル

かぐや姫の物語
（本タイトル：竹取物語）
（「国書総目録」により異形タイトルを記録した例）

c）資料に関するデータの登録または整備を行う機関によって付与されたタイトル（リポジトリ登録タイトル，データ作成者による翻訳・翻字タイトルなど）

d）著作者，以前の所有者・所蔵機関等によって付与されたタイトル

e）誤記，誤植，脱字などを含むタイトルの正しい形（正しい形に訂正した各タイトルを記録する場合は，誤記，誤植，脱字などを含むタイトル）

f）タイトルの一部（別タイトル，本タイトルの一部として記録された部編のタイトル）

g）並列タイトル，タイトル関連情報，並列タイトル関連情報の異なる形（複数巻単行資料または逐次刊行物の後続の巻号における変化後のタイトル，更新資料の変化前のイテレーションのタイトル）

h）ルビを含むタイトル

i）併記された語句を含むタイトル

#2.1.9.1.2　情報源

異形タイトルは，どの情報源に基づいて記録してもよい。

#2.1.9.2　記録の方法

異形タイトルは，#2.1.0.4～#2.1.0.4.4に従って記録する。

識別またはアクセスに重要な場合は，異形タイトルの情報源を注記として記録する。異なる形を異形タイトルとする場合に，識別またはアクセスに重要なときは，その部分，巻号，またはイテレーションを注記として記録する。

二十一世紀の図書館におけるプライヴァシーと情報の自由
（本タイトル：21世紀の図書館におけるプライヴァシーと情報の自由）
（タイトルに関する注記：異形タイトルは表紙による）

#2.1.9.2.1　ルビを含むタイトル

情報源に表示されたタイトルにルビが付記されている場合で，識別またはアクセスに重要なときは，次のように異形タイトルを記録する。

a）一般的な読みを示すルビ

ルビが別の情報源でタイトルとして表示されている場合は，それを異形タイトルとして記録する。

がんくつおう
（タイトル・ページ：巌窟王。「巌窟王」に

対するルビ：がんくつおう。奥付：がんくつおう）

b）特殊な読みを示すルビ

ルビを丸がっこに入れて付加した形を異形タイトルとして記録する。

青い思想（こころ）

（「思想」に対するルビ：こころ）

#2.1.9.2.2　併記された語句を含むタイトル

同義語による別の表現，原語形とその略語，外来語とその原語などが，タイトルの一部に併記されている場合は，情報源での表示順序，配置，デザイン等に基づいて本タイトルを選定し，識別またはアクセスに重要なときは，本タイトルとしなかったものを異形タイトルとして記録する。

誰でもわかる！BSE 対策マニュアル

（本タイトル：誰でもわかる！狂牛病対策マニュアル）

#2.2　責任表示

責任表示は，エレメントである。

本タイトルに関係する責任表示のうち，情報源に表示されている主なもの，または最初のものは，コア・エレメントである。

#2.2.0　通則

#2.2.0.1　記録の範囲

資料の知的・芸術的内容の創作または実現に，責任を有するか寄与した個人・家族・団体に関する表示を，責任表示として記録する。責任表示は，個人・家族・団体の名称と，役割を示す語句から成る。ただし，名称が単独で表示されている場合もある。責任表示とするものには，著者，編纂者，作曲者，編曲者，画家などのほか，原作者，編者，訳者，脚色者，監修者，校閲者などをも含む。

記述対象が包括的な資料の一部である場合は，全体の内容等に責任を有する者の表示も，体現形の識別のために記録することがある。

#2.2.0.2　エレメント・サブタイプ

責任表示には，次のa)～j）がある。

a)～b）は，責任表示のエレメント・サブタイプであり，#2.2.0.3～#2.2.2.2で規定する。

a）本タイトルに関係する責任表示［#2.2.1を見よ。］

b）本タイトルに関係する並列責任表示［#2.2.2を見よ。］

c)～f）については，版表示のサブエレメントであり，#2.3.3～#2.3.8.2.1で規定する。

c）版に関係する責任表示［#2.3.3を見よ。］

d）版に関係する並列責任表示［#2.3.4を見よ。］

e）付加的版に関係する責任表示［#2.3.7を見よ。］

f）付加的版に関係する並列責任表示［#2.3.8を見よ。］

g)～j）については，シリーズ表示のサブエレメントであり，#2.10.5～#2.10.14.2で規定する。

g）シリーズに関係する責任表示［#2.10.5を見よ。］

h）シリーズに関係する並列責任表示［#2.10.6を見よ。］

i）サブシリーズに関係する責任表示［#2.10.13を見よ。］

j）サブシリーズに関係する並列責任表示［#2.10.14を見よ。］

#2.2.0.3　情報源

責任表示は，対応するタイトルと同一の情報源から優先して採用する。

本タイトルに関係する責任表示の情報源は，#2.2.1.1.2で，本タイトルに関係する並列責任表示の情報源は，#2.2.2.1.2で定める。

#2.2.0.4　記録の方法

責任表示は，情報源に表示されている，個人・家族・団体の名称と，その役割を示す語句を，#1.10～#1.10.11に従って記録する。

野坂昭如文

阿川弘之，北杜夫対談

日地出版株式会社編集・著作

監修：平野健次

同一の名称が，情報源に省略形と展開形等の双方で表示されている場合は，詳細な形を記録する。

National Diet Library

（NDL の表示もあり）

逐次刊行物については，個人編者は，識別に重要な場合に限定して，責任表示として記録する。

#2.2.0.4 A　和古書・漢籍

和古書・漢籍については，個人の名称は，情報源の表示に従って記録する。なお，先秦書の場合は，撰者を記録しない。責任表示として記録しなかった個人・家族・団体の名称は，必要に応じて注記する。

#2.2.0.4.1　複数の名称を含む責任表示

複数の名称を含む責任表示は，次のように記録する。

複数の個人・家族・団体の果たす役割が同一の場合は，一つの責任表示として記録する。ただし，同一の役割であっても分離して表示されている場合は，それぞれ別の責任表示として記録する。

上田修一・蟹瀬智弘著

小松克彦＋オフィス21編著

田中登［編］

山本登朗［編］

（分離して表示されていたため，二つの責任表示として記録した例）

複数の個人・家族・団体の果たす役割が異なっていても，一つのまとまりとして表示されている場合は，全体を一つの責任表示として記録する。

三浦徹也 with M2

written by Marty Rhodes Figley and illustrated by Marty Kelley

1集団に属している複数の構成員の名称が，その集団の名称とともに表示されている場合は，その集団の名称のみを記録して，各構成員の名称は省略する。ただし，各構成員の名称が，識別，アクセスまたは選択に重要な場合は，注記として記録する。

#2.2.0.4.2　複数の責任表示

複数の責任表示がある場合は，情報源での表示順序，配置，デザイン等に基づいて判断した順に記録する。表示順序，配置，デザイン等から判断できない場合，または本タイトルとは別の情報源から採用する場合は，合理的な順（著作の成立過程による順など）に記録する。

OECD 教育研究革新センター編著

斎藤里美監訳

布川あゆみ，本田伊克，木下江美，三浦綾希子，藤浪海訳

（本タイトル：21世紀型学習のリーダーシップ）

#2.2.0.4.3　役割を示す語句

情報源に表示されている個人・家族・団体の役割を示す語句は，そのままの形で記録する。

個人・家族・団体の名称のみが表示されていて，役割を示す語句が表示されていない場合に，その役割を明らかにする必要があるときは，補ったことが分かる方法（コーディング，角がっこの使用など）で記録する。

ワイルド

福田恆存，福田逸訳

（本タイトル：アーサー卿の犯罪）

倉石武四郎［解説］

烏鐸朗読

（本タイトル：中国古典講話）

#2.2.0.4.3 A　和古書・漢籍

和古書・漢籍については，情報源の表示に役割を示す語句が表示されていない場合は，「著」，「編」等（漢籍の場合は，「撰」，「輯」等）の適切な語句を，補ったことが分かる方法（コーディング，角がっこの使用など）で記録する。

#2.2.0.4.4　責任表示に付随している他の語句

責任表示に他の語句が付随している場合，または本来，タイトル関連情報，版表示など他のエレメントとして扱われる情報が責任表示の一部として表示されている場合は，それらも責任表示の一部として記録する。

Mozart
neue Instrumentierung von Beyer

逆に，本来，責任表示として扱われる名称が他のエレメント（本タイトル，タイトル関連情報，出版者等）の一部として表示されている場合は，責任表示ではなく，そのエレメントの一部として記録する。情報源で，他のエレメントの一部として表示され，かつ責任表示としても表示されている場合は，双方のエレメントとして記録する。

高知県立文学館
（本タイトル：高知県立文学館開館15周年記念誌）

#2.2.0.4.5　語句等による個人・家族・団体の名称を含む責任表示

記述対象の内容との関係を示す語句等による個人・家族・団体の名称は，責任表示として記録する。

ある英国の説教者著
湖浜馨訳
（本タイトル：主よ，みこころを教えてください）

#2.2.0.4.6　個人・家族・団体の名称を含まない責任表示

個人・家族・団体の名称が表示されていない場合も，資料の知的・芸術的内容の創作または実現に対する関係を示す語句が表示されていれば，それを責任表示として記録する。

by a group of scholars

資料の知的・芸術的内容の創作または実現に対する関係を示していない情報（利用対象を示す語句，標語，授賞の表示など）は，情報源に表示されていても責任表示には含めない。

#2.2.0.5　複製

複製については，原資料の責任表示ではなく複製自体の責任表示を記録する。原資料の責任表示は，関連する体現形の責任表示として記録する。

#2.2.0.6　変化

複数巻単行資料，逐次刊行物または更新資料においては，責任表示に変化，追加または削除が生じることがある。

複数巻単行資料または逐次刊行物では，責任表示に変化，追加または削除が生じた場合に，識別またはアクセスに重要なときは，変化，追加または削除の旨を注記として記録する。

北海道立総合研究機構花・野菜技術センター編
（責任表示に関する注記：平成20年度から平成21年度までの編者：北海道立花・野菜技術センター）

ただし，逐次刊行物において，責任表示に重要な変化が生じた場合は，新しい著作とみなし，体現形に対する新規の記述を作成する。重要な変化とは，本タイトルが総称的な語である場合の，逐次刊行物の識別にかかわる責任表示の変化である。

更新資料については，責任表示に変化または追加が生じた場合は，最新のイテレーションを反映して責任表示の記録を改める。この場合，識別またはアクセスに重要なときは，変化前の責任表示を注記として記録する。責任表示が後続のイテレーションで削除された場合は，最新のイテレーションを反映して責任表示を記録から削除する。この場合，識別またはアクセスに重要なときは，削除した旨を注記として記録する。

#2.2.1　本タイトルに関係する責任表示

本タイトルに関係する責任表示は，責任表示のエレメント・サブタイプである。

本タイトルに関係する責任表示は，情報源に表示されているもののうち，最初に記録する一つの責任表示のみがコア・エレメントである。

#2.2.1.1　記録の範囲・情報源

#2.2.1.1.1　記録の範囲

本タイトルに関係する責任表示は，責任表示のうち，本タイトルに関係する表示である。

責任表示の範囲には，著者，編纂者，作曲者，編曲者，画家などのほか，原作者，編者，訳者，脚色者，監修者，校閲者などをも含む。

本タイトルに関係する責任表示として記録しなかったものは，識別，アクセスまたは選択に重要な場合は，注記として記録する。

　　志賀直哉

　　つださうきち著

　　秋田大学大学院教育学研究科編

#2.2.1.1.2　情報源

本タイトルに関係する責任表示は，次の優先順で情報源を選定する。

a）本タイトルと同一の情報源

b）資料自体の他の情報源

c）資料外の情報源

必要な場合は，情報源を注記として記録する。

#2.2.1.2　記録の方法

本タイトルに関係する責任表示は，情報源に表示された情報を，#2.2.0.4～#2.2.0.4.6に従って記録する。

　　竹内理三校訂・解説

　　田中吉郎作図

#2.2.1.2.1　複数の言語・文字種による責任表示

情報源に責任を有するものの表示が複数あり，それらが同一の名称，役割を示す語句を複数の言語または文字種で表示しているだけの場合は，本タイトルと同一の言語または文字種によるものを記録する。本タイトルと同一の言語または文字種による表示がない場合は，最初に表示されているものを記録する。

#2.2.1.2.2　総合タイトルのない資料

総合タイトルのない資料の場合，記述対象全体に共通する責任表示は，すべてのタイトル，タイトル関連情報などに対応していることが分かるように記録する。

　　にごりえ；たけくらべ / 樋口一葉著

責任表示が個別のタイトルに関係している場合は，対応するタイトルとタイトル関連情報が分かるように記録する。

　　土佐日記 / 紀貫之著；池田弥三郎訳．蜻蛉日記 / 藤原道綱母著；室生犀星訳

責任表示が個別のタイトルに関係していて，かつ個別のタイトル全体に共通する責任表示もある場合は，それぞれの関係が分かるように責任表示を記録する。

#2.2.2　本タイトルに関係する並列責任表示

本タイトルに関係する並列責任表示は，責任表示のエレメント・サブタイプである。

#2.2.2.1　記録の範囲・情報源

#2.2.2.1.1　記録の範囲

本タイトルに関係する並列責任表示は，本タイトルに関係する責任表示として記録したものと異なる言語および（または）文字による表示である。

#2.2.2.1.2　情報源

本タイトルに関係する並列責任表示は，対応する並列タイトルと同一の情報源から採用する。対応する並列タイトルが存在しない場合は，対応する本タイトルと同一の情報源から採用する。

#2.2.2.2　記録の方法

本タイトルに関係する並列責任表示の記録は，情報源に表示された情報を，#2.2.0.4～#2.2.0.4.6に従って記録する。

情報源に，本タイトルに関係する並列責任表示が複数の言語および（または）文字種で表示されている場合は，対応する並列タイトルと同一の順に記録する。対応する並列タイトルが存在しない場合などは，表示されている順に記録

する。

Joji Yuasa

（本タイトルに関係する責任表示：湯浅譲二）

#2.3　版表示

版表示は，エレメントである。

#2.3.0　通則

#2.3.0.1　記録の範囲

記述対象がどのような版であるかを示す表示を，版表示として記録する。版表示は，版次，版に関係する責任表示等から成る。版表示には，版次だけではなく，付加的版次をも含むことがある。同様に，版に関係する責任表示だけでなく，付加的版に関係する責任表示をも含むことがある。また，非刊行物に含まれる著作の版を示す表示も，版表示として扱う。

#2.3.0.2　サブエレメント

版表示には，次のサブエレメントがある。これらのうち，版次および付加的版次は，コア・エレメントである。

a）版次［#2.3.1を見よ。］

b）並列版次［#2.3.2を見よ。］

c）版に関係する責任表示［#2.3.3を見よ。］

d）版に関係する並列責任表示［#2.3.4を見よ。］

e）付加的版次［#2.3.5を見よ。］

f）並列付加的版次［#2.3.6を見よ。］

g）付加的版に関係する責任表示［#2.3.7を見よ。］

h）付加的版に関係する並列責任表示［#2.3.8を見よ。］

#2.3.0.3　情報源

版表示の情報源は，サブエレメントごとに定める。

#2.3.0.4　記録の方法

版表示は，情報源に表示されている版次などを，#1.10～#1.10.11に従って記録する。版に関係する責任表示などは，#2.2.0.4～#2.2.0.4.6に従って記録する。

複数の巻号（付属資料を含む）から成る資料全体を記述対象とする場合は，全体に関係する版表示を記録する。識別に重要な場合は，さらに記述対象の一部分にのみ関係する版表示を注記として記録する。

#2.3.0.4.1　数字

版次などは，情報源から#1.10～#1.10.11に従って記録する。アラビア数字以外の数字，ローマ字，キリル文字等を含むものも，情報源における表示のまま記録する。

第二版

（情報源の表示：第二版）

New ed.

（情報源の表示：New ed.）

#2.3.0.5　複製

複製については，原資料の版表示ではなく複製自体の版表示を記録する。原資料の版表示は，関連する体現形の版表示として記録する。

#2.3.0.6　変化

複数巻単行資料，逐次刊行物または更新資料においては，版表示に変化，追加または削除が生じることがある。版表示に対象範囲や主題が変わったことを示す変化がある場合は，別の資料とみなして体現形に対する新規の記述を作成する。それ以外の場合は，次のとおりとする。

複数巻単行資料を包括的に記述する場合に，識別またはアクセスに重要なときは，巻号による版表示の違いを注記として記録する。

逐次刊行物については，版表示に変化，追加または削除が生じた場合に，識別またはアクセスに重要なときは，変化，追加または削除の旨を注記として記録する。

更新資料については，版表示に変化，追加または削除が生じた場合は，最新のイテレーションを反映して版表示の記録を改める。

#2.3.1　版次

版次は，版表示のサブエレメントである。

版次は，コア・エレメントである。

#2.3.1.1　記録の範囲・情報源

#2.3.1.1.1　記録の範囲

版次は，記述対象が属する版を示す語，数字またはこれらの組み合わせである。

版次には，通常，次の語，数字またはこれらの組み合わせが該当する。内容の変更を伴わない刷次と判断される場合は，版次として扱わない。

a）日本語

序数と「版」，または他の版との内容の相違を示す「改訂」，「増補」，「新版」などの語を含むもの。

改訂版

第1版

リマスター版

b）外国語

「edition」，「issue」，「release」，「level」，「state」，「update」またはそれに相当する他の言語による語を含むもの。省略形の場合も含む。

1st edition

Ver. 2.5

また，次の相違を示すものがある。

c）内容の変更による相違

最終草案対応版

ディレクターズ・カット版

内容の変更を伴う刷次は，版次として扱う。

第2刷補訂

なお，特定の版に属する刷次の表示中に，改訂，増補などに相当する語がある場合は，これを付加的版次として扱う。

d）地理的範囲の相違

Latin America edition

e）言語の相違

中文版

f）利用対象者の相違

看護学生版

g）刊行の様式，形態等の相違

DVD-ROM 版

Windows 版

限定版

h）内容と結びつく日付の相違

i）楽譜の特定の形式の相違

j）楽譜の特定の声域の相違

ただし，「版」，「edition」などと表示されていても，本タイトル（部編タイトルなどの従属タイトルを含む），タイトル関連情報または責任表示の一部として記録したものは，版次として扱わない。

【本タイトル】五訂食品成分表

#2.3.1.1.1A　書写資料

書写資料には刊行物における版はないが，一つの著作にいくつかの稿が存在することがある。書写資料を区別できるような場合は，その稿を版として記録する。ただし，江戸時代までの資料については，同一著作における他の複数の個別資料との校合等により区別できた場合に限る。

#2.3.1.1.1B　楽譜　［略］

#2.3.1.1.1C　逐次刊行物および更新資料

次に挙げるものは，版次として扱わない。

a）逐次刊行物の巻次，年月次を示す表示

b）定期的な改訂，または頻繁な更新を示す表示

#2.3.1.1.2　情報源

版次は，次の優先順位で情報源を選定する。

a）本タイトルと同一の情報源

b）資料自体の他の情報源

c）資料外の情報源

#2.3.1.2　記録の方法

版次は，#2.3.0.4～#2.3.0.4.1に従って記録する。

#2.3.1.2.1　語句の補足

情報源に数字および（または）文字のみが表示されている場合は，版であることが分かるように適切な語句を補って記録する。この場合，資料外から採用したことを，注記および（また

は）その他の方法（コーディング，角がっこの使用など）で示す。

2011［版］

Revised［edition］

#2.3.1.2.2　複数の版次

情報源に複数の版次が表示されている場合は，情報源での表示順序，配置，デザイン等に基づいた順に記録する。

第3版

2015年版

（情報源に双方ともに表示されている例）

#2.3.1.2.3　複数の言語・文字種による版次

情報源に，版次が複数の言語または文字種で表示されている場合は，本タイトルと同一の言語または文字種によるものを記録する。本タイトルと同一の言語または文字種による表示がない場合は，最初に表示されているものを記録する。

#2.3.2　並列版次

並列版次は，版表示のサブエレメントである。

#2.3.2.1　記録の範囲・情報源

#2.3.2.1.1　記録の範囲

並列版次は，版次として記録したものと異なる言語および（または）文字種による表示である。

#2.3.2.1.2　情報源

並列版次は，次の優先順位で情報源を選定する。

a）版次と同一の情報源

b）資料自体の他の情報源

c）資料外の情報源

#2.3.2.2　記録の方法

並列版次は，#2.3.0.4～#2.3.0.4.1に従って記録する。

#2.3.2.2.1　複数の並列版次

並列版次が複数ある場合は，情報源での表示順序，配置，デザイン等に基づいた順に記録する。

#2.3.3　版に関係する責任表示

版に関係する責任表示は，版表示のサブエレメントである。

#2.3.3.1　記録の範囲・情報源

#2.3.3.1.1　記録の範囲

版に関係する責任表示は，責任表示のうちの特定の版に関係する表示である。記述対象の責任表示のうち，属する版（補遺資料を含む）にのみ関係する個人・家族・団体の名称と，その役割を示す語句を記録する。次のような場合がある。

a）特定の版にのみ関係している責任表示

b）複数の版に関係しているが，すべての版には関係していない責任表示（すべての版に関係する責任表示は，本タイトルに関係する責任表示として記録する。）

責任表示が，すべての版に関係しているか，一部の版にのみ関係しているか判断できない場合，または版次の有無が判明しない場合は，本タイトルに関係する責任表示として扱う。

また，記述対象が初版である場合は，すべての責任表示を本タイトルに関係する責任表示として扱う。

#2.3.3.1.2　情報源

版に関係する責任表示は，版次と同一の情報源から採用する。

#2.3.3.2　記録の方法

版に関係する責任表示は，#2.2.0.4～#2.2.0.4.6に従って記録する。

日本国語大辞典第二版編集委員会編集

#2.3.3.2.1　複数の言語・文字種による責任表示

情報源に，版に関係する責任表示が複数の言語または文字種で表示されている場合は，本タイトルと同一の言語または文字種によるものを記録する。本タイトルと同一の言語または文字種による表示がない場合は，最初に表示されているものを記録する。

#2.3.4　版に関係する並列責任表示

版に関係する並列責任表示は，版表示のサブエレメントである。

#2.3.4.1　記録の範囲・情報源

#2.3.4.1.1　記録の範囲

版に関係する並列責任表示は，版に関係する責任表示として記録したものと異なる言語および（または）文字種による表示である。

#2.3.4.1.2　情報源

版に関係する並列責任表示は，対応する並列版次と同一の情報源から採用する。対応する並列版次が存在しない場合は，版次と同一の情報源から採用する。

#2.3.4.2　記録の方法

版に関係する並列責任表示は，#2.2.0.4〜#2.2.0.4.6に従って記録する。

#2.3.4.2.1　複数の並列責任表示

版に関係する並列責任表示が複数ある場合は，対応する並列版次と同じ順に記録する。対応する並列版次が存在しない場合は，情報源に表示されている順に記録する。

#2.3.5　付加的版次

付加的版次は，版表示のサブエレメントである。

付加的版次は，コア・エレメントである。

#2.3.5.1　記録の範囲・情報源

#2.3.5.1.1　記録の範囲

付加的版次は，ある版に変更が加えられて再発行されたことを示す版次である。再発行されても従前の版から変更が加えられていない場合に，識別またはアクセスに重要でないときは，付加的版次として扱わない。日本語で表示されている場合は，「改訂」，「増補」等の表示のある刷次をも含む。

#2.3.5.1.2　情報源

付加的版次は，次の優先順位で情報源を選定する。

a）版次と同一の情報源

b）資料自体の他の情報源

c）資料外の情報源

#2.3.5.2　記録の方法

付加的版次は，#2.3.0.4〜#2.3.0.4.1に従って記録する。

増補第二刷

（版次：第一版。#2.3.0.4.1適用の場合）

新装版

（版次：改訂版）

#2.3.5.2.1　複数の言語・文字種による付加的版次

情報源に，付加的版次が複数の言語または文字種で表示されている場合は，本タイトルと同一の言語または文字種によるものを記録する。本タイトルと同一の言語または文字種による表示がない場合は，最初に表示されているものを記録する。

#2.3.6　並列付加的版次

並列付加的版次は，版表示のサブエレメントである。

#2.3.6.1　記録の範囲・情報源

#2.3.6.1.1　記録の範囲

並列付加的版次は，付加的版次として記録したものと異なる言語および（または）文字種による表示である。

#2.3.6.1.2　情報源

並列付加的版次は，次の優先順位で情報源を選定する。

a）付加的版次と同一の情報源

b）資料自体の他の情報源

c）資料外の情報源

#2.3.6.2　記録の方法

並列付加的版次は，#2.3.0.4〜#2.3.0.4.1に従って記録する。

#2.3.6.2.1　複数の並列付加的版次

並列付加的版次が複数ある場合は，情報源での表示順序，配置，デザイン等に基づいた順に記録する。

#2.3.7　付加的版に関係する責任表示

付加的版に関係する責任表示は，版表示のサブエレメントである。

#2.3.7.1　記録の範囲・情報源

#2.3.7.1.1　記録の範囲

付加的版に関係する責任表示は，責任表示のうち，特定の付加的版に関係する表示である。記述対象の責任表示のうち，属する付加的版のみに関係する個人・家族・団体の名称と，その役割を示す語句を記録する。

#2.3.7.1.2　情報源

付加的版に関係する責任表示は，付加的版次と同一の情報源から採用する。

#2.3.7.2　記録の方法

付加的版に関係する責任表示は，#2.2.0.4〜#2.2.0.4.6に従って記録する。

#2.3.7.2.1　複数の言語・文字種による責任表示

付加的版に関係する責任表示が，情報源に複数の言語または文字種で表示されている場合は，本タイトルと同一の言語または文字種によるものを記録する。本タイトルと同一の言語または文字種による表示がない場合は，最初に表示されているものを記録する。

#2.3.8　付加的版に関係する並列責任表示

付加的版に関係する並列責任表示は，版表示のサブエレメントである。

#2.3.8.1　記録の範囲・情報源

#2.3.8.1.1　記録の範囲

付加的版に関係する並列責任表示は，付加的版に関係する責任表示として記録したものと異なる言語および（または）文字種による表示である。

#2.3.8.1.2　情報源

付加的版に関係する並列責任表示は，対応する並列付加的版次と同一の情報源から採用する。対応する並列付加的版次が存在しない場合は，付加的版次と同一の情報源から採用する。

#2.3.8.2　記録の方法

付加的版に関係する並列責任表示は，#2.2.0.4〜#2.2.0.4.6に従って記録する。

#2.3.8.2.1　複数の並列責任表示

付加的版に関係する並列責任表示が複数ある場合は，対応する付加的並列版次と同じ順に記録する。対応する付加的並列版次が存在しない場合は，情報源に表示されている順に記録する。

#2.4　逐次刊行物の順序表示

逐次刊行物の順序表示は，エレメントである。

#2.4.0　通則

#2.4.0.1　記録の範囲

逐次刊行物の個々の部分（巻号）を識別する表示を，逐次刊行物の順序表示として記録する。順序表示には，巻次と年月次とがある。巻次は，数字，文字などから成り，年月次は，年，月，日または時期を示す数字，文字から成る。

順序表示の方式に変化があった場合は，古い方式による表示と新しい方式による表示の双方を記録する。［#2.4.0.6を見よ。］

また，同時に複数の順序表示の方式を保持している場合がある。この場合は，主な順序表示または最初に表示された順序表示を，この優先順位で初号および（または）終号の巻次および（または）年月次として扱い，それ以外のものを初号および（または）終号の別方式の巻次および（または）年月次として扱う。

#2.4.0.2　エレメント・サブタイプ

順序表示には，次のエレメント・サブタイプがある。これらのうち，初号の巻次，初号の年月次，終号の巻次，終号の年月次は，コア・エレメントである。順序表示の方式が変化した場合は，初号の巻次および（または）年月次については最初の方式のものが，終号の巻次および（または）年月次については最後の方式のものが，コア・エレメントである。

a）初号の巻次［#2.4.1を見よ。］

b）初号の年月次［#2.4.2を見よ。］

c）終号の巻次［#2.4.3を見よ。］

d）終号の年月次［#2.4.4を見よ。］

e）初号の別方式の巻次［#2.4.5を見よ。］

f）初号の別方式の年月次［#2.4.6を見よ。］

g）終号の別方式の巻次［#2.4.7を見よ。］

h）終号の別方式の年月次［#2.4.8を見よ。］

#2.4.0.3　情報源

順序表示は，次の優先順位で情報源を選定する。

a）初号または終号の本タイトルと同一の情報源

b）初号または終号の資料自体の他の情報源

c）資料外の情報源

#2.4.0.4　記録の方法

順序表示は，採用した情報源に表示されているものを，#1.10～#1.10.11に従って省略せずに記録する。漢数字，ローマ数字，語句で表記される数字等は，#1.10.10.1～#1.10.10.4に従ってアラビア数字に置き換えて記録する。日付は，情報源に表示されている暦で記録する。

1巻1号

平成8年夏号

（情報源の表示：平成八年夏号）

vol.1，no.1

summer 1982

序数は，当該言語の標準的な序数を示す表記の形式で記録する。例えば，日本語等では「第」を省略せず，英語では「1st」，「2nd」，「3rd」，「4th」などの形式で記録する。

第1集

4th issue

（情報源の表示：fourth issue）

数字の一部が省略されている場合に，その意味を明確にするために必要なときは，完全な形で記録する。

2000

（終号の情報源の表示：'00。初号の年月次：1990）

ハイフン等の記号が含まれている場合に，その意味を明確にするために必要なときは，スラッシュに置き換える。

1961/1972

（情報源の表示：1961-1972）

順序表示の方式の変化とはみなせないが，表示の形が変化しているような場合に，それが重要なときは，注記として記録する。

#2.4.0.4.1　年と号から成る巻次

巻次は通常は巻と号から構成されるが，年と号から成るものも巻次として記録する。この場合は，号数の前に年を記録する。

2015-1

（情報源の表示：1-2015）

2014年3号

（情報源の表示：3号/2014年）

#2.4.0.4.2　西暦以外の暦による年月次

年月次が西暦以外の暦によって表示されている場合は，必要に応じて，西暦に置き換えたものを付加することができる。この場合，資料外の情報源から採用したことを注記および（または）その他の方法（コーディングや角がっこの使用など）で示す。

平成2年［1990］

#2.4.0.4.3　年月次として扱う出版日付・頒布日付

初号および（または）終号に巻次，年月次の表示がなくそれ以外の号からも確認できない場合は，出版日付，頒布日付等を初号および（または）終号の年月次として記録する。

#2.4.0.4.4　複数の言語・文字種による巻次・年月次

巻次または年月次が採用した情報源に複数の言語または文字種で表示されている場合は，本タイトルと同一の言語または文字種によるものを記録する。本タイトルと同一の言語または文字種による表示がない場合は，最初に表示されているものを記録する。

#2.4.0.5　複製

複製については，原資料の順序表示を記録する。複製自体の順序表示がある場合は，これを注記として記録する。

#2.4.0.6　変化

順序表示は，その方式が変化する場合がある。古い方式の最後の号の順序表示は，終号の巻次および（または）年月次として，新しい方式の最初の号の順序表示は，初号の巻次および（または）年月次として記録する。順序表示は，古い方式，新しい方式の順に記録する。［#2.4.1.2.3を見よ。］

#2.4.1　初号の巻次

初号の巻次は，逐次刊行物の順序表示のエレメント・サブタイプである。

初号の巻次は，コア・エレメントである。順序表示の方式が変化した場合は，最初の方式のものが，コア・エレメントである。

#2.4.1.1　記録の範囲

初号に表示された巻次，および本タイトルまたは責任表示等の重要な変化により体現形に対する新規の記述を作成した場合の，変化後の最初の号の巻次を，初号の巻次として扱う。順序表示の方式に変化があった場合は，新しい方式の最初の号の巻次も初号の巻次として扱う。

複数の順序表示の方式を保持していて双方が巻次である場合は，初号の主な巻次または最初に表示されている巻次を，この優先順位で初号の巻次として，その他のものを初号の別方式の巻次として扱う。それらが巻号と通号である場合は，巻号を初号の巻次として，通号を初号の別方式の巻次として扱う。［#2.4.5.1を見よ。］

#2.4.1.2　記録の方法

初号の巻次は，#2.4.0.4～#2.4.0.4.4に従って記録する。

#2.4.1.2.1　初号に巻次がない場合

初号に巻次が表示されていない場合は，それに続く号の巻次に基づいて判断し，初号の巻次を記録する。この場合は，初号を情報源としていないことを注記および（または）その他の方法(コーディングや角がっこの使用など)で示す。

#2.4.1.2.2　初号を識別の基盤としていない場合

初号を入手していない場合などに，他の情報源で確認できるときは，初号の巻次を記録する。この場合は，初号を情報源としていないことを注記および（または）その他の方法（コーディングや角がっこの使用など）で示す。

　　［第1巻第1号］

#2.4.1.2.3　順序表示の変化を示す語句

順序表示の方式が変化して，新しい方式の最初の号の巻次にそれを識別する語句が付されている場合は，その語句も含めて記録する。順序表示の方式に変化があって，古い方式との区別が困難な場合は，表示されていなくても新しい方式であることを示す語句を記録する。この場合は，その語句が情報源に表示されていないことを注記および（または）その他の方法（コーディングや角がっこの使用など）で示す。

　　第2期第1巻
　　（前の順序表示：第1巻-第50巻）

#2.4.2　初号の年月次

初号の年月次は，逐次刊行物の順序表示のエレメント・サブタイプである。

初号の年月次は，コア・エレメントである。順序表示の方式が変化した場合は，最初の方式のものが，コア・エレメントである。

#2.4.2.1　記録の範囲

初号に表示された年月次，および本タイトルまたは責任表示等の重要な変化により体現形に対する新規の記述を作成した場合の，変化後の最初の号の年月次を，初号の年月次として扱う。順序表示の方式に変化があった場合は，新しい方式の最初の号の年月次も初号の年月次として扱う。

複数の順序表示の方式を保持していて双方が

年月次である場合は，初号の主な年月次または最初に表示されている年月次を，この優先順位で初号の年月次として，その他のものを初号の別方式の年月次として扱う。複数の異なる暦による表示がある場合は，主なものまたは最初に表示されているものを，この優先順位で初号の年月次として，その他のものを初号の別方式の年月次として扱う。［#2.4.6.1を見よ。］

#2.4.2.2　記録の方法

初号の年月次は，#2.4.0.4〜#2.4.0.4.4に従って記録する。

#2.4.2.2.1　初号に年月次がない場合

初号に年月次が表示されていない場合は，それに続く号の年月次に基づいて判断し，初号の年月次を記録する。この場合は，初号を情報源としていないことを注記および（または）その他の方法（コーディングや角がっこの使用など）で示す。

#2.4.2.2.2　初号を識別の基盤としていない場合

初号を入手していない場合などに，他の情報源で確認できるときは，初号の年月次を記録する。この場合は，初号を情報源としていないことを注記および（または）その他の方法（コーディングや角がっこの使用など）で示す。

#2.4.3　終号の巻次

終号の巻次は，逐次刊行物の順序表示のエレメント・サブタイプである。

終号の巻次は，コア・エレメントである。順序表示の方式が変化した場合は，最後の方式のものが，コア・エレメントである。

#2.4.3.1　記録の範囲

終号に表示された巻次，および本タイトルまたは責任表示等の重要な変化により体現形に対する新規の記述を作成した場合の，変化前の最後の号の巻次を，終号の巻次として扱う。順序表示の方式に変化があった場合は，古い方式の最後の号の巻次も終号の巻次として扱う。

複数の順序表示の方式を保持していて双方が巻次である場合は，終号の主な巻次または最初に表示されている巻次を，この優先順位で終号の巻次として，その他のものを終号の別方式の巻次として扱う。それらが巻号と通号である場合は，巻号を終号の巻次として，通号を終号の別方式の巻次として扱う。［#2.4.7.1を見よ。］

#2.4.3.2　記録の方法

終号の巻次は，#2.4.0.4〜#2.4.0.4.4に従って記録する。

#2.4.3.2.1　終号に巻次がない場合

終号に巻次が表示されていない場合は，その前の号の巻次に基づいて判断し，終号の巻次を記録する。この場合は，終号を情報源としていないことを注記および（または）その他の方法（コーディングや角がっこの使用など）で示す。

#2.4.3.2.2　終号を識別の基盤としていない場合

終号を入手していない場合などに，他の情報源で確認できるときは，終号の巻次を記録する。この場合は，終号を情報源としていないことを注記および（または）その他の方法（コーディングや角がっこの使用など）で示す。

#2.4.4　終号の年月次

終号の年月次は，逐次刊行物の順序表示のエレメント・サブタイプである。

終号の年月次は，コア・エレメントである。順序表示の方式が変化した場合は，最後の方式のものが，コア・エレメントである。

#2.4.4.1　記録の範囲

終号に表示された年月次，および本タイトルまたは責任表示等の重要な変化により体現形に対する新規の記述を作成した場合の，変化前の最後の号の年月次を，終号の年月次として扱う。順序表示の方式に変化があった場合は，古い方式の最後の号の年月次も終号の年月次として扱う。

複数の順序表示の方式を保持していて双方が

年月次である場合は，終号の主な年月次または最初に表示されている年月次を，この優先順位で終号の年月次として，その他のものを終号の別方式の年月次として扱う。複数の異なる暦による表示がある場合は，主なものまたは最初に表示されているものを，この優先順位で終号の年月次として，その他のものを終号の別方式の年月次として扱う。［#2.4.8.1を見よ。］

#2.4.4.2　記録の方法

終号の年月次は，#2.4.0.4～#2.4.0.4.4に従って記録する。

#2.4.4.2.1　終号に年月次がない場合

終号に年月次が表示されていない場合は，その前の号の年月次に基づいて判断し，終号の年月次を記録する。この場合は，終号を情報源としていないことを注記および（または）その他の方法（コーディングや角がっこの使用など）で示す。

#2.4.4.2.2　終号を識別の基盤としていない場合

終号を入手していない場合などに，他の情報源で確認できるときは，終号の年月次を記録する。この場合は，終号を情報源としていないことを注記および（または）その他の方法（コーディングや角がっこの使用など）で示す。

#2.4.5　初号の別方式の巻次

初号の別方式の巻次は，逐次刊行物の順序表示のエレメント・サブタイプである。

#2.4.5.1　記録の範囲

複数の順序表示の方式を保持していて双方が巻次である場合は，初号の巻次のうち，主でない巻次または2番目以降に表示されている巻次を，この優先順位で初号の別方式の巻次として扱う。ただし，複数の方式による巻次が，巻号と通号である場合は，通号を初号の別方式の巻次として扱う。

#2.4.5.2　記録の方法

初号の別方式の巻次は，#2.4.0.4～#2.4.0.4.4に従って記録する。

#2.4.6　初号の別方式の年月次

初号の別方式の年月次は，逐次刊行物の順序表示のエレメント・サブタイプである。

#2.4.6.1　記録の範囲

複数の順序表示の方式を保持していて双方が年月次である場合は，初号の年月次のうち，主でない年月次または2番目以降に表示されている年月次を，この優先順位で初号の別方式の年月次として扱う。また，複数の異なる暦による表示がある場合は，初号の年月次としなかったものを初号の別方式の年月次として扱う。

#2.4.6.2　記録の方法

初号の別方式の年月次は，#2.4.0.4～#2.4.0.4.4に従って記録する。

#2.4.7　終号の別方式の巻次

終号の別方式の巻次は，逐次刊行物の順序表示のエレメント・サブタイプである。

#2.4.7.1　記録の範囲

複数の順序表示の方式を保持していて双方が巻次である場合は，終号の巻次のうち，主でない巻次または2番目以降に表示されている巻次を，この優先順位で終号の別方式の巻次として扱う。ただし，複数の方式による巻次が，巻号と通号である場合は，通号を終号の別方式の巻次として扱う。

#2.4.7.2　記録の方法

終号の別方式の巻次は，#2.4.0.4～#2.4.0.4.4に従って記録する。

#2.4.8　終号の別方式の年月次

終号の別方式の年月次は，逐次刊行物の順序表示のエレメント・サブタイプである。

#2.4.8.1　記録の範囲

複数の順序表示の方式を保持していて双方が年月次である場合は，終号の年月次のうち，主でない年月次または2番目以降に表示されている年月次を，この優先順位で終号の別方式の年月次として扱う。また，複数の異なる暦による表示がある場合は，終号の年月次としなかったものを終号の別方式の年月次として扱う。

#2.4.8.2　記録の方法

終号の別方式の年月次は，#2.4.0.4～#2.4.0.4.4に従って記録する。

<#2.5～#2.9　出版表示，制作表示等>

#2.5　出版表示

出版表示は，エレメントである。

#2.5.0　通則

#2.5.0.1　記録の範囲

刊行物の出版，発行，公開に関して，場所，責任を有する個人・家族・団体，日付を識別する表示を，出版表示として記録する。オンライン資料はすべて刊行物とみなし，出版表示を記録する。非刊行物の制作に関係する表示については，#2.8に従って記録する。

#2.5.0.2　サブエレメント

出版表示には，次のサブエレメントがある。これらのうち，出版地，出版者および出版日付は，コア・エレメントである。

a）出版地［#2.5.1を見よ。］

b）並列出版地［#2.5.2を見よ。］

c）出版者［#2.5.3を見よ。］

d）並列出版者［#2.5.4を見よ。］

e）出版日付［#2.5.5を見よ。］

#2.5.0.3　情報源

出版表示の情報源は，サブエレメントごとに定める。

#2.5.0.4　記録の方法

出版表示は，情報源に表示されているものを，#1.10～#1.10.11に従って記録する。資料外の情報源から採用した場合は，その旨を注記および（または）その他の方法（コーディングや角がっこの使用など）で示す。

#2.5.0.5　複製

複製については，原資料の出版表示ではなく，複製自体の表示を出版表示として記録する。原資料の出版表示は，関連する体現形の出版表示として記録する。

#2.5.0.6　変化

#2.5.0.6.1　複数巻単行資料，逐次刊行物

複数巻単行資料，逐次刊行物の途中の巻号で，出版地が変化して，その変化が識別またはアクセスに重要な場合は，それを注記として記録する。出版地の変化が名称上のものであっても，識別に重要な場合は，それを注記として記録する。

複数巻単行資料，逐次刊行物の途中の巻号で，出版者の名称が変化したか，または出版者が他の出版者に替わった場合に，それらの変化が識別またはアクセスに重要なときは，それを注記として記録する。出版者の変化が表示上のみのものであっても，識別に重要な場合は，それを注記として記録する。

#2.5.0.6.2　更新資料

更新資料の出版地は，最新のイテレーションにあわせて記録し，変化が生じた場合は，記録を更新する。識別またはアクセスに重要なときは，変化前の出版地を注記として記録する。

更新資料の出版者は，最新のイテレーションにあわせて記録し，変化が生じた場合は，記録を更新する。識別またはアクセスに重要なときは，変化前の出版者の名称を注記として記録する。

#2.5.1　出版地

出版地は，出版表示のサブエレメントである。

出版地は，コア・エレメントである。複数の出版地が情報源に表示されている場合は，最初に記録するもののみが，コア・エレメントである。

#2.5.1.1　記録の範囲・情報源

#2.5.1.1.1　記録の範囲

出版地は，刊行物の出版，発行，公開と結びつく場所（市町村名等）である。

#2.5.1.1.2　情報源

出版地は，次の優先順位で情報源を選定する。

a）出版者と同一の情報源

b）資料自体の他の情報源

c）資料外の情報源

#2.5.1.2　記録の方法

出版地は，#2.5.0.4に従って記録する。

市町村名等とともに，上位の地方自治体名等および（または）国名が情報源に表示されている場合は，それを付加する。

ただし，東京都特別区は，「東京」またはそれに相当する語のみ記録する。

北海道

（情報源の表示：北海道）

Osaka City

（情報源の表示：Osaka City）

東京

（情報源の表示：東京都文京区）

武蔵野市（東京都）

（情報源の表示：東京都武蔵野市）

田原本町（奈良県磯城郡）

（情報源の表示：奈良県磯城郡田原本町）

Northampton, MA, USA

前置詞があり，それを省略すると理解が困難となる場合は，あわせて記録する。

#2.5.1.2 A　和古書・漢籍

和古書・漢籍については，資料自体に表示されている地名を記録する。当該の地名と同名の市町村名等が現代に存在する場合に，識別に必要なときは，その土地が所在する，出版時の都市名，国名を付加する。地名の別称が表示されている場合は，当時一般に用いられたものを付加する。記録する出版日付に対応するもののみを出版地として記録し，対応しないものは注記として記録する。

江戸

心斎橋［大坂］

（出版時の都市名を付加）

洛陽［京都］

（一般に用いられた都市名を付加）

#2.5.1.2.1　複数の出版地

複数の出版地が情報源に表示されている場合は，採用した情報源での表示順序，配置，デザイン等に基づいて判断した順に記録する。

複数の出版者が存在して，それらが複数の出版地と結びついている場合は，それぞれの出版者と結びついた出版地を記録する。

#2.5.1.2.1 A　和古書・漢籍

複数の出版地が情報源に表示されている場合は，採用した情報源での表示順序，配置，デザイン等に基づいて判断した順に記録する。現代では同一の市町村等に含まれる複数の地名は，同一の出版地として扱う。

#2.5.1.2.2　複数の言語・文字種による出版地

出版地が情報源に複数の言語または文字種で表示されている場合は，本タイトルと一致する言語または文字種で記録する。該当する表示がない場合は，情報源に最初に現れた言語または文字種でその出版地を記録する。

#2.5.1.2.3　資料自体に表示されていない出版地

出版地が資料自体に表示されていない場合は，判明の程度に応じて次のように記録する。資料外の情報源から採用した場合は，その旨を注記および（または）その他の方法（コーディングや角がっこの使用など）で示す。

a）市町村名等が判明しているとき

判明している市町村名等を記録する。識別に必要な場合は，上位の地方自治体名等および（または）国名をあわせて記録する。

［名古屋市］

［名古屋］

［宮崎県美郷町］

［美郷町（宮崎県）］

［London］

b）市町村名等を推定したとき

出版地が確定できない場合は，推定の市町村名等を記録する。識別に必要な場合は，上位の地方自治体名等および（または）国名をあわせて記録する。

市町村名等のみを記録するときは，疑問符を付加する。

［八王子市？］

［八王子？］

上位の地方自治体名等および（または）国名をあわせて記録する場合に，出版地がその範囲にあることは確かだが，市町村名等は確定できないときは，疑問符を市町村名等に付加する。

［京都府精華町？］

［精華町？（京都府）］

上位の地方自治体名等および（または）国名をあわせて記録する場合に，出版地がその範囲にあることを確定できないときは，疑問符は上位の地方自治体名等および（または）国名に付加する。ただし，双方を区切らずに記録する場合は，その末尾に疑問符を付加する。丸がっこに入れて記録する場合は，丸がっこの外に疑問符を付加する。

［宮崎県美郷町？］

［美郷町（宮崎県）？］

c）上位の地方自治体名等および（または）国名が判明しているとき

出版地として市町村名等が推定できない場合は，判明した上位の地方自治体名等および（または）国名のみを記録する。

［大阪府］

d）上位の地方自治体名等および（または）国名を推定したとき

上位の地方自治体名等および（または）国名が特定できない場合は，推定の地名を記録し，疑問符を付加する。

［沖縄県？］

e）出版地が不明なとき

出版地が推定できない場合は，「出版地不明」または「Place of publication not identified」と記録する。

#2.5.1.2.4　架空のまたは誤った出版地

資料自体に表示された出版地が，架空であるか誤っていると判明している場合，または説明が必要な場合は，架空の地名または誤った地名を記録し，実際の地名等を注記として記録する。

#2.5.1.3　変化

出版地の変化については，#2.5.0.6に従って記録する。

#2.5.2　並列出版地

並列出版地は，出版表示のサブエレメントである。

#2.5.2.1　記録の範囲・情報源

#2.5.2.1.1　記録の範囲

並列出版地は，出版地として記録したものと異なる言語および（または）文字種による出版地である。

#2.5.2.1.2　情報源

並列出版地は，次の優先順位で情報源を選定する。

a）出版地と同一の情報源

b）資料自体の他の情報源

c）資料外の情報源

#2.5.2.2　記録の方法

並列出版地は，#2.5.0.4に従って記録する。

複数の並列出版地が情報源に表示されている場合は，採用した情報源での表示順序，配置，デザイン等に基づいて判断した順に記録する。

#2.5.3　出版者

出版者は，出版表示のサブエレメントである。

出版者は，コア・エレメントである。複数の出版者が情報源に表示されている場合は，最初に記録するもののみが，コア・エレメントである。

#2.5.3.1　記録の範囲・情報源

#2.5.3.1.1　記録の範囲

出版者は，刊行物の出版，発行，公開に責任を有する個人・家族・団体の名称である。その名称の代わりに個人・家族・団体を特徴付ける語句が表示されていることもある。

The Author

録音資料のレーベル名（商標名）は，原則として出版者として扱わず，発売番号とともに体現形の識別子として扱うか，シリーズ表示として扱う。ただし，情報源に発行者等が表示されていない場合に，レーベル名が表示されているときは，レーベル名を出版者として扱う。

#2.5.3.1.2　情報源

出版者は，次の優先順位で情報源を選定する。

a）本タイトルと同一の情報源

b）資料自体の他の情報源

c）資料外の情報源

#2.5.3.2　記録の方法

出版者は，#2.5.0.4に従って記録する。

#2.5.3.2 A　和古書・漢籍

和古書・漢籍の出版者については，資料自体に表示されている名称を記録する。個人名のみの場合はそれを記録し，屋号のあるものは屋号に続けて姓名の表示等を記録する。記録する出版日付に対応するものを出版者として記録し，対応しないものは注記として記録する。

#2.5.3.2.1　役割を示す語句

単に出版を示すだけでない語句は，情報源に表示されているとおりに記録する。

Society for Japanese Arts in association with Hotei Publishing

#2.5.3.2.2　複数の出版者

複数の出版者が情報源に表示されている場合は，採用した情報源での表示順序，配置，デザイン等に基づいて判断した順に記録する。

#2.5.3.2.2 A　和古書・漢籍

和古書・漢籍については，出版地ごとに出版者を記録する。一つの出版地に複数の出版者が表示されている場合は，顕著なもの，最後のもの，その他のものの順で記録する。省略して記録する場合は「ほか」と付加し，記録しなかった出版者は必要に応じて注記する。

#2.5.3.2.3　複数の言語・文字種による出版者

出版者が情報源に複数の言語または文字種で表示されている場合は，本タイトルと一致する言語または文字種で記録する。該当する表示がない場合は，情報源に最初に現れた言語または文字種でその出版者を記録する。

#2.5.3.2.4　特定できない出版者

出版者が資料自体に表示されていない場合に，資料外の情報源からも特定できないときは，その旨が分かる方法（コーディングや角がっこの使用など）で，「出版者不明」または「publisher not identified」と記録する。

#2.5.3.2.5　架空のまたは誤った出版者

資料自体に表示された出版者の名称が，架空であるか誤っていると判明している場合，または説明が必要な場合は，架空の名称または誤った名称を記録し，実際の名称等を注記として記録する。

#2.5.3.3　変化

出版者の変化については，#2.5.0.6に従って記録する。

#2.5.4　並列出版者

並列出版者は，出版表示のサブエレメントである。

#2.5.4.1　記録の範囲・情報源

#2.5.4.1.1　記録の範囲

並列出版者は，出版者として記録したものと異なる言語および（または）文字種による出版者の名称である。

#2.5.4.1.2　情報源

並列出版者は，次の優先順位で情報源を選定する。

a）出版者と同一の情報源

b）資料自体の他の情報源

c）資料外の情報源

#2.5.4.2　記録の方法

並列出版者は，#2.5.0.4に従って記録する。

複数の並列出版者が情報源に表示されている

場合は，採用した情報源での表示順序，配置，デザイン等に基づいて判断した順に記録する。

#2.5.5　出版日付

出版日付は，出版表示のサブエレメントである。

出版日付は，コア・エレメントである。情報源に複数の種類の暦によって表示されている場合は，データ作成機関が優先する暦によるものが，コア・エレメントである。

#2.5.5.1　記録の範囲・情報源

#2.5.5.1.1　記録の範囲

出版日付は，刊行物の出版，発行，公開と結びつく日付である。

#2.5.5.1.2　情報源

出版日付は，次の優先順位で情報源を選定する。

a）本タイトルと同一の情報源

b）資料自体の他の情報源

c）資料外の情報源

包括的記述を作成する複数巻単行資料，逐次刊行物，更新資料については，開始および（または）終了の出版日付を，最初および（または）最後に刊行された巻号，最初および（または）最後のイテレーション等から選択する。

#2.5.5.2　記録の方法

出版日付は，情報源に表示されている日付の暦が西暦の場合は，アラビア数字で記録する。情報源に表示されている日付の暦が西暦でない場合は，その日付を西暦に置き換える。漢数字，ローマ数字，語句で表記される数字等は，アラビア数字に置き換えて記録する。語句で表された暦は，アラビア数字に置き換える。日付は，データ作成機関が定める形式で記録する。

2015.9.1

（情報源の表示：平成27年9月1日）

2000.5

（情報源の表示：平成12.5）

2009.10.4

（情報源の表示：2009 October 4）

#2.5.5.2 A　和古書・漢籍

和古書・漢籍については，資料自体に表示されている日付が，その出版日付として適切な場合は，表示されているとおりに記録する。西暦によって表示されていない場合は，西暦に置き換えた日付を付加する。

和古書・漢籍の刊行年については，「刊」という用語を付加する。

天保2年［1831］刊

光緒8年［1882］［刊］

（情報源に「刊」の表示がない場合）

刊行年とは別に印行年が判明した場合は，「印」という用語を付加し丸がっこに入れて，刊行年に続けて記録する。印行年のみが判明した場合は，「印」という用語を付加する。

寛政4年［1792］［刊］（文化5年［1808］［印］）

嘉永5年［1852］［印］

刊行年，印行年の判別ができない場合は，年のみを記録する。

干支による表記は，相当する元号と年数によるその国の紀年に読み替えて記録する。干支による表記は，必要に応じて注記する。読み替えできない場合は，推定の出版日付として扱う。

寛政4年［1792］

（情報源の表示：寛政壬子）

推定の出版日付を記録する場合は，元号と年数によるその国の紀年と西暦年をともに記録する。西暦年を付加する場合は，丸がっこに入れて記録する。

［元禄5年（1692）］

出版日付および序文，跋文等に表示された日付がないか，または表示されている情報が記録するのに適切でない場合は，おおよその出版年代を推定して記録する。

［江戸後期］

#2.5.5.2 B　複数巻単行資料，逐次刊行物，更新資料

包括的記述を作成する複数巻単行資料，逐次刊行物，更新資料の初巻，初号，最初のイテレーションが入手可能な場合は，それらの出版日付を記録し，ハイフンを付加する。

2000-

刊行が休止または完結している場合に，終巻，終号，最後のイテレーションが入手可能なときは，ハイフンに続けてそれらの出版日付を記録する。

1959-1961

-1999

（最初のイテレーションが入手不可）

更新資料については，識別に重要な場合は，更新日付を付加する。

1968-1973［1974更新］

1990-1995［updated 1999］

（入手可能な最初と最後のイテレーションを記録した後に，さらに資料の更新があり，その日付が判明）

全巻，全号，すべてのイテレーションが同一年に出版されている場合は，その年を記録する。

1980

初巻，初号，最初のイテレーションおよび(または）終巻，終号，最後のイテレーションが入手できない場合は，推定の出版日付を#1.10.10.5に従って記録する。

[2010]-

（入手できた最も古い号の出版日付から推定）

1985-[1999]

（終号は入手不可だが，終号の出版日付の情報が判明）

[1992-2001]

（初号も終号も入手不可だが，初号と終号の出版日付の情報がそれぞれ判明）

出版日付が推定できない場合は，記録しない。

#2.5.5.2.1　単巻資料の特定できない出版日付

単巻資料の出版日付を特定できない場合は，推定の出版日付を，#1.10.10.5に従って記録する。

［1975］

［1975？］

［1970年代］

［2000から2009の間］

出版日付を推定できない場合は，その旨が分かる方法(コーディングや角がっこの使用など)で，「出版日付不明」または「date of publication not identified」と記録する。

#2.5.5.2.2　架空のまたは誤った出版日付

資料自体に表示された日付が，架空であるか誤っていると判明している場合は，架空の日付または誤った日付を記録し，実際の日付を注記として記録する。

#2.6　頒布表示

頒布表示は，エレメントである。

#2.6.0　通則

#2.6.0.1　記録の範囲

刊行物の頒布，発売に関して，場所，責任を有する個人・家族・団体，日付を識別する表示を，頒布表示として記録する。オンライン資料はすべて刊行物とみなし，頒布表示を記録する。

#2.6.0.2　サブエレメント

頒布表示には，次のサブエレメントがある。

a）頒布地［#2.6.1を見よ。］

b）並列頒布地［#2.6.2を見よ。］

c）頒布者［#2.6.3を見よ。］

d）並列頒布者［#2.6.4を見よ。］

e）頒布日付［#2.6.5を見よ。］

#2.6.0.3　情報源

頒布表示の情報源は，サブエレメントごとに定める。

#2.6.0.4　記録の方法

頒布表示は，情報源に表示されているものを，#1.10～#1.10.11に従って記録する。資料外の情報源から採用した場合は，その旨を注記および（または）その他の方法（コーディングや角がっこの使用など）で示す。

#2.6.0.5　複製

複製については，原資料の頒布表示ではなく，複製自体の表示を頒布表示として記録する。原資料の頒布表示は，関連する体現形の頒布表示として記録する。

#2.6.0.6　変化

#2.6.0.6.1　複数巻単行資料，逐次刊行物

複数巻単行資料，逐次刊行物の途中の巻号で，頒布地が変化して，その変化が識別またはアクセスに重要な場合は，それを注記として記録する。頒布地の変化が名称上のものであっても，識別に重要な場合は，それを注記として記録する。

複数巻単行資料，逐次刊行物の途中の巻号で，頒布者の名称が変化したか，または頒布者が他の頒布者に替わった場合に，それらの変化が識別またはアクセスに重要なときは，それを注記として記録する。頒布者の変化が表示上のみのものであっても，識別に重要な場合は，それを注記として記録する。

#2.6.0.6.2　更新資料

更新資料の頒布地は，最新のイテレーションにあわせて記録し，変化が生じた場合は，記録を更新する。識別またはアクセスに重要なときは，変化前の頒布地を注記として記録する。

更新資料の頒布者は，最新のイテレーションにあわせて記録し，変化が生じた場合は，記録を更新する。識別またはアクセスに重要なときは，変化前の頒布者の名称を注記として記録する。

#2.6.1　頒布地

頒布地は，頒布表示のサブエレメントである。

#2.6.1.1　記録の範囲・情報源

#2.6.1.1.1　記録の範囲

頒布地は，刊行物の頒布，発売と結びつく場所（市町村名等）である。

#2.6.1.1.2　情報源

頒布地は，次の優先順位で情報源を選定する。

a）頒布者と同一の情報源

b）資料自体の他の情報源

c）資料外の情報源

#2.6.1.2　記録の方法

頒布地は，#2.6.0.4に従って記録する。

市町村名等とともに，上位の地方自治体名等および（または）国名が情報源に表示されている場合は，それを付加する。

ただし，東京都特別区は，「東京」またはそれに相当する語のみ記録する。

前置詞があり，それを省略すると理解が困難となる場合は，あわせて記録する。

#2.6.1.2.1　複数の頒布地

複数の頒布地が情報源に表示されている場合は，採用した情報源での表示順序，配置，デザイン等に基づいて判断した順に記録する。

複数の頒布者［#2.6.3.2.2を見よ］が存在して，それらが複数の頒布地と結びついている場合は，それぞれの頒布者と結びついた頒布地を記録する。

#2.6.1.2.2　複数の言語・文字種による頒布地

頒布地が情報源に複数の言語または文字種で表示されている場合は，本タイトルと一致する言語または文字種で記録する。該当する表示がない場合は，情報源に最初に現れた言語または文字種でその頒布地を記録する。

#2.6.1.2.3　資料自体に表示されていない頒布地

頒布地が資料自体に表示されていない場合は，判明の程度に応じて次のように記録する。資料外の情報源から採用した場合は，その旨を注記および（または）その他の方法（コーディングや角がっこの使用など）で示す。

a）市町村名等が判明しているとき

判明している市町村名等を記録する。識別に必要な場合は，上位の地方自治体名等および（または）国名をあわせて記録する。

b）市町村名等を推定したとき

頒布地が確定できない場合は，推定の市町村名等を記録する。識別に必要な場合は，上位の地方自治体名等および（または）国名をあわせて記録する。

市町村名等のみを記録するときは，疑問符を付加する。

上位の地方自治体名等および（または）国名をあわせて記録する場合に，頒布地がその範囲にあることは確かだが，市町村名等は確定できないときは，疑問符を市町村名等に付加する。

上位の地方自治体名等および（または）国名をあわせて記録する場合に，頒布地がその範囲にあることを確定できないときは，疑問符は上位の地方自治体名等および（または）国名に付加する。ただし，双方を区切らずに記録する場合は，その末尾に疑問符を付加する。丸がっこに入れて記録する場合は，丸がっこの外に疑問符を付加する。

c）上位の地方自治体名等および（または）国名が判明しているとき

頒布地として市町村名等が推定できない場合は，判明した上位の地方自治体名等および（または）国名のみを記録する。

d）上位の地方自治体名等および（または）国名を推定したとき

上位の地方自治体名等および（または）国名が特定できない場合は，推定の地名を記録し，疑問符を付加する。

e）頒布地が不明なとき

頒布地が推定できない場合は，「頒布地不明」または「Place of distribution not identified」と記録する。

#2.6.1.2.4　架空のまたは誤った頒布地

資料自体に表示された頒布地が，架空であるか誤っていると判明している場合，または説明が必要な場合は，架空の地名または誤った地名を記録し，実際の地名等を注記として記録する。

#2.6.1.3　変化

頒布地の変化については，#2.6.0.6に従って記録する。

#2.6.2　並列頒布地

並列頒布地は，頒布表示のサブエレメントである。

#2.6.2.1　記録の範囲・情報源

#2.6.2.1.1　記録の範囲

並列頒布地は，頒布地として記録したものと異なる言語および（または）文字種による頒布地である。

#2.6.2.1.2　情報源

並列頒布地は，次の優先順位で情報源を選定する。

a）頒布地と同一の情報源

b）資料自体の他の情報源

c）資料外の情報源

#2.6.2.2　記録の方法

並列頒布地は，#2.6.0.4に従って記録する。

複数の並列頒布地が情報源に表示されている場合は，採用した情報源での表示順序，配置，デザイン等に基づいて判断した順に記録する。

#2.6.3　頒布者

頒布者は，頒布表示のサブエレメントである。

#2.6.3.1　記録の範囲・情報源

#2.6.3.1.1　記録の範囲

頒布者は，刊行物の頒布，発売に責任を有する個人・家族・団体の名称である。その名称の代わりに個人・家族・団体を特徴付ける語句が表示されていることもある。

Bookseller in ordinary to His Majesty

民国以降，中国刊行の図書に併記されている出版者と発行者については，発行者を頒布者として取り扱う。

#2.6.3.1.2　情報源

頒布者は，次の優先順位で情報源を選定する。

a）本タイトルと同一の情報源

b）資料自体の他の情報源

c）資料外の情報源

#2.6.3.2　記録の方法

頒布者は，#2.6.0.4に従って記録する。

#2.6.3.2.2　複数の頒布者

複数の頒布者が情報源に表示されている場合は，採用した情報源での表示順序，配置，デザイン等に基づいて判断した順に記録する。

#2.6.3.2.3　複数の言語・文字種による頒布者

頒布者が情報源に複数の言語または文字種で表示されている場合は，本タイトルと一致する言語または文字種で記録する。該当する表示がない場合は，情報源に最初に現れた言語または文字種でその頒布者を記録する。

#2.6.3.2.4　特定できない頒布者

頒布者が資料自体に表示されていない場合に，資料外の情報源からも特定できないときは，その旨が分かる方法（コーディングや角がっこの使用など）で，「頒布者不明」または「distributor not identified」と記録する。

#2.6.3.2.5　架空のまたは誤った頒布者

資料自体に表示された頒布者の名称が，架空であるか誤っていると判明している場合，または説明が必要な場合は，架空の名称または誤った名称を記録し，実際の名称等を注記として記録する。

#2.6.3.3　変化

頒布者の変化については，#2.6.0.6に従って記録する。

#2.6.4　並列頒布者

並列頒布者は，頒布表示のサブエレメントである。

#2.6.4.1　記録の範囲・情報源

#2.6.4.1.1　記録の範囲

並列頒布者は，頒布者として記録したものと異なる言語および（または）文字種による頒布者の名称である。

#2.6.4.1.2　情報源

並列頒布者は，次の優先順位で情報源を選定する。

a）頒布者と同一の情報源

b）資料自体の他の情報源

c）資料外の情報源

#2.6.4.2　記録の方法

並列頒布者は，#2.6.0.4に従って記録する。

複数の並列頒布者が情報源に表示されている場合は，採用した情報源での表示順序，配置，デザイン等に基づいて判断した順に記録する。

#2.6.5　頒布日付

頒布日付は，頒布表示のサブエレメントである。

#2.6.5.1　記録の範囲・情報源

#2.6.5.1.1　記録の範囲

頒布日付は，刊行物の頒布，発売と結びつく日付である。

#2.6.5.1.2　情報源

頒布日付は，次の優先順位で情報源を選定する。

a）本タイトルと同一の情報源

b）資料自体の他の情報源

c）資料外の情報源

包括的記述を作成する複数巻単行資料，逐次刊行物，更新資料については，開始および（または）終了の頒布日付を，最初および（または）最後に刊行された巻号，最初および（または）最後のイテレーション等から選択する。

#2.6.5.2　記録の方法

頒布日付が出版日付と異なる場合に，識別に重要なときは，頒布日付を記録する。情報源に表示されている日付の暦が西暦の場合は，アラビア数字で記録する。情報源に表示されている日付の暦が西暦でない場合は，その日付を西暦に置き換える。漢数字，ローマ数字，語句で表記される数字等は，アラビア数字に置き換えて記録する。語句で表された暦は，アラビア数字に置き換える。日付は，データ作成機関が定める形式で記録する。

#2.6.5.2 A　複数巻単行資料，逐次刊行物，更新資料

包括的記述を作成する複数巻単行資料，逐次刊行物，更新資料の初巻，初号，最初のイテレーションが入手可能な場合は，それらの頒布日付を記録し，ハイフンを付加する。

頒布が休止または完結している場合に，終巻，終号，最後のイテレーションが入手可能なときは，ハイフンに続けてそれらの頒布日付を記録する。

更新資料については，識別に重要な場合は，更新日付を付加する。

全巻，全号，すべてのイテレーションが同一年に頒布されている場合は，その年を記録する。

初巻，初号，最初のイテレーションおよび（または）終巻，終号，最後のイテレーションが入手できない場合は，推定の頒布日付を#1.10.10.5に従って記録する。

頒布日付が推定できない場合は，記録しない。

#2.6.5.2.1　単巻資料の特定できない頒布日付

単巻資料の頒布日付を特定できない場合は，推定の頒布日付を，#1.10.10.5に従って記録する。

頒布日付を推定できない場合は，その旨が分かる方法（コーディングや角がっこの使用など）で，「頒布日付不明」または「date of distribution not identified」と記録する。

#2.6.5.2.2　架空のまたは誤った頒布日付

資料自体に表示された日付が，架空であるか誤っていると判明している場合は，架空の日付または誤った日付を記録し，実際の日付を注記として記録する。

#2.7　製作表示

製作表示は，エレメントである。

#2.7.0　通則

#2.7.0.1　記録の範囲

刊行物の印刷，複写，成型等に関して，場所，責任を有する個人・家族・団体，日付を識別する表示を，製作表示として記録する。

#2.7.0.2　サブエレメント

製作表示には，次のサブエレメントがある。

a）製作地［#2.7.1を見よ。］
b）並列製作地［#2.7.2を見よ。］
c）製作者［#2.7.3を見よ。］
d）並列製作者［#2.7.4を見よ。］
e）製作日付［#2.7.5を見よ。］

#2.7.0.3　情報源

製作表示の情報源は，サブエレメントごとに定める。

#2.7.0.4　記録の方法

製作表示は，情報源に表示されているものを，#1.10～#1.10.11に従って記録する。資料外の情報源から採用した場合は，その旨を注記および（または）その他の方法（コーディングや角がっこの使用など）で示す。

#2.7.0.5　複製

複製については，原資料の製作表示ではなく，複製自体の表示を製作表示として記録する。原資料の製作表示は，関連する体現形の製作表示として記録する。

#2.7.0.6　変化

#2.7.0.6.1　複数巻単行資料，逐次刊行物

複数巻単行資料，逐次刊行物の途中の巻号で，製作地が変化して，その変化が識別またはアクセスに重要な場合は，それを注記として記録する。製作地の変化が名称上のものであっても，識別に重要な場合は，それを注記として記録する。

複数巻単行資料，逐次刊行物の途中の巻号で，製作者の名称が変化したか，または製作者が他の製作者に替わった場合に，それらの変化が識別またはアクセスに重要なときは，それを注記として記録する。製作者の変化が表示上のみのものであっても，識別に重要な場合は，それを注記として記録する。

#2.7.0.6.2　更新資料

更新資料の製作地は，最新のイテレーションにあわせて記録し，変化が生じた場合は，記録を更新する。識別またはアクセスに重要なときは，変化前の製作地を注記として記録する。

更新資料の製作者は，最新のイテレーションにあわせて記録し，変化が生じた場合は，記録を更新する。識別またはアクセスに重要なときは，変化前の製作者の名称を注記として記録する。

#2.7.1　製作地

製作地は，製作表示のサブエレメントである。

#2.7.1.1　記録の範囲・情報源

#2.7.1.1.1　記録の範囲

製作地は，刊行物の印刷，複写，成型等と結びつく場所（市町村名等）である。

#2.7.1.1.2　情報源

製作地は，次の優先順位で情報源を選定する。

a）製作者と同一の情報源

b）資料自体の他の情報源

c）資料外の情報源

#2.7.1.2　記録の方法

製作地は，#2.7.0.4に従って記録する。

市町村名等とともに，上位の地方自治体名等および（または）国名が情報源に表示されている場合は，それを付加する。

ただし，東京都特別区は，「東京」またはそれに相当する語のみ記録する。

前置詞があり，それを省略すると理解が困難となる場合は，あわせて記録する。

#2.7.1.2.1　複数の製作地

複数の製作地が情報源に表示されている場合は，採用した情報源での表示順序，配置，デザイン等に基づいて判断した順に記録する。

複数の製作者［#2.7.3.2.2を見よ］が存在して，それらが複数の製作地と結びついている場合は，それぞれの製作者と結びついた製作地を記録する。

#2.7.1.2.2　複数の言語・文字種による製作地

製作地が情報源に複数の言語または文字種で表示されている場合は，本タイトルと一致する言語または文字種で記録する。該当する表示がない場合は，情報源に最初に現れた言語または文字種でその製作地を記録する。

#2.7.1.2.3　資料自体に表示されていない製作地

製作地が資料自体に表示されていない場合は，判明の程度に応じて次のように記録する。資料外の情報源から採用した場合は，その旨を注記および（または）その他の方法（コーディングや角がっこの使用など）で示す。

a）市町村名等が判明しているとき

判明している市町村名等を記録する。識別に必要な場合は，上位の地方自治体名等および（または）国名をあわせて記録する。

b）市町村名等を推定したとき

製作地が確定できない場合は，推定の市町村名等を記録する。識別に必要な場合は，上位の地方自治体名等および（または）国名をあわせて記録する。

市町村名等のみを記録するときは，疑問符を付加する。

上位の地方自治体名等および（または）国名をあわせて記録する場合に，製作地がその範囲にあることは確かだが，市町村名等は確定できないときは，疑問符を市町村名等に付加する。

上位の地方自治体名等および（または）国名をあわせて記録する場合に，製作地がその範囲にあることを確定できないときは，疑問符は上位の地方自治体名等および（または）国名に付加する。ただし，双方を区切らずに記録する場合は，その末尾に疑問符を付加する。丸がっこに入れて記録する場合は，丸がっこの外に疑問符を付加する。

c）上位の地方自治体名等および（または）国名が判明しているとき

製作地として市町村名等が推定できない場合は，判明した上位の地方自治体名等および（または）国名のみを記録する。

d）上位の地方自治体名等および（または）国名を推定したとき

上位の地方自治体名等および（または）国名が特定できない場合は，推定の地名を記録し，疑問符を付加する。

e）製作地が不明なとき

製作地が推定できない場合は，「製作地不明」または「Place of manufacture not identified」と記録する。

#2.7.1.2.4　架空のまたは誤った製作地

資料自体に表示された製作地が，架空であるか誤っていると判明している場合，または説明が必要な場合は，架空の地名または誤った地名を記録し，実際の地名等を注記として記録する。

#2.7.1.3　変化

製作地の変化については，#2.7.0.6に従って記録する。

#2.7.2　並列製作地

並列製作地は，製作表示のサブエレメントである。

#2.7.2.1　記録の範囲・情報源

#2.7.2.1.1　記録の範囲

並列製作地は，製作地として記録したものと異なる言語および（または）文字種による製作地である。

#2.7.2.1.2　情報源

並列製作地は，次の優先順位で情報源を選定する。

a）製作地と同一の情報源

b）資料自体の他の情報源

c）資料外の情報源

#2.7.2.2　記録の方法

並列製作地は，#2.7.0.4に従って記録する。

複数の並列製作地が情報源に表示されている場合は，採用した情報源での表示順序，配置，デザイン等に基づいて判断した順に記録する。

#2.7.3　製作者

製作者は，製作表示のサブエレメントである。

#2.7.3.1　記録の範囲・情報源

#2.7.3.1.1　記録の範囲

製作者は，刊行物の印刷，複写，成型等に責任を有する個人・家族・団体の名称である。その名称の代わりに個人・家族・団体を特徴付ける語句が表示されていることもある。

Harrison & sons, printers in ordinary to Her Majesty

#2.7.3.1.2　情報源

製作者は，次の優先順位で情報源を選定する。

a）本タイトルと同一の情報源

b）資料自体の他の情報源

c）資料外の情報源

#2.7.3.2　記録の方法

製作者は，#2.7.0.4に従って記録する。

#2.7.3.2.1　役割を示す語句

製作者の役割を示す語句は，情報源に表示されているとおりに記録する。

Manufactured and marketed by Universal Music Classics

#2.7.3.2.2　複数の製作者

複数の製作者が情報源に表示されている場合は，採用した情報源での表示順序，配置，デザイン等に基づいて判断した順に記録する。

#2.7.3.2.3　複数の言語・文字種による製作者

製作者が情報源に複数の言語または文字種で表示されている場合は，本タイトルと一致する言語または文字種で記録する。該当する表示がない場合は，情報源に最初に現れた言語または文字種でその製作者を記録する。

#2.7.3.2.4　特定できない製作者

製作者が資料自体に表示されていない場合に，資料外の情報源からも特定できないときは，その旨が分かる方法（コーディングや角がっこの使用など）で，「製作者不明」または「manufacturer not identified」と記録する。

#2.7.3.2.5　架空のまたは誤った製作者

資料自体に表示された製作者の名称が，架空であるか誤っていると判明している場合，または説明が必要な場合は，架空の名称または誤った名称を記録し，実際の名称等を注記として記録する。

#2.7.3.3　変化

製作者の変化については，#2.7.0.6に従って記録する。

#2.7.4　並列製作者

並列製作者は，製作表示のサブエレメントである。

#2.7.4.1　記録の範囲・情報源

#2.7.4.1.1　記録の範囲

並列製作者は，製作者として記録したものと異なる言語および（または）文字種による製作者の名称である。

#2.7.4.1.2　情報源

並列製作者は，次の優先順位で情報源を選定する。

a）製作者と同一の情報源

b）資料自体の他の情報源

c）資料外の情報源

#2.7.4.2　記録の方法

並列製作者は，#2.7.0.4に従って記録する。

複数の並列製作者が情報源に表示されている場合は，採用した情報源での表示順序，配置，デザイン等に基づいて判断した順に記録する。

#2.7.5　製作日付

製作日付は，製作表示のサブエレメントである。

#2.7.5.1　記録の範囲・情報源

#2.7.5.1.1　記録の範囲

製作日付は，刊行物の印刷，複写，成型等と結びつく日付である。

#2.7.5.1.2　情報源

製作日付は，次の優先順位で情報源を選定する。

a）本タイトルと同一の情報源

b）資料自体の他の情報源

c）資料外の情報源

包括的記述を作成する複数巻単行資料，逐次刊行物，更新資料については，開始および（または）終了の製作日付を，最初および（または）最後に刊行された巻号，最初および（または）最後のイテレーション等から選択する。

#2.7.5.2　記録の方法

製作日付は，情報源に表示されている日付の暦が西暦の場合は，アラビア数字で記録する。情報源に表示されている日付の暦が西暦でない場合は，その日付を西暦に置き換える。漢数字，ローマ数字，語句で表記される数字等は，アラビア数字に置き換えて記録する。語句で表された暦は，アラビア数字に置き換える。日付は，データ作成機関が定める形式で記録する。

#2.7.5.2A　複数巻単行資料，逐次刊行物，更新資料

包括的記述を作成する複数巻単行資料，逐次刊行物，更新資料の初巻，初号，最初のイテレーションが入手可能な場合は，それらの製作日付を記録し，ハイフンを付加する。

製作が休止または完結している場合に，終巻，終号，最後のイテレーションが入手可能なときは，ハイフンに続けてそれらの製作日付を記録する。

更新資料については，識別に重要な場合は，更新日付を付加する。

全巻，全号，すべてのイテレーションが同一年に製作されている場合は，その年を記録する。

初巻，初号，最初のイテレーションおよび（または）終巻，終号，最後のイテレーションが入手できない場合は，推定の製作日付を#1.10.10.5に従って記録する。

製作日付が推定できない場合は，記録しない。

#2.7.5.2.1　単巻資料の特定できない製作日付

単巻資料の製作日付を特定できない場合は，

推定の製作日付を，#1.10.10.5に従って記録する。

製作日付を推定できない場合は，その旨が分かる方法（コーディングや角がっこの使用など）で，「製作日付不明」または「date of manufacture not identified」と記録する。

#2.7.5.2.2　架空のまたは誤った製作日付

資料自体に表示された日付が，架空であるか誤っていると判明している場合は，架空の日付または誤った日付を記録し，実際の日付を注記として記録する。

#2.8　非刊行物の制作表示

非刊行物の制作表示は，エレメントである。

#2.8.0　通則

#2.8.0.1　記録の範囲

非刊行物の書写，銘刻，作製，組立等に関して，場所，責任を有する個人・家族・団体，日付を識別する表示を，非刊行物の制作表示として記録する。

#2.8.0.2　サブエレメント

非刊行物の制作表示には，次のサブエレメントがある。これらのうち，非刊行物の制作日付は，コア・エレメントである。

a）非刊行物の制作地［#2.8.1を見よ。］

b）非刊行物の並列制作地［#2.8.2を見よ。］

c）非刊行物の制作者［#2.8.3を見よ。］

d）非刊行物の並列制作者［#2.8.4を見よ。］

e）非刊行物の制作日付［#2.8.5を見よ。］

#2.8.0.3　情報源

非刊行物の制作表示の情報源は，サブエレメントごとに定める。

#2.8.0.4　記録の方法

非刊行物の制作表示は，情報源に表示されているものを，#1.10～#1.10.11に従って記録する。資料外の情報源から採用した場合は，その旨を注記および（または）その他の方法（コーディングや角がっこの使用など）で示す。

#2.8.0.5　複製

複製については，原資料の制作表示ではなく，複製自体の表示を制作表示として記録する。原資料の制作表示は，関連する体現形の制作表示として記録する。

#2.8.0.6　変化

#2.8.0.6.1　複数巻単行資料，逐次刊行物

複数巻単行資料，逐次刊行物の途中の巻号で，制作地が変化して，その変化が識別またはアクセスに重要な場合は，それを注記として記録する。制作地の変化が名称上のものであっても，識別に重要な場合は，それを注記として記録する。

複数巻単行資料，逐次刊行物の途中の巻号で，制作者の名称が変化したか，または制作者が他の制作者に替わった場合に，それらの変化が識別またはアクセスに重要なときは，それを注記として記録する。制作者の変化が表示上のみのものであっても，識別に重要な場合は，それを注記として記録する。

#2.8.0.6.2　更新資料

更新資料の制作地は，最新のイテレーションにあわせて記録し，変化が生じた場合は，記録を更新する。識別またはアクセスに重要なときは，変化前の制作地を注記として記録する。

更新資料の制作者は，最新のイテレーションにあわせて記録し，変化が生じた場合は，記録を更新する。識別またはアクセスに重要なときは，変化前の制作者の名称を注記として記録する。

#2.8.1　非刊行物の制作地

非刊行物の制作地は，非刊行物の制作表示のサブエレメントである。

#2.8.1.1　記録の範囲・情報源

#2.8.1.1.1　記録の範囲

非刊行物の制作地は，非刊行物の書写，銘刻，作製，組立等と結びつく場所（市町村名等）である。

#2.8.1.1.2　情報源

非刊行物の制作地は，次の優先順位で情報源を選定する。

a）非刊行物の制作者と同一の情報源

b）資料自体の他の情報源

c）資料外の情報源

#2.8.1.2　記録の方法

非刊行物の制作地は，#2.8.0.4に従って記録する。

市町村名等とともに，上位の地方自治体名等および（または）国名が情報源に表示されている場合は，それを付加する。

ただし，東京都特別区は，「東京」またはそれに相当する語のみ記録する。

前置詞があり，それを省略すると理解が困難となる場合は，あわせて記録する。

#2.8.1.2 A　和古書・漢籍

和古書・漢籍については，資料自体に表示されている地名を記録する。当該の地名と同名の市町村名等が現代に存在する場合に，識別に必要なときは，その土地が所在する，制作時の都市名，国名を付加する。地名の別称が表示されている場合は，当時一般に用いられたものを付加する。

#2.8.1.2.1　複数の制作地

複数の制作地が情報源に表示されている場合は，採用した情報源での表示順序，配置，デザイン等に基づいて判断した順に記録する。

複数の制作者［#2.8.3.2.2を見よ］が存在して，それらが複数の制作地と結びついている場合は，それぞれの制作者と結びついた制作地を記録する。

#2.8.1.2.2　複数の言語・文字種による制作地

制作地が情報源に複数の言語または文字種で表示されている場合は，本タイトルと一致する言語または文字種で記録する。該当する表示がない場合は，情報源に最初に現れた言語または文字種でその制作地を記録する。

#2.8.1.2.3　資料自体に表示されていない制作地

制作地が資料自体に表示されていない場合は，判明の程度に応じて次のように記録する。資料外の情報源から採用した場合は，その旨を注記および（または）その他の方法（コーディングや角がっこの使用など）で示す。

a）市町村名等が判明しているとき

判明している市町村名等を記録する。識別に必要な場合は，上位の地方自治体名等および（または）国名をあわせて記録する。

b）市町村名等を推定したとき

制作地が確定できない場合は，推定の市町村名等を記録する。識別に必要な場合は，上位の地方自治体名等および（または）国名をあわせて記録する。

市町村名等のみを記録するときは，疑問符を付加する。

上位の地方自治体名等および（または）国名をあわせて記録する場合に，制作地がその範囲にあることは確かだが，市町村名等は確定できないときは，疑問符を市町村名等に付加する。

上位の地方自治体名等および（または）国名をあわせて記録する場合に，制作地がその範囲にあることを確定できないときは，疑問符は上位の地方自治体名等および（または）国名に付加する。ただし，双方を区切らずに記録する場合は，その末尾に疑問符を付加する。丸がっこに入れて記録する場合は，丸がっこの外に疑問符を付加する。

c）上位の地方自治体名等および（または）国名が判明しているとき

制作地として市町村名等が推定できない場合は，判明した上位の地方自治体名等および（または）国名のみを記録する。

d）上位の地方自治体名等および（または）国名を推定したとき

上位の地方自治体名等および（または）

国名が特定できない場合は，推定の地名を記録し，疑問符を付加する。

e）制作地が不明なとき

制作地が推定できない場合は，「制作地不明」，「書写地不明」，または「Place of production not identified」と記録する。

#2.8.1.2.4　架空のまたは誤った制作地

資料自体に表示された制作地が，架空であるか誤っていると判明している場合，または説明が必要な場合は，架空の地名または誤った地名を記録し，実際の地名等を注記として記録する。

#2.8.1.3　変化

非刊行物の制作地の変化については，#2.8.0.6に従って記録する。

#2.8.2　非刊行物の並列制作地

非刊行物の並列制作地は，非刊行物の制作表示のサブエレメントである。

#2.8.2.1　記録の範囲・情報源

#2.8.2.1.1　記録の範囲

非刊行物の並列制作地は，非刊行物の制作地として記録したものと異なる言語および（または）文字種による制作地である。

#2.8.2.1.2　情報源

非刊行物の並列制作地は，次の優先順位で情報源を選定する。

a）非刊行物の制作地と同一の情報源

b）資料自体の他の情報源

c）資料外の情報源

#2.8.2.2　記録の方法

非刊行物の並列制作地は，#2.8.0.4に従って記録する。

複数の並列制作地が情報源に表示されている場合は，採用した情報源での表示順序，配置，デザイン等に基づいて判断した順に記録する。

#2.8.3　非刊行物の制作者

非刊行物の制作者は，非刊行物の制作表示のサブエレメントである。

#2.8.3.1　記録の範囲・情報源

#2.8.3.1.1　記録の範囲

非刊行物の制作者は，非刊行物の書写，銘刻，作製，組立等に責任を有する個人・家族・団体の名称である。その名称の代わりに個人・家族・団体を特徴付ける語句が表示されていることもある。

#2.8.3.1.2　情報源

非刊行物の制作者は，次の優先順位で情報源を選定する。

a）本タイトルと同一の情報源

b）資料自体の他の情報源

c）資料外の情報源

#2.8.3.2　記録の方法

非刊行物の制作者は，#2.8.0.4に従って記録する。

#2.8.3.2.1　役割を示す語句

非刊行物の制作者の役割を示す語句は，情報源に表示されているとおりに記録する。

#2.8.3.2.1A　和古書・漢籍

書写資料の制作者は，「写」という用語を付加する。また，自筆であると判明した場合は，「自筆」という用語を付加する。

吉隆［写］

藤原成元［自筆］

#2.8.3.2.2　複数の制作者

複数の制作者が情報源に表示されている場合は，採用した情報源での表示順序，配置，デザイン等に基づいて判断した順に記録する。

#2.8.3.2.3　複数の言語・文字種による制作者

制作者が情報源に複数の言語または文字種で表示されている場合は，本タイトルと一致する言語または文字種で記録する。該当する表示がない場合は，情報源に最初に現れた言語または文字種でその制作者を記録する。

#2.8.3.2.4　特定できない制作者

制作者が資料自体に表示されていない場合に，資料外の情報源からも特定できないときは，その旨が分かる方法（コーディングや角がっこの使用など）で，「制作者不明」，「書写者不明」，または「producer not identified」と記録する。

#2.8.3.2.5　架空のまたは誤った制作者

資料自体に表示された制作者の名称が，架空であるか誤っていると判明している場合，または説明が必要な場合は，架空の名称または誤った名称を記録し，実際の名称等を注記として記録する。

#2.8.3.3　変化

非刊行物の制作者の変化については，#2.8.0.6に従って記録する。

#2.8.4　非刊行物の並列制作者

非刊行物の並列制作者は，非刊行物の制作表示のサブエレメントである。

#2.8.4.1　記録の範囲・情報源

#2.8.4.1.1　記録の範囲

非刊行物の並列制作者は，非刊行物の制作者として記録したものと異なる言語および（または）文字種による制作者の名称である。

#2.8.4.1.2　情報源

非刊行物の並列制作者は，次の優先順位で情報源を選定する。

a）非刊行物の制作者と同一の情報源

b）資料自体の他の情報源

c）資料外の情報源

#2.8.4.2　記録の方法

非刊行物の並列制作者は，#2.8.0.4に従って記録する。

複数の並列制作者が情報源に表示されている場合は，採用した情報源での表示順序，配置，デザイン等に基づいて判断した順に記録する。

#2.8.5　非刊行物の制作日付

非刊行物の制作日付は，非刊行物の制作表示のサブエレメントである。

非刊行物の制作日付は，コア・エレメントである。情報源に複数の種類の暦によって表示されている場合は，データ作成機関が優先する暦によるものが，コア・エレメントである。

#2.8.5.1　記録の範囲・情報源

#2.8.5.1.1　記録の範囲

非刊行物の制作日付は，非刊行物の書写，銘刻，作製，組立等と結びつく日付である。

#2.8.5.1.2　情報源

非刊行物の制作日付は，どの情報源に基づいて記録してもよい。

包括的記述を作成する複数巻単行資料，逐次刊行物，更新資料については，開始および（または)終了の制作日付を，最初および(または)最後に刊行された巻号，最初および（または）最後のイテレーション等から選択する。

#2.8.5.2　記録の方法

非刊行物の制作日付は，情報源に表示されている日付の暦が西暦の場合は，アラビア数字で記録する。情報源に表示されている日付の暦が西暦でない場合は，その日付を西暦に置き換える。漢数字，ローマ数字，語句で表記される数字等は，アラビア数字に置き換えて記録する。語句で表された暦は，アラビア数字に置き換える。日付は，データ作成機関が定める形式で記録する。

#2.8.5.2A　和古書・漢籍

資料自体に表示されている日付が，その制作日付として適切な場合は，表示されているとおりに記録する。西暦によって表示されていない場合は，西暦に置き換えた日付を付加する。

文政2［1819］

干支による表記は，相当する元号と年数によるその国の紀年に読み替えて記録する。干支による表記は，注記として記録する。読み替えできない場合は，推定の制作日付として扱う。

享保10［1725］

（情報源の表示は「享保乙巳」）

推定の制作日付を記録する場合は，元号と年数によるその国の紀年と西暦年をともに記録する。西暦年を付加する場合は，丸がっこに入れて記録する。

［正保3（1646）］

制作日付および序文，跋文等に表示された日付がないか，または表示されている情報が記録するのに適切でない場合は，おおよその制作年代を推定して記録する。

［慶長年間］

書写資料の制作者を省いた場合は，書写資料の制作日付のあとに書写の表示があれば記録し，表示されていない場合は，［写］を付加する。

文政12［1829］［写］

書写資料の制作年が2年以上にわたる場合は，書写開始の年と終了の年をハイフンで結び包括的な記録とする。

文化6-文政9［1809-1826］

#2.8.5.2 B　複数巻単行資料，逐次刊行物，更新資料

包括的記述を作成する複数巻単行資料，逐次刊行物，更新資料の初巻，初号，最初のイテレーションが入手可能な場合は，それらの制作日付を記録し，ハイフンを付加する。

制作が休止または完結している場合に，終巻，終号，最後のイテレーションが入手可能なときは，ハイフンに続けてそれらの制作日付を記録する。

更新資料については，識別に重要な場合は，更新日付を付加する。

全巻，全号，すべてのイテレーションが同一年に制作されている場合は，その年を記録する。

初巻，初号，最初のイテレーションおよび（または）終巻，終号，最後のイテレーションが入手できない場合は，推定の制作日付を#1.10.10.5に従って記録する。

制作日付が推定できない場合は，記録しない。

#2.8.5.2 C　文書，コレクション

文書類またはコレクション全体が同一年内に制作されている場合は，その年またはその年月日を記録する。

単独の文書については，年月日まで記録する。

1899.6.14

1899 June 14

文書類またはコレクション全体の制作が複数年にわたる場合は，その期間を記録する。すなわち，制作された最初と最後の年，または記録活動がなされた最初と最後の年をハイフンで結んで記録する。

1859-1896

制作の日付が資料自体に表示されていない場合に，資料外の情報源からも特定できないときは，推定の日付を#1.10.10.5に従って記録する。

［1867？］

推定の制作日付を記録することが適切でない場合は，その旨が分かる方法（コーディングや角がっこの使用など）で，「制作日付不明」，「書写日付不明」，または「date of production not identified」と記録する。

#2.8.5.2.1　単巻資料の特定できない制作日付

単巻資料の制作日付を特定できない場合は，推定の制作日付を，#1.10.10.5に従って記録する。

制作日付を推定できない場合は，その旨が分かる方法（コーディングや角がっこの使用など）で，「制作日付不明」，「書写日付不明」，または「date of production not identified」と記録する。

#2.8.5.2.2　架空のまたは誤った制作日付

資料自体に表示された日付が，架空であるか誤っていると判明している場合は，架空の日付または誤った日付を記録し，実際の日付を注記として記録する。

#2.9　著作権日付

著作権日付は，エレメントである。

#2.9.1　記録の範囲・情報源

#2.9.1.1　記録の範囲

著作権日付は，記述対象の著作権または著作権に相当する権利の発生と結びつく日付である。著作権日付には，原盤権日付（録音の権利保護

と結びつく日付）も含まれる。

#2.9.1.2　情報源

著作権日付は，どの情報源に基づいて記録してもよい。

#2.9.2　記録の方法

著作権日付は，情報源に表示されている日付を，#2.5.5.2に従って記録する。

著作権日付の冒頭に「©」,「℗」が表示されていて記録できない場合，または記録することが不適切な場合は,「c」,「p」に置き換えて記録する。目録用言語として英語を用いる場合は,「copyright」,「phonogram copyright」を用いて記録する。

©1955

copyright 2000

c1955

著作権日付が，情報源に複数の種類の暦によって表示されている場合は，採用した情報源での表示順序，配置，デザイン等に基づいて判断した順に記録する。

文章，音楽，画像等のそれぞれに対する著作権日付が表示されている場合は，識別または選択のために重要なものをすべて記録する。

文章，音楽，画像等のいずれか一つに対して複数の著作権日付が表示されている場合は，最新の著作権日付のみを記録する。

#2.10　シリーズ表示

シリーズ表示は，エレメントである。

#2.10.0　通則

#2.10.0.1　記録の範囲

単行資料，逐次刊行物，更新資料に対するシリーズについての表示を記録する。シリーズは，記述対象より上位の書誌レベルに位置する体現形である。

アジア経済研究所叢書

（記述対象：中東アラブ企業の海外進出(「アジア経済研究所叢書」の中の単行資料1巻))

記述対象が単行資料，逐次刊行物，更新資料の構成部分(雑誌論文等)である場合は，上位の書誌レベルの情報(収録誌紙等)はシリーズ表示とは扱わず，体現形間の関連として記録する。

シリーズは，複数階層のレベルから成ることがある。最上位のレベルをシリーズとして，それ以外のレベルをサブシリーズとして扱う。複数のレベルのサブシリーズが存在することもある。

【シリーズ】　書誌書目シリーズ

【サブシリーズ】　未刊史料による日本出版文化

（記述対象：出版の起源と京都の本屋）

一つのシリーズに関する記録，または一つのシリーズと一つまたは複数のサブシリーズに関する記録を，一組のシリーズ表示とする。

記述対象が属するシリーズまたはサブシリーズを，関連する著作として扱う場合は，#43.1に従って記録する。

#2.10.0.2　サブエレメント

シリーズ表示には，次のサブエレメントがある。これらのうち，シリーズの本タイトル，シリーズ内番号，サブシリーズの本タイトル，サブシリーズ内番号は，コア・エレメントである。

a）シリーズの本タイトル［#2.10.1を見よ。］

b）シリーズの並列タイトル［#2.10.2を見よ。］

c）シリーズのタイトル関連情報［#2.10.3を見よ。］

d）シリーズの並列タイトル関連情報［#2.10.4を見よ。］

e）シリーズに関係する責任表示［#2.10.5を見よ。］

f）シリーズに関係する並列責任表示［#2.10.6を見よ。］

g）シリーズのISSN［#2.10.7を見よ。］

h）シリーズ内番号［#2.10.8を見よ。］

i）サブシリーズの本タイトル［#2.10.9を見よ。］

j）サブシリーズの並列タイトル［#2.10.10を見よ。］

k）サブシリーズのタイトル関連情報［#2.10.11を見よ。］

l）サブシリーズの並列タイトル関連情報［#2.10.12を見よ。］

m）サブシリーズに関係する責任表示［#2.10.13を見よ。）

n）サブシリーズに関係する並列責任表示［#2.10.14を見よ。］

o）サブシリーズのISSN［#2.10.15を見よ。］

p）サブシリーズ内番号［#2.10.16を見よ。］

#2.10.0.3　情報源

情報源は，シリーズ表示の各エレメントの規定に従う。

#2.10.0.4　記録の方法

シリーズ表示の各エレメントは，句読点，記号，略語，大文字使用法，数字なども含め，情報源の表示を#1.10～#1.10.11に従って記録する。

#2.10.0.4.1　サブシリーズ

サブシリーズがある場合は，シリーズとサブシリーズの関係が分かるように記録する。また，サブシリーズが複数あり，その間に上位・下位の関係がある場合は，その関係が分かるように記録する。

#2.10.0.4.2　複数のシリーズ

記述対象が複数のシリーズに属する場合は，シリーズ表示ごとに，#2.10.1～#2.10.16に従って記録する。

　　現代俳句選集

　　河叢書

記述対象の個々の部分が異なるシリーズに属し，かつその関係をシリーズ表示において的確に記録できない場合は，シリーズに関する具体的な情報を注記として記録する。

#2.10.0.5　複製

複製については，原資料のシリーズ表示ではなく，複製自体のシリーズ表示を記録する。原資料のシリーズ表示が，資料自体に表示されている場合は，関連する体現形のシリーズ表示として記録する。

#2.10.0.6　変化

複数巻単行資料，逐次刊行物または更新資料においては，シリーズ表示に変化，追加または削除が生じることがある。

複数巻単行資料または逐次刊行物では，シリーズ表示に変化または追加が生じた場合は，そのシリーズ表示を追加して記録する。変化または追加をシリーズ表示の中で的確に記録できず，かつ識別またはアクセスに重要な場合は，変化または追加の旨を注記として記録する。削除が生じ，かつ識別またはアクセスに重要な場合は，削除の旨を注記として記録する。

更新資料では，シリーズ表示に変化，追加または削除が生じた場合は，最新のイテレーションを反映してシリーズ表示の記録を改める。この場合，識別またはアクセスに重要なときは，変化，追加または削除の旨を注記として記録する。

複数のシリーズに属する記述対象については，シリーズごとに上記の規定を適用する。

#2.10.1　シリーズの本タイトル

シリーズの本タイトルは，シリーズ表示のサブエレメントである。

シリーズの本タイトルは，コア・エレメントである。

#2.10.1.1　記録の範囲・情報源

#2.10.1.1.1　記録の範囲

シリーズの本タイトルは，シリーズを識別する主な名称である。

#2.10.1.1.2　情報源

シリーズの本タイトルは，次の優先順位で情報源を選定する。

a）本タイトルと同一の情報源

b）資料自体の他の情報源

c）資料外の情報源

#2.10.1.2　記録の方法

シリーズの本タイトルは，情報源から#2.1.

0. 4〜#2. 1. 0. 4. 4および#2. 10. 0. 4〜#2. 10. 0. 4. 2に従って記録する。

角川文庫

Cambridge Middle East studies

#2. 10. 1. 2. 1　シリーズの別タイトル

情報源に表示されているシリーズの別タイトルは，シリーズの本タイトルの一部として扱う。

#2. 10. 1. 2. 2　複数の言語・文字種による表示

シリーズの本タイトルが，情報源に複数の言語または文字種で表示されている場合は，#2. 1. 1. 2. 6に従って，選定し，記録する。

#2. 10. 1. 2. 3　同一の言語・文字種による複数のタイトル

情報源に，一つのシリーズに対して，同一の言語および文字種による複数のタイトルが表示されている場合は，#2. 1. 1. 2. 7に従って，シリーズの本タイトルを選定して記録する。

#2. 10. 1. 2. 4　不可分な一部として含まれるシリーズ内番号

シリーズ内番号がシリーズの本タイトルに含まれる場合は，その番号をシリーズの本タイトルの一部として記録する。

Proceedings of the seventh invitation symposium

ただし，複数巻を対象にした包括的記述において，シリーズ内番号がシリーズの本タイトルに含まれ，かつ番号の表示が巻号ごとに異なる場合は，その番号をシリーズの本タイトルに記録せず，省略する。

省略部分は省略記号（...）で示し，その番号はシリーズ内番号として記録する。

Monograph ... of the American Orthopsychiatric Association

#2. 10. 2　シリーズの並列タイトル

シリーズの並列タイトルは，シリーズ表示のサブエレメントである。

#2. 10. 2. 1　記録の範囲・情報源

#2. 10. 2. 1. 1　記録の範囲

シリーズの並列タイトルは，シリーズの本タイトルとして記録したものと異なる言語および（または）文字種によるタイトルである。

#2. 10. 2. 1. 2　情報源

シリーズの並列タイトルは，資料自体のどの情報源から採用してもよい。

#2. 10. 2. 2　記録の方法

シリーズの並列タイトルは，情報源から#2. 1. 2. 2および#2. 10. 0. 4〜#2. 10. 0. 4. 2に従って記録する。

The galaxy of contemporary Japanese music

（シリーズの本タイトル：現代日本音楽選）

#2. 10. 3　シリーズのタイトル関連情報

シリーズのタイトル関連情報は，シリーズ表示のサブエレメントである。

#2. 10. 3. 1　記録の範囲・情報源

#2. 10. 3. 1. 1　記録の範囲

シリーズのタイトル関連情報は，シリーズの本タイトルを限定，説明，補完する表示である。情報源における表示の位置は，シリーズの本タイトルの後に続くものが多いが，その上部や前方の位置に表示されていることもある。

シリーズに関係する版表示は，シリーズのタイトル関連情報として記録する。

#2. 10. 3. 1. 2　情報源

シリーズのタイトル関連情報は，シリーズの本タイトルと同一の情報源から採用する。

#2. 10. 3. 2　記録の方法

シリーズのタイトル関連情報は，情報源から#2. 1. 3. 2および#2. 10. 0. 4〜#2. 10. 0. 4. 2に従って記録する。

経済・貿易・産業報告書

（シリーズの本タイトル：ARC レポート）

#2. 10. 3. 2. 1　複数の言語・文字種による表示

シリーズのタイトル関連情報が，情報源に複数の言語または文字種で表示されている場合は，シリーズの本タイトルと同一の言語または文字種によるものを記録する。シリーズの本タイトルと同一の言語または文字種による表示がない場合は，最初に表示されているものを記録する。

#2.10.4　シリーズの並列タイトル関連情報

シリーズの並列タイトル関連情報は，シリーズ表示のサブエレメントである。

#2.10.4.1　記録の範囲・情報源

#2.10.4.1.1　記録の範囲

シリーズの並列タイトル関連情報は，シリーズのタイトル関連情報として記録したものと異なる言語および（または）文字種による同一内容の表示である。

#2.10.4.1.2　情報源

シリーズの並列タイトル関連情報は，対応するシリーズの並列タイトルと同一の情報源から採用する。

対応するシリーズの並列タイトルがない場合は，シリーズの本タイトルと同一の情報源から採用する。

#2.10.4.2　記録の方法

シリーズの並列タイトル関連情報は，情報源から#2.1.4.2および#2.10.0.4～#2.10.0.4.2に従って記録する。

#2.10.5　シリーズに関係する責任表示

シリーズに関係する責任表示は，シリーズ表示のサブエレメントである。

#2.10.5.1　記録の範囲・情報源

#2.10.5.1.1　記録の範囲

シリーズに関係する責任表示は，責任表示のうち，シリーズに関係する表示である。

#2.10.5.1.2　情報源

シリーズに関係する責任表示は，対応するシリーズの本タイトルと同一の情報源から採用する。

#2.10.5.2　記録の方法

シリーズに関係する責任表示は，情報源から#2.2.0.4～#2.2.0.4.6および#2.10.0.4～#2.10.0.4.2に従って記録する。

椎名六郎，岩猿敏生，河野徳吉編

（シリーズの本タイトル：日本図書館学講座）

#2.10.5.2.1　複数の言語・文字種による表示

シリーズに関係する責任表示が，情報源に複数の言語または文字種で表示されている場合は，シリーズの本タイトルと同一の言語または文字種によるものを記録する。シリーズの本タイトルと同一の言語または文字種による表示がない場合は，最初に表示されているものを記録する。

#2.10.6　シリーズに関係する並列責任表示

シリーズに関係する並列責任表示は，シリーズ表示のサブエレメントである。

#2.10.6.1　記録の範囲・情報源

#2.10.6.1.1　記録の範囲

シリーズに関係する並列責任表示は，シリーズに関係する責任表示として記録したものと異なる言語および（または）文字種による表示である。

#2.10.6.1.2　情報源

シリーズに関係する並列責任表示は，対応するシリーズの並列タイトルと同一の情報源から採用する。

対応するシリーズの並列タイトルがない場合は，対応するシリーズの本タイトルと同一の情報源から採用する。

#2.10.6.2　記録の方法

シリーズに関係する並列責任表示は，情報源から#2.2.0.4～#2.2.0.4.6，#2.2.2.2および#2.10.0.4～#2.10.0.4.2に従って記録する。

#2.10.7　シリーズのISSN

シリーズのISSNは，シリーズ表示のサブエレメントである。

#2.10.7.1　記録の範囲・情報源

#2.10.7.1.1　記録の範囲

シリーズのISSNは，ISSN登録機関によってシリーズに付与された識別子である。

#2.10.7.1.2　情報源

シリーズのISSNは，次の優先順位で情報源を選定する。

a）本タイトルと同一の情報源
b）資料自体の他の情報源
c）資料外の情報源

#2.10.7.2　記録の方法

情報源に表示されているとおりに記録する。

ISSN 0302-9743

#2.10.7.2　記録の方法　任意省略

サブシリーズの ISSN が記述対象に表示されている場合は，シリーズの ISSN は省略する。

#2.10.8　シリーズ内番号

シリーズ内番号は，シリーズ表示のサブエレメントである。

シリーズ内番号は，コア・エレメントである。

#2.10.8.1　記録の範囲・情報源

#2.10.8.1.1　記録の範囲

シリーズ内番号は，記述対象のシリーズ内の個々の資料に与えられている番号付けである。この番号は，単独の数字・文字・記号か，またはそれらの組み合わせである。前後にそれを修飾する語句が付いているものもある。

7
中
第2巻
ウ-4-1
no.7

#2.10.8.1.2　情報源

シリーズ内番号は，資料自体のどの情報源から採用してもよい。

#2.10.8.2　記録の方法

シリーズ内番号は，情報源に表示されているものを，#1.10～#1.10.11に従って記録する。また，ハイフンが含まれている場合に，その意味を明確にするために必要なときは，スラッシュに置き換える。

#2.10.8.2.1　年月次

シリーズ内番号が年月次とその細分である番号とから成る場合は，その順に記録する。

2008，no.2

シリーズ内番号と年月次とが表示されている場合は，その双方を記録する。ただし，出版・頒布・製作・制作の日付は，年月次として扱わない。

#2.10.8.2.2　複数の言語・文字種による表示

シリーズ内番号が，情報源に複数の言語または文字種で表示されている場合は，シリーズの本タイトルと同一の言語または文字種によるものを記録する。シリーズの本タイトルと同一の言語または文字種による表示がない場合は，最初に表示されているものを記録する。

#2.10.8.2.3　新しい連番を示す語句

シリーズ内番号に従前と同じ付番方式による新しい連番が開始され，かつ以前の連番と区別するための「第2期」などの語句を伴う場合は，それをもあわせて記録する。

第2期3

従前の連番と区別するための語句を伴わない場合は，適切な語句を付加する。この場合，その語句が情報源に表示されていないことを，注記および（または）その他の方法（コーディングや角がっこの使用など）で示す。

#2.10.8.2.4　複数の付番方式

シリーズ内番号に同時に複数の付番方式が用いられている場合は，表示されている順に記録する。

#2.10.8.2.5　複数巻のシリーズ内番号

#2.10.8.2.5A　複数巻単行資料

複数巻を対象にした包括的記述において，各巻に付されたシリーズ内番号が連続している場合は，最初と最後の番号をハイフンで結んで記録する。シリーズ内番号が連続していない場合は，すべての番号を記録する。

10-12

#2.10.8.2.5B　逐次刊行物

記述対象とする逐次刊行物の各巻号に，全体を通して同じシリーズ内番号が付されている場合に限って記録する。

207
（逐次刊行物が属するシリーズの本タイトル
：精選近代文芸雑誌集）

#2.10.9　サブシリーズの本タイトル

サブシリーズの本タイトルは，シリーズ表示のサブエレメントである。

サブシリーズの本タイトルは，コア・エレメントである。

#2.10.9.1　記録の範囲・情報源

#2.10.9.1.1　記録の範囲

サブシリーズの本タイトルは，サブシリーズを識別する主な名称である。

サブシリーズか別のシリーズか判断できない場合は，別のシリーズとして扱う。

#2.10.9.1.2　情報源

サブシリーズの本タイトルは，次の優先順位で情報源を選定する。

a）本タイトルと同一の情報源
b）資料自体の他の情報源
c）資料外の情報源

#2.10.9.2　記録の方法

サブシリーズの本タイトルは，情報源から#2.10.0.4～#2.10.0.4.1および#2.10.1.2～#2.10.1.2.4に従って記録する。

スポーツ・ビギニング・シリーズ
（シリーズの本タイトル：スポーツ叢書）

#2.10.9.2.1　「第2期」，「new series」等

シリーズが番号付けされておらず，「第2期」，「new series」等が情報源に表示されている場合は，それをサブシリーズの本タイトルとして記録する。

シリーズが番号付けされていて，「第2期」，「new series」等が情報源に表示されている場合は，それをシリーズ内番号の一部として記録する。

#2.10.9.2.2　サブシリーズの巻次

サブシリーズが巻次のみから成り，タイトルがない場合は，巻次をサブシリーズの本タイトルとして記録する。

Series 3

サブシリーズが巻次とタイトルから成る場合は，両者の対応関係を維持するように，巻次に続けてタイトルを記録する。

A，物理統計
（シリーズの本タイトル：農業技術研究所報告）

#2.10.9.2.3　複数の言語・文字種による表示

サブシリーズの本タイトルが，情報源に複数の言語または文字種で表示されている場合は，シリーズの本タイトルと同一の言語または文字種によるものを記録する。シリーズの本タイトルと同一の言語または文字種による表示がない場合は，最初に表示されているものを記録する。

#2.10.10　サブシリーズの並列タイトル

サブシリーズの並列タイトルは，シリーズ表示のサブエレメントである。

#2.10.10.1　記録の範囲・情報源

#2.10.10.1.1　記録の範囲

サブシリーズの並列タイトルは，サブシリーズの本タイトルとして記録したものと異なる言語および（または）文字種によるタイトルである。

#2.10.10.1.2　情報源

サブシリーズの並列タイトルは，資料自体のどの情報源から採用してもよい。

#2.10.10.2　記録の方法

サブシリーズの並列タイトルは，情報源から#2.1.2.2および#2.10.0.4～#2.10.0.4.2に従って記録する。

#2.10.11　サブシリーズのタイトル関連情報

サブシリーズのタイトル関連情報は，シリーズ表示のサブエレメントである。

#2.10.11.1　記録の範囲・情報源

#2.10.11.1.1　記録の範囲

サブシリーズのタイトル関連情報は，サブシリーズの本タイトルを限定，説明，補完する表示である。情報源における表示の位置は，サブシリーズの本タイトルの後に続くものが多いが，

その上部や前方の位置に表示されていることもある。

#2.10.11.1.2　情報源

サブシリーズのタイトル関連情報は，サブシリーズの本タイトルと同一の情報源から採用する。

#2.10.11.2　記録の方法

サブシリーズのタイトル関連情報は，情報源から#2.1.3.2および#2.10.0.4～#2.10.0.4.2に従って記録する。

#2.10.11.2.1　複数の言語・文字種による表示

サブシリーズのタイトル関連情報が，情報源に複数の言語または文字種で表示されている場合は，サブシリーズの本タイトルと同一の言語または文字種によるものを記録する。サブシリーズの本タイトルと同一の言語または文字種による表示がない場合は，最初に表示されているものを記録する。

#2.10.12　サブシリーズの並列タイトル関連情報

サブシリーズの並列タイトル関連情報は，シリーズ表示のサブエレメントである。

#2.10.12.1　記録の範囲・情報源

#2.10.12.1.1　記録の範囲

サブシリーズの並列タイトル関連情報は，サブシリーズのタイトル関連情報として記録したものと異なる言語および（または）文字種による同一内容の表示である。

#2.10.12.1.2　情報源

サブシリーズの並列タイトル関連情報は，対応するサブシリーズの並列タイトルと同一の情報源から採用する。

対応するサブシリーズの並列タイトルがない場合は，サブシリーズの本タイトルと同一の情報源から採用する。

#2.10.12.2　記録の方法

サブシリーズの並列タイトル関連情報は，#2.1.4.2および#2.10.0.4～#2.10.0.4.2に従って記録する。

#2.10.13　サブシリーズに関係する責任表示

サブシリーズに関係する責任表示は，シリーズ表示のサブエレメントである。

#2.10.13.1　記録の範囲・情報源

#2.10.13.1.1　記録の範囲

サブシリーズに関係する責任表示は，責任表示のうち，サブシリーズに関係する表示である。

#2.10.13.1.2　情報源

サブシリーズに関係する責任表示は，対応するサブシリーズの本タイトルと同一の情報源から採用する。

#2.10.13.2　記録の方法

サブシリーズに関係する責任表示は，情報源から#2.2.0.4～#2.2.0.4.6および#2.10.0.4～#2.10.0.4.2に従って記録する。

#2.10.13.2.1　複数の言語・文字種による表示

サブシリーズに関係する責任表示が，情報源に複数の言語または文字種で表示されている場合は，サブシリーズの本タイトルと同一の言語または文字種によるものを記録する。シリーズの本タイトルと同一の言語または文字種による表示がない場合は，最初に表示されているものを記録する。

#2.10.14　サブシリーズに関係する並列責任表示

サブシリーズに関係する並列責任表示は，シリーズ表示のサブエレメントである。

#2.10.14.1　記録の範囲・情報源

#2.10.14.1.1　記録の範囲

サブシリーズに関係する並列責任表示は，サブシリーズに関係する責任表示として記録したものと異なる言語および（または）文字種による表示である。

#2.10.14.1.2　情報源

サブシリーズに関係する並列責任表示は，対応するサブシリーズの並列タイトルと同一の情報源から採用する。

対応するサブシリーズの並列タイトルがない

場合は，サブシリーズの本タイトルと同一の情報源から採用する。

#2.10.14.2　記録の方法

サブシリーズに関係する並列責任表示は，#2.2.0.4～#2.2.0.4.6，#2.2.2.2および#2.10.0.4～#2.10.0.4.2に従って記録する。

#2.10.15　サブシリーズの ISSN

サブシリーズの ISSN は，シリーズ表示のサブエレメントである。

#2.10.15.1　記録の範囲・情報源

#2.10.15.1.1　記録の範囲

サブシリーズの ISSN は，ISSN 登録機関によってサブシリーズに付与された識別子である。

#2.10.15.1.2　情報源

サブシリーズの ISSN は，次の優先順位で情報源を選定する。

a）本タイトルと同一の情報源

b）資料自体の他の情報源

c）資料外の情報源

#2.10.15.2　記録の方法

情報源に表示されているとおりに記録する。

ISSN 1871-4668

サブシリーズの ISSN を記録する場合は，シリーズの ISSN を省略することができる。

#2.10.16　サブシリーズ内番号

サブシリーズ内番号は，シリーズ表示のサブエレメントである。

サブシリーズ内番号は，コア・エレメントである。

#2.10.16.1　記録の範囲・情報源

#2.10.16.1.1　記録の範囲

サブシリーズ内番号は，記述対象のサブシリーズ内の個々の資料に与えられている番号付けである。この番号は，単独の数字・文字・記号か，またはそれらの組み合わせである。前後にそれを修飾する語句が付いているものもある。

#2.10.16.1.2　情報源

サブシリーズ内番号は，資料自体のどの情報源から採用してもよい。

#2.10.16.2　記録の方法

サブシリーズ内番号は，情報源から#2.10.8.2～#2.10.8.2.5 B に従って記録する。

第97巻

（サブシリーズの本タイトル：言語編）

（シリーズの本タイトル：ひつじ研究叢書）

#2.10.16.2.1　複数の言語・文字種による表示

サブシリーズ内番号が，情報源に複数の言語または文字種で表示されている場合は，サブシリーズの本タイトルと同一の言語または文字種によるものを記録する。サブシリーズの本タイトルと同一の言語または文字種による表示がない場合は，最初に表示されているものを記録する。

#2.11　下位レベルの記録

内容細目などの下位レベルの記録については，体現形間の関連として扱う。

#2.12　刊行方式

刊行方式は，エレメントである。

#2.12.1　記録の範囲

刊行方式は，体現形の刊行単位，継続性，更新の有無などによる，刊行形態の区分である。

#2.12.2　情報源

刊行方式は，資料自体に基づいて記録する。さらに必要がある場合は，資料外のどの情報源に基づいて記録してもよい。

#2.12.3　記録の方法

刊行方式は，表2.12.3の用語を使用して記録する。目録用言語として英語を用いる場合は，表中の英語の用語を用いる。複数の刊行方式が該当する場合は，それらをすべて記録する。

#2.13　刊行頻度

刊行頻度は，エレメントである。

#2.13.1　記録の範囲

刊行頻度は，逐次刊行物の各巻号の刊行の間隔，または更新資料の更新の間隔を表すものである。

表2.12.3　刊行方式を示す用語

単巻資料　single unit 物理的に単一のユニットとして刊行される資料(例えば，１冊のみの単行資料)。無形資料の場合は，論理的に単一のユニットとして刊行される資料(例えば，ウェブに掲載されたPDFファイル)。
複数巻単行資料　multipart monograph 同時に，または継続して刊行される複数の部分から成る資料で，一定数の部分により完結する，または完結することを予定するもの（例えば，２巻から成る辞書，１セットとして刊行された３巻から成るオーディオカセット)。
逐次刊行物　serial 終期を予定せず，部分に分かれて継続して刊行され，通常はそれぞれに順序表示がある資料（例えば，定期刊行物，モノグラフ・シリーズ，新聞)。刊行期間は限定されているが，部分に分かれて定期または不定期に継続して刊行され，順序表示があるなど，逐次刊行物としての特徴を備えた資料（例えば，特定のイベントに関するニュースレター）や逐次刊行物の複製をも含む。
更新資料　integrating resource 追加，変更などによって更新されるが，一つの刊行物としてのまとまりは維持される資料。更新前後の資料は，別個の資料として存在するのではなく，更新箇所が全体に統合される。ページを差し替えることにより更新されるルーズリーフ形式のマニュアル，継続的に更新されるウェブサイトなど。

表2.13.3　刊行頻度を示す用語

日刊	daily
週３回刊	three times a week
週２回刊	semiweekly
週刊	weekly
旬刊	three times a month
隔週刊	biweekly
月２回刊	semimonthly
月刊	monthly
隔月刊	bimonthly
季刊	quarterly
年３回刊	three times a year
年２回刊	semiannual
年刊	annual
隔年刊	biennial
３年１回刊	triennial
不定期刊	irregular

#2.13.2　情報源

刊行頻度は，どの情報源に基づいて記録してもよい。

#2.13.3　記録の方法

刊行頻度が判明している場合は，表2.13.3の用語を使用して記録する。目録用言語として英語を用いる場合は，表中の英語の用語を用いる。

表2.13.3に適切な用語がない場合は，刊行頻度の詳細を注記として記録する。

#2.13.4　変化

刊行頻度に変化が生じた場合は，その旨を注記として記録する。

＜#2.14～#2.33　キャリアに関する情報＞

#2.14　キャリアに関する情報

#2.14.0　通則

#2.14.0.1　記録の目的

キャリアに関する情報は，記述対象を物理的側面から識別する上で重要である。利用者のニーズに合致する体現形を選択し，利用するために使用される。また，記述対象の管理・保全にも重要である。

#2.14.0.2　記録の範囲

キャリアに関する情報は，記述対象の物理的側面に関する情報である。可視のものだけではなく，不可視のものもある。

キャリアに関する情報には，次のエレメントがある。

a）機器種別［#2.15を見よ。］
b）キャリア種別［#2.16を見よ。］
c）数量［#2.17を見よ。］
d）大きさ［#2.18を見よ。］
e）基底材［#2.19を見よ。］
f）付加材［#2.20を見よ。］
g）マウント［#2.21を見よ。］
h）制作手段［#2.22を見よ。］
i）世代［#2.23を見よ。］
j）レイアウト［#2.24を見よ。］
k）書型・判型［#2.25を見よ。］
l）フォント・サイズ［#2.26を見よ。］
m）極性［#2.27を見よ。］
n）縮率［#2.28［略］を見よ。］
o）録音の特性［#2.29を見よ。］
p）映画フィルムの映写特性［#2.30を見よ。］
q）ビデオの特性［#2.31を見よ。］
r）デジタル・ファイルの特性［#2.32を見よ。］
s）装置・システム要件［#2.33を見よ。］

これらのうち，キャリア種別および数量は，コア・エレメントである。

機器種別，キャリア種別，数量は，すべての種類のキャリアについて記録する。大きさは，オンライン資料を除くすべての種類のキャリアについて記録する。その他のエレメントは，基本的に記述対象のキャリアが該当する場合に限って記録する。

#2.14.0.3　情報源

キャリアに関する情報は，資料自体に基づいて記録する。さらに識別または選択に重要な情報がある場合は，資料外のどの情報源に基づいて記録してもよい。

#2.14.0.4　記録の方法

キャリアに関する情報は，#1.9c)～e）に従って記録する。

ある著作に対して，相互に異なるキャリアによって体現形が複数存在することがある。その場合は，記述対象のキャリアについて記録する。

#2.14.0.4.1　複数のキャリア種別から成る体現形

複数のキャリア種別から成る体現形を包括的に記述する場合は，記述対象の特徴と記録の必要に応じて，次のいずれかの方法を適用する。

a）キャリア種別ごとに，キャリア種別と数量を記録し，必要に応じてその他のエレメントも対応させて記録する。

【キャリア種別】　コンピュータ・ディスク
【数量】　コンピュータ・ディスク1枚
【キャリア種別】　オーディオ・ディスク
【数量】　オーディオ・ディスク1枚
【キャリア種別】　冊子
【数量】　2冊
（コンピュータ・ディスク，オーディオ・ディスク各1枚と冊子2冊から成る記述対象について，キャリア種別と数量のみを記録する場合）

b）多くの異なるキャリア種別から成る体現形について，主なキャリア種別のみを記録し，包括的な表現で数量を記録する。

【キャリア種別】　シート
【数量】　各種資料25個
（シートをはじめ，様々な種類の25個のパーツから成る組み合わせ資料）

識別または選択に重要な場合は，構成の詳細を注記として記録する。

#2.14.0.5　複製

複製については，原資料のキャリアではなく，複製自体のキャリアについて記録する。原資料のキャリアについては，関連する体現形のキャリアに関する記録として扱う。

#2.14.0.6　変化

複数巻単行資料，逐次刊行物または更新資料においては，キャリアに変化が生じることがある。

複数巻単行資料または逐次刊行物の刊行途中で次のいずれかの変化が生じた場合は，体現形に対する新規の記述を作成する。

a）機器種別が変化した場合

b）逐次刊行物のキャリア種別が，他の種別からオンライン資料に，またはオンライン資料から他の種別に変化した場合

その他の変化が生じた場合は次のように扱う。

c）大きさが変化した場合は#2.18.0.2.5に従って記録する。

d）キャリア種別や#2.19～#2.33に規定するエレメントに変化が生じた場合は，各エレメントの規定に従って変化後の情報を追加して記録する。記述対象の識別または選択に重要な場合は，変化に関する情報を注記として記録する。

更新資料の刊行途中で機器種別が変化した場合は，体現形に対する新規の記述を作成する。大きさが変化した場合は，#2.18.0.2.5に従って記録する。キャリア種別や#2.19～#2.33に規定するエレメントに変化が生じた場合は，最新のイテレーションの情報に改める。記述対象の識別または選択に重要な場合は，変化に関する情報を注記として記録する。

＜#2.15～#2.33　キャリアに関する情報のエレメント＞

#2.15　機器種別

機器種別は，エレメントである。

#2.15.0　通則

#2.15.0.1　記録の範囲

記述対象の内容を利用（表示，再生，実行など）するために必要な機器の種類を示す用語を，機器種別として記録する。

情報源は，#2.14.0.3に従う。

#2.15.0.2　記録の方法

機器種別は，キャリア種別と組み合わせて記録する。［#2.16.0.2を見よ。］

機器種別として記録する用語は，表2.15.0.2から選択する。目録用言語として英語を用いる場合は，表中の英語の用語を用いる。

オーディオ

（音声再生機器が必要な場合）

機器不用

（図書など）

#2.15.0.2.1　複数の機器種別

複数の機器種別が該当する場合は，それらをすべて記録する。

#2.16　キャリア種別

キャリア種別は，エレメントである。

キャリア種別は，コア・エレメントである。

#2.16.0　通則

#2.16.0.1　記録の範囲

記述対象の内容を記録した媒体およびその形状を示す用語を，キャリア種別として記録する。

情報源は，#2.14.0.3に従う。

#2.16.0.2　記録の方法

キャリア種別として記録する用語は，表2.16.0.2から選択する。目録用言語として英語を用いる場合は，表中の英語の用語を用いる。

冊子

（図書など）

オーディオ・ディスク

（音楽CDなど）

#2.16.0.2.1　複数のキャリア種別

複数のキャリア種別が該当する場合は，それらをすべて記録する。

#2.17　数量

数量は，エレメントである。

数量は，資料が完結している場合，または総数が判明している場合は，コア・エレメントである。

#2.17.0　通則

#2.17.0.1　記録の範囲

記述対象のユニット数を，キャリアの種類を示す語とともに，数量として記録する。ユニット数に代えてまたはユニット数に加えて，下位ユニット数を記録することがある。

情報源は，#2.14.0.3に従う。

［所要時間については，#5.22を見よ。］

#2.17.0.2　記録の方法

表2.16.0.2の適切なキャリア種別の用語に続けて，ユニット数を記録する。単位を示す助数詞は，キャリア種別に応じて表2.17.0.2の語を用いる。

目録用言語として英語を用いる場合は，ユニット数を記録し，キャリア種別の用語を付加する。

印刷または手書きされている場合，テキストは#2.17.1，楽譜は#2.17.2［略］，地図（三次元の資料を含む）は#2.17.3に従って記録する。静止画は#2.17.4，三次元資料は#2.17.5［略］に従って記録する。

　　フィルム・リール1巻

表2.15.0.2　機器種別の用語

映写　projected 動画または静止画を保持し，映画フィルム・プロジェクター，スライド・プロジェクター，OHPなどの映写機器の使用を想定した体現形に適用する。二次元，三次元いずれの画像も該当する。
オーディオ　audio 録音音声を保持するなどし，ターンテーブル，オーディオカセット・プレーヤー，CDプレーヤー，MP3プレーヤーなどの再生機器の使用を想定した体現形に適用する。アナログ方式，デジタル方式いずれの音声も該当する。
顕微鏡　microscopic 肉眼では見えない微小な対象を見るために，顕微鏡などの機器の使用を想定した体現形に適用する。
コンピュータ　computer 電子ファイルを保持し，コンピュータの使用を想定した体現形に適用する。コンピュータ・テープ，コンピュータ・ディスクなどにローカル・アクセスする場合と，ファイル・サーバを通じてリモート・アクセスする場合のいずれも該当する。
ビデオ　video 動画または静止画を保持し，ビデオカセット・プレーヤー，DVDプレーヤーなどの再生機器の使用を想定した体現形に適用する。アナログ方式，デジタル方式いずれの画像も該当する。二次元，三次元いずれの画像も該当する。
マイクロ　microform 閲覧するために拡大を必要とするマイクロ画像を保持し，マイクロフィルム・リーダー，マイクロフィッシュ・リーダーなどの機器の使用を想定した体現形に適用する。透明，不透明いずれの媒体も該当する。
立体視　stereographic 三次元効果を与えるように，対をなす静止画によって構成され，ステレオスコープ，立体視ビューワなどの機器の使用を想定した体現形に適用する。
機器不用　unmediated 機器を使用せず，人間の感覚器官を通して直接認識することを想定した体現形に適用する。印刷，手描き，点字などによって作製された資料，彫刻，模型などの三次元資料が該当する。

該当する機器種別が存在しない場合は，「その他」または「other」と記録する。

該当する機器種別が容易に判明しない場合は，「不明」または「unspecified」と記録する。

表2.16.0.2　キャリア種別の用語 ＋ 表2.17.0.2　数量に用いる助数詞

対応する機器種別	キャリア種別	用いる助数詞
映写　projected	トランスペアレンシー　overhead transparency	枚
	スライド　slide	枚
	フィルム・カセット　film cassette	巻
	フィルム・カートリッジ　film cartridge	巻
	フィルムストリップ　filmstrip	巻
	フィルムストリップ・カートリッジ　filmstrip cartridge	巻
	フィルムスリップ　filmslip	枚
	フィルム・リール　film reel	巻
	フィルム・ロール　film roll	巻
オーディオ　audio	オーディオカセット　audiocassette	巻
	オーディオ・カートリッジ　audio cartridge	巻
	オーディオ・シリンダー　audio cylinder	本
	オーディオ・ディスク　audio disc	枚
	オーディオテープ・リール　audiotape reel	巻
	オーディオ・ロール　audio roll	巻
	サウンドトラック・リール　sound-track reel	巻
顕微鏡　microscopic	顕微鏡スライド　microscope slide	枚
コンピュータ　computer	コンピュータ・カード　computer card	枚
	コンピュータ・チップ・カートリッジ　computer chip cartridge	個
	コンピュータ・ディスク　computer disc	枚
	コンピュータ・ディスク・カートリッジ　computer disc cartridge	個または枚
	コンピュータ・テープ・カセット　computer tape cassette	巻
	コンピュータ・テープ・カートリッジ　computer tape cartridge	巻
	コンピュータ・テープ・リール　computer tape reel	巻
	オンライン資料　online resource	件
ビデオ　video	ビデオカセット　videocassette	巻
	ビデオ・カートリッジ　video cartridge	個または枚
	ビデオディスク　videodisc	枚
	ビデオテープ・リール　videotape reel	巻
マイクロ　microform	アパーチュア・カード　aperture card	枚
	マイクロオペーク　microopaque	枚
	マイクロフィッシュ　microfiche	枚
	マイクロフィッシュ・カセット　microfiche cassette	巻
	マイクロフィルム・カセット　microfilm cassette	巻
	マイクロフィルム・カートリッジ　microfilm cartridge	巻
	マイクロフィルム・スリップ　microfilm slip	枚
	マイクロフィルム・リール　microfilm reel	巻
	マイクロフィルム・ロール　microfilm roll	巻
立体視　stereographic	立体視カード　stereograph card	枚
	立体視ディスク　stereograph disc	枚
機器不用　unmediated	オブジェクト　object	個
	カード　card	枚
	冊子　volume	冊
	シート　sheet	枚
	フリップチャート　flipchart	組
	巻物　roll	巻または軸

該当するキャリア種別が存在しない場合は,「その他」または「other」と記録する。
該当するキャリア種別が容易に判明しない場合は,「不明」または「unspecified」と記録する。

　　オーディオ・ディスク2枚

　　コンピュータ・ディスク・カートリッジ1個

オンライン資料の場合は，「オンライン資料1件」または「1 online resource」と記録する。

［ファイル・サイズは，#2.32.3を見よ。］

記述対象のキャリアの種類を示す適切な用語が表2.16.0.2にない場合，または必要に応じて，データ作成機関がキャリアの種類を示す簡略な用語を定め，その用語と適切な助数詞を用いて記録する。

　　DVD-ROM 1枚

　　（キャリア種別は「コンピュータ・ディスク」）

　　VHS 1巻

　　（キャリア種別は「ビデオカセット」）

#2.17.0.2 A　和古書・漢籍

和古書・漢籍については，数量の単位として「冊」以外の単位も使用できる。

巻子本および掛物には，「巻」ではなく「軸」を用いる。折本には，「帖」を用いる。一枚ものには「枚」を用いる。畳ものには，「枚」ではなく「舗」を用いる。

現在のキャリアについて記述し，原装のキャリアについては，必要に応じて注記として記録する。合冊または分冊されて原装の冊数が変化している場合は，必要に応じてその詳細を注記として記録する。

#2.17.0.2.1　下位ユニット

識別または選択に重要な場合に，容易に判明するときは，キャリアの種類を示す用語とユニット数に続けて，下位ユニット数を丸がっこに入れて付加する。表2.17.0.2.1に挙げたキャリア種別に該当する場合は，対応する下位ユニットの数量に付加する語を用いる。

　　トランスペアレンシー1枚（5オーバーレイ）

　　立体視ディスク1枚（7フレーム）

フィルムストリップまたはフィルムスリップは，シングル・フレーム，ダブル・フレームの別とともにフレームの数を記録する。

　　フィルムストリップ1巻（ダブル・フレーム56フレーム）

#2.17.0.2.1 A　コンピュータ・ディスク等

記述対象の機器種別が「コンピュータ」の場合に，収録されているファイルが印刷資料，書写資料等に相当し，内容がテキスト，楽譜，地図，静止画のいずれかで構成されるときは，キャリアの種類を示す用語とユニット数に続けて，#2.17.1～#2.17.4に従って，下位ユニット数を記録する。

　　コンピュータ・ディスク1枚（地図150図）

　　オンライン資料1件（275 p）

上記に該当しない場合は，ファイル種別を示す用語に続けて，ファイル数に「ファイル」の語を付加して記録する。目録用言語として英語を用いる場合は，ファイル数にファイル種別を示

表2.17.0.2.1　下位ユニットの数量に付加する語

キャリア種別		下位ユニットの数量に付加する語	
トランスペアレンシー	overhead transparency	オーバーレイ	overlay
フィルムストリップ	filmstrip	フレーム	frame
フィルムストリップ・カートリッジ	filmstrip cartridge	フレーム	frame
フィルムスリップ	filmslip	フレーム	frame
ビデオディスク	videodisc *	フレーム	frame
立体視カード	stereograph card	フレーム	frame
立体視ディスク	stereograph disc	フレーム	frame
フリップチャート	flipchart	枚	sheet

* 静止画のみで構成されている場合に使用する。

す用語を付加して記録する。ファイル種別を示す用語は，表2.32.1の用語を使用して記録する。

コンピュータ・ディスク1枚（オーディオ・ファイル1ファイル，ビデオ・ファイル3ファイル）

下位ユニット数が容易に判明せず，識別または選択に重要な場合は，その詳細を注記として記録する。

#2.17.0.2.1B　マイクロフィッシュ，マイクロフィルム

記述対象がマイクロフィッシュまたはマイクロフィルムの場合に，印刷資料，書写資料等に相当し，内容がテキスト，楽譜，地図，静止画のいずれかで構成されるときは，キャリアの種類を示す用語とユニット数に続けて，#2.17.1～#2.17.4に従って下位ユニット数を記録する。

マイクロフィッシュ1枚（地図2図）

上記に該当しない場合は，フレーム数に「フレーム」または「frames」の語を付加して記録する。

マイクロフィッシュ1枚（120フレーム）

#2.17.0.2.1.1　複数のユニットから成る場合

複数のユニットから成り，各ユニットが同数の下位ユニットで構成される場合は，「各」の語に続けて，1ユニット当たりの下位ユニット数を記録する。目録用言語として英語を用いる場合は，「each」の語を付加して記録する。

フィルムストリップ8巻（各ダブル・フレーム56フレーム）

複数のユニットから成り，各ユニットの下位ユニット数が異なる場合は，下位ユニット数を合計して記録する。

マイクロフィッシュ3枚（135フレーム）
（1枚目と2枚目が各60フレーム，3枚目が15フレームから成る資料）

#2.17.0.2.2　正確なユニット数が不明な場合

正確な数が容易に判明しない場合は，「約」または「approximately」の語に続けて，概数を記録する。

スライド約600枚

#2.17.0.2.3　多種類のキャリアから成る場合

多種類のキャリアから成り，種類ごとの記録が困難な場合は，「各種資料」または「various pieces」の語を用いて，キャリア数を包括的に記録する。

各種資料25個

識別または選択に重要な場合は，数量の詳細を注記として記録する。

#2.17.0.2.4　刊行が完結していない資料，全体のユニット数が不明な資料

刊行が完結していない資料，または完結していても全体のユニット数が不明な資料を包括的に記述する場合は，キャリアの種類を示す用語と単位を示す助数詞のみを記録する。目録用言語として英語を用いる場合は，キャリアの種類を示す用語のみを記録する。ユニット数は，刊行が完結し，全体のユニット数が明らかになってから記録する。

コンピュータ・ディスク　枚

複数のユニットから成る予定の資料がまだすべて刊行されていない場合に，今後刊行されないことが明らかなときは，刊行済のユニット数を記録し，これ以上刊行されないことを注記として記録する。

#2.17.0.2.5　同一内容の複数セットから成る場合

同一内容の複数セットから成る場合は，「同一」の語を用いて記録する。目録用言語として英語を用いる場合は，「identical」の語を用いて記録する。

同一スライド30枚
（同一のスライド30枚から成る資料）

#2.17.0.2.6　コレクションを包括的に記述する場合

コレクションを包括的に記述する場合は，必要に応じて次のいずれかの方法で数量を記録す

る。

a）記述対象，容器，冊子のいずれかの数を記録する。

235個

5箱

20冊

b）記述対象の収納に必要なスペースを記録する。

5 m

（書架上で必要となる幅を記録）

c）記述対象の種類ごとに，それを示す用語とユニットの数を記録する。

写真約150枚

製図50枚

模型6点

（写真，製図，模型の3種から成るコレクション）

#2.17.0.2.7　資料の部分を分析的に記述する場合

資料の部分を分析的に記述する場合は，必要に応じて次のいずれかの方法で数量を記録する。

a）#2.17.0.2～#2.17.0.2.4に従って，記述対象となる部分の数量を記録する。

スライド10枚

238 p

b）記述対象となる部分の，資料全体の中での位置付けを示す順序付け等を記録する。

p 152-215

＜#2.17.1～#2.17.5　各種の資料の数量＞

#2.17.1　テキストの数量

テキストから成る印刷資料または書写資料は，挿絵の有無によらず，#2.17.1.1～#2.17.1.5に従って，テキストの数量を記録する。

#2.17.1.1　冊子1冊の資料

冊子1冊の資料は，キャリアの種類を示す用語および冊数は記録せず，ページ数，丁数，枚数，欄数のみを記録する。逐次刊行物は，#2.17.1.2Aに従って記録する。

#2.17.1.1.1　ページ数等

ページ数，丁数，枚数，欄数を，それぞれ「p」，「丁」，「枚」，「欄」の語を付加して記録する。目録用言語として英語を用いる場合は，ページ数には「pages」，丁数または枚数には「leaves」，欄数には「columns」の語を用いる。

48 p

30枚

#2.17.1.1.1A　初期印刷資料（和古書・漢籍を除く）　［略］

#2.17.1.1.2　数字等

表示されたページ付の最終数を記録する。語句を用いたページ付の場合は，数字に置き換えて記録する。漢数字は，アラビア数字に置き換えて記録する。

238 p

xcvii p

最終のページ付の後に内容が表示されたページ等がある場合でも，その部分が重要であるとき，または注記で言及されているページが含まれているときを除いて記録しない。内容が表示されたページでなくても最終のページ付が表示されている場合は，これを記録する。

数字ではなく文字等を用いたページ付の場合は，先頭と最終の文字等を記録する。

A-Z p

#2.17.1.1.3　ページ付のない資料

ページ付のない資料は，次のいずれかの方法で記録する。

a）全体のページ数等を数え，そのページ数等の後に「ページ付なし」等を丸がっこに入れて付加する。目録用言語として英語を用いる場合は，「unnumbered」の語を用いる。

ページ数等を数える場合，広告など内容にかかわらないものは含めない。

94 p（ページ付なし）

b）ページ数等の概数を記録する。

約300 p

c）「1冊」と記録し,「ページ付なし」等を丸がっこに入れて付加する。目録用言語として英語を用いる場合は,「1 volume (unpaged)」と記録する。

1冊（ページ付なし）

#2.17.1.1.4　複数のページ付

ページ付が複数に分かれた資料は，ページ付ごとにコンマで区切って記録する。ページ付のない部分が含まれている場合に，その部分が重要であるとき，または注記で言及されているページ付が含まれているときは，ページ数等を数え「ページ付なし」等を丸がっこに入れて付加する。目録用言語として英語を用いる場合は,「unnumbered」の語を用いる。

xvii, 530 p

30 p, 120枚

18（ページ付なし）, 220, 25 p

ページ付のない部分のうち，広告など内容にかかわらないものは含めない。

一連のページ付の途中で番号の表示方法に変更がある場合は，新たな種類のページ付とは見なさず，最終数のみを記録する。

#2.17.1.1.4 A　初期印刷資料（和古書・漢籍を除く）　［略］

#2.17.1.1.5　複雑または不規則なページ付

ページ付が複雑または不規則な場合は，次のいずれかの方法で記録する。

a）総数を記録し,「各種ページ付あり」,「各種番号付あり」等を丸がっこに入れて付加する。目録用言語として英語を用いる場合は,「in various pagings」等の語を用いる。白紙ページや，広告など内容にかかわらないものは含めない。

500 p（各種ページ付あり）

b）中心的な部分のページ付を記録し，続けて残りの部分の総数を記録する。「各種ページ付あり」等を丸がっこに入れて付加する。目録用言語として英語を用いる場合は,「variously numbered」等の語を用いる。

234 p, ほかに266 p（各種ページ付あり）

c）「1冊（各種ページ付あり）」等または「1 volume (various pagings)」と記録する。

#2.17.1.1.5 A　初期印刷資料（和古書・漢籍を除く）　［略］

#2.17.1.1.6　誤解の恐れのあるページ付

1ページおきにページ付がある場合や，最後のページ付が誤植である場合など，最後のページ付が，資料の数量について誤解を与える恐れのある場合は,「正しくは」の語に続けて正しい最終数を丸がっこに入れて付加する。目録用言語として英語を用いる場合は,「that is」の語を用いる。

48（正しくは96）p

#2.17.1.1.7　不完全な資料

冊子の最終部分が欠落していて，全体のページ数等が確認できない場合は，確認できるページ付の最終数を記録し,「欠落あり」または「incomplete」を丸がっこに入れて付加する。

254 p（欠落あり）

冊子の最初と最後のページ付が部分的に欠落していると思われる場合に，全体のページ数等が確認できないときは，その最初と最後のページ付をハイフンで結んで記録し，その旨を注記として記録する。［#3.7.1を見よ。］

p 9-160

#2.17.1.1.8　途中から始まるページ付

全体が一連のページ付となっているセットの1冊や抜刷などのように，包括的な一連のページ付の途中から始まっているページ付は，その最初と最後のページ付をハイフンで結んで記録する。

p 362-734

全体の一部が記述対象である場合に，その部分自体のページ付と全体のページ付の双方があるときは，部分のページ付を記録する。必要に応じて，全体のページ付を注記する。

#2.17.1.1.9　図版

図版が本文のページ付に含まれない場合は，それが一箇所にまとめられているか，資料全体に分散しているかを問わず，#2.17.1.1.9.1，#2.17.1.1.9.2に従って，そのページ数等を記録する。

図版のページ付が複雑または不規則な場合は，#2.17.1.1.5のいずれかの方法で記録する。

#2.17.1.1.9.1　ページ付のある図版

本文のページ付に続けて「図版」または「plates」の語を用いて，#2.17.1.1.2に従って，その最終ページ数等を記録する。

246 p，図版32 p

数字ではなく文字等を用いたページ付の場合は，「図版」または「plates」の語を用いて先頭と最終の文字等を記録する。

A-J p，図版 a-f p

語を用いたページ付の場合は，「図版」または「plates」の語を用いて，#2.17.1.1.2に従って記録する。

40 p，図版5 p
（ページ数がそれぞれ「forty」「five」と語で表記されている）

図版が，丁付けされた紙葉の両面に表示されている場合は，#2.17.1.1.6に従って記録するか，または注記として記録する。

#2.17.1.1.9.2　ページ付のない図版

ページ付のない図版が資料の大部分を占める場合，注記で言及されている図版にページ付がない場合，または識別または選択に重要な場合は，「図版」の語を用いて，図版のページ数等を記録し，「ページ付なし」等を丸がっこに入れて付加する。目録用言語として英語を用いる場合は，「unnumbered」および「plates」の語を用いる。

10p（ページ付なし），図版16p（ページ付なし）

正確な数が容易に判明しない場合は，概数を記録する。

#2.17.1.1.10　折り込まれた紙葉

紙葉が折り込まれている場合は，「折り込み」を丸がっこに入れて付加する。目録用言語として英語を用いる場合は，「folded」の語を用いる。

96枚（折り込み）

#2.17.1.1.11　袋綴じの紙葉

袋綴じの紙葉にページ数，丁数，枚数，欄数が表示されている場合は，最終数を記録する。それらの表示がない場合は，紙葉1枚をもって2ページと数える。

#2.17.1.1.12　重複したページ付

複数言語のテキスト等でページ付が重複している場合は，各ページ付を記録し，重複について注記として記録する。

60，60 p
（見開きの左ページが英語，右ページが日本語で，言語ごとのページ付がある。）

#2.17.1.1.13　左右両側からのページ付

ページ付が左右両側からある場合は，優先情報源として選択したタイトル・ページのある側から，すべてのページ付を記録する。

234，78 p
（タイトル・ページのある右側から縦書きで234ページ，左側から横書きで78ページのページ付がある。）

#2.17.1.2　複数の冊子から成る資料

複数の冊子から成る資料は，「冊」または「volumes」の語を用いて冊数を記録する。

5冊

#2.17.1.2 A　刊行が完結した逐次刊行物

刊行が完結した逐次刊行物は，冊数を記録する。

#2.17.1.2.1　下位ユニット

必要に応じて，下位ユニットとして，ページ数等を#2.17.1.1～#2.17.1.1.13に従って記録する。

複数の冊子に連続したページ付がある場合は，下位ユニットとして，全体のページ数等を記録する。

3冊（800 p）

複数の冊子にそれぞれ独立したページ付がある場合は，下位ユニットとして各冊のページ数等を記録する。

2冊（329，412 p）

#2.17.1.2.2　刊行が完結していない資料，全体の冊数が不明な資料

刊行が完結していない資料，または完結していても全体の冊数が不明な資料を包括的に記述する場合は，「冊」または「volumes」の語のみを記録する。［加除式資料は#2.17.1.3を見よ。］

冊

複数の冊子から成る予定の資料がまだすべて刊行されていない場合に，今後刊行されないことが明らかなときは，「冊」または「volumes」の語を用いて刊行済の冊数を記録し，これ以上刊行されないことを注記として記録する。

#2.17.1.3　加除式資料

加除式資料が更新中の場合は，ページ数は記録せず，「冊」または「volumes」と記録する。その後，「加除式」または「loose-leaf」を丸がっこに入れて付加する。完結後，冊数を記録する。

冊（加除式）

3冊（加除式）

（完結した加除式資料）

#2.17.1.4　シートまたはカードから成る資料

シートまたはカードから成る資料は，キャリアの種類を示す用語とともに枚数を記録する。目録用言語として英語を用いる場合は，「1 sheet」，「sheets」，「1 card」または「cards」の語を用いる。

シート5枚

折りたたんだ状態でページ順に読むことが想定されている1枚のシート（例えば，折本）は，枚数を記録し，「折りたたみ」を丸がっこに入れて付加する。目録用言語として英語を用いる場合は，「folded」の語を用いる。ただし，この種の資料は，冊子として扱うことがある。

シート1枚（折りたたみ）

#2.17.1.4 A　初期印刷資料（和古書・漢籍を除く）　［略］

#2.17.1.5　ポートフォリオまたはケースに収納されている場合

シート等を収納したポートフォリオまたはケースは，その種類と数を記録する。

ポートフォリオ1個

#2.17.2　楽譜の数量　［略］

#2.17.3　地図資料の数量

地図資料は，その種類を示す用語に続けて図等の数を記録する。目録用言語として英語を用いる場合は，図等の数を記録し，その種類を示す用語を付加する。種類を示す用語および単位を示す助数詞は，表2.17.3の語を用いる。

地図2図

地球儀1基

表2.17.3に適切な用語がない場合は，データ作成機関が記述対象の種類を表す簡略な用語を定めて記録する。静止画［#2.17.4を見よ］または

表2.17.3　地図資料の種類を示す用語と用いる助数詞

地図資料の種類		用いる助数詞
地図	map *	図
ダイアグラム	diagram	図
対景図	view	図
断面図	section	図
地球儀	globe	基または点
地質断面図	profile	図
地図帳	atlas	部
天球儀	globe	基または点
模型	model	基または点
リモートセンシング図 remote-sensing image		図

＊表中に該当する用語が他にない場合に使用する。

三次元資料［#2.17.5［略］を見よ］に該当する場合は，それぞれの種類を表す用語を用いる。

掛図3点

複数の種類のユニットから成る場合は，それぞれの種類を適切に表す用語を用いて記録する。

地図4図

対景図3図

（地図4図と対景図3図から成る資料）

#2.17.3.1　地図帳

地図帳は，その種類を示す用語と部数を記録し，#2.17.1〜#2.17.1.1.13に従って，冊数および（または）ページ数等を丸がっこに入れて付加する。

地図帳1部（324 p）

地図帳1部（2冊（532 p））

1 atlas（324 pages）

1 atlas（2 volumes（532 pages））

#2.17.3.2　シートが複数の図から成る場合

シートが複数の図から成る場合は，必要に応じて，図数の後に枚数を丸がっこに入れて付加する。目録用言語として英語を用いる場合は，「on」の語に続けて枚数を付加する。

地図3図（シート1枚）

地図5図（シート2枚）

5 maps on 2 sheets

#2.17.3.3　複数の部分図から成る場合

1枚のシート内で図が複数の部分図から成る場合は，必要に応じて，図数の後に部分図数を丸がっこに入れて付加する。目録用言語として英語を用いる場合は，「in」の語に続けて部分図数を付加する。

地図1図（3部分図）

図を構成する部分図が複数のシートにわたる場合は，必要に応じて，図数の後に枚数を丸がっこに入れて付加する。目録用言語として英語を用いる場合は，「on」の語に続けて枚数を付加する。

地図1図（シート2枚）

#2.17.4　静止画の数量

静止画は，キャリア数（記録媒体である紙等の枚数）ではなく，静止画の種類を示す用語に続けて画像の点数を記録する。目録用言語として英語を用いる場合は，画像の点数に続けてその種類を記録する。種類は，表2.17.4に示す用語を用いる。

版画1点

（記述対象は，1作品から成るシート1枚の資料，または1作品が複数のシートにまたがる資料）

写真22点

表2.17.4に適切な用語がない場合は，データ作成機関が記述対象の種類を表す簡略な用語を定めて記録する。

絵図1点

複数の種類のユニットから成る場合は，それぞれの種類を適切に表す用語を用いて記録する。

ポスター1点

表2.17.4　静止画の種類を示す用語

静止画資料	picture *
アクティビティ・カード	activity card
イコン	icon
絵はがき	postcard
絵画	painting
掛図	wall chart
コラージュ	collage
写真	photograph
スタディ・プリント	study print
図表	chart
製図	technical drawing
素描	drawing
版画	print
フラッシュ・カード	flash card
放射線写真	radiograph
墨跡	
ポスター	poster

* 表中に該当する用語が他にない場合に使用する。

絵はがき3点
(ポスター1点と絵はがき3点から成る資料)

#2.17.4.1　セット

セットの場合は，静止画の種類を示す用語と，冊数または組数を記録する。必要に応じて種類を表す語に「帳」を付加する。

写真帳1冊
紙芝居1組

#2.17.4.2　静止画の数とキャリア数が一致しない場合等

静止画の数とキャリア数が一致しない場合は，必要に応じて，静止画の数の後にキャリアの種類を示す用語とその数を丸がっこに入れて付加する。キャリアの種類を示す用語とユニットの単位を示す助数詞は，表2.17.0.2に示したもののほか，記述対象を適切に表現する語を用いる。目録用言語として英語を用いる場合は，「on」の語に続けてキャリア数とその種類を付加する。

写真8点 (シート1枚)

#2.17.5　三次元資料の数量　［略］

#2.18　大きさ

大きさは，エレメントである。

#2.18.0　通則

#2.18.0.1　記録の範囲

記述対象のキャリアおよび（または）容器の寸法（高さ，幅，奥行など）を，大きさとして記録する。

情報源は，#2.14.0.3に従う。

#2.18.0.1.1　エレメント・サブタイプ（各種の資料）

大きさには，資料の種類によって，次のエレメント・サブタイプがある。

a）地図等の大きさ［#2.18.1を見よ。］
b）静止画の大きさ［#2.18.2を見よ。］

#2.18.0.2　記録の方法

キャリアまたは容器の外側の寸法を，別途指示のない限り，センチメートルの単位で小数点以下の端数を切り上げて記録する。キャリアを計測する箇所は，キャリア種別ごとに定めた#2.18.0.2.1A～#2.18.0.2.1Oに従う。また，シート（巻物を含む）から成る地図等は#2.18.1，静止画は#2.18.2に従う。

#2.18.0.2.1　各キャリア種別の大きさ

#2.18.0.2.1A　冊子

冊子は，外形の高さを記録する。外形の高さが10 cm未満のものは，センチメートルの単位で小数点以下1桁まで端数を切り上げて記録する。縦長本，横長本，枡型本は，縦，横の長さを「×」で結んで記録する。

22 cm
15×25 cm

テキスト・ブロック（冊子の表紙・背などの外装を除いた本体部分）の大きさと製本状態の大きさに無視できない違いがある場合に，識別または選択に重要なときは，テキスト・ブロックの大きさを記録し，製本状態の大きさを丸がっこに入れて付加する。目録用言語として英語を用いる場合は，「in」の語に続けて製本状態の大きさを付加する。

20 cm (製本25 cm)

テキスト・ブロックの大きさが異なるものを合冊している場合は，製本状態の大きさのみを記録する。識別または選択に重要な場合は，テキスト・ブロックの大きさについて注記として記録する。［#3.7.2を見よ。］

製本が刊行後のものである場合（所蔵機関での再製本など）は，そのことを注記として記録する。［#3.7.2を見よ。］

#2.18.0.2.1B　カード等

カード，コンピュータ・カード，アパーチュア・カード，立体視カードは，縦，横の長さを「×」で結んで記録する。

9×29 cm
(記述対象は，アパーチュア・カード)

#2.18.0.2.1C　シート

シートは，本体の縦，横の長さを「×」で結んで記録する。

20×25 cm

畳ものは広げた形の縦，横の長さを「×」で結んで記録し，折りたたんだときの外形の縦，横の長さを付加する。

48×30 cm（折りたたみ24×15 cm）

折りたたんだ状態でページ順に読むことが想定されている1枚のシート（例えば，折本）は，縦の長さを記録する。ただし，この種の資料は，冊子として扱うことがある。

地図等は#2.18.1，静止画は#2.18.2に従う。

#2.18.0.2.1D　フリップチャート

フリップチャートは，縦，横の長さを「×」で結んで記録する。

54×61 cm

#2.18.0.2.1E　巻物

巻物は，用紙の高さと広げた状態の長さを記録し，用紙の高さと巻いた状態の直径を「径」または「diameter」の語とともに付加する。

27×410 cm（巻物27×径6 cm）

地図等は#2.18.1，静止画は#2.18.2に従う。

#2.18.0.2.1F　オブジェクト

地球儀・天球儀は，その直径を，「径」または「diameter」の語とともに記録する。

径12 cm

その他の立体物は，高さ，幅，奥行を「×」で結んで記録する。

200×80×80 cm

#2.18.0.2.1G　カセット

カセットは，その種類に応じて，次のとおりに記録する。

a）オーディオカセット

横，縦の長さを「×」で結び，センチメートルの単位で小数点以下の端数を切り上げて記録する。続けてコンマで区切り，テープの幅をミリメートルの単位で小数点以下の端数を切り上げて記録する。

10×7 cm，4 mm テープ

（記述対象は，カセットテープ）

b）コンピュータ・テープ・カセット

横，縦の長さを「×」で結び，センチメートルの単位で小数点以下の端数を切り上げて記録する。

10×7 cm

c）ビデオカセット，フィルム・カセット

横，縦の長さは記録せず，テープまたはフィルムの幅のみをミリメートルの単位で記録する。8ミリフィルムについては，その種類を，「スタンダード」，「シングル」，「スーパー」，「マウラー」のいずれかの語を用いて記録する。目録用言語として英語を用いる場合は，「standard」，「single」，「super」，「Maurer」のいずれかの語を用いる。識別または選択に重要な場合は，テープまたはフィルムの長さについて注記として記録する。

16 mm

シングル8 mm

d）マイクロフィッシュ・カセット

横，縦の長さを「×」で結び，センチメートルの単位で小数点以下の端数を切り上げて記録する。

e）マイクロフィルム・カセット

横，縦の長さは記録せず，フィルムの幅のみをミリメートルの単位で記録する。

#2.18.0.2.1H　カートリッジ

カートリッジは，その種類に応じて，次のとおりに記録する。

a）オーディオ・カートリッジ

横，縦の長さを「×」で結び，センチメートルの単位で小数点以下の端数を切り上げて記録する。続けてコンマで区切り，テープの幅をミリメートルの単位で小数点以下の端数を切り上げて記録する。

b）コンピュータ・チップ・カートリッジ，コンピュータ・ディスク・カートリッジ，

コンピュータ・テープ・カートリッジ

機器に挿入される辺の長さを記録する。

10 cm

c）ビデオ・カートリッジ，フィルム・カートリッジ，フィルムストリップ・カートリッジ

横，縦の長さは記録せず，テープまたはフィルムの幅のみをミリメートルの単位で記録する。8ミリフィルムについては，その種類を，「スタンダード」，「シングル」，「スーパー」，「マウラー」のいずれかの語を用いて記録する。目録用言語として英語を用いる場合は，「standard」，「single」，「super」，「Maurer」のいずれかの語を用いる。識別または選択に重要な場合は，テープまたはフィルムの長さについて注記として記録する。

d）マイクロフィルム・カートリッジ

横，縦の長さは記録せず，フィルムの幅のみをミリメートルの単位で記録する。

#2.18.0.2.1 I　ディスク

ディスクは，直径を記録する。

12 cm

ディスクの形状が標準でない場合（例：ディスクが円形でない）は，記録面の大きさを記録し，外形の寸法は注記として記録する。

18 cm

（ディスクの外形は20×20 cm の正方形）

#2.18.0.2.1 J　リール

リールは，直径を記録する。続けてコンマで区切り，フィルムまたはテープの幅をミリメートルの単位で記録する。フィルム・リール，ビデオテープ・リールの8ミリフィルムについては，その種類を，「スタンダード」，「シングル」，「スーパー」，「マウラー」のいずれかの語を用いて記録する。目録用言語として英語を用いる場合は，「standard」，「single」，「super」，「Maurer」のいずれかの語を用いる。フィルム・リール，ビデオテープ・リールは，識別または選択に重要な場合は，フィルムまたはテープの長さについて注記として記録する。

13 cm，7 mm テープ

（記述対象は，オーディオテープ・リール）

13 cm，35 mm

（記述対象は，マイクロフィルム・リール）

#2.18.0.2.1 K　ロール

ロールは，フィルムの幅をミリメートルの単位で記録する。8ミリフィルムについては，その種類を，「スタンダード」，「シングル」，「スーパー」，「マウラー」のいずれかの語を用いて記録する。目録用言語として英語を用いる場合は，「standard」，「single」，「super」，「Maurer」のいずれかの語を用いる。識別または選択に重要な場合は，フィルムの長さについて注記として記録する。

35 mm

シングル 8 mm

#2.18.0.2.1 L　スライド

スライドは，マウントの縦，横の長さを「×」で結んで記録する。

5 × 5 cm

（記述対象は，写真スライド）

#2.18.0.2.1 M　トランスペアレンシー

トランスペアレンシーは，フレームまたは台紙を除いた縦，横の長さを「×」で結んで記録する。識別または選択に重要な場合は，フレームまたは台紙を含めた大きさについて注記として記録する。

21×30 cm

#2.18.0.2.1 N　フィルムストリップ，フィルムスリップ

フィルムストリップおよびフィルムスリップは，フィルムの幅をミリメートルの単位で記録する。

35 mm

#2.18.0.2.1 O　マイクロオペーク，マイクロフィッシュ

マイクロオペークおよびマイクロフィッシュは，縦，横の長さを「×」で結んで記録する。

10×15 cm

#2.18.0.2.2　容器に収納された記述対象

記述対象が容器に収納されている場合に，識別または選択に重要なとき，または管理に必要なときは，容器の種類と大きさを，次のいずれかの方法で記録する。容器の大きさは，高さ，幅，奥行を「×」で結んで記録する。

a）キャリアの大きさを記録し，さらに容器の大きさを記録する。

径13 cm

箱21×21×14 cm

（箱入りの地球儀）

b）容器の大きさのみを記録する。

箱20×25×20 cm

（記述対象が多種類の資料から成る場合）

#2.18.0.2.3　複数のキャリアから成る体現形

記述対象が，同一キャリア種別の複数のキャリアから成り，かつ各キャリアの大きさが同じ場合は，キャリア1点の大きさを記録する。

10×15 cm

（この大きさのマイクロフィッシュ30枚から成る。）

ただし，製本されていない複数のシートから成るテキスト資料の大きさは，冊子と同じく，#2.18.0.2.1 A に従って記録する。シートが常に折りたたんだ状態である場合は，折りたたんだときの大きさを付加する。

50×69 cm（折りたたみ25×23 cm）

（テキストによる一連のシート20枚を帙に収めたセット）

記述対象が，同一キャリア種別の複数のキャリアから成り，かつ各キャリアの大きさが異なる場合は，最も小さいものと最も大きいものの大きさを，ハイフンで結んで記録する。

20-26 cm

記述対象が，キャリア種別の異なる複数のキャリアから成る場合は，#2.14.0.4.1に従って記録する。

#2.18.0.2.4　複数の容器に収納された記述対象

記述対象が，大きさの同じ複数の容器に収納されている場合は，容器1点の大きさを，#2.18.0.2.2に従って記録する。

箱20×15×15 cm

（この大きさの容器5箱から成る。）

記述対象が，大きさの異なる複数の容器に収納されている場合は，最も小さな容器の大きさと，最も大きな容器の大きさを，ハイフンで結んで記録する。

#2.18.0.2.5　変化

記述対象が複数巻単行資料または逐次刊行物で，刊行途中で大きさの変化が生じた場合は，#2.18.0.2.3に従って記録する。

18-24 cm

記述対象が更新資料で，刊行途中で大きさの変化が生じた場合は，最新のイテレーションの大きさに改める。

いずれの場合も，識別または選択に重要なときは，変化が生じたことを注記として記録する。

<#2.18.1～#2.18.2　各種の資料の大きさ>

#2.18.1　地図等の大きさ

地図等の大きさは，大きさのエレメント・サブタイプである。

記述対象が1枚または複数枚のシート（巻物を含む）から成る地図，対景図，地質断面図等の場合は，記録媒体である紙等の大きさではなく，地図等そのものの大きさを記録する。

#2.18.1.1～#2.18.1.4のほか，#2.18.0.2に従う。

19×28 cm

（シートの大きさから21×30 cm とは記録しない。）

地図帳は，#2.18.0.2.1 A に従って記録する。

#2.18.1.1　計測の方法

地図等の大きさを，適当な図郭線の間を計測し，縦，横の長さを「×」で結んで記録する。円形の地図はその直径を，「径」または「diameter」の語とともに記録する。

30×40 cm

径22 cm

不規則な形の場合，図郭線がない場合，端が欠落している場合は，最大の大きさを記録する。

著しく不規則な形をしていたり，縁取りなしに印刷されていたりするなど，縦，横の計測位置を決定しがたい場合は，記録媒体である紙等の大きさを，「シート」または「sheet」の語とともに記録する。

シート30×40 cm

地図等の大きさがシートの大きさの半分に満たない場合，またはシート内に地図等以外に重要な情報（テキスト等）がある場合は，地図等の大きさを記録した後に，シートの大きさを丸がっこに入れて付加する。目録用言語として英語を用いる場合は，コンマで区切り，「on」の語を用いてシートの大きさを付加する。

20×25 cm（シート42×45 cm）

#2.18.1.2　大きさの異なる複数のシートから成る場合

記述対象が，2種類の大きさのシートから成る場合は，それぞれのシートの大きさを「および」または「and」で結んで記録する。

シート30×40 cm および25×32 cm

記述対象が，3種類以上の大きさのシートから成る場合は，最大のシートの大きさを記録した後に，「最大」の語を丸がっこに入れて付加する。目録用言語として英語を用いる場合は，「or smaller」の語を付加する。

シート45×40 cm（最大）

#2.18.1.3　複数の部分図から成る場合

地図等が複数の部分図に分割されている場合，またはシートの両面に同縮尺で印刷されている場合は，合成後の地図等の大きさを記録した後に，シートの大きさを丸がっこに入れて付加する。目録用言語として英語を用いる場合は，コンマで区切り，「on」の語を用いてシートの大きさを付加する。

35×80 cm（シート42×45 cm）

ただし，合成後の地図等の大きさが計測困難である場合は，シートの大きさのみを記録する。

シート30×42 cm

#2.18.1.4　折りたたまれるシートの場合

シートを折りたたんで保管するための外装が施されている場合，またはシート上の特定の部分を表紙として折りたためるよう設計されている場合は，地図等の大きさを記録した後に，折りたたんだ状態のシートの大きさを丸がっこに入れて付加する。目録用言語として英語を用いる場合は，コンマで区切り，折りたたんだ状態のシートの大きさを付加する。

65×90 cm（折りたたみ24×15 cm）

シートの大きさを記録する場合は，シートの大きさの後に，折りたたんだ状態の大きさを丸がっこに入れて付加する。目録用言語として英語を用いる場合は，コンマで区切り，「on」の語を用いてシートの大きさを付加する。

シート72×88 cm（折りたたみ24×22 cm）

#2.18.2　静止画の大きさ

静止画の大きさは，大きさのエレメント・サブタイプである。

シート（巻物を含む）から成る静止画は，記録媒体である紙等の大きさではなく，画面そのものの大きさを記録する。

#2.18.2.1のほか，#2.18.0.2に従う。

スライド，トランスペアレンシー等から成る静止画は，#2.18.0.2.1の該当するキャリア種別の規定に従う。

#2.18.2.1　計測の方法

画面の縦，横の長さを「×」で結んで記録する。センチメートルの単位で，必要に応じて小数点以下1桁まで端数を切り上げて記録する。

73×104 cm

円形もしくは円形に近い形状の場合は，直径を「径」または「diameter」の語とともに記録する。

径11 cm

四角形，円形以外の形状の場合は，必要に応じて形状を示す語を付加する。

10× 6 cm（楕円形）

画面の大きさがシートの大きさの半分に満たない場合，またはシート内に静止画以外に重要な情報（テキスト等）がある場合は，画面の大きさを記録した後に，シートの大きさを丸がっこに入れて付加する。目録用言語として英語を用いる場合は，コンマで区切り，「on」の語を用いてシートの大きさを付加する。

30×35 cm（シート70×45 cm）

#2.19　基底材

基底材は，エレメントである。

#2.19.0　通則

#2.19.0.1　記録の範囲

記述対象の識別または選択に重要な場合は，その基底となる物理的な材料を，基底材として記録する。

情報源は，#2.14.0.3に従う。

#2.19.0.2　記録の方法

基底材は，表2.19.0.2の用語を用いて記録する。

硝酸エステル

（セルロイド製の写真フィルム）

表2.19.0.2に適切な用語がない場合は，データ作成機関が基底材の種類を示す簡略な用語を定めて記録する。

竹皮

#2.19.0.3　基底材の詳細

基底材の詳細は，エレメントである。

識別または選択に重要な場合は，基底材の詳

表2.19.0.2　材料の種類を示す用語［一部省略］

厚紙	cardboard	水彩絵具	watercolour
油絵具	oil paint	炭	charcoal
アルミニウム	aluminium	墨	
石	stone	セーフティ・ベース	safety base *
インク	ink	染料	dye
紙	paper	テンペラ	tempera
ガラス	glass	陶製	ceramic
皮	skin	トリアセテート	triacetate
革	leather	布	textile
木	wood	パステル	pastel
キャンバス	canvas	ハロゲン化銀	silver halide emulsion
金属	metal	プラスチック	plastic
グワッシュ	gouache	ベラム	vellum
合成物質	synthetic	ポリエステル	polyester
ジアセテート	diacetate	羊皮紙	parchment
ジアゾ	diazo emulsion	ラッカー	lacquer
磁製	porcelain	蝋	wax
硝酸エステル	nitrate	和紙	

* 映画フィルム，写真フィルム，マイクロフィルム，マイクロフィッシュの基底材が，ジアセテート，硝酸エステル，トリアセテート，ポリエステルのいずれであるのか不明な場合に用いる。

細を記録する。

#2.20　付加材

付加材は，エレメントである。

#2.20.0　通則

#2.20.0.1　記録の範囲

記述対象の識別または選択に重要な場合は，基底材に塗布または追加された物理的または化学的材料（例えば，絵具の種類）を，付加材として記録する。

［マイクロフィルム・マイクロフィッシュの感光剤については，#2.20.1を見よ。］

情報源は，#2.14.0.3に従う。

#2.20.0.2　記録の方法

付加材は，表2.19.0.2の用語を用いて記録する。付加材が複数あり，一つが主要な場合は，最初に主要な材料を表す用語を記録する。

水彩絵具
油絵具
（複数の付加材がある絵画）

表2.19.0.2に適切な用語がない場合は，データ作成機関が付加材の種類を示す簡略な用語を定めて記録する。

漆
（上記のラッカーでは適切でない場合）

複数の材料が付加されたことが判明しているが，それらのすべてを容易に識別することができない場合は，「混合材」または「mixed materials」と記録する。

#2.20.0.3　付加材の詳細

付加材の詳細は，エレメントである。

識別または選択に重要な場合は，付加材の詳細を記録する。

#2.20.1　マイクロフィルム・マイクロフィッシュの感光剤

マイクロフィルム・マイクロフィッシュの感光剤は，付加材のエレメント・サブタイプである。

記述対象がマイクロフィルム，マイクロフィッシュである場合は，感光剤の種類を，表2.19.0.2の用語を用いて記録する。

ハロゲン化銀

表2.19.0.2に適切な用語がない場合は，データ作成機関が感光剤の種類を示す簡略な用語を定めて記録する。

#2.20.1.1　マイクロフィルム・マイクロフィッシュの感光剤の詳細

マイクロフィルム・マイクロフィッシュの感光剤の詳細は，エレメントである。

識別または選択に重要な場合は，マイクロフィルム・マイクロフィッシュの感光剤の詳細を記録する。

#2.21　マウント

マウントは，エレメントである。

#2.21.0　通則

#2.21.0.1　記録の範囲

記述対象の識別または選択に重要な場合は，基底材が接着される，土台，枠または裏張りに使う材料を，マウントとして記録する。

情報源は，#2.14.0.3に従う。

#2.21.0.2　記録の方法

マウントは，表2.19.0.2の用語を用いて記録する。

表2.19.0.2に適切な用語がない場合は，データ作成機関がマウントの種類を示す簡略な用語を定めて記録する。

花崗岩

#2.21.0.3　マウントの詳細

マウントの詳細は，エレメントである。

識別または選択に重要な場合は，マウントの詳細を記録する。

#2.22　制作手段

制作手段は，エレメントである。

#2.22.0　通則

#2.22.0.1　記録の範囲

記述対象の識別または選択に重要な場合は，それを制作するときに使用された手段を，制作手段として記録する。刊行物，非刊行物の双方に用いる。

情報源は，＃2.14.0.3に従う。

＃2.22.0.2　記録の方法

制作手段は，表2.22.0.2の用語を用いて記録する。

表2.22.0.2に適切な用語がない場合は，データ作成機関が制作手段の種類を示す簡略な用語を定めて記録する。

　　謄写版
　　模写
　　石印本
　　点字シルク・スクリーン

＃2.22.0.2 A　書写資料

a）内容に責任を有する個人によって手書きされた書写資料または原稿である場合は「自筆」または「holograph」の語を用いて記録する。

b）自筆以外の手書きの書写資料または原稿である場合は，「書写」または「manuscript」の語を用いて記録する。

c）内容に責任を有する個人によってタイプ打ちされた書写資料または原稿である場合は，「タイプ原稿」または「typescript」の語を用いて記録する。

記述対象が複写である場合は，複写の手段を，「カーボン複写」，「電子複写」，または「転写」の語を用いて，丸がっこに入れて付加する。目録用言語として英語を用いる場合は，「carbon copy」，「photocopy」，または「transcript」を用いる。

　　自筆
　　（カーボン複写）
　　タイプ原稿
　　（電子複写）

複写の手段が「転写」である場合は，さらに転写の手段を，「手書き」，「タイプ打ち」，または「プリントアウト」の語を用いて，丸がっこ内に付加する。目録用言語として英語を用いる場合は，「handwritten」，「typewritten」，または「printout」を用いる。

　　書写（転写，手書き）

記述対象の制作手段がすべて同一とは限らない場合は，丸がっこ内に語を補って記録する。

　　書写
　　（電子複写を含む）

＃2.22.0.3　制作手段の詳細

制作手段の詳細は，エレメントである。

識別または選択に重要な場合は，制作手段の詳細を記録する。

＃2.23　世代

世代は，エレメントである。

＃2.23.0　通則

＃2.23.0.1　記録の範囲

識別または選択に重要な場合は，原版のキャリアと，原版から作られた複製のキャリアとの

表2.22.0.2　制作手段の種類を示す用語［一部省略］

青写真	blueprint process	焼成	burning
青焼き	blueline process	白焼き	white print process
印刷	printing	点字	solid dot
エッチング	etching	電子複写	photocopying
銀板写真	daguerreotype process	熱成形	thermoform
グラビア印刷	photogravure process	銘刻	inscribing
コロタイプ	collotype	木版	woodcut making
写真製版	photoengraving	リトグラフィ	lithography

関係を，世代として記録する。

情報源は，#2.14.0.3に従う。

#2.23.0.2　記録の方法

識別または選択に重要な場合は，世代の種類を，表2.23.0.2の用語を用いて記録する。

オリジナル・ネガ
（映画フィルム）
オリジナル
（電子資料）
第1世代
（ビデオテープまたはマイクロ資料）

表2.23.0.2に適切な用語がない場合は，データ作成機関が世代の種類を示す簡略な用語を定めて記録する。

#2.23.0.3　世代の詳細

世代の詳細は，エレメントである。

識別または選択に重要な場合は，世代の詳細を記録する。

#2.24　レイアウト

レイアウトは，エレメントである。

#2.24.0　通則

#2.24.0.1　記録の範囲

記述対象の識別または選択に重要な場合は，記述対象中のテキスト，画像，触知表記等の配置を，レイアウトとして記録する。

情報源は，#2.14.0.3に従う。

#2.24.0.2　記録の方法

レイアウトは，表2.24.0.2の用語を用いて記録する。

両面
（単一の画像が1枚のシートの両面にわたって記載されている地図）

表2.24.0.2に適切な用語がない場合は，データ作成機関がレイアウトの種類を示す簡略な用語を定めて記録する。

#2.24.0.3　レイアウトの詳細

レイアウトの詳細は，エレメントである。

識別または選択に重要な場合は，レイアウトの詳細を記録する。

#2.25　書型・判型

表2.23.0.2　世代の種類を示す用語［一部省略］

＜映画フィルム＞		＜ビデオテープ＞	
オリジナル・ネガ	original negative	第1世代	first generation
マスター・ポジ	master positive	＜マイクロ資料＞	
複製	duplicate	第1世代	first generation
リファレンス・プリント	reference print	世代混合	mixed generation
＜電子資料＞		＜録音資料＞	
オリジナル	original	マスター・テープ	master tape
マスター	master	マザー盤	mother
デリバティブ・マスター	derivative master	テスト盤	test pressing

表2.24.0.2　レイアウトの種類を示す用語［一部省略］

＜シートおよびテキスト（触知）資料＞		＜地図資料＞	
片面	single sided	両面	both sides
ダブル・スペース	double line spacing	両面（異言語）	back to back
両面	double sided	＜楽譜（触知）資料＞	［略］

書型・判型は，エレメントである。

#2.25.0　通則

#2.25.0.1　記録の範囲

和古書・漢籍については，用紙の大きさを基準にした記述対象の大きさを記録する。

情報源は，#2.14.0.3に従う。

#2.25.0.2　記録の方法

記述対象の書型・判型の種類を，表2.25.0.2の用語を用いて記録する。

大本

表2.25.0.2に適切な用語がない場合は，データ作成機関が書型・判型の種類を示す簡略な用語を定めて記録する。

#2.25.0.3　書型・判型の詳細

書型・判型の詳細は，エレメントである。

識別または選択に重要な場合は，書型・判型の詳細を記録する。

#2.26　フォント・サイズ

表2.25.0.2　書型・判型の種類を示す用語

<江戸時代の和古書の書型>
大本
半紙本
中本
小本
<初期印刷資料(和古書・漢籍を除く)などの判型>　[略]

表2.26.0.2　フォント・サイズの種類を示す用語

大活字	large print
特大活字	giant print
ジャンボ・ブレイル	jumbo braille

表2.27.0.2　極性の種類を示す用語

ネガ	negative
ポジ	positive
極性混合	mixed polarity

フォント・サイズは，エレメントである。

#2.26.0　通則

#2.26.0.1　記録の範囲

記述対象の識別または選択に重要な場合は，記述対象中の文字や記号（点字を含む）の大きさを，フォント・サイズとして記録する。

情報源は，#2.14.0.3に従う。

#2.26.0.2　記録の方法

フォント・サイズは，簡略な用語を用いて記録する。

14ポイント

弱視者向け資料のフォント・サイズは，表2.26.0.2の用語を用いて記録する。

特大活字

表2.26.0.2に適切な用語がない場合は，データ作成機関がフォント・サイズの種類を示す簡略な用語を定めて記録する。

#2.26.0.3　フォント・サイズの詳細

フォント・サイズの詳細は，エレメントである。

識別または選択に重要な場合は，フォント・サイズの詳細を記録する。

#2.27　極性

極性は，エレメントである。

#2.27.0　通則

#2.27.0.1　記録の範囲

識別または選択に重要な場合は，映画フィルム，写真，マイクロ資料の画像における色彩および色調と，複製されたものの色彩および色調との関係を，極性として記録する。

情報源は，#2.14.0.3に従う。

#2.27.0.2　記録の方法

極性は，表2.27.0.2の用語を用いて記録する。

#2.27.0.3　極性の詳細

極性の詳細は，エレメントである。

識別または選択に重要な場合は，極性の詳細を記録する。

#2.28　縮率　[略]

#2.29　録音の特性

録音の特性は，エレメントである。

#2.29.0　通則

#2.29.0.1　記録の範囲

記述対象の識別または選択に重要な場合は，録音に関する技術的仕様を記録する。

［デジタル変換された音声の付加的特性については，#2.32を見よ。］

情報源は，#2.14.0.3に従う。

#2.29.0.2　記録の方法

録音を主な内容とする記述対象については，#2.29.1～#2.29.8に従って，録音の方式，録音の手段，再生速度，音溝の特性，フィルムのトラック構成，テープのトラック構成，再生チャンネルおよび特定の再生仕様を記録する。

#2.29.0.3　録音の特性の詳細

録音の特性の詳細は，エレメントである。

識別または選択に重要な場合は，録音の特性の詳細を記録する。

［装置・システム要件の詳細については，#2.33.0.2を見よ。］

#2.29.1　録音の方式

録音の方式は，録音の特性のエレメント・サブタイプである。

音声の符号化方式を，表2.29.1の用語を用いて記録する。

表2.29.1に適切な用語がない場合は，データ作成機関が録音の方式を示す簡略な用語を定めて記録する。

［デジタル・コンテンツ・フォーマットについては，#2.32.2を見よ。］

#2.29.1.1　録音の方式の詳細

録音の方式の詳細は，エレメントである。

識別または選択に重要な場合は，録音の方式の詳細を記録する。

#2.29.2　録音の手段

録音の手段は，録音の特性のエレメント・サブタイプである。

録音の固定に用いた手段の種類（光学，磁気の別など）を，表2.29.2の用語を用いて記録する。

表2.29.2に適切な用語がない場合は，データ作成機関が録音の手段の種類を示す簡略な用語を定めて記録する。

#2.29.2.1　録音の手段の詳細

録音の手段の詳細は，エレメントである。

識別または選択に重要な場合は，録音の手段の詳細を記録する。

#2.29.3　再生速度

再生速度は，録音の特性のエレメント・サブタイプである。

再生速度を記録する。アナログ・ディスクは１分当たりの回転数を「rpm」の単位で，デジタル・ディスクは１秒当たりの回転数を「m/s」の単位で，アナログ・テープは１秒当たりの回転数を「cm/s」または「ips」の単位で，サウンドトラック・フィルムは１秒当たりのフレーム数を「fps」の単位で，記録する。

331/3 rpm

1.4 m/s

24 fps

表2.29.1　録音の方式を示す用語

アナログ	analog
デジタル	digital

表2.29.2　録音の手段の種類を示す用語

光学	optical
磁気	magnetic
光磁気	magneto-optical

表2.29.4 A　音溝の幅の種類を示す用語

コース・グルーヴ	coarse groove
マイクログルーヴ	microgroove

表2.29.4 B　音溝のピッチの種類を示す用語

精細	fine
通常	standard

［オンライン音声ファイルのビットレートについては，#2.32.6を見よ。］

#2.29.3.1　再生速度の詳細

再生速度の詳細は，エレメントである。

識別または選択に重要な場合は，再生速度の詳細を記録する。

#2.29.4　音溝の特性

音溝の特性は，録音の特性のエレメント・サブタイプである。

アナログ・ディスクの音溝の幅またはアナログ・シリンダーの音溝のピッチ等を記録する。

#2.29.4 A　アナログ・ディスク

アナログ・ディスクは，音溝の幅の種類を，表2.29.4 A の用語を用いて記録する。

表2.29.4 A に適切な用語がない場合は，データ作成機関が音溝の幅の種類を示す簡略な用語を定めて記録する。

#2.29.4 B　アナログ・シリンダー

アナログ・シリンダーは，音溝のピッチの種類を，表2.29.4 B の用語を用いて記録する。

表2.29.4 B に適切な用語がない場合は，データ作成機関が音溝のピッチの種類を示す簡略な用語を定めて記録する。

#2.29.4.1　音溝の特性の詳細

音溝の特性の詳細は，エレメントである。

識別または選択に重要な場合は，音溝の特性の詳細を記録する。

#2.29.5　フィルムのトラック構成

フィルムのトラック構成は，録音の特性のエレメント・サブタイプである。

サウンドトラック・フィルムは，トラック構成の種類を，表2.29.5の用語を用いて記録する。

#2.29.5.1　フィルムのトラック構成の詳細

フィルムのトラック構成の詳細は，エレメントである。

識別または選択に重要な場合は，トラック構成の詳細を記録する。

　　光学録音

　　磁気録音

#2.29.6　テープのトラック構成

テープのトラック構成は，録音の特性のエレメント・サブタイプである。

オーディオテープのカートリッジ,カセットおよびリールは，テープのトラック数を記録する。

　　12トラック

#2.29.6.1　テープのトラック構成の詳細

テープのトラック構成の詳細は，エレメントである。

識別または選択に重要な場合は，テープのトラック構成の詳細を記録する。

#2.29.7　再生チャンネル

再生チャンネルは，録音の特性のエレメント・サブタイプである。

容易に確認できる場合は，再生チャンネルを，

表2.29.5　トラック構成の種類を示す用語

エッジ・トラック	edge track
センター・トラック	centre track

表2.29.7　再生チャンネルの種類を示す用語

モノラル	mono
ステレオ	stereo
4チャンネル	quadraphonic
サラウンド	surround

表2.29.8　特定の再生仕様の種類を示す用語

ドルビー	Dolby
ドルビー A	Dolby-A encoded
ドルビー B	Dolby-B encoded
ドルビー C	Dolby-C encoded
リニア PCM	LPCM
CCIR	CCIR encoded
CX	CX encoded
dbx	dbx encoded
NAB	NAB standard

表2.29.7の用語を用いて記録する。

表2.29.7に適切な用語がない場合は，データ作成機関が再生チャンネルの種類を示す簡略な用語を定めて記録する。

#2.29.7.1　再生チャンネルの詳細

再生チャンネルの詳細は，エレメントである。

識別または選択に重要な場合は，再生チャンネルの詳細を記録する。

#2.29.8　特定の再生仕様

特定の再生仕様は，録音の特性のエレメント・サブタイプである。

録音・再生時に用いるイコライゼーション・システムやノイズ・リダクション・システムなどを，表2.29.8の用語を用いて記録する。

表2.29.8に適切な用語がない場合は，データ作成機関が再生仕様の種類を示す簡略な用語を定めて記録する。

#2.29.8.1　特定の再生仕様の詳細

特定の再生仕様の詳細は，エレメントである。

識別または選択に重要な場合は，特定の再生仕様の詳細を記録する。

表2.30.1　映写方式の種類を示す用語

サーカラマ	Circarama
シネミラクル	Cinemiracle
シネラマ	Cinerama
ステレオスコピック	stereoscopic
テクニスコープ	techniscope
パナビジョン	Panavision
標準サイレント・アパーチャー standard silent aperture	
標準サウンド・アパーチャー standard sound aperture	
マルチスクリーン	multiscreen
マルチプロジェクター	multiprojector
IMAX	IMAX
3D	3D

#2.30　映画フィルムの映写特性

映画フィルムの映写特性は，エレメントである。

#2.30.0　通則

#2.30.0.1　記録の範囲

記述対象の識別または選択に重要な場合は，映画フィルムの映写に関係する技術的仕様を，映画フィルムの映写特性として記録する。

［映画の画面アスペクト比については，#5.19を見よ。映画の色彩については，#5.17を見よ。］

情報源は，#2.14.0.3に従う。

#2.30.0.2　記録の方法

#2.30.1～#2.30.2に従って，映写方式および映写速度を記録する。

#2.30.0.3　映画フィルムの映写特性の詳細

映画フィルムの映写特性の詳細は，エレメントである。

識別または選択に重要な場合は，映画フィルムの映写特性の詳細を記録する。

#2.30.1　映写方式

映写方式は，映画フィルムの映写特性のエレメント・サブタイプである。

映画フィルムの映写に使用される方式を，表2.30.1の用語を用いて記録する。

表2.30.1に適切な用語がない場合は，データ作成機関が映写方式の種類を示す簡略な用語を定めて記録する。

#2.30.1.1　映写方式の詳細

映写方式の詳細は，エレメントである。

識別または選択に重要な場合は，映写方式の詳細を記録する。

#2.30.2　映写速度

映写速度は，映画フィルムの映写特性のエレメント・サブタイプである。

映画フィルムの映写速度は，1秒当たりのフレーム数を「fps」の単位で記録する。

16 fps

#2.30.2.1　映写速度の詳細

映写速度の詳細は，エレメントである。

識別または選択に重要な場合は，映写速度の詳細を記録する。

#2.31　ビデオの特性

ビデオの特性は，エレメントである。

#2.31.0　通則

#2.31.0.1　記録の範囲

記述対象の識別または選択に重要な場合は，ビデオ画像の符号化に関する技術的仕様を，ビデオの特性として記録する。

［デジタル・ファイルの特性については，#2.32を見よ。ビデオの画面アスペクト比については，#5.19を見よ。ビデオの色彩については，#5.17を見よ。］

情報源は，#2.14.0.3に従う。

#2.31.0.2　記録の方法

#2.31.1～#2.31.2に従って，ビデオ・フォーマットおよびテレビ放送の標準方式を記録する。

#2.31.0.3　ビデオの特性の詳細

ビデオの特性の詳細は，エレメントである。

識別または選択に重要な場合は，ビデオの特性の詳細を記録する。

#2.31.1　ビデオ・フォーマット

ビデオ・フォーマットは，ビデオの特性のエレメント・サブタイプである。

アナログ・ビデオのフォーマットを，表2.31.1の用語を用いて記録する。

表2.31.1に適切な用語がない場合は，データ作成機関がビデオ・フォーマットの種類を示す簡略な用語を定めて記録する。

［ビデオのデジタル・コンテンツ・フォーマットについては，#2.32.2を見よ。］

#2.31.1.1　ビデオ・フォーマットの詳細

ビデオ・フォーマットの詳細は，エレメントである。

識別または選択に重要な場合は，ビデオ・フォーマットの詳細を記録する。

［ビデオのデジタル・コンテンツ・フォーマットについては，#2.32.2を見よ。］

#2.31.2　テレビ放送の標準方式

テレビ放送の標準方式は，ビデオの特性のエレメント・サブタイプである。

テレビ放送用のビデオ映像の放送方式を，表2.31.2の用語を用いて記録する。

表2.31.2に適切な用語がない場合は，データ作成機関がテレビ放送の標準方式の種類を示す簡略な用語を定めて記録する。

#2.31.2.1　テレビ放送の標準方式の詳細

テレビ放送の標準方式の詳細は，エレメントである。識別または選択に重要な場合は，テレビ放送の標準方式の詳細を記録する。

#2.32　デジタル・ファイルの特性

表2.31.1　ビデオ・フォーマットの種類を示す用語

ベータカム	Betacam
ベータカム SP	Betacam SP
ベータマックス	Betamax
CED	CED
D-2	D-2
EIAJ	EIAJ
Hi 8	Hi-8 mm
LD	Laser optical
M-II	M-II
S-VHS	Super-VHS
Type C	Type C
U 規格	U-matic
VHS	VHS
4ヘッド VTR	Quadruplex
8 mm	8 mm

表2.31.2　テレビ放送の標準方式の種類を示す用語

HDTV
NTSC
PAL
SECAM

デジタル・ファイルの特性は，エレメントである。

#2.32.0　通則

#2.32.0.1　記録の範囲

記述対象の識別または選択に重要な場合は，オーディオ，画像，テキスト，ビデオなどのデータのデジタル変換にかかわる技術的仕様を，デジタル・ファイルの特性として記録する。

［特定の装置要件の詳細については，#2.33を見よ。］

情報源は，#2.14.0.3に従う。

#2.32.0.2　記録の方法

#2.32.1～#2.32.7に従って，ファイル種別，デジタル・コンテンツ・フォーマット，ファイル・サイズ，解像度，リージョン・コード，ビットレートおよび地図資料のデジタル表現を記録する。

#2.32.0.3　デジタル・ファイルの特性の詳細

デジタル・ファイルの特性の詳細は，エレメントである。

識別または選択に重要な場合は，デジタル・ファイルの特性の詳細を記録する。

Copy Control CD

#2.32.1　ファイル種別

ファイル種別は，デジタル・ファイルの特性のエレメント・サブタイプである。

容易に確認できる場合は，デジタル・ファイル内のデータ・コンテンツの種類を，表2.32.1の用語を用いて記録する。

表2.32.1に適切な用語がない場合は，データ作成機関がファイル種別を示す簡略な用語を定めて記録する。

表2.32.1　ファイル種別を示す用語

オーディオ・ファイル	audio file
画像ファイル	image file
テキスト・ファイル	text file
データ・ファイル	data file
ビデオ・ファイル	video file
プログラム・ファイル	program file

#2.32.1.1　ファイル種別の詳細

ファイル種別の詳細は，エレメントである。

識別または選択に重要な場合は，ファイル種別の詳細を記録する。

#2.32.2　デジタル・コンテンツ・フォーマット

デジタル・コンテンツ・フォーマットは，デジタル・ファイルの特性のエレメント・サブタイプである。

容易に確認できる場合は，記述対象においてデジタル・コンテンツのフォーマットに用いられているスキーマや標準を，できる限り標準的なリストの用語を用いて記録する。

Excel

JPEG

記述対象の利用に影響がある場合は，デジタル・コンテンツ・フォーマットのバージョンを記録する。

DAISY 2.02

#2.32.2.1　デジタル・コンテンツ・フォーマットの詳細

デジタル・コンテンツ・フォーマットの詳細は，エレメントである。

識別または選択に重要な場合は，デジタル・コンテンツ・フォーマットの詳細を記録する。

#2.32.3　ファイル・サイズ

ファイル・サイズは，デジタル・ファイルの特性のエレメント・サブタイプである。

容易に確認できる場合は，デジタル・ファイルの容量を，「KB」，「MB」，「GB」などの単位で記録する。

35 MB

#2.32.4　解像度

解像度は，デジタル・ファイルの特性のエレメント・サブタイプである。

容易に確認できる場合は，画素数を示して解像度を記録する。

3000×4000ピクセル

12.1メガピクセル

#2.32.5　リージョン・コード

リージョン・コードは，デジタル・ファイルの特性のエレメント・サブタイプである。

ビデオディスクの再生可能な地域を限定するコードを記録する。

リージョン2

#2.32.6　ビットレート

ビットレートは，デジタル・ファイルの特性のエレメント・サブタイプである。

容易に確認できる場合は，ストリーミング・オーディオまたはストリーミング・ビデオの再生速度を記録する。1秒ごとの処理データ量を「kbps」,「Mbps」などの単位で記録する。

1 Mbps

#2.32.7　地図資料のデジタル表現

地図資料のデジタル表現は，デジタル・ファイルの特性のエレメント・サブタイプである。

デジタルの地図資料については，容易に確認できる場合は，地理空間情報の符号化にかかわる技術的詳細として，次の情報を記録する。

a）データ種別

データ種別として記録する。

b）オブジェクト種別（「ポイント」,「ライン」,「ポリゴン」,「ピクセル」など）

目録用言語として英語を用いる場合は，「point」,「line」,「polygon」,「pixel」などを用いる。

c）空間情報の表現に用いられるオブジェクトの数

ラスタ

ピクセル

5000×5000

（記述対象は，縦横5000ピクセルから成るラスタデータ）

ベクタ

ポイント，ライン，ポリゴン

13535

（記述対象は，合わせて13535個のポイント，ライン，ポリゴンから成るベクタデータ）

#2.32.7.1　地図資料のデジタル表現の詳細

地図資料のデジタル表現の詳細は，エレメントである。

識別または選択に重要な場合は，地図資料のデジタル表現の詳細を記録する。

#2.32.7.2　地図データ種別

地図データ種別は，地図資料のデジタル表現のエレメント・サブタイプである。

容易に確認でき場合は，地図データ種別を，表2.32.7.2の用語を用いて記録する。

表2.32.7.2に適切な用語がない場合は，データ作成機関が地図データ種別を示す簡略な用語を定めて記録する。

#2.32.7.2.1　地図データ種別の詳細

地図データ種別の詳細は，エレメントである。

識別または選択に重要な場合は，地図資料のデータ種別の詳細を記録する。

#2.33　装置・システム要件

装置・システム要件は，エレメントである。

#2.33.0　通則

#2.33.0.1　記録の範囲

記述対象の利用や再生に必要な装置やシステムに関する情報を記録する。

情報源は，#2.14.0.3に従う。

#2.33.0.2　記録の方法

キャリア種別やファイル種別から明らかに必要と考えられるもの以外の，記述対象の利用や再生に必要な要件を記録する。装置またはハードウェア，OS，メモリ容量，プログラミング

表2.32.7.2　地図データ種別を示す用語

ベクタ	vector
ポイント	point
ラスタ	raster

言語，必須ソフトウェア，プラグイン，周辺機器などを記録する。

OS：Windows 8.1 Update/7(SP1)/Vista(SP2) 各日本語版

CPU：Windows 8.1 Update/7/Vista：1GHz以上

メモリ：Windows 8.1 Update/7の64ビット版：2 GB 以上，Windows 8.1 Update/7の32ビット版：1 GB 以上, Vista：512 MB以上

HDD：300 MB 以上の空き容量

ディスプレイ：HighColor（16ビット）以上，1024×768ドット以上

Internet Explorer 7.0以上

（記述対象は，CD-ROM）

#2.34　体現形の識別子

体現形の識別子は，エレメントである。

体現形の識別子は，コア・エレメントである。複数の識別子が存在する場合は，国際標準の識別子がコア・エレメントである。

#2.34.0　通則

#2.34.0.1　記録の範囲

体現形の識別子は，その体現形と結びつけられ，他の体現形との判別を可能とする文字列および（または）番号である。資料の体現形に付与された ISBN，ISSN 等の国際標準番号，出版者等による番号，公文書館等が独自の体系に基づき割り当てた番号等がある。出版者等による番号には，録音・映像資料の発売番号［#2.34.0.6を見よ］，楽譜の出版者番号およびプレート番号［#2.34.1，#2.34.2［略］を見よ］を含む。

複数の識別子が存在し，そのなかに国際標準の識別子がある場合は，国際標準の識別子を優先する。その他の識別子は任意で追加する。

［標準的なインターネット・ブラウザを用いて，資料にオンライン・アクセスするための識別子については，#2.39を見よ。］

#2.34.0.2　エレメント・サブタイプ（楽譜）

［略］

#2.34.0.3　情報源

体現形の識別子は，どの情報源に基づいて記録してもよい。

#2.34.0.4　記録の方法

体現形の識別子に定められた表示形式(ISBN，ISSN，ISMN 等）がある場合は，その形式に従って記録する。

ISBN 978-4-8204-0602-0

ISSN 0385-4000

doi: 10.1241/johokanri.55.383

（逐次刊行物「情報管理」の1記事に対するDOI（デジタル・オブジェクト識別子））

体現形の識別子に定められた表示形式がない場合は，情報源に表示されているとおりに記録する。容易に判明する場合は，必要に応じて，管理主体の商号または名称，識別子の種類を特定できる語句等に続けて，識別子を記録する。

全国書誌番号21061415

識別またはアクセスに重要な場合は，体現形の識別子に関する詳細を注記として記録する。

#2.34.0.4.1　全体と部分に対する識別子

複数の部分から成る資料が，全体に対する識別子と部分に対する識別子の双方をもつ場合に，全体を記述対象とするときは，全体に対する識別子を記録する。

ISBN 4-477-00376-5（セット）

（全3巻から構成される資料の全体に対するISBN）

一つの部分のみを記述対象とするときは，その部分に対する識別子を記録する。

#2.34.0.4.2　不正確な識別子

資料に表示されている識別子が不正確であることが判明している場合は，表示されているとおりに番号を記録し，続けて，文字列および（または）番号が次のいずれかであることを示す語句を付加する。

a）不正確である

b）取り消されている

c）無効である

ISBN 978-4-902319-02-0（エラーコード）

#2.34.0.4.3　限定語

記述対象に同一の体現形に対する同種の識別子が複数表示されている場合に，識別に重要なときは，簡略な限定語を付加する。

ISBN 9789525889093（Finland）

ISBN 9789197135160（Sweden）

（情報源に出版国によって異なるISBNが併記されている）

記述対象に一つの識別子しか表示されていない場合でも，識別に重要なときは，刊行形態を示す限定語を付加する。

ISBN 978-4-9905587-2-7（ペーパーバック）

記述対象の一部に対して付与された識別子を記録する場合は，各識別子の後に，対象部分を示す限定語を付加する。

ISBN 4-469-03081-3（上巻）

装丁の相違等，記述対象に体現形によって異なる同種の識別子が表示され，それらをともに記録する場合は，必要に応じて，簡略な限定語を付加する。

ISBN 1-55608-030-1（ハードカバー）

ISBN 1-55608-031-X（ペーパーバック）

（情報源に装丁によって異なるISBNが併記されている。記述対象はハードカバーだが，異なる体現形であるペーパーバックのISBNをあわせて記録する例）

#2.34.0.5　複製

複製については，原資料ではなく，複製物自体の識別子を記録する。原資料の識別子は，関連する体現形の識別子として記録する。

#2.34.0.6　録音・映像資料の発売番号

発売番号は，出版者等が付与した文字列・番号を，情報源に表示されているとおりに記録する。レーベルがある場合は，これを含めて記録する。

CBS/Sony 38DC 54

<#2.34.1～#2.34.2　楽譜の識別子>　［略］

#2.35　入手条件

入手条件は，エレメントである。

#2.35.1　記録の範囲

入手条件は，記述対象に表示されている定価および（または）その入手可能性を示す情報である。

#2.35.2　情報源

入手条件に関する情報は，どの情報源に基づいて記録してもよい。

#2.35.3　記録の方法

販売されている資料については，情報源に表示されている価格を，アラビア数字で記録する。価格は，それを表す語または一般に使用される記号とあわせて記録する。販売されていない資料については，入手可能性を示す語句を簡略に記録する。

2400円

非売品レンタル用

入手条件に説明を付加する必要がある場合は，簡略に記録する。

1000円（税込）

#2.36　連絡先情報

連絡先情報は，エレメントである。

#2.36.1　記録の範囲

連絡先情報は，資料が入手可能な機関等に関する情報である。

刊行物については，連絡先情報に，資料の出版者・頒布者の名称，住所・アドレス等を含む。文書，コレクションについては，連絡先情報に，資料を管理する機関の名称，住所・アドレス等を含む。

#2.36.2　情報源

連絡先情報は，どの情報源に基づいて記録してもよい。

#2.36.3　記録の方法

#2.36.3.1　刊行物

資料の入手およびアクセスに重要な場合は，

出版者，頒布者等の連絡先を記録する。

〒104-0033　東京都中央区新川1-11-14

http://www.jla.or.jp/

#2.36.3.2　文書，コレクション

文書，コレクションについては，資料を管理する機関の名称と所在地を記録する。アクセスに重要な場合は，電子メール・アドレス等の連絡先情報を含める。

国立公文書館

〒102-0091　東京都千代田区北の丸公園3-2

#2.37　アクセス制限

アクセス制限は，エレメントである。

#2.37.1　記録の範囲

アクセス制限は，資料へのアクセスに関する制限についての情報である。

アクセス制限は，個別資料の属性にも該当する。

#2.37.2　情報源

アクセス制限は，どの情報源に基づいて記録してもよい。

#2.37.3　記録の方法

資料へのあらゆるアクセス制限について，制限の性質や期間を含め，可能な限り具体的に記録する。制約がないことについては，必要に応じて記録する。

ユーザ名とパスワードによるアクセス制限

登録機関のみアクセス可能

#2.38　利用制限

利用制限は，エレメントである。

#2.38.1　記録の範囲

利用制限は，複写，出版，展示のような，資料の利用に関する制限についての情報である。

利用制限は，個別資料の属性にも該当する。

#2.38.2　情報源

利用制限は，どの情報源に基づいて記録してもよい。

#2.38.3　記録の方法

資料のあらゆる利用制限について，制限の性質や期間を含め，可能な限り具体的に記録する。

付属 CD-ROM の館外貸出不可

（付属資料のCD-ROMについて，公共図書館の貸出を不可とするために出版者が与えた資料上の表示に基づく）

非刊行物について，一定の著作権保護期間を有すること，著作権が放棄され自由な利用が可能であること等，著作権に関して明記された文書を入手可能な場合は，その情報を記録する。

#2.39　URL

URL は，エレメントである。

#2.39.1　記録の範囲

URL は，記述対象であるインターネット上の資料の所在を特定するアドレスであり，標準的なインターネット・ブラウザを通じて，資料へのオンライン・アクセスを提供するための識別子全般を含む。

#2.39.2　情報源

URL は，どの情報源に基づいて記録してもよい。

#2.39.3　記録の方法

記述対象の URL を記録する。

http://www.nii.ac.jp/CAT-ILL/archive/newsletter/

複数の URL が存在する場合は，データ作成機関の方針に従って，1または複数のURLを記録する。

関連する資料の URL は，関連する体現形の記述の一部として記録する。

#2.39.4　URL の追加，更新，削除

記述対象の URL が追加または更新された場合は，記録を追加または更新する。

すでに資料へのアクセスが不可となっている URL は，その URL に「不正確」または「incorrect」，「無効」または「invalid」を，丸がっこに入れて付加する。容易に判明する場合は，アクセス可能な URL を記録する。

http://japanese.japan.usembassy.gov/j/

tamcj-main.htm（不正確）

#2.40　優先引用形

優先引用形は，エレメントである。

#2.40.1　記録の範囲

優先引用形は，資料の著作者，出版者，管理者，抄録索引サービス機関などが推奨する，当該資料の引用形式である。

#2.40.2　情報源

優先引用形は，どの情報源に基づいて記録してもよい。

#2.40.3　記録の方法

優先引用形は，情報源に表示されているとおりの形式で記録する。

後藤秀昭・岡田真介・楮原京子・杉戸信彦(2015)：1:25,000都市圏活断層図砺波平野断層帯とその周辺「高岡」解説書．国土地理院技術資料 D1-No.736，22p.

（当該資料に，引用する場合の記載例として表示されている例）

#2.41　体現形に関する注記

体現形に関する注記は，エレメントである。

#2.41.0　通則

#2.41.0.1　記録の範囲

体現形に関する注記は，#2.1～#2.13，#2.34～#2.40の体現形のエレメントとして記録しなかった，体現形の識別，選択またはアクセスに必要な情報を提供する注記である。#2.14～#2.33のキャリアに関するエレメントとして記録しなかった情報については，#2.42に従う。

［個別資料に関する注記は，#3.6を見よ。］

#2.41.0.1.1　エレメント・サブタイプ

体現形に関する注記には，次のエレメント・サブタイプがある。

a）タイトルに関する注記［#2.41.1を見よ。］

b）責任表示に関する注記［#2.41.2を見よ。］

c）版表示に関する注記［#2.41.3を見よ。］

d）逐次刊行物の順序表示に関する注記［#2.41.4を見よ。］

e）出版表示に関する注記［#2.41.5を見よ。］

f）頒布表示に関する注記［#2.41.6を見よ。］

g）製作表示に関する注記［#2.41.7を見よ。］

h）非刊行物の制作表示に関する注記［#2.41.8を見よ。］

i）著作権日付に関する注記［#2.41.9を見よ。］

j）シリーズ表示に関する注記［#2.41.10を見よ。］

k）刊行頻度に関する注記［#2.41.11を見よ。］

l）識別の基盤に関する注記［#2.41.12を見よ。］

m）体現形の識別子に関する注記［#2.41.13を見よ。］

#2.41.0.2　情報源

体現形に関する注記は，どの情報源に基づいて記録してもよい。

#2.41.0.3　記録の方法

体現形に関する注記について，引用もしくは参照する場合，または注記の内容が記述対象の一部にのみ該当する場合は，#1.13に従って記録する。

#2.41.0.3.1　誤表示に関する注記

情報源にある誤表示については，#1.10.11，#1.10.11別法［略］のどちらを適用するかによって，記録の方法が異なる。#1.10.11を適用する場合は，そのエレメントとして誤表示をそのまま記録し，識別またはアクセスに重要なときに，正しい形について注記として記録する。#1.10.11別法を適用する場合は，そのエレメントとして正しい形に改めたものを記録し，識別またはアクセスに重要なときに，誤表示について注記として記録する。

タイトルについては#2.41.1.2.3に，逐次刊行物の順序表示については#2.41.4.2.2に，出版表示については#2.41.5.2.2に，頒布表示については#2.41.6.2.2に，製作表示については#2.41.7.2.2に，非刊行物の制作表示については#2.41.8.2.2にそれぞれ従う。

#2.41.1　タイトルに関する注記

タイトルに関する注記は，体現形に関する注記のエレメント・サブタイプである。

#2.41.1.1　記録の範囲

タイトルに関する注記とは，次の情報を提供する注記である。

a）タイトルの情報源

b）タイトルの変化・削除

c）タイトルの誤表示

d）個別のタイトルを本タイトルに採用した総合タイトルのない資料

e）和古書・漢籍のタイトル

f）タイトルに関するその他の情報

#2.41.1.2　記録の方法

タイトルに関する注記は，#2.41.0.3，#2.41.0.3.1に従って記録する。

#2.41.1.2.1　タイトルの情報源

タイトルを#2.0.2.2で規定する優先情報源以外から採用した場合は，次の規定に従って情報源を記録する。

a）本タイトルの情報源

b）並列タイトルの情報源

c）その他のタイトルの情報源

オンライン資料については，その資料へのアクセス日付を別の注記として記録する。

#2.41.1.2.1.1　本タイトルの情報源

本タイトルを#2.0.2.2で規定する優先情報源以外から採用した場合は，その情報源を記録する。また，データ作成者が本タイトルを付与した場合は，その旨を記録する。

本タイトルは PDF のカバーページによる

本タイトルは国立国会図書館による

（データ作成者の名称を記録した例）

本タイトルを#2.0.2.2で規定する優先情報源から採用した場合でも，必要に応じてその情報源を記録する。

本タイトルは奥付による

#2.41.1.2.1.2　並列タイトルの情報源

並列タイトルが本タイトルと異なる情報源に表示されている場合に，それが識別またはアクセスに重要なときは，並列タイトルの情報源を記録する。

イタリア語の並列タイトルは表紙による

#2.41.1.2.1.3　その他のタイトルの情報源

識別またはアクセスに重要な場合は，異形タイトルの情報源を記録する。

奥付のタイトル：名古屋市消費生活センター事業概要

並列タイトル，タイトル関連情報，並列タイトル関連情報等の異なる形を異形タイトルとして記録した場合に，識別またはアクセスに重要なときは，異なる形が表示されている部分，巻号，またはイテレーションを記録する。

No.2以降のタイトル関連情報：資源エネルギー庁がお届けするエネルギー情報誌

先行タイトルが使用されていたイテレーションを記録する。オンライン資料については，先行タイトルが見られた日付を記録する。

先行タイトルの表示期間：2003-2005

後続タイトルが使用されている巻号または出版日付の範囲（現在も使用されている場合は，使用を開始した巻号または出版日付）を記録する。

後続タイトルは32巻6号（平23.10）から

#2.41.1.2.2　タイトルの変化・削除

タイトルの変化・削除については，次の規定に従って記録する。

a）タイトルの変化

b）並列タイトル，タイトル関連情報，並列タイトル関連情報の削除

#2.41.1.2.2.1　タイトルの変化

本タイトルの変化について，それが頻繁に生じている場合や，識別またはアクセスに重要でないと判断される場合に，先行タイトルまたは後続タイトルとして記録しなかったときは，変化のある旨を簡略に記録し，個々の変化につい

ては記録しない。

本タイトルは微細な変更あり

並列タイトル，タイトル関連情報，並列タイトル関連情報の変化について，識別またはアクセスに重要でないと判断される場合に，異形タイトルとして記録しなかったときは，変化のある旨を簡略に記録し，個々の変化については記録しない。

タイトル関連情報の変更あり

#2.41.1.2.2　並列タイトル，タイトル関連情報，並列タイトル関連情報の削除

複数巻単行資料または逐次刊行物の途中の巻号で，並列タイトル，タイトル関連情報，並列タイトル関連情報の表示がなくなった場合に，識別またはアクセスに重要なときは，表示が削除された巻号または出版日付が明らかになるように記録する。

タイトル関連情報の削除(Vol. 2(2013. 7. 20)-)

#2.41.1.2.3　タイトルの誤表示

誤記，誤植，脱字などがあるタイトルを，表示されているとおりにタイトルのエレメントとして記録した場合は，その旨を記録する。

正しい本タイトル：故事熟語ことわざ新解
（本タイトル：故事塾語ことわざ新解）

逐次刊行物または更新資料のタイトルに明らかな誤りがあり，正しい形に改めたものをタイトルのエレメントとして記録した場合は，採用した情報源に表示されている形を記録する。

1巻1号の本タイトル（誤植）：プロフェッショナルがんナーンシグ
（本タイトル：プロフェッショナルがんナーシング）

#2.41.1.2.4　個別のタイトルを本タイトルに採用した総合タイトルのない資料

総合タイトルがなく，個別のタイトルを本タイトルに採用した場合は，次の規定に従って記録する。

a）2番目以降の個別のタイトルの省略

b）総合タイトルのない資料のタイトル関連情報

#2.41.1.2.4.1　2番目以降の個別のタイトルの省略　［#2.1.1.2.10任意省略［略］による］

#2.41.1.2.4.2　総合タイトルのない資料のタイトル関連情報

すべての個別のタイトルに共通するタイトル関連情報がある場合は，その旨を記録する。

すべてではないが，複数の個別のタイトルに共通するタイトル関連情報がある場合は，その旨を記録する。

すべてのタイトルに共通するタイトル関連情報：現代語訳

#2.41.1.2.5　和古書・漢籍のタイトル

和古書・漢籍については，#2.0.2.2.1.3に従って，本タイトルを巻頭以外の情報源から採用した場合は，その情報源を記録する。

題簽，外題については，その位置や様式等に関しても，必要に応じてあわせて記録する。

書き題簽，書き外題については，その旨を記録する。

和古書・漢籍の書誌的巻数については，存巻ないし欠巻がある場合は，その詳細を記録する。

#2.41.1.2.6　タイトルに関するその他の情報

［略］

#2.41.2　責任表示に関する注記

責任表示に関する注記は，体現形に関する注記のエレメント・サブタイプである。

#2.41.2.1　記録の範囲

責任表示に関する注記は，次の情報を提供する注記である。

a）資料の知的・芸術的内容への関与があったとされる個人・家族・団体

b）名称の異なる形

c）責任表示に関するその他の情報

d）責任表示の変化

#2.41.2.2　記録の方法

責任表示に関する注記は，#2.41.0.3，#2.

41.0.3.1に従って記録する。

#2.41.2.2.1　資料の知的・芸術的内容への関与があったとされる個人・家族・団体

資料の知的・芸術的内容に関する責任を有するか寄与するところがあったとされる個人・家族・団体について，責任表示のエレメントとして記録しなかった場合は，それを記録する。

伝：菅原孝標女作

#2.41.2.2.2　名称の異なる形

個人・家族・団体の名称が，責任表示のエレメントとして記録した形と異なる形でも資料に表示されている場合に，識別に重要なときは，それを記録する。

奥付の責任表示：倉橋裕紀子
（責任表示：山中裕起子）

#2.41.2.2.3　責任表示に関するその他の情報

識別，アクセスまたは選択に重要な場合は，責任表示のエレメントとして記録しなかった個人・家族・団体に関する表示や，責任表示に関するその他の詳細な情報を記録する。

編集・制作協力：エフビーアイ・コミュニケーションズ，森部信次
表紙の責任表示（誤植）：奥陸明
（責任表示：陸奥明）

#2.41.2.2.4　責任表示の変化

責任表示に変化が生じた場合は，次の規定に従って記録する。

a）複数巻単行資料，逐次刊行物
b）更新資料

#2.41.2.2.4.1　複数巻単行資料，逐次刊行物

識別またはアクセスに重要な場合は，複数巻単行資料または逐次刊行物の途中の巻号で生じた，責任表示の変化について記録する。

責任表示の変更：江戸前 ESD 協議会（8号［2009.10］）→ 東京海洋大学江戸前ESD協議会（10号［2009.12］）

#2.41.2.2.4.2　更新資料

識別またはアクセスに重要な場合は，更新資料の変化前の責任表示について記録する。最新のイテレーションを反映して責任表示を記録から削除した場合に，識別またはアクセスに重要なときは，その旨を記録する。

平成18年6月までの編者：支援費制度研究会，平成25年3月までの編者：障害者自立支援法研究会

#2.41.3　版表示に関する注記

版表示に関する注記は，体現形に関する注記のエレメント・サブタイプである。

#2.41.3.1　記録の範囲

版表示に関する注記は，次の情報を提供する注記である。

a）資料外からの採用
b）記述対象の部分にのみ関係する版表示
c）版表示に関するその他の情報
d）版表示の変化

#2.41.3.2　記録の方法

版表示に関する注記は，#2.41.0.3，#2.41.0.3.1に従って記録する。

#2.41.3.2.1　資料外からの採用

次の場合は，版表示を資料外から採用した旨を記録する。

a）版表示を資料外の情報源から採用した場合［#2.3.0.4任意追加［略］］
b）版次であることが分かるように適切な語句を補って記録した場合［#2.3.1.2.1］

#2.41.3.2.2　記述対象の部分にのみ関係する版表示

複数の巻号（付属資料を含む）から成る資料全体を記述対象とする場合に，記述対象の一部分にのみ関係する版表示が，全体に関係する版表示と異なるときは，その版表示を記録する。

#2.41.3.2.3　版表示に関するその他の情報

識別またはアクセスに重要な場合は，版表示のエレメントとして記録しなかった，版表示に関するその他の詳細な情報を記録する。

奥付の版表示（誤植）：改訂第31版

（版表示：改訂第32版）

#2.41.3.2.4　版表示の変化

版表示に変化が生じた場合は，次の規定に従って記録する。

a）複数巻単行資料，逐次刊行物

b）更新資料

#2.41.3.2.4.1　複数巻単行資料，逐次刊行物

識別またはアクセスに重要な場合は，複数巻単行資料または逐次刊行物の途中の巻号で生じた，版表示の変化について記録する。

1999から2006までの版表示：日本語版

#2.41.3.2.4.2　更新資料

識別またはアクセスに重要な場合は，更新資料の最新のイテレーションで表示されなかった版表示や，以前のイテレーションで表示されていた版表示を記録する。

#2.41.4　逐次刊行物の順序表示に関する注記

逐次刊行物の順序表示に関する注記は，体現形に関する注記のエレメント・サブタイプである。

#2.41.4.1　記録の範囲

逐次刊行物の順序表示に関する注記は，次の情報を提供する注記である。

a）逐次刊行物の順序表示の初号および（または）終号

b）複雑または不規則な順序表示，誤表示

c）対象期間

d）西暦以外の暦による年月次

e）複製の順序表示

f）順序表示の変化を示す語句

g）逐次刊行物の順序表示に関するその他の情報

#2.41.4.2　記録の方法

逐次刊行物の順序表示に関する注記は，#2.41.0.3，#2.41.0.3.1に従って記録する。

#2.41.4.2.1　逐次刊行物の順序表示の初号および（または）終号

逐次刊行物の順序表示の初号および（または）終号は，次の規定に従って記録する。

a）初号および（または）終号に巻次，年月次がない場合

b）初号および（または）終号を識別の基盤としていない場合

#2.41.4.2.1.1　初号および（または）終号に巻次，年月次がない場合

初号および（または）終号の巻次，年月次が資料に表示されていない場合に，その前後の号の巻次，年月次に基づいて判断して順序表示を記録したときは，その初号および（または）終号以外を情報源とした旨を記録する。

初号の巻次は第２号からの推定による

#2.41.4.2.1.2　初号および（または）終号を識別の基盤としていない場合

初号および（または）終号を識別の基盤としていない場合は，次の規定に従って記録する。

a）初号および（または）終号を入手していない場合などに，他の情報源で確認できた巻次，年月次を逐次刊行物の順序表示のエレメントとして記録したときは，その初号および（または）終号以外を情報源とした旨を記録する。

終号の年次は出版カタログによる

b）［別法につき略］

#2.41.4.2.2　複雑または不規則な順序表示，誤表示

順序表示が複雑または不規則であるが，順序表示の方式の変化とはみなせない場合に，識別に重要なときは，その旨を記録する。

また，逐次刊行物の順序表示に記録した情報だけでは識別が困難な場合や，誤表示がある場合は，その旨を記録する。

巻次は毎年 Volume 1から始まる

29号が創刊号

#2.41.4.2.3　対象期間

逐次刊行物の刊行頻度が年１回以下で，かつ各巻号の対象期間が暦年または年度ではない場合は，対象期間について記録する。また，暦年

または年度であっても，必要に応じて対象期間について記録する。

各巻の収録内容は9月～8月

#2.41.4.2.4　西暦以外の暦による年月次

西暦以外の暦によって表示されている年月次に，西暦に置き換えたものを付加した場合は，その旨を記録する。

西暦の表示は情報源になし

#2.41.4.2.5　複製の順序表示

原資料の順序表示を，逐次刊行物の順序表示のエレメントとして記録した場合に，複製自体の順序表示があるときは，それを記録する。

#2.41.4.2.6　順序表示の変化を示す語句

順序表示の方式に変化があり，情報源に表示されていない新しい方式であることを示す語句を記録した場合は，その旨を記録する。

巻次の「第2期」は情報源に表示なし

#2.41.4.2.7　逐次刊行物の順序表示に関するその他の情報

識別またはアクセスに重要な場合は，逐次刊行物の順序表示に関するその他の詳細な情報を記録する。

巻次は表紙による

20号限り廃刊

#2.41.5　出版表示に関する注記

出版表示に関する注記は，体現形に関する注記のエレメント・サブタイプである。

#2.41.5.1　記録の範囲

出版表示に関する注記は，次の情報を提供する注記である。

a）資料外からの採用
b）架空のまたは誤った出版表示
c）複数巻単行資料，逐次刊行物における出版の開始日，終了日
d）和古書・漢籍の出版表示
e）出版表示に関する詳細
f）休刊
g）出版表示の変化

#2.41.5.2　記録の方法

出版表示に関する注記は，#2.41.0.3，#2.41.0.3.1に従って記録する。

#2.41.5.2.1　資料外からの採用

出版表示について，資料外から採用した旨を記録する。

出版日付は出版者のホームページによる

#2.41.5.2.2　架空のまたは誤った出版表示

資料に表示された架空のまたは誤った出版地，出版者の名称，出版日付を出版表示のエレメントとして記録した場合は，実際の情報を記録する。実際の情報が不明な場合は，架空のまたは誤った表示である旨を記録する。

標題紙等の出版者は誤植，正しい出版者：機械振興協会経済研究所

（出版者：機械振興会経済研究所）

#2.41.5.2.3　複数巻単行資料，逐次刊行物における出版の開始日および終了日

資料の識別の基盤が，初巻，初号および（または）終巻，終号以外に基づく場合は，出版の開始日および（または）終了日を記録する。

#2.41.5.2.4　和古書・漢籍の出版表示

和古書・漢籍については，出版表示のエレメントとして記録しなかった出版地，出版者を記録する。

蔵版者，蔵版印等について記録する。

見返しに「青藜閣蔵版」とあり

広告，蔵版目録や，発行印（出版者標章等をも含む）等を情報源とした場合は，情報源を記録する。

出版表示の情報源である刊記等を記録する。

初刷ではなく，印行年が不明であるが，後刷であることが明らかな場合は，「後印本」と記録する。

後修本，覆刻本については，その旨を記録する。

出版年の干支による表記を記録する。

#2.41.5.2.5　出版表示に関する詳細

識別またはアクセスに重要な場合は，出版表

示のエレメントとして記録しなかった出版地，出版者，出版日付に関する詳細な情報を記録する。

出版日付は出版者の活動期間から推定

#2.41.5.2.6　休刊

複数巻単行資料，逐次刊行物，更新資料が，後日再開する予定で休刊した場合は，その旨を記録する。

出版が再開された場合は，休刊期間がわかる日付や巻号などを記録する。

休刊：2012-2013

#2.41.5.2.7　出版表示の変化

出版地および（または）出版者の名称に変化が生じた場合は，次の規定に従って記録する。

a）複数巻単行資料，逐次刊行物

b）更新資料

#2.41.5.2.7.1　複数巻単行資料，逐次刊行物

複数巻単行資料または逐次刊行物の途中の巻号で，出版地が変化して，その変化が識別またはアクセスに重要な場合は，それを記録する。出版地の変化が名称上のものであっても，識別に重要な場合は，それを記録する。

複数巻単行資料または逐次刊行物の途中の巻号で，出版者の名称が変化したか，または出版者が他の出版者に替わった場合に，それらの変化が識別またはアクセスに重要なときは，それを記録する。出版者の変化が表示上のものであっても，識別に重要な場合はそれを記録する。

出版者変遷：自然科学研究機構岡崎統合事務センター（no. 15-no. 36）→　自然科学研究機構（no. 37-）

#2.41.5.2.7.2　更新資料

識別またはアクセスに重要な場合は，更新資料の変化前の出版地および（または）出版者の名称を記録する。

2003年4月までの出版者：第一法規出版

#2.41.6　頒布表示に関する注記

頒布表示に関する注記は，体現形に関する注記のエレメント・サブタイプである。

#2.41.6.1　記録の範囲

頒布表示に関する注記は，次の情報を提供する注記である。

a）資料外からの採用

b）架空のまたは誤った頒布表示

c）頒布表示に関する詳細

d）頒布表示の変化

#2.41.6.2　記録の方法

頒布表示に関する注記は，#2.41.0.3，#2.41.0.3.1に従って記録する。

#2.41.6.2.1　資料外からの採用

頒布表示について，資料外から採用した旨を記録する。

#2.41.6.2.2　架空のまたは誤った頒布表示

［略］

#2.41.6.2.3　頒布表示に関する詳細

識別またはアクセスに重要な場合は，頒布表示のエレメントとして記録しなかった頒布地，頒布者，頒布日付に関する詳細な情報を記録する。

共同頒布者：三省堂書店

#2.41.6.2.4　頒布表示の変化

頒布地および（または）頒布者の名称に変化が生じた場合は，次の規定に従って記録する。

a）複数巻単行資料，逐次刊行物

b）更新資料

#2.41.6.2.4.1　複数巻単行資料，逐次刊行物

複数巻単行資料または逐次刊行物の途中の巻号で，頒布地が変化して，その変化が識別またはアクセスに重要な場合は，それを記録する。頒布地の変化が名称上のものであっても，識別に重要な場合は，それを記録する。

複数巻単行資料または逐次刊行物の途中の巻号で，頒布者の名称が変化したか，または頒布者が他の頒布者に替わった場合に，それらの変化が識別またはアクセスに重要なときは，それを記録する。頒布者の変化が表示上のもので

あっても，識別に重要な場合はそれを記録する。

29巻1号から30巻4号までの頒布者：防衛弘済会

#2.41.6.2.4.2　**更新資料**

識別またはアクセスに重要な場合は，更新資料の変化前の頒布地および（または）頒布者の名称を記録する。

#2.41.7　**製作表示に関する注記**

製作表示に関する注記は，体現形に関する注記のエレメント・サブタイプである。

#2.41.8　**非刊行物の制作表示に関する注記**

非刊行物の制作表示に関する注記は，体現形に関する注記のエレメント・サブタイプである。

#2.41.8.1　**記録の範囲**

非刊行物の制作表示に関する注記は，次の情報を提供する注記である。

a）資料外からの採用

b）架空のまたは誤った制作表示

c）和古書・漢籍の制作表示

d）非刊行物の制作表示に関する詳細

e）制作表示の変化

#2.41.8.2　**記録の方法**

非刊行物の制作表示に関する注記は，#2.41.0.3，#2.41.0.3.1に従って記録する。

#2.41.8.2.1　**資料外からの採用**

非刊行物の制作表示について，資料外から採用した旨を記録する。

#2.41.8.2.2　**架空のまたは誤った制作表示**

資料に表示された架空のまたは誤った制作地，制作者の名称，制作日付を制作表示のエレメントとして記録した場合は，実際の情報を記録する。実際の情報が不明な場合は，架空のまたは誤った表示である旨を記録する。

#2.41.8.2.3　**和古書・漢籍の制作表示**

制作年の干支による表記を記録する。

#2.41.8.2.4　**非刊行物の制作表示に関する詳細**

識別またはアクセスに重要な場合は，非刊行物の制作表示のエレメントとして記録しなかった，制作地，制作者，制作日付に関する詳細な情報を記録する。

#2.41.8.2.5　**制作表示の変化**

制作地および（または）制作者の名称に変化が生じた場合は，次の規定に従って記録する。

a）複数巻単行資料，逐次刊行物

b）更新資料

#2.41.8.2.5.1　**複数巻単行資料，逐次刊行物**

複数巻単行資料または逐次刊行物の途中の巻号で，制作地が変化して，その変化が識別またはアクセスに重要な場合は，それを記録する。制作地の変化が名称上のものであっても，識別に重要な場合は，それを記録する。

複数巻単行資料または逐次刊行物の途中の巻号で，制作者の名称が変化したか，または制作者が他の制作者に替わった場合に，それらの変化が識別またはアクセスに重要なときは，それを記録する。制作者の変化が表示上のものであっても，識別に重要な場合はそれを記録する。

#2.41.8.2.5.2　**更新資料**

識別またはアクセスに重要な場合は，更新資料の変化前の制作地および（または）制作者の名称を記録する。

#2.41.9　**著作権日付に関する注記**

著作権日付に関する注記は，体現形に関する注記のエレメント・サブタイプである。

#2.41.9.1　**記録の範囲**

著作権日付に関する注記は，著作権日付として記録しなかった，著作権日付に関する情報を提供する注記である。

#2.41.9.2　**記録の方法**

著作権日付に関する注記は，#2.41.0.3，#2.41.0.3.1に従って記録する。

#2.41.9.2.1　**著作権日付に関する詳細**　［略］

#2.41.10　**シリーズ表示に関する注記**

シリーズ表示に関する注記は，体現形に関する注記のエレメント・サブタイプである。

#2.41.10.1　記録の範囲

シリーズ表示に関する注記は，次の情報を提供する注記である。

a）部分によってシリーズ表示が異なり複雑な場合

b）シリーズ表示に関するその他の情報

c）シリーズ表示の変化

#2.41.10.2　記録の方法

シリーズ表示に関する注記は，#2.41.0.3，#2.41.0.3.1に従って記録する。

#2.41.10.2.1　部分によってシリーズ表示が異なり複雑な場合

包括的記述において，記述対象の個々の部分が異なるシリーズに属し，かつその複数のシリーズの関係が複雑なためにシリーズ表示のエレメントとして的確に記録できない場合は，シリーズに関する具体的な情報を記録する。

　第1巻から第3巻まで：シリーズ A，第4巻はシリーズ表示なし，第5巻から7巻まで：シリーズB，第8巻：シリーズA，シリーズB

#2.41.10.2.2　シリーズ表示に関するその他の情報

識別またはアクセスに重要な場合は，シリーズ表示に関するその他の詳細な情報を記録する。

　シリーズの本タイトルはブックジャケットによる

#2.41.10.2.3　シリーズ表示の変化

シリーズ表示に変化が生じた場合は，次の規定に従って記録する。

a）複数巻単行資料，逐次刊行物

b）更新資料

#2.41.10.2.3.1　複数巻単行資料，逐次刊行物

複数巻単行資料または逐次刊行物の途中の巻号で，シリーズ表示の変化または追加が生じた場合に，それをシリーズ表示のエレメントとして的確に記録できず，かつ識別またはアクセスに重要なときは，変化または追加の旨を記録する。削除が生じ，かつ識別またはアクセスに重要な場合は，削除の旨を記録する。

　シリーズの本タイトルの変更：労政時報選書．賃金資料シリーズ．4（-2013年版（2013））
　→ 賃金資料シリーズ．4（2014年版（2014）-）

#2.41.10.2.3.2　更新資料

識別またはアクセスに重要な場合は，更新資料の後続のイテレーションで削除が生じた，シリーズ表示を記録する。

　1974-2000年までのシリーズ表示：基本行政通達
　（シリーズ表示：基本行政通知処理基準）

シリーズ表示が後続のイテレーションに追加された場合は，そのイテレーションが出版された日付を記録する。

#2.41.11　刊行頻度に関する注記

刊行頻度に関する注記は，体現形に関する注記のエレメント・サブタイプである。

#2.41.11.1　記録の範囲

刊行頻度に関する注記は，次の情報を提供する注記である。

a）刊行頻度の詳細

b）刊行頻度の変化

#2.41.11.2　記録の方法

刊行頻度に関する注記は，#2.41.0.3，#2.41.0.3.1に従って記録する。

#2.41.11.2.1　刊行頻度の詳細

次の事項について，表2.13.3に適切な用語がない場合は，刊行頻度の詳細な情報を記録する。

a）逐次刊行物の巻号の刊行の間隔

b）更新資料の更新の間隔

c）内容の最新の更新状況

　年9回刊
　偶数月ごとに更新（12月を除く）

#2.41.11.2.2　刊行頻度の変化

刊行頻度の変化については，頻度とその頻度で刊行または更新された期間を，年代順に記録する。

　227号から281号までは隔週刊，282号から300

号までは月刊

隔月刊，1969-1985；月刊，1986-

#2.41.12　識別の基盤に関する注記

識別の基盤に関する注記は，体現形に関する注記のエレメント・サブタイプである。

#2.41.12.1　記録の範囲

識別の基盤に関する注記は，体現形の識別に使用した次の情報を提供する注記である。

a）複数巻単行資料，逐次刊行物の部分

b）更新資料のイテレーション

オンライン資料については，記述のためにその資料が見られた日付を含めることができる。

#2.41.12.2　記録の方法

識別の基盤に関する注記は，#2.41.0.3，#2.41.0.3.1に従って記録する。

#2.41.12.2.1　複数巻単行資料，逐次刊行物の識別の基盤とした部分

複数巻単行資料または逐次刊行物について，最初の巻号を識別の基盤としなかった場合は，識別の基盤とした部分について記録する。

次の資料に該当する場合は，それぞれの規定も適用する。

a）複数巻単行資料

b）順序表示のある逐次刊行物

c）順序表示のない逐次刊行物

識別の基盤は15巻3号による

#2.41.12.2.1.1　複数巻単行資料

識別の基盤とした複数巻単行資料の部分の巻号またはその出版等の日付を記録する。

複数の部分を参照した場合は，参照した最新の部分を，識別の基盤とした部分に関する注記とは別に記録する。

#2.41.12.2.1.2　順序表示のある逐次刊行物

複数の巻号を参照した場合は，参照した最新の巻号を，識別の基盤とした巻号に関する注記とは別に記録する。

識別の基盤は5号による

参照した最新の号：10号

ただし，逐次刊行物の順序表示のエレメントとして記録した初号および（または）終号の部分については，記録しない。

#2.41.12.2.1.3　順序表示のない逐次刊行物

参照した最も古い部分とその出版等の日付を記録する。

複数の部分を参照した場合は，参照した最新の部分とその日付を，識別の基盤とした部分に関する注記とは別に記録する。

参照した最新の巻：スコットランドの民話，1989

#2.41.12.2.2　更新資料の識別の基盤としたイテレーション

更新資料について，参照した最新のイテレーションを記録する。

参照した最新のイテレーション：2010年4月の更新版

#2.41.12.2.3　オンライン資料へのアクセス日付

オンライン資料については，最新のアクセス日付を記録する。

最終アクセス：2015年6月10日

#2.41.13　体現形の識別子に関する注記

体現形の識別子に関する注記は，体現形に関する注記のエレメント・サブタイプである。

#2.41.13.1　記録の範囲

体現形の識別子に関する注記は，体現形の識別子として記録しなかった，体現形の識別子に関する情報を提供する注記である。

#2.41.13.2　記録の方法

体現形の識別子に関する注記は，#2.41.0.3，#2.41.0.3.1に従って記録する。

#2.41.13.2.1　体現形の識別子に関する詳細

識別またはアクセスに必要な場合は，体現形の識別子として記録しなかった，体現形の識別子に関する詳細な情報を記録する。

ISSNは出版者のWebサイトによる（2015.9.20参照）

#2.42　キャリアに関する注記

キャリアに関する注記は，エレメントである。

#2.42.0　通則

#2.42.0.1　記録の範囲

キャリアに関する注記は，#2.14～#2.33のキャリアに関する情報に記録しなかった，体現形のキャリアの識別または選択に必要な情報を提供する注記である。

[個別資料のキャリアに関する注記は，#3.7を見よ。]

#2.42.0.1.1　エレメント・サブタイプ

キャリアに関する注記には，次のエレメント・サブタイプがある。

a）数量に関する注記

b）大きさに関する注記

c）キャリアに関するその他の情報の変化に関する注記

#2.42.0.2　情報源

キャリアに関する注記は，資料自体に基づいて記録する。さらに必要がある場合は，資料外のどの情報源に基づいて記録してもよい。

#2.42.0.3　記録の方法

キャリアに関する注記について，引用もしくは参照する場合，または注記の内容が記述対象の一部にのみ該当する場合は，#1.13に従って記録する。

#2.42.0.3.1　装丁に関する注記

装丁について，必要な場合は記録する。

帙入

#2.42.0.3.2　和古書・漢籍に関する注記

袋綴じの様式について，必要な場合は記録する。

亀甲綴じ

帙，箱等について，必要な場合は記録する。

色刷絵入書袋あり

匡郭，界線，行数，字数，版心について，必要な場合は記録する。

二段本

料紙，表紙について，必要な場合は記録する。

表紙は原装

#2.42.1　数量に関する注記

数量に関する注記は，キャリアに関する注記のエレメント・サブタイプである。

#2.42.1.1　記録の範囲

数量に関する注記は，次の情報を提供する注記である。

a）多種類のキャリアから成る資料の数量の詳細

b）刊行中止の資料

c）全体のページ付

d）重複したページ付

e）冊数と異なる書誌的巻数

f）和古書・漢籍の数量の詳細

g）初期印刷資料（和古書・漢籍を除く）の数量の詳細

h）単一のキャリアに収められた複数の楽譜の数量の詳細

i）数量のその他の詳細

#2.42.1.2　記録の方法

#2.42.1.2.1　多種類のキャリアから成る資料

多種類のキャリアから成り，「各種資料」，「various pieces」等の語を用いて数量を包括的に記録した場合に，識別または選択に重要なときは，数量の詳細をキャリア別に記録する。

絵はがき16枚，トランプ1組，カード16枚，冊子31 p

（数量：ゲーム1組（各種構成物あり））

#2.42.1.2.2　刊行中止の資料

複数のユニットから成る予定の資料がまだすべて刊行されていない場合に，今後刊行されないことが明らかとなり，刊行済のユニット数を数量として記録したときは，これ以上刊行されない旨を記録する。

刊行中止

#2.42.1.2.3　全体のページ付

全体の一部が記述対象である場合に，その部分自体のページ付に加えて全体のページ付もあるときは，必要に応じて，全体のページ付を記録する。

#2.42.1.2.4　重複したページ付

複数言語のテキスト等でページ付が重複している場合は，その旨を記録する。

左右同一ページ付
（数量：60，60 p）

#2.42.1.2.5　冊数と異なる書誌的巻数

書誌的巻数が冊数と異なる場合は，その旨を記録する。

2 bibliographic volumes in 1 physical volume

ただし，次の場合は記録しない。

a）和古書・漢籍
b）刊行が完結した逐次刊行物について，数量として書誌的巻数を記録した場合

#2.42.1.2.6　和古書・漢籍

和古書・漢籍については，合冊または分冊されて原装の冊数が変化している場合などは，必要に応じて原装のキャリアについて記録する。

原装 3 冊
（数量：2 冊）

丁数について，必要な場合は，記録する。

#2.42.1.2.7　初期印刷資料（和古書・漢籍を除く）　［略］

#2.42.1.2.8　単一のキャリアに収められた複数の楽譜　［略］

#2.42.1.2.9　数量のその他の詳細

識別または選択に重要な場合は，数量として記録しなかったその他の詳細な情報を記録する。

251-269ページは存在していない
片面印刷
（ページ数は両面分カウントされているが，片面印刷の資料）

#2.42.2　大きさに関する注記

大きさに関する注記は，キャリアに関する注記のエレメント・サブタイプである。

#2.42.2.1　記録の範囲

大きさに関する注記は，次の情報を提供する注記である。

a）テキスト・ブロックの大きさ
b）テープまたはフィルムの長さ
c）外形の寸法
d）大きさのその他の詳細
e）大きさの変化

#2.42.2.2　記録の方法

#2.42.2.2.1　テキスト・ブロックの大きさ

テキスト・ブロックの大きさが異なるものを合冊している場合に，識別または選択に重要なときは，テキスト・ブロックの大きさについて記録する。

テキスト・ブロックは20-26 cm

#2.42.2.2.2　テープまたはフィルムの長さ

記述対象が，ビデオカセット，フィルム・カセット，ビデオ・カートリッジ，フィルム・カートリッジ，フィルムストリップ・カートリッジ，フィルム・リール，ビデオテープ・リール，ロールのいずれかの場合に，識別または選択に重要なときは，テープまたはフィルムの長さを記録する。

テープの長さは247 m

#2.42.2.2.3　外形の寸法

ディスクの形状が標準でない場合（例えば，ディスクが円形でない）は，外形の寸法を記録する。

ディスクの盤面は正方形，20×20 cm

トランスペアレンシーについて，識別または選択に重要な場合は，フレームまたは台紙を含めた大きさを記録する。

台紙を含めた大きさは25×32 cm

#2.42.2.2.4　大きさのその他の詳細

識別または選択に重要な場合は，大きさとして記録しなかったその他の詳細な情報を記録する。

直径26 cm の円形本

#2.42.2.2.5　大きさの変化

識別または選択に重要な場合は，大きさの変化について，次の規定に従って記録する。

a）複数巻単行資料，逐次刊行物

b）更新資料

#2.42.2.2.5.1　複数巻単行資料，逐次刊行物

識別または選択に重要な場合は，複数巻単行資料または逐次刊行物の途中の巻号で生じた，大きさの変化について記録する。

大きさの変化：26 cm（-49巻12号（2002.12））
→　30 cm（50巻1号（2003.1）-）

#2.42.2.2.5.2　更新資料

識別または選択に重要な場合は，更新資料の変化前の大きさについて記録する。

変化前の大きさ：28 cm

#2.42.3　キャリアに関するその他の情報の変化に関する注記

キャリアに関するその他の情報の変化に関する注記は，キャリアに関する注記のエレメント・サブタイプである。

#2.42.3.1　記録の範囲

キャリアに関するその他の情報の変化に関する注記は，#2.16および#2.19～#2.33に規定するエレメントの，刊行途中の変化に関する情報を提供する注記である。

#2.42.3.2　記録の方法

キャリアに関するその他の情報の変化に関する注記は，次の規定に従って記録する。

a）複数巻単行資料，逐次刊行物

b）更新資料

#2.42.3.2.1　複数巻単行資料，逐次刊行物

識別または選択に重要な場合は，複数巻単行資料または逐次刊行物の途中の巻号で生じた，#2.16および#2.19～#2.33に規定するエレメントの変化について記録する。

#2.42.3.2.2　更新資料

識別または選択に重要な場合は，更新資料の変化前の#2.16および#2.19～#2.33に規定するエレメントの情報について記録する。

第3章　個別資料

#3.0　通　則

この章では，個別資料の属性の記録について規定する。

#3.0.1　記録の目的

個別資料の属性の記録の目的は，個別資料の識別を可能とすること，ならびに利用者のニーズに合致する個別資料の選択および入手に役立つことである。

#3.0.2　情報源

個別資料の属性は，どの情報源に基づいて記録してもよい。

#3.0.3　記録の方法

個別資料の属性は，#0.9.4に従って，データ作成機関が定めた目録用言語で記録する。

#3.1　所有・管理履歴

所有・管理履歴は，エレメントである。

#3.1.1　記録の範囲

所有・管理履歴は，その個別資料の過去の所有，責任，保管などの変遷に関する情報である。

#3.1.2　記録の方法

旧蔵者の名称および所有等に関する年を記録する。

岡田希雄旧蔵

#3.2　直接入手元

直接入手元は，エレメントである。

#3.2.1　記録の範囲

直接入手元は，その個別資料の直接の入手元，入手日付および入手方法である。

#3.2.2　記録の方法

個別資料の直接の入手元，入手日付および入手方法を公表できる範囲で記録する。

1974年8月，個人より寄託

#3.3　アクセス制限

アクセス制限については，#2.37に従う。

#3.4　利用制限

利用制限については，#2.38に従う。

#3.5　個別資料の識別子

個別資料の識別子は，エレメントである。

#3.5.1　記録の範囲

個別資料の識別子は，その個別資料と結びつけられ，他の個別資料との判別を可能とする文字列および（または）番号である。

#3.5.2　記録の方法

個別資料の識別子に定められた表示形式がある場合は，その形式に従って記録する。

個別資料の識別子に定められた表示形式がない場合は，情報源に表示されているとおりに記録する。容易に判明するときは，必要に応じて，識別子の名称または識別子に責任を有する機関等の名称等に続けて，識別子を記録する。

憲政資料室収集文書1235

（国立国会図書館憲政資料室が所蔵する「米軍投下ビラ」の資料番号）

#3.5.2.1　不正確な識別子

個別資料に表示されている識別子が不正確であることが判明している場合は，表示されているとおりに記録し，続けて，文字列および（または）番号が，次のいずれかであることを示す語句を付加する。

a）不正確である

b）取り消されている

c）無効である

#3.5.3　複製

複製については，原資料ではなく，複製物自体の識別子を記録する。原資料の識別子は，関連する個別資料の識別子として記録する。

#3.6　個別資料に関する注記

個別資料に関する注記は，エレメントである。

#3.6.1　記録の範囲

個別資料に関する注記とは，#3.1～#3.5の個別資料のエレメントに記録しなかった，個別資料の識別，選択またはアクセスに必要な情報を提供する注記である。

#3.6.2　記録の方法

個別資料に関する注記について，引用または参照する場合，または注記の内容が記述対象の一部にのみ該当する場合は，#1.13に従って記録する。

#3.7　個別資料のキャリアに関する注記

個別資料のキャリアに関する注記は，エレメントである。

#3.7.0　通則

#3.7.0.1　記録の範囲

個別資料のキャリアに関する注記とは，その個別資料に固有で，同一の体現形に属する他の個別資料が有しないキャリアの特性について，付加的な情報を提供する注記である。

#3.7.0.1.1　エレメント・サブタイプ

個別資料のキャリアに関する注記には，次のエレメント・サブタイプがある。

a）個別資料の数量に関する注記

b）個別資料の大きさに関する注記

#3.7.0.2　情報源

個別資料のキャリアに関する注記は，どの情報源に基づいて記録してもよい。

#3.7.0.3　記録の方法

個別資料のキャリアに関する注記について，引用または参照する場合，または注記の内容が記述対象の一部にのみ該当する場合は，#1.13に従って記録する。

著者署名入り

和古書・漢籍は#3.7.0.3.2に，初期印刷資料（和古書・漢籍を除く）は#3.7.0.3.3［略］に従って記録する。

#3.7.0.3.1　破損・虫損等

破損・虫損等で保存状態がよくないものや補修があるものについて，その旨を記録する。

#3.7.0.3.2　和古書・漢籍

和古書・漢籍について，その個別資料に固有の，注，訓点，識語，書き入れなどの情報を記録する。

a）注がある場合は，表示されている位置も含めてその旨を記録する。

b）本文に訓点等がある場合は，漢字，片仮名，平仮名の別とともにその旨を記録する。

c）謡本等で，本文の横に記号が付されている場合は，その旨を記録する。

d）識語，書き入れ，補写，筆彩等がある場合は，その旨を記録する。

e）付箋,貼りこみ等がある場合は,記録する。

#3.7.0.3.3　初期印刷資料（和古書・漢籍を除く）　［略］

#3.7.1　個別資料の数量に関する注記

個別資料の数量に関する注記は，個別資料のキャリアに関する注記のエレメント・サブタイプである。

#3.7.1.1　記録の範囲

個別資料の数量に関する注記とは，数量として記録しなかった，その個別資料に固有の数量の注記である。

#3.7.1.2　記録の方法

識別または選択に重要な場合は，数量として記録しなかった，個別資料の数量に関する詳細な情報を記録する。

#3.7.1.2.1　複数巻単行資料，逐次刊行物，更新資料の所蔵の詳細

複数巻単行資料，逐次刊行物または更新資料の所蔵の詳細な情報について記録する。

12号欠号，15号に欠落あり

#3.7.1.2.2　和古書・漢籍

和古書・漢籍について，残欠がある場合は，その旨を記録する。

#3.7.2　個別資料の大きさに関する注記

個別資料の大きさに関する注記は，個別資料のキャリアに関する注記のエレメント・サブタイプである。

#3.7.2.1　記録の範囲

個別資料の大きさに関する注記とは，大きさとして記録しなかった，その個別資料に固有の大きさの注記である。

#3.7.2.2　記録の方法

識別または選択に重要な場合は，大きさとして記録しなかった，個別資料の大きさに関する詳細な情報を記録する。

第４章　著作

#4.0　通　則

この章では，著作の属性の記録について規定する。

記録する要素として，著作のタイトル，著作のタイトル以外の識別要素，説明・管理要素，著作の内容がある。

著作のタイトルには，第一の識別要素である著作の優先タイトルと，著作の異形タイトルとがある。なお，この章では，「著作のタイトル」，「著作の異形タイトル」をそれぞれ単に「タイトル」，「異形タイトル」と記載することがある。

#4.0.1　記録の目的

著作の属性の記録の目的は，著作の識別を可能とすること，および利用者のニーズに合致する資料の選択に役立つことである。

#4.0.1.1　規定の構成

一般的な著作の属性については，その通則を#4.0で，タイトルを#4.1～#4.2で，タイトル以外の識別要素を#4.3～#4.7で，説明・管理要素を#4.8～#4.12で規定する。著作の内容は，#4.15～#4.23で規定する。

#4.0.2　情報源

著作の属性を記録するにあたって，その情報源は特に規定しない限りどこでもよい。

#4.0.3　記録の方法

著作のタイトルは，規定した情報源に基づく情報を，#1.11～#1.12.3に従って記録する。

タイトル以外の識別要素は，#4.3.3～#4.7.3に従って記録する。

説明・管理要素は，#4.8.3～#4.12に従って記録する。

著作の内容は，#4.15.0.4～#4.23.0.2に従って記録する。

#4.0.4　著作の識別に影響を与える変化

著作の識別に影響を与える変化が生じた場合は，著作に対する新規の記述を作成するか，従来の記述を更新する必要がある。

#4.0.4.1　複数巻単行資料として刊行される著作

複数巻単行資料として刊行される著作について，刊行方式または機器種別に変化が生じた場合は，その体現形に対する新規の記述を作成する。このとき，さらに著作に対する責任性にも変化が生じた場合は，新しい著作とみなし，著作に対する新規の記述を作成する。ただし，著作に対する典拠形アクセス・ポイントに複数の創作者に対する典拠形アクセス・ポイントが含まれている場合に，その一部にだけ変化が生じたときは，新規の記述を作成すべき責任性の変化とみなさずに，従来の記述にその変化を反映させる。

著作に対する新規の記述は，その体現形に対する新規の記述が識別の基盤とする巻の表示に合わせ，著作の責任性の変化を反映して作成する。

著作に対する新規の記述を作成する必要のある責任性の変化には，次のものがある。

a）著作に対する典拠形アクセス・ポイントを構成する，個人・家族・団体に対する典拠形アクセス・ポイントに影響を与える変化

b）著作に対する典拠形アクセス・ポイントに含めタイトル以外の識別要素として使用した，個人・家族・団体の名称に影響を与える変化

#4.0.4.2　逐次刊行物として刊行される著作

逐次刊行物として刊行される著作について，責任性に変化が生じた場合，または本タイトルに重要な変化が生じた場合は，その体現形に対する新規の記述を作成すると同時に，著作に対する新規の記述を作成する。

#4.0.4.2 A　責任性の変化

著作に対する新規の記述は，体現形に対する新規の記述が識別の基盤とする巻号の表示に合わせ，著作の責任性の変化を反映して作成する。

著作に対する新規の記述を作成する必要のある責任性の変化には，次のものがある。

a）著作に対する典拠形アクセス・ポイントを構成する，個人・家族・団体に対する典拠形アクセス・ポイントに影響を与える変化

b）著作に対する典拠形アクセス・ポイントに含めタイトル以外の識別要素として使用した，個人・家族・団体の名称に影響を与える変化

#4.0.4.2 B　本タイトルの重要な変化

著作に対する新規の記述は，体現形に対する新規の記述が識別の基盤とする巻号の表示に合わせ，本タイトルの重要な変化を反映して作成する。

#4.0.4.3　更新資料として刊行される著作

更新資料として刊行される著作について，責任性に変化が生じた場合，または本タイトルに変化が生じた場合は，その体現形に対する記述の更新に合わせ，著作に対する従来の記述を更新する。

#4.0.4.3 A　責任性の変化

著作に対する従来の記述を，更新資料の最新のイテレーションでの表示に合わせ，著作の責任性の変化を反映して更新する。

著作に対する従来の記述を更新する必要のある責任性の変化には，次のものがある。

a）著作に対する典拠形アクセス・ポイントを構成する，個人・家族・団体に対する典拠形アクセス・ポイントに影響を与える変化

b）著作に対する典拠形アクセス・ポイントに含めタイトル以外の識別要素として使用

した，個人・家族・団体の名称に影響を与える変化

#4.0.4.3 B　本タイトルの変化

著作に対する従来の記述を，更新資料の最新のイテレーションでの表示に合わせ，本タイトルのどのような変化をも反映して更新する。従来の優先タイトルは，異形タイトルとして記録する。

<#4.1～#4.2　著作のタイトル>

著作のタイトルは，エレメントである。

著作のタイトルには，次のエレメント・サブタイプがある。

a）著作の優先タイトル

b）著作の異形タイトル

#4.1　著作の優先タイトル

著作の優先タイトルは，著作のタイトルのエレメント・サブタイプである。

著作の優先タイトルは，コア・エレメントである。

#4.1.1　記録の範囲

著作の優先タイトルとは，著作を識別するために選択する名称である。優先タイトルはその著作に対する典拠形アクセス・ポイントの基礎としても使用する。

優先タイトルとして選択しなかったタイトルは，異形タイトルとして記録できる。

#4.1.2　情報源

著作の優先タイトルの情報源は，#4.1.3 A～#4.1.3 D で規定する。ただし，著作の部分または著作の集合に対する優先タイトルの選択にあたって，#4.1.3.1～#4.1.3.2に該当する規定がある場合は，それを優先する。

#4.1.3　優先タイトルの選択

一般によく知られているタイトルを，その著作の優先タイトルとして選択する。慣用形や簡略形の場合もある。

優先タイトルには，別タイトルを含めない。

著作の部分または著作の集合に対するタイトルを，優先タイトルとして選択することもできる。

著作の部分に対する優先タイトルを選択する場合は，#4.1.3 A～#4.1.3 D に#4.1.3.1～#4.1.3.1.2をあわせて適用する。

著作の集合に対する優先タイトルを選択する場合は，#4.1.3 A～#4.1.3 D に#4.1.3.2～#4.1.3.2.3をあわせて適用する。

#4.1.3 A　活版印刷が主となる時代以降の著作

活版印刷が主となる時代以降（日本では明治時代以降，ヨーロッパでは1501年以降）の著作については，その著作の体現形または参考資料によって最もよく知られている原語のタイトルを優先タイトルとして選択する。

黒い雨

（当初は「姪の結婚」というタイトルで連載されていた井伏鱒二の著作）

最もよく知られているタイトルとして確立された原語のタイトルが容易に判明しない場合は，原版の本タイトルを優先タイトルとして選択する。

著作の異なる言語の版が同時に出版されていて，その原語を決定できない場合は，データ作成機関が最初に入手した体現形の本タイトルを優先タイトルとして選択する。

異なる言語の版が同一の体現形に含まれている場合は，優先情報源に最初に現れた本タイトルを優先タイトルとして選択する。

著作が同一言語で異なるタイトルの下に同時に出版されている場合は，データ作成機関が最初に入手した体現形の本タイトルを優先タイトルとして選択する。

Harry Potter and the philosopher's stone

（英国版のタイトルはHarry Potter and the philosopher's stone，米国版のタイトルはHarry Potter and the sorcerer's stone。英国版を最初に入手した場合）

#4.1.3 B　活版印刷が主となる時代より前の

著作

活版印刷が主となる時代より前（日本では江戸時代まで，ヨーロッパでは1500年まで）の著作については，現代の参考資料において識別される原語のタイトルを優先タイトルとして選択する。参考資料に確定的な形がない場合は，著作の新しい版，古い版，手稿の複製の順に，よく見られる形を優先タイトルとして選択する。

春色梅児誉美

#4.1.3C　文字種・読み

a）日本語

表示形を優先タイトルとして選択する。読みは，情報源における表示を優先して選択する。その情報源に読みの表示がなければ，その他の情報源，一般的な読みの順に選択する。

b）中国語

表示形を優先タイトルとして選択する。必要に応じて，データ作成機関の定めに従って，読みを記録する。

c）韓国・朝鮮語

表示形を優先タイトルとして選択する。必要に応じて，データ作成機関の定めに従って，読みを記録する。

d）日本語，中国語，韓国・朝鮮語以外の言語

表示形または翻字形を優先タイトルとして選択する。

#4.1.3D　原語のタイトルを得られない著作

#4.1.3A，#4.1.3Bに従って優先タイトルを選択できない場合は，次の優先順位で優先タイトルを選択する。

a）データ作成機関で定める言語の参考資料に現れるタイトル

b）データ作成者付与タイトル

書写資料については，所蔵機関に対する典拠形アクセス・ポイント［#28.1を見よ］と結合したデータ作成者付与タイトルを選択することができる。［#4.1.4Eを見よ。］

#4.1.3.1　著作の部分

著作の部分に対するタイトルを優先タイトルとして選択する場合は，#4.1.3～#4.1.3Dに加えて，#4.1.3.1.1～#4.1.3.1.2に従う。

#4.1.3.1.1　単一の部分

著作の単一の部分については，その部分のタイトルを優先タイトルとして選択する。

春の雪

（三島由紀夫作「豊饒の海」の部分）

社会科学ジャーナル

（「国際基督教大学学報」の部分）

その部分が，部分であることを示す一般的な語句で識別される場合は，その語句を当該部分の優先タイトルとして選択する。［#22.1.7.1Aを見よ。］

第1部

自然科学編

逐次刊行物および更新資料について，その部分が，部分であることを示す一般的な語句と，当該部分のタイトルの組み合わせで識別される場合は，両者の組み合わせを優先タイトルとして選択する。［#22.1.7.1Bを見よ。］

第2部，数学・数学教育

#4.1.3.1.2　複数の部分

a）著作の複数の部分が番号で識別されない場合，または番号が連続していない場合

各部分に対して，#4.1.3.1.1に従って，優先タイトルを選択する。

b）著作の連続する複数の部分が，一連の番号を伴う，部分であることを示す一般的な語句で識別される場合

それらの部分を一括して識別するために，番号を伴う語句を優先タイトルとして選択する。

#4.1.3.2　著作の集合

著作の集合は，その体現形や参考資料に使用されている総合タイトルがある場合は，そのタ

イトルを，#4.1.3～#4.1.3Dに従って，優先タイトルとして選択する。ただし，単数または複数の特定の創作者（個人・家族・団体）による著作の集合については，その総合タイトルが知られている場合を除き，#4.1.3.2.1～#4.1.3.2.3に従う。

イギリス新鋭作家短篇選

社会科学ジャーナル

（体現形に使用されている総合タイトル）

総合タイトルがない場合は，複数の異なる創作者（個人・家族・団体）による著作の集合については，#4.1.3～#4.1.3Dに従って，各著作に対する優先タイトルのみを選択し，著作の集合に対する優先タイトルは選択しない。単数または複数の特定の創作者による著作の集合については，#4.1.3.2.1～#4.1.3.2.3に従う。

<#4.1.3.2.1～#4.1.3.2.3　単数または複数の特定の創作者による著作の集合>

#4.1.3.2.1　全著作

単数または複数の特定の創作者(個人・家族・団体）による，出版時点で完成している全著作または全著作を収めることを意図する著作の集合については，定型的総合タイトルを選択する。

作品集

（一定の組を成す複数の創作者による全著作「鉄幹晶子全集」について，定型的総合タイトルを選択する場合）

#4.1.3.2.2　特定の一形式の全著作

単数または複数の特定の創作者(個人・家族・団体）による，特定の一形式の全著作またはそれを収めることを意図する著作の集合については，定型的総合タイトルを選択する。

#4.1.3.2.3　全著作以外の著作の集合

単数または複数の特定の創作者(個人・家族・団体）の複数の著作を含むが，全著作を収めていない著作の集合については，#4.1.3～#4.1.3Dに従って，各著作の優先タイトルを選択するのみとする。

#4.1.4　記録の方法

著作の優先タイトルとして選択したタイトルを，#4.0.3および#4.1.4.1～#4.1.4.2.3に従って記録する。

#4.1.4A　日本語の優先タイトル

日本語の優先タイトルは，表示形とその読みを記録する。

表示形における漢字は，原則としてその著作の体現形または参考資料に表示された字体で記録する。

読みは，片仮名読み形および（または）ローマ字読み形で，適切な単位に分かち書きして記録する。読みと表示形が完全に一致するときは，読みの記録を省略できる。

黒い雨||クロイ　アメ

文藝春秋||ブンゲイ　シュンジュウ

#4.1.4B　中国語の優先タイトル

中国語の優先タイトルは，表示形を記録する。

表示形は，原則としてその著作の体現形または参考資料に表示された字体（繁体字，簡体字を含む）で記録する。

読みは，必要に応じて記録する。片仮名読み形および(または)ローマ字読み形(ピンインを含む)で，適切な単位に分かち書きして記録する。

圖解國貿實務

#4.1.4C　韓国・朝鮮語の優先タイトル

韓国・朝鮮語の優先タイトルは，表示形を記録する。

表示形における漢字は，原則としてその著作の体現形または参考資料に表示された字体で記録する。ハングルが含まれる場合は，その部分はハングルで記録する。

ハングルは，適切な単位に分かち書きして記録する。

読みは，必要に応じて記録する。片仮名読み形および（または）ローマ字読み形で，適切な単位に分かち書きして記録する。

한국 도시 행정학

#4.1.4D　日本語，中国語，韓国・朝鮮語以外の言語の優先タイトル

日本語，中国語，韓国・朝鮮語以外の言語の優先タイトルは，原則として表示形または翻字形を記録する。

読みは，原則として記録しない。

#4.1.4E　書写資料の優先タイトル

書写資料の優先タイトルについて，所蔵機関に対する典拠形アクセス・ポイントと結合したデータ作成者付与タイトルを選択する場合は，所蔵機関に対する典拠形アクセス・ポイントに続けて，「書写資料」または「Manuscript」と記録する。さらに書写資料または書写資料群に所蔵機関が与える記号表示を付加する。コレクション内の単一の書写資料を対象とする場合は，判明すれば，丁数を付加する。

　　国立国会図書館. 書写資料. VE 501 || コクリツコッカイ　トショカン. ショシャシリョウ. VE 501

#4.1.4.1　著作の部分

#4.1.4.1.1　単一の部分

著作の単一の部分について，優先タイトルとして選択したタイトルを，#4.1.4～#4.1.4D に従って記録する。

　　春の雪 || ハル　ノ　ユキ

その部分が，部分であることを示す一般的な語句で識別される場合は，優先タイトルとして選択したその語句を，資料に表示されているとおりに記録する。ただし，漢字やラテン文字等で表記された数は，アラビア数字に置き換えて記録する。また，序数を記録するときは，当該言語で一般に使用される序数を示す表記の形式で記録する。

　　第1部 || ダイ 1 ブ

逐次刊行物および更新資料について，その部分が，部分であることを示す一般的な語句と当該部分のタイトルの組み合わせで識別される場合は，初めに部分であることを示す一般的な語句を記録し，コンマ，スペースに続けて，当該部分のタイトルを記録する。

　　第2部，数学・数学教育 || ダイ 2 ブ，スウガク　スウガク　キョウイク

#4.1.4.1.2　複数の部分

連続する複数の部分に対する優先タイトルとして，一連の番号を伴う，部分であることを示す一般的な語句を選択する場合は，その一般的な語句を資料に表示されている形式に従って記録する。一連の番号については，範囲を示した形とする。

　　第1-6部 || ダイ 1-6 ブ

複数の部分に対する優先タイトルとして，定型的総合タイトルを選択する場合は，「選集」または「Selections」と記録する。

#4.1.4.2　著作の集合

著作の集合について，その体現形や参考資料に使用されている総合タイトルを優先タイトルとして選択する場合は，#4.1.4～#4.1.4D に従って記録する。

＜#4.1.4.2.1～#4.1.4.2.3　単数または複数の特定の創作者による著作の集合＞

#4.1.4.2.1　全著作

単数または複数の特定の創作者（個人・家族・団体）による，全著作または全著作を収めることを意図する著作の集合に対して，定型的総合タイトルを優先タイトルとして選択する場合は，「作品集」または「Works」と記録する。「作品集」が適切でない場合は，「著作集」などの総称的な語を記録する。

#4.1.4.2.2　特定の一形式の全著作

単数または複数の特定の創作者（個人・家族・団体）による，特定の一形式の全著作またはそれを収めることを意図する著作の集合に対して，定型的総合タイトルを優先タイトルとして選択する場合は，次の用語のうち一つを記録する。いずれも適切でない場合は，特定の形式を表す適切な用語を優先タイトルとして記録する。

演説集||エンゼツシュウ　Speeches
歌詞集||カシシュウ　Lyrics
歌集||カシュウ
戯曲集||ギキョクシュウ　Plays
句集||クシュウ
散文作品集||サンブン　サクヒンシュウ　Prose works
詩集||シシュウ　Poems
小説集||ショウセツシュウ　Novels
書簡集||ショカンシュウ　Correspondence
随筆集||ズイヒツシュウ　Essays
短編小説集||タンペン　ショウセツシュウ　Short stories
日記集||ニッキシュウ
評論集||ヒョウロンシュウ　Essays
リブレット集||リブレットシュウ　Librettos
論文集||ロンブンシュウ　Essays

#4.1.4.2.3　全著作以外の著作の集合

単数または複数の特定の創作者（個人・家族・団体）の複数の著作を含むが，全著作を収めていない著作の集合に対して，各著作に対する優先タイトルを選択する場合は，#4.1.4〜#4.1.4 D に従って記録する。

単数または複数の特定の創作者（個人・家族・団体）の複数の著作を含むが，全著作を収めていない著作の集合に対して，定型的総合タイトルを優先タイトルとして選択する場合は，「作品集」または「Works」と記録し，ピリオド，スペースで区切って，「選集」または「Selections」を続けて記録する。それらの著作の集合が特定の一形式の著作から成る場合は，#4.1.4.2.2で挙げた用語または適切な用語を記録し，ピリオド，スペースで区切って，「選集」または「Selections」を続けて記録する。

小説集. 選集||ショウセツシュウ. センシュウ

#4.2　著作の異形タイトル

著作の異形タイトルは，著作のタイトルのエレメント・サブタイプである。

#4.2.1　記録の範囲

著作の一般に知られているタイトル，体現形に表示されているタイトルなどで，優先タイトルとして選択しなかったタイトルを異形タイトルとして記録することができる。

異形タイトルとして記録するものは，次のとおりである。

a）言語が異なるタイトル
　A midsummer night's dream
　（優先タイトル：夏の夜の夢）
　（#4.1.3 A 別法［略］による例）

b）同一言語の異なるタイトル
　牛若物語||ウシワカ　モノガタリ
　（優先タイトル：義経記）

c）詳細度が異なるタイトル
　日本国現報善悪霊異記||ニホンコク　ゲンポウ　ゼンアク　リョウイキ
　（優先タイトル：日本霊異記）

d）文字種が異なるタイトル
　つれづれ草||ツレズレグサ
　（優先タイトル：徒然草）

e）綴り，翻字，漢字の字体が異なるタイトル（「ギリシャ」と「ギリシア」，「ゐ」と「い」などの違いをも含む）
　栄花物語||エイガ　モノガタリ
　（優先タイトル：栄華物語）

f）読みが異なるタイトル
　山海経||サンカイキョウ
　（優先タイトル：山海経||センガイキョウ）

g）著作の部分のタイトルを優先タイトルとして選択した場合の，全体のタイトルを部分のタイトルに冠したタイトル
　豊饒の海. 春の雪||ホウジョウ　ノ　ウミ. ハル　ノ　ユキ
　（優先タイトル：春の雪）

h）更新資料の本タイトルの変化を反映した場合の，従来の優先タイトル

障害者自立支援法ハンドブック‖ショウガイシャ　ジリツ　シエンホウ　ハンドブック
（優先タイトル：障害者総合支援法ハンドブック）

ｉ）データ作成者付与タイトル

ｊ）その他

#4.2.2　情報源

異形タイトルは，どの情報源に基づいて記録してもよい。

#4.2.3　記録の方法

異形タイトルは，#4.0.3に従って記録する。その読みを記録する場合は，#4.1.4 A〜#4.1.4 C に従って記録する。

＜#4.3〜#4.7　タイトル以外の識別要素＞

#4.3　著作の形式

著作の形式は，エレメントである。

著作の形式は，その著作を同一タイトルの他の著作または個人・家族・団体と判別するために必要な場合は，コア・エレメントである。

#4.3.1　記録の範囲

著作の形式は，その著作の該当する種類やジャンルである。

著作の形式は，その著作に対する統制形アクセス・ポイントの一部として，または独立したエレメントとして，あるいはその双方として記録する。［#22.1.6 a），#22.2を見よ。］

#4.3.2　情報源

著作の形式は，どの情報源に基づいて記録してもよい。

#4.3.3　記録の方法

著作の形式は，データ作成機関で定める言語で適切な語句を記録する。

戯曲　Play
ラジオ番組　Radio program
詩　Poem

#4.4　著作の日付

著作の日付は，エレメントである。

条約の場合は，著作の日付は，コア・エレメントである。［#4.13.3［略］を見よ。］

その他の著作では，その著作を同一タイトルの他の著作または個人・家族・団体と判別するために必要な場合は，コア・エレメントである。

#4.4.1　記録の範囲

著作の日付は，著作に関係する最も早い日付である。著作が成立した日付を特定できない場合は，その体現形について知られる最も早い日付を，著作の日付として扱う。

著作の日付は，その著作に対する統制形アクセス・ポイントの一部として，または独立したエレメントとして，あるいはその双方として記録する。［#22.1.6 b），#22.2を見よ。］

#4.4.2　情報源

著作の日付は，どの情報源に基づいて記録してもよい。

#4.4.3　記録の方法

著作の日付は，原則として西暦年をアラビア数字で記録する。

2014

条約の署名日については，年，月，日まで記録する。［#4.13.3.3.2［略］を見よ。］

#4.5　著作の成立場所

著作の成立場所は，エレメントである。

著作の成立場所は，その著作を同一タイトルの他の著作または個人・家族・団体と判別するために必要な場合は，コア・エレメントである。

#4.5.1　記録の範囲

著作の成立場所は，著作が成立した国または国以外の法域である。

著作の成立場所は，その著作に対する統制形アクセス・ポイントの一部として，または独立したエレメントとして，あるいはその双方として記録する。［#22.1.6 c），#22.2を見よ。］

#4.5.2　情報源

著作の成立場所は，どの情報源に基づいて記録してもよい。

#4.5.3　記録の方法

著作の成立場所は，＃12［略］に従って記録する。

#4.6　責任刊行者

責任刊行者は，著作のその他の特性のエレメントとして記録する。

著作のその他の特性［#4.7を見よ］は，その著作を同一タイトルの他の著作または個人・家族・団体と判別するために必要な場合は，コア・エレメントである。

#4.6.1　記録の範囲

責任刊行者は，団体の公式機関誌のような著作を責任刊行する個人・家族・団体である。これらが，その著作に対する創作者に該当する場合は除く。

責任刊行者は，その著作に対する統制形アクセス・ポイントの一部として，または独立したエレメントとして，あるいはその双方として記録する。［#22.1.6d），#22.2を見よ。］

#4.6.2　情報源

責任刊行者は，どの情報源に基づいて記録してもよい。

#4.6.3　記録の方法

責任刊行者は，＃8に従って記録する。

　　岩手県栽培漁業協会
　　（「事業年報」の責任刊行者）

#4.7　著作のその他の特性

著作のその他の特性は，エレメントである。

著作のその他の特性は，その著作を同一タイトルの他の著作または個人・家族・団体と判別するために必要な場合は，コア・エレメントである。

#4.7.1　記録の範囲

著作のその他の特性は，#4.3～#4.6で規定した要素以外の著作のタイトルと結びつく情報である。

著作のその他の特性は，その著作に対する統制形アクセス・ポイントの一部として，または独立したエレメントとして，あるいはその双方として記録する。［#22.1.6e），#22.2を見よ。］

#4.7.2　情報源

著作のその他の特性は，どの情報源に基づいて記録してもよい。

#4.7.3　記録の方法

著作のその他の特性は，データ作成機関で定める言語で記録する。

<#4.8～#4.12　説明・管理要素>

#4.8　著作の履歴

著作の履歴は，エレメントである。

#4.8.1　記録の範囲

著作の履歴は，著作の履歴に関する情報である。

#4.8.2　情報源

著作の履歴は，どの情報源に基づいて記録してもよい。

#4.8.3　記録の方法

著作の履歴は，データ作成機関で定める言語で記録する。

適切な場合は，#4.3～#4.7で規定する特定の識別要素に結びつく情報をも，履歴の中に記録する。

#4.9　著作の識別子

著作の識別子は，エレメントである。

著作の識別子は，コア・エレメントである。

#4.9.1　記録の範囲

著作の識別子は，著作または著作に代わる情報（典拠レコードなど）と結びつく一意の文字列である。識別子は，著作を他の著作と判別するために有効である。

#4.9.2　情報源

著作の識別子は，どの情報源に基づいて記録してもよい。

#4.9.3　記録の方法

著作の識別子は，容易に確認できる場合は，その識別子付与に責任を有する機関等の名称または識別可能な語句に続けて記録する。

国立国会図書館典拠 ID：00642177
（兼好著「徒然草」の著作の識別子）

#4.10　確定状況

確定状況は，エレメントである。

#4.10.1　記録の範囲

確定状況は，著作を識別するデータの確定の程度を示す情報である。

#4.10.2　情報源

確定状況は，どの情報源に基づいて記録してもよい。

#4.10.3　記録の方法

確定状況は，次のいずれかの該当する条件に対応した用語を記録する。

a）確立

著作に対する典拠形アクセス・ポイントとして，データが十分な状態にある場合は，「確立」または「fully established」と記録する。

b）未確立

著作に対する典拠形アクセス・ポイントとして，データが不十分な状態にある場合は，「未確立」または「provisional」と記録する。

c）暫定

資料自体を入手できず，体現形の記述から採用した場合は，「暫定」または「preliminary」と記録する。

#4.11　出典

出典は，エレメントである。

#4.11.1　記録の範囲

出典は，著作の優先タイトル，異形タイトルまたはタイトル以外の識別要素を決定する際に使用した情報源である。

#4.11.2　情報源

出典は，どの情報源に基づいて記録してもよい。

#4.11.3　記録の方法

著作の優先タイトルまたは異形タイトルを決定する際に使用した情報源を記録し，簡略な説明を付す。情報源内の情報を発見した箇所を特定できるように記録する。

優先タイトルを決定する際に役に立たなかった情報源についても，「情報なし」または「No information found」と付加して記録する。

タイトル以外の識別要素については，必要に応じてその情報源を記録する。

#4.12　データ作成者の注記

データ作成者の注記は，エレメントである。

データ作成者の注記は，著作に対する典拠形アクセス・ポイントを使用または更新するデータ作成者にとって，または関連する著作に対する典拠形アクセス・ポイントを構築する者に役立つ説明である。

必要に応じて，次のような注記を記録する。

a）典拠形アクセス・ポイントの構築に適用する，特定の規定に関する注記

b）優先タイトルの選択，典拠形アクセス・ポイントの形等の根拠に関する注記

c）典拠形アクセス・ポイントの使用を限定する注記

d）類似のタイトルをもつ著作と判別するための注記

e）その他の重要な情報を説明する注記

＜#4.13～#4.14　各種の著作＞

#4.13　法令等　［略］

#4.14　音楽作品　［略］

＜#4.15～#4.23　著作の内容＞

#4.15　著作の内容に関する記録

#4.15.0　通則

#4.15.0.1　記録の目的

著作の内容に関する記録の目的は，利用者のニーズに合致する資料の選択に役立つことである。

#4.15.0.2　記録の範囲

著作の内容は，資料の知的・芸術的内容と結びつく著作の属性である。

著作の内容には，次のエレメントがある。

a）内容の性質

b）内容の対象範囲

c）地図の座標

d）分点

e）元期

f）対象利用者

g）文書・コレクションの組織化

h）学位論文情報

#4.15.0.3　情報源

著作の内容の情報源は，#4.16.0.1.2〜#4.23.0.1.2で規定する。

#4.15.0.4　記録の方法

著作の内容は，採用した情報源に基づき，#4.16.0.2〜#4.23.0.2に従って記録する。

＜#4.16〜#4.23　著作の内容のエレメント＞

#4.16　内容の性質

内容の性質は，エレメントである。

#4.16.0　通則

#4.16.0.1　記録の範囲・情報源

#4.16.0.1.1　記録の範囲

内容の性質は，その著作の内容が何であるかを具体的に示す特質である。

#4.16.0.1.2　情報源

内容の性質は，どの情報源に基づいて記録してもよい。

#4.16.0.2　記録の方法

著作のタイトルから判明しない情報など，内容の特質を示す情報を記録する。

　　「阿弥陀仏彫像展」の展観図録

　　NHK 放送番組

#4.17　内容の対象範囲

内容の対象範囲は，エレメントである。

#4.17.0　通則

#4.17.0.1　記録の範囲・情報源

#4.17.0.1.1　記録の範囲

内容の対象範囲は，著作の内容が対象とする年代的または地理的範囲である。

［内容の収録に関する日付・場所は，#5.11を見よ。］

#4.17.0.1.2　情報源

内容の対象範囲は，どの情報源に基づいて記録してもよい。

#4.17.0.2　記録の方法

内容に関する時代・年代，または場所・地域を特定できる情報を記録する。

　　1806年の東海道

　　東ドイツ全域（1949年〜1990年）

#4.18　地図の座標

#4.18　地図の座標

地図の座標は，エレメントである。

#4.18.0　通則

#4.18.0.1　記録の範囲・情報源

#4.18.0.1.1　記録の範囲

地図の座標は，地図が対象とする区域を，経緯度，頂点座標，赤経・赤緯のいずれかで特定する情報である。

#4.18.0.1.1.1　エレメント・サブタイプ

地図の座標には，次のエレメント・サブタイプがある。

a）経緯度

b）頂点座標

c）赤経・赤緯

#4.18.0.1.2　情報源

地図の座標は，資料自体のどの情報源に基づいて記録してもよい。資料自体に示されていない場合は，資料外のどの情報源に基づいて記録してもよい。

#4.18.0.2　記録の方法

経緯度を，#4.18.1.2に従って記録する。対象とする区域を厳密に表す必要がある場合は，多角形の各頂点の座標を，#4.18.2.2に従って記録する。

星図については，赤経・赤緯を，#4.18.3.2に従って記録する。

#4.18.1　経緯度

経緯度は，地図の座標のエレメント・サブタイプである。また，経度，緯度は，いずれも経緯度のサブエレメントである。

#4.18.1.1　記録の範囲

経緯度は，地図が対象とする区域を，最西端および最東端の経度，最北端および最南端の緯度で特定する情報である。

#4.18.1.2　記録の方法

経緯度は，対象とする区域の最西端（経度），最東端（経度），最北端（緯度），最南端（緯度）の順に，いずれも60進法（ただし，度については360度）による座標の値として，度（°），分（′），秒（″）を使用し記録する。経度は，IERS基準子午線またはグリニッジ子午線を本初子午線として使用する。

西経はW，東経はE，北緯はN，南緯はSをそれぞれの経緯度の前に記録する。

経度間，緯度間はハイフンで結び，ハイフンの前後にスペースを置かない。経度と緯度の組はスラッシュで区切り，スラッシュの前後にスペースを置かない。

E 119°30′-E 122°/N 25°-N 22°

#4.18.2　頂点座標

頂点座標は，地図の座標のエレメント・サブタイプである。

#4.18.2.1　記録の範囲

頂点座標は，地図が対象とする区域を，多角形の各頂点の座標を使用し，経緯度よりも厳密に特定する情報である。

#4.18.2.2　記録の方法

頂点座標は，各座標を多角形の最南東端の頂点から時計回りの順に記録する。それぞれの座標の組は，経度，緯度の順に記録する。対象とする区域の大きさに応じて，度（°），分（′），秒（″）を使用する。

各座標の経度と緯度はスラッシュで区切り，スラッシュの前後にスペースを置かない。座標の組はスペース，セミコロン，スペースで区切る。

図郭線が交差することはなく，最初と最後の座標は同一となる。

多角形内に対象から除外された区域が含まれる場合は，反時計回りの順に，除外された区域の座標を記録する。

#4.18.3　赤経・赤緯

赤経・赤緯は，地図の座標のエレメント・サブタイプである。また，赤経，赤緯は，いずれも赤経・赤緯のエレメント・サブタイプである。

#4.18.3.1　記録の範囲

赤経・赤緯とは，星図が対象範囲とする天球上での位置を，赤経および赤緯で特定する情報である。

#4.18.3.2　記録の方法

赤経・赤緯は，図の赤経，または図の集合範囲の西端および東端の赤経と，図の中心の赤緯，または図の集合範囲の北端および南端の赤緯を記録する。

赤経は，「赤経」または「Right ascension」の語に続けて，24時間表示による時を記録する。必要に応じて，分，秒をも記録する。目録用言語として英語を用いる場合は，時刻の単位の略語は，付録#A.3［略］に従って記録する。ただし，資料の表示に従って記録してもよい。

赤緯は，「赤緯」または「Declination」の語に続けて，度（°）を記録する。必要に応じて，分（′），秒（″）をも記録する。天の北半球にはプラス記号，天の南半球にはマイナス記号を使用する。

赤経と赤緯はスラッシュで区切り，スラッシュの前後にスペースを置かない。

赤経16時/赤緯－23°

集合範囲の西端および東端の赤経，北端および南端の赤緯は，それぞれ「から」または「to」で区切って記録する。

赤経 2 時00分から 2 時30分/赤緯－30度から－45度

地図が天の極を中心とする場合は，図郭の赤緯を記録する。

南極中心/図郭の赤緯－60°

赤緯のゾーンに従って編成された星図帳または星図のセットは，各ゾーンの端の赤緯を記録する。赤経を表す語は省略する。ゾーンが多数になる場合は，初めのいくつかのゾーンの端の赤緯，省略記号（…），最後のゾーンの端の赤緯を記録する。

赤経・赤緯を記録する場合は，分点（#4.19［略］を見よ）をも記録し，必要に応じて，元期（#4.20［略］を見よ）をも記録する。

#4.19　分点　［略］

#4.20　元期　［略］

#4.21　対象利用者

対象利用者は，エレメントである。

#4.21.0　通則

#4.21.0.1　記録の範囲・情報源

#4.21.0.1.1　記録の範囲

対象利用者は，著作の内容が対象とする，またはその内容が適していると思われる利用者層についての情報である。利用者層には，年齢層（児童，ヤング・アダルト，成人など），教育段階（小学生，中学生など），障害の種類などがある。

#4.21.0.1.2　情報源

対象利用者は，どの情報源に基づいて記録してもよい。

#4.21.0.2　記録の方法

資料に表示されているか，他の情報源から容易に判明する情報を記録する。

　　3・4才向け
　　視覚障害者用
　　CERO: B

#4.22　文書・コレクションの組織化　［略］

#4.23　学位論文情報　［略］

第5章　表現形

#5.0　通　則

この章では，表現形の属性の記録について規定する。

記録する要素として，表現形の識別要素，説明・管理要素，表現形の内容がある。

#5.0.1　記録の目的

表現形の属性の記録の目的は，同一著作の複数の表現形の識別を可能とすること，および表現形の観点から利用者のニーズに合致する資料の選択に役立つことである。

#5.0.1.1　規定の構成

表現形の属性については，その通則を#5.0で，識別要素を#5.1～#5.4で，説明・管理要素を#5.5～#5.8で規定する。

表現形の内容は，#5.9～#5.27で規定する。

#5.0.2　情報源

表現形の属性を記録するにあたって，その情報源はどこでもよい。

#5.0.3　記録の方法

識別要素は，#5.1.3～#5.4.3 C に従って記録する。

説明・管理要素は，#5.5.3～#5.8に従って記録する。

表現形の内容は，#5.9.0.4～#5.27.1.2に従って記録する。

＜#5.1～#5.4　識別要素＞

#5.1　表現種別

表現種別は，エレメントである。

表現種別は，コア・エレメントである。

#5.1.1　記録の範囲

表現形の内容を表現する基本的な形式を示す用語を記録する。用語には，動きの有無，次元，内容を知覚するための人間の感覚器官に対応する語句を含む。

表現種別は，その表現形に対する統制形アクセス・ポイントの一部として，または独立した

エレメントとして，あるいはその双方として記録する。［#23.1a），#23.2を見よ。］

#5.1.2　情報源

表現種別は，どの情報源に基づいて記録してもよい。

#5.1.3　記録の方法

表現種別として記録する用語は，表5.1.3から選択する。目録用言語として英語を用いる場合は，表中の英語の用語を用いる。

#5.1.3.1　複数の表現種別

複数の表現種別が該当する場合は，それらをすべて記録する。

#5.2　表現形の日付

表現形の日付は，エレメントである。

表現形の日付は，同一著作の他の表現形と判別するために必要な場合は，コア・エレメントである。

#5.2.1　記録の範囲

表現形の日付は，その表現形に関係する最も早い日付である。表現形を具体化する最も早い体現形の日付を，表現形の日付として扱うことができる。

表現形の日付は，その表現形に対する統制形アクセス・ポイントの一部として，または独立したエレメントとして，あるいはその双方として記録する。［#23.1b），#23.2を見よ。］

#5.2.2　情報源

表現形の日付は，どの情報源に基づいて記録してもよい。

#5.2.3　記録の方法

表現形の日付は，原則として西暦年をアラビア数字で記録する。他の表現形と判別するために必要な場合は，月または月日まで記録する。

1936
（鴎外全集 / 森林太郎著. — 東京：岩波書店，1936-1939）

#5.3　表現形の言語

表現形の言語は，エレメントである。

表現形の言語は，記述対象が言語を含む内容から成る場合は，コア・エレメントである。

#5.3.1　記録の範囲

表現形の言語は，著作を表現している言語である。

表現形の言語は，その表現形に対する統制形アクセス・ポイントの一部として，または独立したエレメントとして，あるいはその双方として記録する。［#23.1c），#23.2を見よ。］

#5.3.2　情報源

表現形の言語は，どの情報源に基づいて記録してもよい。

表5.1.3　表現種別の用語

テキスト　text 視覚認識する言語表現に適用する。	**運動譜**　notated movement 視覚認識する運動記譜に適用する。
テキスト（触知）　tactile text 触覚認識する言語表現に適用する。点字，ムーン・タイプなどの触読文字が該当する。	**運動譜（触知）**　tactile notated movement 触覚認識する運動記譜に適用する。
楽譜　notated music 視覚認識する音楽記譜に適用する。	**地図**　cartographic image 視覚認識する静止画としての地図表現に適用する。シート状の地図，地図帳，対景図，リモートセンシング図などが該当する。
楽譜（触知）　tactile notated music 触覚認識する音楽記譜に適用する。点字楽譜などが該当する。	**地図（触知）**　cartographic tactile image 触覚認識する静止画としての地図表現に適用する。

地図動画　cartographic moving image
二次元動画としての地図表現に適用する。地球などの天体を映した衛星動画などが該当する。

三次元地図
cartographic three-dimensional form
視覚認識する三次元形状の地図表現に適用する。地球儀，地形模型などが該当する。

三次元地図（触知）
cartographic tactile three-dimensional form
触覚認識する三次元形状の地図表現に適用する。

地図データセット　cartographic dataset
コンピュータ処理用にデジタル・コード化したデータセットとしての，地図表現によるデータに適用する。画像または三次元形状として認識する地図データは除く。

静止画　still image
視覚認識する線，図形，陰影などによる，二次元の静的な画像表現に適用する。線図，絵画，写真などが該当する。地図は除く。

静止画（触知）　tactile image
触覚認識する線，図形などによる，二次元の静的な画像表現に適用する。

二次元動画　two-dimensional moving image
視覚認識する二次元の動的な画像表現に適用する。音声の有無を問わない。映画，ビデオ，ビデオゲーム（3D グラフィックスを使用したゲームを含む）などが該当する。3D 動画は除く。また，動画の地図は除く。

三次元動画　three-dimensional moving image
視覚認識する三次元の動的な画像表現に適用する。音声の有無を問わない。3D 映画，ステレオスコピック3D ビデオゲームなどが該当する。3D グラフィックスを使用したビデオゲームは除く。

三次元資料　three-dimensional form
視覚認識する三次元形状の表現に適用する。彫刻，模型，自然物，標本，ホログラムなどが該当する。立体地図，地球儀は除く。

三次元資料（触知）
tactile three-dimensional form
触覚認識する三次元形状の表現に適用する。立体地図などは除く。

話声　spoken word
聴覚認識する言語表現に適用する。朗読，話芸，ラジオドラマ，演説，インタビューなどの録音が該当する。また，コンピュータ発話なども該当する。映像を伴う場合は除く。

演奏　performed music
聴覚認識する音楽表現に適用する。録音された音楽演奏，コンピュータ音楽などが該当する。映像を伴う場合は除く。

音声　sounds
話声または演奏を除く，聴覚認識する表現に適用する。自然音，人工音のいずれも該当する。映像を伴う場合は除く。

コンピュータ・データセット　computer dataset
コンピュータ処理用にデジタル・コード化したデータセットに適用する。平均，相関などの計算やモデル作成のための，アプリケーション・ソフトウェアに使用される数値データ，統計データなどが該当する。コンピュータ処理用の地図データは除く。また，視覚認識または聴覚認識するデータは除く。

コンピュータ・プログラム　computer program
コンピュータが処理，実行する指令をデジタル・コード化したデータに適用する。オペレーティング・システム(OS)，アプリケーション・ソフトウェアなどが該当する。

該当する表現種別が存在しない場合は，「その他」または「other」と記録する。
該当する表現種別が容易に判明しない場合は，「不明」または「unspecified」と記録する。

#5.3.3　記録の方法

表現形の言語を，データ作成機関で定める用語で記録する。言語の名称の適切なリストが利用可能ならば，そのリストから用語を選択して記録する。

ロシア語

その表現形が複数の言語を含む場合は，それぞれの言語を記録する。

［資料の内容を表現する言語については，#5.12を見よ。］

#5.4　表現形のその他の特性

表現形のその他の特性は，エレメントである。

表現形のその他の特性は，同一著作の他の表現形と判別するために必要な場合は，コア・エレメントである。

#5.4.1　記録の範囲

表現形のその他の特性は，#5.1～#5.3で規定した要素以外の表現形と結びつく情報である。表現形のその他の特性は，その表現形に対する統制形アクセス・ポイントの一部として，または独立したエレメントとして，あるいはその双方として記録する。［#23.1d），#23.2を見よ。］

増補改訂版

（怪物のユートピア / 種村季弘著. — 増補改訂版. — 東京：西沢書店，1974. — 初版：三一書房1968年刊）

#5.4.2　情報源

表現形のその他の特性は，どの情報源に基づいて記録してもよい。

#5.4.3　記録の方法

表現形のその他の特性は，データ作成機関で定める言語で記録する。

#5.4.3 A～#5.4.3 C　［略］

＜#5.5～#5.8　説明・管理要素＞

#5.5　表現形の識別子

表現形の識別子は，エレメントである。

表現形の識別子は，コア・エレメントである。

#5.5.1　記録の範囲

表現形の識別子は，表現形またはその表現形に代わる情報（典拠レコードなど）と結びつく一意の文字列である。識別子は，表現形を他の表現形と判別するために有効である。

#5.5.2　情報源

表現形の識別子は，どの情報源に基づいて記録してもよい。

#5.5.3　記録の方法

表現形の識別子は，容易に確認できる場合は，その識別子付与に責任を有する機関等の名称，または識別可能な語句に続けて記録する。

#5.6　確定状況

確定状況は，エレメントである。

#5.6.1　記録の範囲

確定状況は，表現形を識別するデータの確定の程度を示す情報である。

#5.6.2　情報源

確定状況は，どの情報源に基づいて記録してもよい。

#5.6.3　記録の方法

確定状況は，次のいずれかの該当する条件に対応した用語を記録する。

a）確立

表現形に対する典拠形アクセス・ポイントとして，データが十分な状態にある場合は，「確立」または「fully established」と記録する。

b）未確立

表現形に対する典拠形アクセス・ポイントとして，データが不十分な状態にある場合は，「未確立」または「provisional」と記録する。

c）暫定

資料自体を入手できず，体現形の記述から採用した場合は，「暫定」または「preliminary」と記録する。

#5.7　出典

出典は，エレメントである。

#5.7.1　記録の範囲

出典は，表現形の識別要素を決定する際に使用した情報源である。

#5.7.2　情報源

出典は，どの情報源に基づいて記録してもよい。

#5.7.3　記録の方法

表現形の識別要素について，必要に応じてその情報源を記録する。

#5.8　データ作成者の注記

データ作成者の注記は，エレメントである。

データ作成者の注記は，表現形に対する典拠形アクセス・ポイントを使用または更新するデータ作成者にとって，または関連する著作や表現形に対する典拠形アクセス・ポイントを構築する者に役立つ説明である。

必要に応じて，次のような注記を記録する。

a）典拠形アクセス・ポイントの構築に適用する，特定の規定に関する注記

b）典拠形アクセス・ポイントの形等の根拠に関する注記

c）典拠形アクセス・ポイントの使用を限定する注記

d）その他の重要な情報を説明する注記

＜#5.9～#5.27　表現形の内容＞

#5.9　表現形の内容に関する記録

#5.9.0　通則

#5.9.0.1　記録の目的

表現形の内容に関する記録の目的は，利用者のニーズに合致する資料の選択に役立つことである。

#5.9.0.2　記録の範囲

表現形の内容は，資料の知的・芸術的内容と結びつく表現形の属性である。

表現形の内容には，次のエレメントがある。これらのうち，尺度は，地図に限り，コア・エレメントである。

a）内容の要約

b）収録の日付・場所

c）内容の言語

d）表記法

e）アクセシビリティ

f）図

g）付加的内容

h）色彩

i）音声

j）画面アスペクト比

k）楽譜の形式

l）音楽の演奏手段

m）所要時間

n）尺度

o）地図の投影法

p）地図のその他の詳細

q）賞

r）表現形に関する注記

#5.9.0.3　情報源

表現形の内容の情報源は，#5.10.0.1.2～#5.27.0.1.2で規定する。

#5.9.0.4　記録の方法

表現形の内容は，採用した情報源に基づき，#5.10.0.2～#5.27.1.2に従って記録する。

＜#5.10～#5.27　表現形の内容のエレメント＞

#5.10　内容の要約

内容の要約は，エレメントである。

#5.10.0　通則

#5.10.0.1　記録の範囲・情報源

#5.10.0.1.1　記録の範囲

内容の要約は，資料の内容の抄録，要旨，あらすじなどである。

識別または選択に重要で，他のエレメントについて十分な情報が記録されない場合に記録する。［全体と部分の関連として記録する場合は，#43.1c）を見よ。］

#5.10.0.1.2　情報源

内容の要約は，どの情報源に基づいて記録してもよい。

#5.10.0.2　記録の方法

内容の要約は，資料の内容の要旨を簡略に記録する。

イソップ物語の「アリとキリギリス」に基づく仕掛け絵本

#5.11　収録の日付・場所

収録の日付・場所は，エレメントである。

#5.11.0　通則

#5.11.0.1　記録の範囲・情報源

#5.11.0.1.1　記録の範囲

収録の日付・場所は，資料の内容の収録（録音，撮影など）と結びつく日付および場所である。

#5.11.0.1.1.1　サブエレメント

収録の日付・場所には，次のサブエレメントから成る。

a）収録の日付

b）収録の場所

#5.11.0.1.2　情報源

収録の日付・場所は，どの情報源に基づいて記録してもよい。

#5.11.0.2　記録の方法

収録の日付・場所は，#5.11.1～#5.11.2に従って記録する。

#5.11.1　収録の日付

収録の日付は，収録の日付・場所のサブエレメントである。

収録の日付は，その年，月，日，時刻を記録する。

1970年2月

2015.9.1　15:39

#5.11.2　収録の場所

収録の場所は，収録の日付・場所のサブエレメントである。

収録の場所は，特定のスタジオ，コンサート・ホール等の名称と市町村名等，または地名のみを記録する。スタジオ，コンサート・ホール等の名称は，容易に確認できる場合に記録する。

サントリーホール（東京）

#5.12　内容の言語

内容の言語は，エレメントである。

#5.12.0　通則

#5.12.0.1　記録の範囲・情報源

#5.12.0.1.1　記録の範囲

内容の言語は，資料の内容を表現する言語に関する情報である。

表現形の識別要素（統制形アクセス・ポイントの一部になることがある）としての言語の記録については，#5.3を見よ。

プログラミング言語の記録については，#2.33.0.2を見よ。

#5.12.0.1.2　情報源

内容の言語は，どの情報源に基づいて記録してもよい。

#5.12.0.2　記録の方法

内容の言語は，その詳細を記録する。

本文はラテン語，英訳併記

音声：フランス語，字幕：英語

#5.13　表記法

表記法は，エレメントである。

#5.13.0　通則

#5.13.0.1　記録の範囲・情報源

#5.13.0.1.1　記録の範囲

表記法は，資料の内容を表現する文字および（または）記号の体系である。

#5.13.0.1.1.1　エレメント・サブタイプ

表記法には，次のエレメント・サブタイプがある。

a）文字種

b）楽譜の記譜法

c）触知資料の表記法

d）運動譜の記譜法

#5.13.0.1.2　情報源

表記法は，どの情報源に基づいて記録してもよい。

#5.13.0.2　記録の方法

表記法は，その種類に応じて，#5.13.1.2～#5.13.4.2に従って記録する。

#5.13.1　文字種

文字種は，表記法のエレメント・サブタイプである。

#5.13.1.1　記録の範囲

文字種は，資料の内容の言語表現に使用する，文字および（または）記号の体系である。

#5.13.1.2　記録の方法

文字種は，データ作成機関で定める用語で記録する。文字種の名称の適切なリストが利用可能ならば，そのリストから選択する。

　　モンゴル文字

適切な用語がないか，十分に表す用語がない場合は，文字種の詳細を#5.13.1.3に従って記録する。

#5.13.1.3　文字種の詳細

文字種の詳細は，エレメントである。

識別または選択に重要な場合は，文字種に関する詳細を記録する。

#5.13.2　楽譜の記譜法　［略］

#5.13.3　触知資料の表記法

触知資料の表記法は，表記法のエレメント・サブタイプである。

#5.13.3.1　記録の範囲

触知資料の表記法は，点字のように，触覚を通じて認識することができる形式で，資料の内容を表現するために使用する，文字および（または）記号の用法である。

#5.13.3.2　記録の方法

表5.13.3.2　触知資料の表記法を示す用語

楽譜用点字	music braille code
情報処理用点字	computing braille code
触図	tactile graphic
触知楽譜	tactile musical notation
数学用点字	mathematics braille code
点字	braille code *
ムーン・タイプ	Moon code

＊点字は，テキストを表記したものに使用する。

触知資料の表記法は，表5.13.3.2の用語を用いて記録する。

表5.13.3.2に適切な用語がないか，十分に表す用語がない場合は，触知資料の表記法の詳細を#5.13.3.3に従って記録する。

#5.13.3.3　触知資料の表記法の詳細

触知資料の表記法の詳細は，エレメントである。

識別または選択に重要な場合は，触知資料の表記法に関する詳細を記録する。

　　ネメス・コード

　　墨字，点字，触図を含む

点字に短縮形が使用され，短縮形のレベルが判明する場合は，各国の慣用に従って，そのレベルを記録する。触知資料の表記法の用語に，短縮形のレベルを丸がっこに入れて付加する。

#5.13.4　運動譜の記譜法　［略］

#5.14　アクセシビリティ

アクセシビリティは，エレメントである。

#5.14.0　通則

#5.14.0.1　記録の範囲・情報源

#5.14.0.1.1　記録の範囲

アクセシビリティは，視覚または聴覚に障害をもつ利用者などが，資料の内容を理解できるように補助する手段である。アクセシビリティ・ラベル，音声解説，キャプション，字幕，画像解説，手話などがある。

アクセシビリティには，発話と異なる言語の字幕は含まない。

#5.14.0.1.2　情報源

アクセシビリティは，どの情報源に基づいて記録してもよい。

#5.14.0.2　記録の方法

アクセシビリティに関する情報は，資料から明らかな，または他の情報源から容易に得られる情報を記録する。

　　手話付き

#5.15　図

図は，エレメントである。

#5.15.0　通則

#5.15.0.1　記録の範囲・情報源

#5.15.0.1.1　記録の範囲

図は，資料の主要な内容を表す，または説明する図，絵，写真などである。文字および（または）数字のみから成る表は，図として扱わない。タイトル・ページなどにある図や，重要でない図は無視する。

#5.15.0.1.2　情報源

図は，どの情報源に基づいて記録してもよい。

#5.15.0.2　記録の方法

図は，包括的な用語「図あり」または「illustration」を記録するか，その代わりに，またはこれに付加して，表5.15.0.2の用語を用いて図の種類を記録する。目録用言語として英語を用いる場合は，必要に応じて複数形を用いる。

表5.15.0.2に適切な用語がないか，十分に表す用語がない場合は，データ作成機関が図の種類を示す簡略な用語を定めて記録する。

#5.15.0.3　図の詳細

図の詳細は，エレメントである。

識別または選択に重要な場合は，図に関する詳細を記録する。

見返しに日本地図あり

表5.15.0.2　図の種類を示す用語

グラフ	graph
系図	genealogical table
彩飾	illumination
サンプル	sample
写真	photograph
肖像	portrait
書式	form
図面	plan
地図	map
ファクシミリ	facsimile
紋章	coat of arms

#5.16　付加的内容

付加的内容は，エレメントである。

#5.16.0　通則

#5.16.0.1　記録の範囲・情報源

#5.16.0.1.1　記録の範囲

付加的内容は，資料の主要な内容に付加することを意図した内容である。索引，参考文献表，付録などがある。［関連する著作として記録する場合は，#43.1d）を見よ。］

#5.16.0.1.2　情報源

付加的内容は，どの情報源に基づいて記録してもよい。

#5.16.0.2　記録の方法

付加的内容は，その種類，数量，資料内の位置などを記録する。

索引あり

参考書誌：p 597-784

付：解説

#5.17　色彩

色彩は，エレメントである。

#5.17.0　通則

#5.17.0.1　記録の範囲・情報源

#5.17.0.1.1　記録の範囲

色彩は，資料に存在する特定の色，色調などである。

黒，白，黒系色，白系色，グレーの色調は，単一色とみなす。

#5.17.0.1.2　情報源

色彩は，資料自体に基づいて記録する。さらに必要がある場合は，資料外のどの情報源に基づいて記録してもよい。

#5.17.0.2　記録の方法

色彩は，表5.17.0.2の用語を用いて記録する。

表5.17.0.2　色彩の種類を示す用語

単色	monochrome
多色	polychrome

表5.17.0.2に適切な用語がないか，十分に表す用語がない場合は，色彩の詳細を＃5.17.0.3に従って記録する。

＃5.17.0.3　色彩の詳細

色彩の詳細は，エレメントである。

識別または選択に重要な場合は，色彩に関する詳細を記録する。

　2色刷
　カラー（一部白黒）
　背景色4種：白色，黄色，青色，黒色
　（視覚障害者用資料の色彩の詳細）

＃5.18　音声

音声は，エレメントである。

＃5.18.0　通則

＃5.18.0.1　記録の範囲・情報源

＃5.18.1.1　記録の範囲

音声は，資料における音の有無に関する情報である。

＃5.18.0.1.2　情報源

音声は，資料自体に基づいて記録する。さらに必要がある場合は，資料外のどの情報源に基づいて記録してもよい。

＃5.18.0.2　記録の方法

音声は，その有無について，表5.18.0.2の用語を用いて記録する。

＃5.19　画面アスペクト比

画面アスペクト比は，エレメントである。

＃5.19.0　通則

＃5.19.0.1　記録の範囲・情報源

＃5.19.0.1.1　記録の範囲

画面アスペクト比は，動画の幅と高さの比である。

＃5.19.0.1.2　情報源

画面アスペクト比は，資料自体に基づいて記録する。さらに必要がある場合は，資料外のどの情報源に基づいて記録してもよい。

＃5.19.0.2　記録の方法

画面アスペクト比は，表5.19.0.2の用語を用いて記録する。

判明する場合は，高さ1を後項とする標準形式の画面アスペクト比の値を付加する。

　ワイド・スクリーン（2.35:1）
　（ワイド・スクリーンの場合）

画面アスペクト比に関するその他の情報は，画面アスペクト比の詳細として#5.19.0.3に従って記録する。

#5.19.0.3　画面アスペクト比の詳細

画面アスペクト比の詳細は，エレメントである。

識別または選択に重要な場合は，画面アスペクト比の特定の形式を記録する。

　パン&スキャン
　レターボックス

＃5.20　楽譜の形式　［略］

＃5.21　音楽の演奏手段　［略］

＃5.22　所要時間

所要時間は，エレメントである。

＃5.22.0　通則

＃5.22.0.1　記録の範囲・情報源

＃5.22.0.1.1　記録の範囲

所要時間は，資料の再生，実行，実演に要する時間である。

＃5.22.0.1.2　情報源

所要時間は，どの情報源に基づいて記録してもよい。

＃5.22.0.2　記録の方法

表5.18.0.2　音声の有無を示す用語

音声あり	sound
無声	silent

表5.19.0.2　画面アスペクト比の種類を示す用語

フル・スクリーン	full screen
ワイド・スクリーン	wide screen
アスペクト比混合	mixed aspect ratio

所要時間は，データ作成機関で定める形式で記録する。時間の単位を示す用語を含む場合に，目録用言語として英語を用いるときは，付録#A.3[略]に従って,時間の単位の略語を記録する。

次のいずれかの方法で，合計時間を記録する。

a）所要時間が容易に確認できる場合は，正確な時間を記録する。

61分

b）正確な所要時間を確認できないが，おおよその時間が資料に表示され，推定することができる場合は，「約」または「approximately」に続けて，おおよその時間を記録する。

約25:00

c）所要時間を容易に確認または推定できない場合は，省略する。

#5.22.0.2.1　構成部分の所要時間

複数の構成部分から成る資料の所要時間を記録する場合は，各構成部分の時間を記録する。

15分20秒

#5.22.0.3　所要時間の詳細

所要時間の詳細は，エレメントである。

識別または選択に重要な場合は，所要時間に関する詳細を記録する。

目録用言語として英語を用いる場合は，付録#A.3[略]に従って，時間の単位の略語を記録する。

A 面：150分；B 面：80分

#5.23　尺度

尺度は，エレメントである。

尺度は，地図ではコア・エレメントである。

#5.23.0　通則

#5.23.0.1　記録の範囲・情報源

#5.23.0.1.1　記録の範囲

尺度は，資料の全部または一部を構成する地図，静止画，三次元資料の大きさと，その元である実物の大きさの比であり，縮尺および倍尺を含む。

#5.23.0.1.1.1　エレメント・サブタイプ

尺度には，次のエレメント・サブタイプがある。地図の水平尺度，地図の垂直尺度は，コア・エレメントである。

a）静止画または三次元資料の尺度

b）地図の水平尺度

c）地図の垂直尺度

d）尺度の付加的情報

#5.23.0.1.2　情報源

尺度は，どの情報源に基づいて記録してもよい。

#5.23.0.2　記録の方法

尺度は，資料の尺度を比の形式で記録する。

1:52,000,000

（地球儀）

資料の尺度表示が比の形式でない場合は，比の形式に置き換えて記録する。

ただし，地図以外の資料については，「実物大」または「full size」,「等身大」または「life size」等の用語を使用し，尺度を記録することができる。

尺度がすでに本タイトルまたはタイトル関連情報の一部として記録されている場合でも，これを記録する。

1:100,000

（本タイトル：中國大陸十萬分の一地圖集成）

#5.23.0.2.1　尺度表示がない資料

資料に尺度表示がない場合は，資料外の情報源から尺度表示を採用する。その尺度表示が比の形式でない場合は，比の形式に置き換えて記録する。

どの情報源にも尺度表示がない場合は，バー・スケールまたはグリッドから尺度を概算する。「約」または「approximately」の語に続けて，概算した尺度を記録する。

約1:750

尺度をこれらの方法によって決定または概算できない場合は，「尺度決定不能」,「縮尺決定不能」または「Scale not given」と記録する。

#5.23.0.2.2　尺度に応じて作製されていない地図

地図が尺度に応じて作製されていない場合は，「尺度非適用」,「縮尺非適用」または「Not drawn to scale」と記録する。

#5.23.0.2.3　電子資料

電子資料については，資料に尺度表示があるか，尺度をすでに本タイトルまたはタイトル関連情報の一部として記録している場合は，尺度を記録する。

電子資料の尺度情報が，尺度表示として資料になく，本タイトルまたはタイトル関連情報の一部にもない場合は，「尺度決定不能」,「縮尺決定不能」または「Scale not given」と記録する。

#5.23.0.2.4　複数の尺度

一つの静止画，地図などの中に尺度が複数あり（一図において中心部と周辺部で縮尺が異なるなど），最大値および最小値が判明している場合は，双方をハイフンで結んで記録する。値が不明な場合は，「尺度不定」,「縮尺不定」または「Scale varies」と記録する。

1:25,000-1:100,000

資料が複数の静止画，地図などから構成され，主要な静止画，地図などが複数の尺度による場合は，「尺度複数」,「縮尺複数」または「Scales differ」と記録する。

#5.23.0.2.5　非線形尺度

非線形の尺度は，その情報が資料（星図，架空の場所の地図など）にある場合に限り，記録する。資料に尺度表示がない場合は，「尺度決定不能」,「縮尺決定不能」または「Scale not given」と記録する。尺度は概算しない。

#5.23.1　静止画または三次元資料の尺度

静止画または三次元資料の尺度は，尺度のエレメント・サブタイプである。

#5.23.1.1　記録の範囲・情報源

#5.23.1.1.1　記録の範囲

静止画または三次元資料の尺度は，資料の全部または一部を構成する静止画または三次元資料の大きさと，その元である実物の大きさの比である。

#5.23.1.1.2　情報源

静止画または三次元資料の尺度は，どの情報源に基づいて記録してもよい。

#5.23.1.2　記録の方法

静止画または三次元資料の尺度は，#5.23.0.2～#5.23.0.2.5に従って記録する。

静止画または三次元資料が尺度に応じて作製されておらず，そのことが識別または選択に重要な場合は，「尺度非適用」,「縮尺非適用」または「Not drawn to scale」と記録する。

#5.23.2　地図の水平尺度

地図の水平尺度は，尺度のエレメント・サブタイプである。

地図の水平尺度は，コア・エレメントである。

#5.23.2.1　記録の範囲・情報源

#5.23.2.1.1　記録の範囲

地図の水平尺度は，地図における水平距離と実際の距離の比である。

#5.23.2.1.2　情報源

地図の水平尺度は，資料自体のどの情報源に基づいて記録してもよい。

資料に水平尺度が表示されていない場合は，資料外の情報源から地図の尺度を採用する。

#5.23.2.2　記録の方法

地図の水平尺度は，#5.23.0.2～#5.23.0.2.5に従って記録する。

地図が尺度に応じて作製されていない場合は，「尺度非適用」,「縮尺非適用」または「Not drawn to scale」と記録する。尺度は概算しない。

#5.23.3　地図の垂直尺度

地図の垂直尺度は，尺度のエレメント・サブタイプである。

地図の垂直尺度は，コア・エレメントである。

#5.23.3.1　記録の範囲・情報源

#5.23.3.1.1　記録の範囲

地図の垂直尺度は，地図の高度または垂直方向の大きさの尺度である。

#5.23.3.1.2　情報源

地図の垂直尺度は，資料自体のどの情報源に基づいて記録してもよい。

#5.23.3.2　記録の方法

記述対象がレリーフ模型などの三次元地図資料，または三次元の実物を表した二次元の地図資料（ブロック図，断面図など）の場合は，水平尺度に加えて，垂直尺度を記録する。あわせて，それが垂直尺度（縮尺）であることを示す語句を記録する。

垂直縮尺1:10,000

#5.23.4　尺度の付加的情報

尺度の付加的情報は，尺度のエレメント・サブタイプである。

#5.23.4.1　記録の範囲・情報源

#5.23.4.1.1　記録の範囲

尺度の付加的情報は，距離を示す語句による尺度，または資料の特定部分の尺度に関する補足的な情報である。

#5.23.4.1.2　情報源

尺度の付加的情報は，どの情報源に基づいて記録してもよい。

#5.23.4.2　記録の方法

尺度の付加的情報は，資料に表示されている情報を記録する。目録用言語として英語を用いる場合は，付録#A.3［略］に従って，略語を使用する。語句で表された数は，アラビア数字に置き換えて記録する。

1cm につき 1km

（尺度（地図の水平尺度）は「1:100,000」と記録）

次のいずれかの場合は，情報源に表示されている語句をそのまま引用し，かぎかっこまたは引用符に入れて記録する。

a）そのまま引用しなければ確認できない特別な情報である場合

b）定型的な記録よりも的確である場合

c）資料の表示に誤りがある場合

#5.24　地図の投影法

地図の投影法は，エレメントである。

#5.24.0　通則

#5.24.0.1　記録の範囲・情報源

#5.24.0.1.1　記録の範囲

地図の投影法は，地球や天球の表面を平面である地図上に表現する図法である。

#5.24.0.1.2　情報源

地図の投影法は，資料自体のどの情報源に基づいて記録してもよい。

#5.24.0.2　記録の方法

投影法を記録する。

ランベルト正角円錐図法

#5.25　地図のその他の詳細

地図のその他の詳細は，エレメントである。

#5.25.0　通則

#5.25.0.1　記録の範囲・情報源

#5.25.0.1.1　記録の範囲

地図のその他の詳細は，尺度，投影法，座標に関するエレメントとして記録していない，地図の数値などに関係するデータやその他の特徴を示す情報である。

デジタル形式による地図の表現上の技術的詳細については，#2.32.7を見よ。

#5.25.0.1.2　情報源

地図のその他の詳細は，どの情報源に基づいて記録してもよい。

#5.25.0.2　記録の方法

地図のその他の詳細は，次の情報を記録する。

a）数値などに関係するデータ

尺度，投影法，座標に関するエレメントとして記録していない，数値などに関係するデータを記録する。

原資料の尺度：約1:100

方位は右が北

容易に確認できる場合は，水平座標系（地理座標系，地図投影法，グリッド座標系），測地系の名称，垂直座標系（数値標高モデルなど）を記録する。

日本測地系2000

尺度として「尺度複数」，「縮尺複数」または「Scales differ」という語句を記録した場合に，容易に確認でき簡略に表現できる尺度があるときは，それを記録する。

リモートセンシング図については，尺度，投影法，座標に関するエレメントとして記録していない，数値などに関係するデータを記録する。

星図については，光度の範囲を記録する。

b）その他の特徴

記述の他のエレメントとして記録していない，地図のその他の特徴を記録する。

#5.26　賞

賞は，エレメントである。

#5.26.0　通則

#5.26.0.1　記録の範囲・情報源

#5.26.0.1.1　記録の範囲

賞は，授賞団体による公式の顕彰である。

#5.26.0.1.2　情報源

賞は，どの情報源に基づいて記録してもよい。

#5.26.0.2　記録の方法

賞は，その名称，受賞年などを記録する。

芥川龍之介賞，2000（第123回）

ヴェネチア国際映画祭金獅子賞

#5.27　表現形に関する注記

表現形に関する注記は，エレメントである。

#5.27.0　通則

#5.27.0.1　記録の範囲・情報源

#5.27.0.1.1　記録の範囲

表現形に関する注記とは，表現形のエレメントとして記録した内容に，付加的情報を提供する注記である。

#5.27.0.1.2　情報源

表現形に関する注記は，どの情報源に基づいて記録してもよい。

#5.27.0.2　記録の方法

表現形に関する注記について，引用または参照する場合，または注記の内容が記述対象の一部にのみ該当する場合は，#1.13に従って記録する。

内容の特性の変化に関する注記は，#5.27.1に従って記録する。

#5.27.1　内容の特性の変化に関する注記

内容の特性の変化に関する注記は，表現形に関する注記のエレメント・サブタイプである。

#5.27.1.1　記録の範囲・情報源

#5.27.1.1.1　記録の範囲

内容の特性の変化に関する注記とは，#5.10～#5.26に規定する表現形の内容のエレメントの，刊行途中の変化に関する情報を提供する注記である。

#5.27.1.1.2　情報源

内容の特性の変化に関する注記は，資料自体に基づいて記録する。さらに必要がある場合は，資料外のどの情報源に基づいて記録してもよい。

#5.27.1.2　記録の方法

内容の特性の変化に関する注記は，次の規定に従って記録する。

a）複数巻単行資料，逐次刊行物

b）更新資料

#5.27.1.2.1　複数巻単行資料，逐次刊行物

識別または選択に重要な場合は，複数巻単行資料または逐次刊行物の途中の巻号で生じた，#5.10～#5.26に規定する表現形の内容のエレメントの変化について記録する。

1-4巻はフランス語，5-7巻は日本語

#5.27.1.2.2　更新資料

識別または選択に重要な場合は，更新資料の変化前の#5.10～#5.26に規定する表現形の内容のエレメントの情報について記録する。

2012-2013年は日本語・英語併記

第6章　個人

#6.0　通　則

この章では，個人の属性の記録について規定する。

個人には，共有筆名を使用する複数の個人を含む。また，伝説上または架空の個人，人間以外の実体をも含む。

記録する要素として，名称，名称以外の識別要素，説明・管理要素がある。個人の名称には，第一の識別要素である個人の優先名称と，個人の異形名称とがある。

#6.0.1　記録の目的

個人の属性の記録の目的は，個人の識別を可能とすることである。

#6.0.1.1　規定の構成

個人の属性については，その通則を#6.0で，名称を#6.1～#6.2で，名称以外の識別要素を#6.3～#6.8で，説明・管理要素を#6.9～#6.24で規定する。

#6.0.2　情報源

個人の属性を記録するにあたって，その情報源は特に規定しない限りどこでもよい。

#6.0.3　記録の方法

個人の名称は，規定した情報源から採用した情報を，#1.11～#1.12.3に従って記録する。

名称以外の識別要素は，#6.3.3～#6.8.3に従って記録する。

説明・管理要素は，#6.9.3～#6.24に従って記録する。

＜#6.1～#6.2　個人の名称＞

個人の名称は，エレメントである。

個人の名称には，次のエレメント・サブタイプがある。

a）個人の優先名称

b）個人の異形名称

#6.1　個人の優先名称

個人の優先名称は，個人の名称のエレメント・サブタイプである。

個人の優先名称は，コア・エレメントである。

#6.1.1　記録の範囲

個人の優先名称とは，個人を識別するために選択する名称である。優先名称はその個人に対する典拠形アクセス・ポイント［#26.1を見よ］の基礎としても使用する。

優先名称として選択しなかった名称や，優先名称として選択した名称の異なる形は，異形名称として記録することができる。

#6.1.2　情報源

個人の優先名称の情報源は，#6.1.3～#6.1.3.2Dで特に規定しない限り，次の優先順位で採用する。

a）個人と結びつく資料の優先情報源

b）個人と結びつく資料に表示された，形式の整ったその他の情報

c）その他の情報源（参考資料を含む）

#6.1.3　優先名称の選択

個人の優先名称には，一般によく知られている名称を選択する。優先名称には，個人の本名，筆名，貴族の称号，あだ名，イニシャルなどがある。

#6.1.3.1　同一個人の複数の名称

個人の複数の異なる名称が，名称の変更によって生じた場合，または名称の使い分けによる場合は，#6.1.3.1A，#6.1.3.1Bに従う。それ以外の場合で，複数の異なる名称の中に最もよく知られている名称があるときは，それを優先名称として選択する。

Zico

（本名：Arthur Antunes Coimbra）

最もよく知られている名称がない場合，または判断できない場合は，次の優先順位に従って優先名称を選択する。

a）参考資料で多く用いられている名称

b）その個人と結びつく資料で多く用いられている名称

c）最新の名称

#6.1.3.1A　名称の変更

個人が名称を変更した場合は，最新の名称を優先名称として選択する。ただし，以前の名称の方が，その個人のよりよく知られる名称であると判断した場合は，その名称を優先名称として選択する。

佐多稲子

（旧名称：窪川稲子）

中村勘三郎18代目

（旧名称：中村勘九郎5代目）

#6.1.3.1B　名称の使い分け

個人が使用範囲を定めて複数の名称を使い分けている場合は，それぞれの名称を優先名称として選択する。

選択したそれぞれの優先名称を基礎として典拠形アクセス・ポイントを構築し，相互に関連づける。[#46.1を見よ。]

中島梓

（評論家として使用）

栗本薫

（小説家として使用）

（中島梓，栗本薫それぞれに対する典拠形アクセス・ポイントは，相互に関連づける。）

#6.1.3.2　同一名称の異なる形

#6.1.3.2A　言語

個人の名称に複数の言語による形がある場合は，最もよく見られる言語による形を優先名称として選択する。

最もよく見られる言語による形を容易に特定できない場合は，その個人の居住国，活動国で最もよく見られる言語による形を選択する。最もよく見られる言語による形を判断できない場合は，データ作成機関で定める言語による形を選択する。

薇薇夫人

（英語名：Madame Wei Wei。最もよく見られる言語の形が日本語の場合）

#6.1.3.2B　文字種・読み

a）日本人

漢字および（または）仮名による表示形を優先名称として選択する。ただし，その他の表示形で一般に知られている場合は，これを選択する。読みは個人と結びつく資料の優先情報源における表示を優先して選択する。優先情報源に読みの表示がなければ，個人と結びつく資料のその他の情報源，参考資料，一般的な読みの順に選択する。

漢字および(または)仮名による表示形が不明な日本人の名称は，最もよく見られるその他の表示形を優先名称として選択する。

木村浩||キムラヒロシ

（情報源の表示：Kimura Hiroshi。参考資料で漢字による表示形が判明する場合）

いしいひさいち||イシイヒサイチ

（すべて平仮名の筆名）

b）中国人

漢字による表示形を優先名称として選択する。必要に応じて，データ作成機関の定めに従って，読みを記録する。

漢字による表示形が不明な中国人の名称は，片仮名による表示形，その他の表示形を，この優先順位で選択する。

呉昌碩||ゴショウセキ

チャンリンリン

（漢字による表示形が不明な場合）

Lee Yuan Chuan

（漢字による表示形も片仮名による表示形も不明な場合）

c）韓国・朝鮮人

漢字による表示形またはハングルによる表記の形を優先名称として選択する。必要に応じて，データ作成機関の定めに従って，読みを記録する。

漢字による表示形およびハングルによる表記の形が不明な韓国・朝鮮人の名称は，

片仮名による表示形，その他の表示形を，この優先順位で選択する。

金達寿‖キムタルス
（母語読みを採用）

金洪信‖キンコウシン
（日本語読みを採用）

チャンキホン
（片仮名による表示形のみ判明する場合）

d）日本人，中国人，韓国・朝鮮人以外の個人
表示形または翻字形を優先名称として選択する。

Jean-Jacques Rousseau

#6.1.3.2 C　詳細度

個人の名称に詳細度の異なる形が複数ある場合は，最もよく見られる形を優先名称として選択する。

最もよく見られる形が容易に特定できない場合は，最新の形を選択する。最新の形が判断できない場合は，より詳細な形を選択する。

Karl Marx
（Karl Heinrich Marx という形もあり。）

#6.1.3.2 D　綴り

個人の同一名称に複数の綴りがあり，それが翻字の相違に由来しない場合は，最もよく見られる形を選択し，多くの形が不明の場合は，最初に入手した資料に現れる形を選択する。

翻字の相違に由来する場合は，データ作成機関で定める翻字法による形またはよく見られる形を採用することを原則とする。

金子みすゞ
（「金子みすず」の表記もあり。）

ウィリアム　シェイクスピア
（シェークスピア，セキスピア，沙士比阿など多様な表記あり。）

#6.1.4　記録の方法

個人の優先名称は，#6.0.3および#6.1.4.1～#6.1.8.6に従って記録する。

#6.1.4.1　姓名の形をもつ名称

姓名の形をもつ名称は，姓を記録し，コンマ，スペースで区切って，名を記録する。名称に含まれる尊称や敬称は省略する。

湯川，秀樹‖ユカワ，ヒデキ

Shakespeare, William

安岡，正篤‖ヤスオカ，マサヒロ
（「安岡正篤先生」の敬称を省略）

姓名の形をもつ名称は，本名の場合も筆名の場合もある。また，複数の個人による共有筆名で，姓と名のように慣用されている名称の場合もある。

Queen, Ellery

霧島，那智‖キリシマ，ナチ

#6.1.4.2　姓または名のみの名称

姓または名の一方しか明らかでないか，一方でのみ知られている個人は，その名称を記録する。敬称等の語句を伴う場合に，識別に必要なときは，省略せず，コンマ，スペースで区切って記録する。ただし，その語句が姓または名と分かちがたい場合は，コンマ，スペースで区切らずに続けて記録する。

梁田‖ヤナダ

千代尼‖チヨニ

#6.1.4.3　姓と名から構成されていない名称

姓と名から構成されていない名称は，本名の場合も筆名の場合もある。また，複数の個人による共有筆名の場合もある。

姓と名から構成されていない名称は，表示されている形で記録する。読みを記録する場合は，適切な単位に分かち書きして記録する。

清少納言‖セイ　ショウナゴン

イチロー

記号や数字を含む名称，句や文の形の名称，団体名の形をとる名称などは，表示されている形で記録する。読みを記録する場合は，適切な単位に分かち書きして記録する。

5・SEASON

326‖ミツル

実名を出すとヤバイ騎手‖ジツメイ　オ　ダス　ト　ヤバイ　キシュ

配偶者や家族，親戚などの名称と，その続柄を表す語句や続柄の敬称等の語句を含む場合は，それらの語句を含めて記録する。漢字および（または）仮名による表示形，またはハングルによる表記の形の場合は，表示されている形で記録する。その他の表示形または翻字形の場合は，コンマ，スペースで区切って記録する。

藤原道綱母‖フジワラ　ミチツナ　ノ　ハハ

#6.1.4.4　世系

世系は，優先名称の一部として記録する。

世系は，よく見られる形を記録する。ただし，複数の個人が同一名称を有する場合は，世系の形は一貫したものとする。

林家，正蔵9代目‖ハヤシヤ，ショウゾウ9ダイメ

＜#6.1.5～#6.1.8　各種の名称＞

#6.1.5　日本人の名称

日本人の名称は，#6.1.4～#6.1.4.4によるほか，次のとおりとする。

漢字および（または）仮名による表示形を選択した日本人の名称は，あわせてその読みを記録する。漢字は，原則として個人と結びつく資料や参考資料でよく見られる字体で記録する。読みは，片仮名読み形および（または）ローマ字読み形で，姓名をコンマ，スペースで区切って記録するか，適切な単位に分かち書きして記録する。読みと表示形が完全に一致する場合は，読みの記録を省略できる。

その他の表示形を選択した日本人の名称は，姓を記録し，コンマ，スペースで区切って，名を記録するか，適切な単位に分かち書きして記録する。読みと表示形が完全に一致する場合は，読みの記録を省略できる。

芥川，龍之介‖アクタガワ，リュウノスケ

やなせ，たかし‖ヤナセ，タカシ

（すべて平仮名の筆名）

村山，リウ‖ムラヤマ，リュウ

（表記と読みが異なる例）

Tanaka, Akira

（アルファベットの形を選択した例）

#6.1.5.1　複合姓等

複合姓のように，日本人の名称の要素と外国人の名称の要素から構成されている名称は，本人が常用している形か，慣用形で記録する。

レブリング寺岡，朋子‖レブリング　テラオカ，トモコ

#6.1.5.2　姓名の順が逆転している名称

名，姓の順に構成されている筆名，芸名などは，その順に，コンマで区切らずに記録する。その読みは，分かち書きして記録する。

ジェームス三木‖ジェームス　ミキ

#6.1.5.3　姓と名のように慣用されている名称

姓と名ではないが，姓と名のように慣用されている名称は，姓と名の場合と同様の形で記録する。

a）姓と雅号から成る名称

松尾，芭蕉‖マツオ，バショウ

島崎，藤村‖シマザキ，トウソン

b）全体が筆名，雅号，屋号である名称

東洲斎，写楽‖トウシュウサイ，シャラク

三遊亭，円朝‖サンユウテイ，エンチョウ

江戸川，乱歩‖エドガワ，ランポ

c）地名が姓のように慣用されている名称

佐倉，惣五郎‖サクラ，ソウゴロウ

（姓は木内だが，地名と結びつく名称で知られている。）

#6.1.5.4　姓名の間に「ノ」を入れて読む名称

おおよそ中世までの人名で慣用される，姓と名の間の「ノ」の読みは，原則として記録しない。ただし，姓が短い場合に例外的に「ノ」を記録することがある。

山部，赤人‖ヤマベ，アカヒト

千，利休‖セン，リキュウ

紀，貫之‖キノ，ツラユキ

#6.1.5.5　姓と名から構成されていない名称

姓と名から構成されていない名称は，表示されている形で記録し，その読みは，適切な単位に分かち書きして記録する。

和泉式部||イズミ　シキブ

#6.1.5.6　世系を含む名称

世襲する世系は，よく見られる形を優先名称の最後に記録する。ただし，複数の個人が同一名称を有する場合は，世系の形は一貫したものとする。

中村，雀右衛門 4 世||ナカムラ，ジャクエモン 4 セイ

#6.1.5.7　天皇・皇族の名称

天皇，皇后，皇太子，皇太子妃は，敬称とあわせて，「天皇陛下」，「皇后陛下」，「皇太子殿下」，「皇太子妃殿下」と記録する。

追号された天皇，皇后は，その追号を記録する。

昭和天皇||ショウワ　テンノウ

親王，内親王は，名と「親王殿下」または「内親王殿下」をあわせて記録する。

宮家を創設または継承した親王については，宮号を姓とみなして，通常の姓名の形をもつ名称として記録する。その宮家の親王妃，親王，内親王，王，女王などについても，同様の形で記録する。

高円宮，久子||タカマドノミヤ，ヒサコ

#6.1.6　中国人の名称

中国人の名称は，#6.1.4～#6.1.4.4によるほか，次のとおりとする。

a）漢字による表示形を選択した中国人の名称は，原則として個人と結びつく資料や参考資料でよく見られる字体（繁体字・簡体字を含む）で記録する。読みは，必要に応じて記録する。片仮名読み形および（または）ローマ字読み形（ピンインを含む）で，姓名をコンマ，スペースで区切って記録するか，適切な単位に分かち書きして記録する。

b）その他の表示形を選択した中国人の名称は，姓を記録し，コンマ，スペースで区切って，名を記録するか，適切な単位に分かち書きして記録する。読みは，必要に応じて記録する。片仮名読み形および（または）ローマ字読み形（ピンインを含む）で，姓名をコンマ，スペースで区切って記録するか，適切な単位に分かち書きして記録する。

毛，沢東||モウ，タクトウ

沈，復||シン，フク

Lee, Yuan Chuan

#6.1.7　韓国・朝鮮人の名称

韓国・朝鮮人の名称は，#6.1.4～#6.1.4.4によるほか，次のとおりとする。

a）漢字による表示形を選択した韓国・朝鮮人の名称は，原則として個人と結びつく資料や参考資料でよく見られる字体（ハングルを含む場合がある）で記録する。読みは，必要に応じて記録する。片仮名読み形および（または）ローマ字読み形，またはハングル読み形で，姓名をコンマ，スペースで区切って記録するか，適切な単位に分かち書きして記録する。

b）ハングルによる表記の形またはその他の表示形を選択した韓国・朝鮮人の名称は，姓を記録し，コンマ，スペースで区切って，名を記録するか，適切な単位に分かち書きして記録する。読みは，必要に応じて記録する。片仮名読み形および（または）ローマ字読み形，またはハングル読み形で，姓名をコンマ，スペースで区切って記録するか，適切な単位に分かち書きして記録する。

李，御寧||イ，オリョン

安，宇植||アン，ウシク

チャン，キホン

#6.1.8　日本人，中国人，韓国・朝鮮人以外の個人の名称

日本人，中国人，韓国・朝鮮人以外の個人の

名称は，#6.1.4～#6.1.4.4によるほか，次のとおりとする。

日本人，中国人，韓国・朝鮮人以外の個人の名称は，表示形または翻字形で記録する。姓または名がイニシャルで表示されている場合は，イニシャルの後にピリオドを付す。イニシャルの字間にはスペースを置いて記録する。読みは，原則として記録しない。

Shakespeare, William

Ablon, J. Stuart

#6.1.8.1　前置語を含む名称

名称に含まれる前置語の扱いは，本人が常用するか最も多く使用する言語の慣習，または居住国の慣習に従う。複数の言語の使用や移住などによって適切な言語および居住国を判断できない場合は，それらのうちから，データ作成機関で定める言語の慣習，新しい居住国の慣習，名称の言語の慣習の順に従う。

De Morgan, Mary

（情報源の表示：Mary De Morgan）

Goethe, Johann Wolfgang von

（情報源の表示：Johann Wolfgang von Goethe）

La Fontaine, Jean de

（情報源の表示：Jean de La Fontaine）

ゲーテ，ヨハン・ウォルフガング・フォン

ラ・フォンテーヌ，ジャン・ド

#6.1.8.2　複合姓

複合姓は，本人が常用している形か，慣用形を記録する。

Meyer-Förster, Wilhelm

Ortega y Gasset, José

常用している形が不明であり，参考資料によって慣用形も決定できない場合は，姓とみなされる部分の最初の語を，名称の最初の部分として記録する。

#6.1.8.3　西洋の貴族の名称　［略］

#6.1.8.4　父称を含む名称　［略］

#6.1.8.5　王族の名称　［略］

#6.1.8.6　その他の語句を含む名称

続柄を示す語句や世系などの数字を含む名称は，それらの語句や数字を名の後にコンマ，スペースで区切って記録する。

King, Martin Luther, Jr.

Jones, William Davis, III

ただし，ポルトガル語の Filho, Junior, Neto, Sobrinho は姓の一部として記録する。

名とそれと結びつけられている出身地，居住地，職業，特徴を示す語句で知られている名称は，それらの語句を，名の後にコンマ，スペースで区切って記録する。

Leonardo, da Vinci

トマス，アクィナス

#6.2　個人の異形名称

個人の異形名称は，個人の名称のエレメント・サブタイプである。

#6.2.1　記録の範囲

個人の優先名称として選択しなかった名称を，異形名称として記録することができる。また，優先名称として選択した名称の異なる形も，異形名称として記録することができる。

#6.2.2　情報源

個人の異形名称の情報源には，個人と結びつく資料および（または）参考資料を採用する。

#6.2.3　記録の方法

個人の異形名称は，#6.0.3および次の規定に従って記録する。その読みを記録する場合は，#6.1.4～#6.1.7を適用して記録する。

#6.2.3A　異なる名称

個人の優先名称として選択しなかった名称を，異形名称として記録する。次のような場合がある。

a）本名

金子，テル||カネコ，テル

（優先名称：金子，みすゞ||カネコ，ミスズ）

森，林太郎||モリ，リンタロウ

（優先名称：森，鴎外||モリ，オウガイ）

Porter, William Sydney
（優先名称：Henry, O.）

b）筆名
吉村，冬彦‖ヨシムラ，フユヒコ
（優先名称:寺田，寅彦‖テラダ，トラヒコ）

c）旧名称または新名称
臼井，千代‖ウスイ，チヨ
（旧名称。優先名称：植川，千代‖ウエカワ，チヨ）

d）俗名
佐藤，義清‖サトウ，ノリキヨ
（優先名称：西行‖サイギョウ）

e）聖職名
順譽，紀雄‖ジュンヨ，キユウ
（優先名称:大橋，紀雄‖オオハシ，ノリオ）

f）その他
伝教大師‖デンギョウ　ダイシ
（優先名称：最澄‖サイチョウ）

#6.2.3B　同一名称の異なる形

個人の優先名称として選択した名称と形が異なる同一名称は，異形名称として記録する。次のような場合がある。

a）言語が異なる形
Joan, of Arc
（優先名称：Jeanne, d'Arc）

b）文字種が異なる形
シェイクスピア，ウィリアム
（優先名称：Shakespeare, William）
武川，行秀‖タケカワ，ユキヒデ
（優先名称：タケカワ，ユキヒデ）

c）読みのみ異なる形
吉井，亜彦‖ヨシイ，アヒコ
（優先名称:吉井，亜彦‖ヨシイ，ツグヒコ）

d）詳細度が異なる形
Millard, Alan
Millard, Alan Ralph
（優先名称：Millard, A. R.）

e）綴りが異なる形
金子，みすず‖カネコ，ミスズ
（優先名称:金子，みすゞ‖カネコ，ミスズ）

f）漢字の字体が異なる形
森，鷗外‖モリ，オウガイ
（優先名称：森，鴎外‖モリ，オウガイ）

g）前置語の扱いが異なる形
Gaulle, Charles de
（優先名称：De Gaulle, Charles）

h）その他

<#6.3～#6.8　名称以外の識別要素>

#6.3　個人と結びつく日付

個人と結びつく日付は，エレメントである。

個人と結びつく日付のうち，個人の生年および（または）没年はコア・エレメントである。生年および没年がともに不明であれば，個人の活動期間は，同一名称の他の個人と判別するために必要な場合は，コア・エレメントである。

#6.3.1　記録の範囲

個人と結びつく日付には，生年，没年，活動期間がある。

個人と結びつく日付は，その個人に対する統制形アクセス・ポイントの一部として，または独立したエレメントとして，あるいはその双方として記録する。［#26.1.2，#26.1.4，#26.2を見よ。］

#6.3.1.1　エレメント・サブタイプ

個人と結びつく日付には，次のエレメント・サブタイプがある。

a）生年
b）没年
c）個人の活動期間

#6.3.2　情報源

個人と結びつく日付は，どの情報源に基づいて記録してもよい。

#6.3.3　記録の方法

個人と結びつく日付は，原則として西暦年をアラビア数字で記録する。推定年の場合は，「？」を付加して記録する。推定年については，

2年間のいずれか不明な場合に2つの年を「または」または「or」で続けて記録することも，おおよその年のみが判明している場合に「頃」または「approximately」を付して記録することもできる。

#6.3.3.1　生年

生年は，個人と結びつく日付のエレメント・サブタイプである。

生年は，コア・エレメントである。

個人が生まれた年を記録する。

1950

1887

（情報源の表示：明治20年生まれ）

#6.3.3.2　没年

没年は，個人と結びつく日付のエレメント・サブタイプである。

没年は，コア・エレメントである。

個人が没した年を記録する。

2012

53 B.C.

（紀元前の場合）

#6.3.3.3　個人の活動期間

個人の活動期間は，個人と結びつく日付のエレメント・サブタイプである。

個人の活動期間は，生年および没年がともに不明な場合に，同一名称の他の個人と判別するために必要なときは，コア・エレメントである。

個人がその主な活動分野で活動した期間または職業に従事した期間を記録する。

活動期間は，開始年と終了年をハイフンで結んで記録する。活動期間を年で示せない場合は，その個人が活動していた世紀を記録する。和古書・漢籍の著者などの個人と結びつく日付の場合は，可能な範囲で年代を限定できる語句を記録する。

元禄-正徳頃

17世紀

#6.4　称号

称号は，エレメントである。

称号のうち，個人が王族，貴族，聖職者であることを示す称号は，コア・エレメントである。その他の称号は，同一名称の他の個人と判別するために必要な場合は，コア・エレメントである。

#6.4.1　記録の範囲～#6.4.3　記録の方法

［略］

#6.5　活動分野

活動分野は，エレメントである。

活動分野は，同一名称の他の個人と判別するために必要な場合は，コア・エレメントである。優先名称が個人の名称であることが不明確な場合に，職業を記録しないときは，コア・エレメントである。

#6.5.1　記録の範囲

活動分野は，個人が従事している，または従事していた活動領域や専門分野等である。

活動分野は，その個人に対する統制形アクセス・ポイントの一部として，または独立したエレメントとして，あるいはその双方として記録する。［#26.1.5，#26.2を見よ。］

#6.5.2　情報源

活動分野は，どの情報源に基づいて記録してもよい。

#6.5.3　記録の方法

活動分野を示す語句をデータ作成機関で定める言語で記録する。

数学

政治学

音楽批評

#6.6　職業

職業は，エレメントである。

職業は，同一名称の他の個人と判別するために必要な場合は，コア・エレメントである。優先名称が個人の名称であることが不明確な場合に，活動分野を記録しないときは，コア・エレメントである。

#6.6.1　記録の範囲

職業は，個人が一般に生業として従事している業種である。

職業は，その個人に対する統制形アクセス・ポイントの一部として，または独立したエレメントとして，あるいはその双方として記録する。［#26.1.5，#26.2を見よ。］

#6.6.2　情報源

職業は，どの情報源に基づいて記録してもよい。

#6.6.3　記録の方法

職業を示す語句をデータ作成機関で定める言語で記録する。

　　翻訳家

　　弁護士

#6.7　展開形

展開形は，エレメントである。

展開形は，同一名称の他の個人と判別するために必要な場合は，コア・エレメントである。

#6.7.1　記録の範囲

展開形は，ラテン文字等から成る個人の優先名称またはその一部が，イニシャル，略語，短縮形などである場合の完全な形である。ラテン文字等から成る優先名称に含まれなかった姓または名を含める形もある。

展開形は，その個人に対する統制形アクセス・ポイントの一部として，または独立したエレメントとして，あるいはその双方として記録する。［#26.1.3，#26.2を見よ。］

展開形は，異形名称として記録することもできる。［#6.2.3.B d）を見よ。］

#6.7.2　情報源

展開形は，どの情報源に基づいて記録してもよい。

#6.7.3　記録の方法

優先名称のうちの名（または姓に相当しない部分）に対する展開形，および（または）優先名称のうちの姓（または姓に相当する部分）に対する展開形を記録する。

　　Alan Ralph

　　（優先名称：Millard, A. R.）

#6.8　その他の識別要素

その他の識別要素は，エレメントである。

その他の識別要素のうち，聖人であることを示す語句，伝説上または架空の個人を示す語句，人間以外の実体の種類を示す語句は，コア・エレメントである。

それ以外の場合は，同一名称の他の個人と判別するために必要なときに，コア・エレメントである。

#6.8.1　記録の範囲

その他の識別要素は，#6.3～#6.7で規定した要素以外の個人の名称と結びつく情報である。

その他の識別要素には，聖人であることを示す語句，伝説上または架空の個人を示す語句，人間以外の実体の種類を示す語句などがある。このうち，伝説上または架空の個人を示す語句には，霊であることを示す語句，聖典等に含まれる名称であることを示す語句，その他の伝説上または架空の個人であることを示す語句がある。

その他の識別要素は，その個人に対する統制形アクセス・ポイントの一部として，または独立したエレメントとして，あるいはその双方として記録する。［#26.1.6，#26.2を見よ。］

#6.8.2　情報源

その他の識別要素は，どの情報源に基づいて記録してもよい。

#6.8.3　記録の方法

次に挙げた語句を，データ作成機関で定める言語で記録する。

a）聖人であることを示す語句

　キリスト教の聖人は，「Saint」またはそれに相当する語を記録する。

b）霊であることを示す語句

　霊魂，心霊，神霊は，「霊」，「Spirit」またはそれに相当する語を記録する。

c）聖典等に含まれる名称であることを示す語句

宗教の聖典や外典等に含まれる名称は，適切な語句を記録する。

Angel

悪魔

d）その他の伝説上または架空の個人であることを示す語句

伝説上または架空の個人は，「伝説上」，「架空」，「Legendary character」，「Fictitious character」またはその他の適切な語句を記録する。

e）人間以外の実体の種類を示す語句

人間以外の実体は，その種類を示す語を記録する。

チンパンジー

Whale

f）その他の語句

その他の識別を可能とする語句を記録する。

<#6.9～#6.24　説明・管理要素>

#6.9　性別

性別は，エレメントである。

#6.9.1　記録の範囲

性別は，個人の性別である。

性別は，独立したエレメントとして記録し，その個人に対する統制形アクセス・ポイントの一部としては記録しない。

#6.9.2　情報源

性別は，どの情報源に基づいて記録してもよい。

#6.9.3　記録の方法

性別は，表6.9.3の用語を用いて記録する。

表6.9.3に適切な用語がないか，十分に表す用語がない場合は，データ作成機関が性別を示す簡潔な用語を定めて記録する。

表6.9.3　性別を示す用語

女性	female
男性	male
不明	not known

#6.10　出生地

出生地は，エレメントである。

#6.10.1　記録の範囲

出生地は，個人が生まれた場所（市町村名，上位の地方自治体名等および（または）国名）である。

出生地は，独立したエレメントとして記録し，その個人に対する統制形アクセス・ポイントの一部としては記録しない。

#6.10.2　情報源

出生地は，どの情報源に基づいて記録してもよい。

#6.10.3　記録の方法

出生地は，#12に従って記録する。地名の略語は，付録#A.3［略］に従って記録することができる。

台湾

川崎市

#6.11　死没地

死没地は，エレメントである。

#6.11.1　記録の範囲

死没地は，個人が没した場所（市町村名，上位の地方自治体名等および（または）国名）である。

死没地は，独立したエレメントとして記録し，その個人に対する統制形アクセス・ポイントの一部としては記録しない。

#6.11.2　情報源

死没地は，どの情報源に基づいて記録してもよい。

#6.11.3　記録の方法

死没地は，#12に従って記録する。地名の略語は，付録#A.3［略］に従って記録することができる。

広島市

ロンドン

#6.12　個人と結びつく国

個人と結びつく国は，エレメントである。

#6.12.1　記録の範囲

個人と結びつく国は，それを付加することでその個人を識別できる場合に使用する国名である。

個人と結びつく国は，独立したエレメントとして記録し，その個人に対する統制形アクセス・ポイントの一部としては記録しない。

#6.12.2　情報源

個人と結びつく国は，どの情報源に基づいて記録してもよい。

#6.12.3　記録の方法

個人と結びつく国は，#12に従って記録する。国名の略語は，付録#A.3［略］に従って記録することができる。

　　フランス

　　アメリカ

#6.13　居住地等

居住地等は，エレメントである。

#6.13.1　記録の範囲

居住地等は，個人が住んでいる場所，住んでいた場所，または出生地，死没地，居住地以外で個人と結びつく重要な場所（勤務地，研究していた場所など）である。場所には，市町村名，上位の地方自治体名等および（または）国名を含む。

居住地等は，独立したエレメントとして記録し，その個人に対する統制形アクセス・ポイントの一部としては記録しない。

#6.13.2　情報源

居住地等は，どの情報源に基づいて記録してもよい。

#6.13.3　記録の方法

居住地等は，#12に従って記録する。地名の略語は，付録#A.3［略］に従って記録することができる。

　　横浜市

#6.14　アドレス

アドレスは，エレメントである。

#6.14.1　記録の範囲

アドレスは，個人，個人の職場，個人の雇用者の住所および（または）電子メールまたはインターネットのアドレスである。

アドレスは，独立したエレメントとして記録し，その個人に対する統制形アクセス・ポイントの一部としては記録しない。

#6.14.2　情報源

アドレスは，どの情報源に基づいて記録してもよい。

#6.14.3　記録の方法

個人，個人の職場，個人の雇用者の住所および（または）電子メールまたはインターネットのアドレスは，表示されているもの全体を記録する。

　　東京都千代田区永田町1-10-1

#6.15　所属

所属は，エレメントである。

#6.15.1　記録の範囲

所属は，個人が雇用，会員資格，文化的アイデンティティなどを通じて属している，または属していた集団である。

所属は，独立したエレメントとして記録し，その個人に対する統制形アクセス・ポイントの一部としては記録しない。

#6.15.2　情報源

所属は，どの情報源に基づいて記録してもよい。

#6.15.3　記録の方法

個人が雇用，会員資格，文化的アイデンティティなどを通じて属している，または属していた集団に対する優先名称を記録する。

　　早稲田大学．政治経済学部

　　児童文芸家協会

#6.16　個人の言語

個人の言語は，エレメントである。

#6.16.1　記録の範囲

個人の言語は，個人が出版を目的とした執筆や放送の際に使用する言語である。

個人の言語は，独立したエレメントとして記録し，その個人を表す統制形アクセス・ポイントの一部としては記録しない。

#6.16.2　情報源

個人の言語は，どの情報源に基づいて記録してもよい。

#6.16.3　記録の方法

個人が出版を目的とした執筆や放送の際に使用する単数または複数の言語を，データ作成機関で定める用語で記録する。言語の名称の適切なリストが利用可能な場合は，そのリストから選択する。

日本語

英語，フランス語

#6.17　略歴

略歴は，エレメントである。

#6.17.1　記録の範囲

略歴は，個人の生涯，履歴に関する情報である。

略歴は，独立したエレメントとして記録し，その個人に対する統制形アクセス・ポイントの一部としては記録しない。

#6.17.2　情報源

略歴は，どの情報源に基づいて記録してもよい。

#6.17.3　記録の方法

個人の生涯，履歴に関する情報を記録する。

適切な場合は，#6.3～#6.8で規定する特定の識別要素と結びつく情報も，略歴の中に記録する。

1975年来日

東京農大・農（1940卒）

#6.18　個人の識別子

個人の識別子は，エレメントである。

個人の識別子は，コア・エレメントである。

#6.18.1　記録の範囲

個人の識別子は，個人または個人に代わる情報（典拠レコードなど）と結びつく一意の文字列である。識別子は，個人を他の個人と判別するために有効である。

#6.18.2　情報源

個人の識別子は，どの情報源に基づいて記録してもよい。

#6.18.3　記録の方法

個人の識別子を，容易に確認できる場合は，識別子付与に責任を有する機関等の名称または識別可能な語句に続けて記録する。

国立国会図書館典拠 ID：00046801

（森，鴎外，1862-1922の国立国会図書館の典拠 ID）

#6.19　使用範囲

使用範囲は，エレメントである。

#6.19.1　記録の範囲

使用範囲は，個人の優先名称とした名称が結びつく著作のタイプや形式である。

#6.19.2　情報源

使用範囲は，どの情報源に基づいて記録してもよい。

#6.19.3　記録の方法

個人の優先名称とした名称の使用範囲に関する情報を記録する。

小説

（栗本薫という筆名を使用した著作の種類）

#6.20　使用期間

使用期間は，エレメントである。

#6.20.1　記録の範囲

使用期間は，個人の優先名称とした名称が使用されている日付または期間である。

#6.20.2　情報源

使用期間は，どの情報源に基づいて記録してもよい。

#6.20.3　記録の方法

個人の優先名称とした名称が使用されている

日付または期間に関する情報を記録する。

1978-1981

（李家豊という筆名の使用期間）

#6.21　確定状況

確定状況は，エレメントである。

#6.21.1　記録の範囲

確定状況は，個人を識別するデータの確定の程度を示す情報である。

#6.21.2　情報源

確定状況は，どの情報源に基づいて記録してもよい。

#6.21.3　記録の方法

次のいずれかの該当する条件に対応した用語を記録する。

a）確立

個人に対する典拠形アクセス・ポイントとして，データが十分な状態にある場合は，「確立」または「fully established」と記録する。

b）未確立

個人に対する典拠形アクセス・ポイントとして，データが不十分な状態にある場合は，「未確立」または「provisional」と記録する。

c）暫定

資料自体を入手できず，体現形の記述から採用した場合は，「暫定」または「preliminary」と記録する。

#6.22　名称未判別標示

名称未判別標示は，エレメントである。

#6.22.1　記録の範囲

名称未判別標示は，優先名称および記録した名称以外の識別要素では，複数の同一名称をもつ個人を判別するために不十分であることを示す標示である。

#6.22.2　情報源

名称未判別標示は，どの情報源に基づいて記録してもよい。

#6.22.3　記録の方法

名称未判別標示は，「未判別」または「undifferentiated」と記録する。

#6.23　出典

出典は，エレメントである。

#6.23.1　記録の範囲

出典は，個人の名称または名称以外の識別要素を決定する際に使用した情報源である。

#6.23.2　情報源

出典は，どの情報源に基づいて記録してもよい。

#6.23.3　記録の方法

個人の優先名称または異形名称を決定する際に使用した情報源を記録し，簡略な説明を付す。情報源内の情報を発見した箇所を特定できるように記録する。

優先名称を決定する際に役に立たなかった情報源についても，「情報なし」または「No information found」と付加して記録する。

名称以外の識別要素については，必要に応じてその情報源を記録する。

生年は「現代仏教家人名事典」(1917) による

#6.24　データ作成者の注記

データ作成者の注記は，エレメントである。

データ作成者の注記は，個人に対する典拠形アクセス・ポイントを使用または更新するデータ作成者にとって，または関連する個人・家族・団体に対する典拠形アクセス・ポイントを構築する者に役立つ説明である。

必要に応じて，次のような注記を記録する。

a）典拠形アクセス・ポイントの構築に適用する，特定の規定に関する注記

b）優先名称の選択，典拠形アクセス・ポイントの形等の根拠に関する注記

c）典拠形アクセス・ポイントの使用を限定する注記

d）類似の名称をもつ個人・家族・団体と判別するための注記

e）その他の重要な情報を説明する注記
　　1978-1981年の優先名称：李家，豊，
　　1982年以降の優先名称：田中，芳樹

第7章　家族　［略］

第8章　団体

#8.0　通　則

この章では，団体の属性の記録について規定する。

記録する要素として，名称，名称以外の識別要素，説明・管理要素がある。団体の名称には，第一の識別要素である団体の優先名称と，団体の異形名称とがある。

#8.0.1　記録の目的

団体の属性の記録の目的は，団体の識別を可能とすることである。

#8.0.1.1　規定の構成

団体の属性については，その通則を#8.0で，名称を#8.1～#8.2で，名称以外の識別要素を#8.3～#8.7で，説明・管理要素を#8.8～#8.16で規定する。

#8.0.2　情報源

団体の属性を記録するにあたって，その情報源は特に規定しない限りどこでもよい。

#8.0.3　記録の方法

団体の名称は，規定した情報源から採用した情報を，#1.11～#1.12.3に従って記録する。

名称以外の識別要素は，#8.3.3～#8.7.3.2に従って記録する。

説明・管理要素は，#8.8.3～#8.16に従って記録する。

＜#8.1～#8.2　団体の名称＞

団体の名称は，エレメントである。

団体の名称には，次のエレメント・サブタイプがある。

a）団体の優先名称
b）団体の異形名称

#8.1　団体の優先名称

団体の優先名称は，団体の名称のエレメント・サブタイプである。

団体の優先名称は，コア・エレメントである。

#8.1.1　記録の範囲

団体の優先名称とは，団体を識別するために選択する名称である。優先名称はその団体に対する典拠形アクセス・ポイントの基礎としても使用する。［#28.1を見よ。］

優先名称として選択しなかった名称や，優先名称として選択した名称の異なる形は，異形名称として記録することができる。

#8.1.2　情報源

団体の優先名称の情報源は，#8.1.3～#8.1.3.2で特に規定しない限り，次の優先順位で採用する。

a）団体と結びつく資料の優先情報源
b）団体と結びつく資料に表示された，形式の整ったその他の情報
c）その他の情報源（参考資料を含む）

#8.1.3　優先名称の選択

団体の優先名称には，一般によく知られている名称を選択する。慣用形や簡略形の場合もある。

また，団体の名称の正式な形が容易に判明する場合は，それを優先名称として選択することもできる。

#8.1.3.1　同一名称の異なる形

団体の名称に複数の異なる形がある場合は，次の優先順位で選択する。

a）最もよく見られる形
b）他の団体と判別できる限りで最も簡略な

形（イニシャル，頭字語など）

c）簡略な形が他の団体の名称と判別できない場合は，参考資料に見られる形

#8.1.3.1A　言語

団体の名称に複数の言語による形がある場合は，その団体が公式に使用する言語の名称を選択する。

団体が公式に使用する言語が複数ある場合は，データ作成機関で定める言語の名称を選択する。

団体が公式に使用する言語が複数ある場合に，その中にデータ作成機関で定める言語がないとき，または団体が公式に使用する言語が不明なときは，団体と結びつく資料や参考資料でよく見られる名称を選択する。

以上で判断できない場合は，データ作成機関が最初に入手した資料に最初に現れた形を，優先名称として選択する。

国際団体の名称については，その団体と結びつく資料や参考資料に現れる名称が，データ作成機関で定める言語の名称である場合は，その名称を選択する。その他の場合は，上記の規定に従って選択する。

University of Michigan
（公式使用言語が英語の場合）

International Federation of Library Associations and Institutions
（公式使用言語が英語を含めて複数あり，データ作成機関で定める言語が英語の場合）

#8.1.3.1B　文字種・読み

a）日本語

表示形を優先名称として選択する。読みは，団体と結びつく資料の優先情報源における表示を優先して選択する。優先情報源に読みの表示がなければ，団体と結びつく資料のその他の情報源，参考資料，一般的な読みの順に選択する。

b）中国語

表示形を優先名称として選択する。必要に応じて，データ作成機関の定めに従って，読みを記録する。

c）韓国・朝鮮語

表示形を優先名称として選択する。必要に応じて，データ作成機関の定めに従って，読みを記録する。

d）日本語，中国語，韓国・朝鮮語以外の言語

表示形または翻字形を優先名称として選択する。翻字形について，複数の形が見られる場合は，データ作成機関で定める翻字法による形を優先名称として選択する。

#8.1.3.1C　綴り

団体の同一名称に複数の綴りがある場合は，データ作成機関が最初に入手した資料に現れる形を優先名称として選択する。

#8.1.3.1D　慣用形

団体の名称が，その母語の参考資料において慣用形で多く見られる場合は，それを優先名称として選択する。データ作成機関で定める言語の名称を選択する場合は，データ作成機関で定める言語の参考資料による。

パルテノン多摩
（正式名称：多摩市立複合文化施設）

ただし，次の団体については，それぞれの規定による。

a）歴史の古い団体，国際団体

歴史の古い団体［#8.1.3.1F］や国際団体［#8.1.7］の名称の慣用形が，データ作成機関で定める言語で確定している場合は，その形を優先名称として選択する。

Potsdam Conference
ポツダム会談

b）中央政府，地方政府・自治体

中央政府または地方政府・自治体の領域の名称は，慣用形で表されることが多い。中央政府または地方政府・自治体が，その母語の参考資料において慣用形で多く見られる場合は，それを優先名称として選択す

る。データ作成機関で定める言語の名称を選択する場合は，データ作成機関で定める言語の参考資料による。

[場所の名称については，＃12.1［略］を見よ。]

ただし，中央政府，地方政府・自治体の名称の正式な形が通常使われている場合は，それを選択する。

Singapore

（Republic of Singapore としない。）

フランス

（フランス共和国としない。）

＃8.1.3.1 E　会議，大会，集会等

会議，大会，集会等（展示会，博覧会，祝祭等を含む）の名称が，複数の異なる形で見られる場合は，会議，大会，集会等と結びついた団体の名称（または名称の略語形）が含まれている形を優先名称として選択する。

ただし，会議，大会，集会等を団体の下部組織として扱う場合は，下部組織に関する規定が優先する。

全国図書館大会

日本行動分析学会．年次大会

会議，大会，集会等がそれ自体の固有名とそれ自体を含む一連の会議全体の名称の双方をもつ場合は，固有名を選択する。

UCS 2004

（International Symposium on Ubiquitous Computing Systems (2nd: 2004: Tokyo, Japan) としない）

＃8.1.3.1 F　歴史の古い宗教団体

歴史の古い宗教団体の名称の慣用形が，データ作成機関で定める言語で確定している場合は，その形を優先名称として選択する。判断できない場合は，データ作成機関で定める言語における，教団等構成員の名称の慣用形，宗教団体の支部が使用している名称の慣用形の順に選択する。これらも判断できない場合は，宗教団体の発祥地の母語による名称を選択する。

Benedictines

＃8.1.3.1 G　宗教の拠点

宗教の拠点（個々の神社，寺院，教会等）の名称が，複数の異なる形で現れる場合は，よく見られる形を選択する。

伊勢神宮

よく見られる形を容易に特定できない場合は，由来となる個人，物，場所，出来事などの名称を含む形，その拠点の種類を示す語句を含む形，その拠点が存在する地名を含む形の順に優先して選択する。

＃8.1.3.2　名称の変更

団体が名称を変更した場合は，それぞれの名称を優先名称として選択する。

選択したそれぞれの優先名称を基礎として典拠形アクセス・ポイントを構築し，相互に関連づける。[＃46.3を見よ。]

電子通信学会

（変更前の名称）

電子情報通信学会

（変更後の名称）

＃8.1.4　記録の方法

団体の優先名称は，＃8.0.3および＃8.1.4.1～＃8.1.7に従って記録する。

＃8.1.4 A　日本語の優先名称

日本語の優先名称は，表示形とその読みを記録する。

表示形における漢字は，その名称の選択に使用した情報源でよく見られる字体で記録する。

読みは，片仮名読み形および（または）ローマ字読み形で，適切な単位に分かち書きして記録する。読みと表示形が完全に一致する場合は，読みの記録を省略できる。

＃8.1.4 B　中国語の優先名称

中国語の優先名称は，表示形を記録する。

表示形における漢字は，原則としてその名称の選択に使用した情報源でよく見られる字体（繁体字，簡体字を含む）で記録する。

読みは，必要に応じて記録する。片仮名読み形および（または）ローマ字読み形（ピンインを含む）で，適切な単位に分かち書きして記録する。

#8.1.4C　韓国・朝鮮語の優先名称

韓国・朝鮮語の優先名称は，表示形を記録する。

表示形における漢字は，原則としてその名称の選択に使用した情報源でよく見られる字体で記録する。

ハングルは，情報源に表示されているとおりに記録する。

読みは，必要に応じて記録する。片仮名読み形および（または）ローマ字読み形，あるいはハングル読み形で，適切な単位に分かち書きして記録する。

#8.1.4D　日本語，中国語，韓国・朝鮮語以外の言語の優先名称

日本語，中国語，韓国・朝鮮語以外の言語の優先名称は，原則として表示形または翻字形を記録する。読みは，原則として記録しない。

#8.1.4.1　語句等の省略

#8.1.4.1A　法人組織等の語句

団体の名称のうち，法人組織の種類，被記念者等を示す語句は，省略する。

日本博物館協会 || ニホン　ハクブツカン　キョウカイ

（正式名称：公益財団法人日本博物館協会）

ローハスクラブ || ローハス　クラブ

（正式名称：特定非営利活動法人ローハスクラブ）

人と防災未来センター || ヒト ト ボウサイ　ミライ　センター

（正式名称：阪神・淡路大震災記念人と防災未来センター）

ただし，その語句が名称全体の分かちがたい一部である場合，または団体の名称であることを識別するために必要な場合は，省略しない。

草野心平記念文学館 || クサノ　シンペイ　キネン　ブンガクカン

（情報源の表示：いわき市立草野心平記念文学館）

日本語，中国語，韓国・朝鮮語の団体の名称で，法人組織の種類を示す語句が末尾にある場合は，省略しない。

柏書房株式会社 || カシワ　ショボウ　カブシキ　ガイシャ

上海漫歩創造媒広告有限公司

その他の外国語の団体の名称で，法人組織の種類を示す語句が冒頭にある場合に，団体であることを識別するために必要なときは，倒置して末尾に置く。

Weser, AG

（正式名称：AG Weser）

#8.1.4.1B　イニシャルを含む名称の句読点

団体の名称の全部または一部がイニシャルで構成される場合は，省略を示すピリオドなどの記号の記録の有無は，その団体の使用法に従う。判断できない場合は，省略する。

#8.1.4.1C　冒頭の冠詞

団体の名称の冒頭に冠詞がある場合は，それを省略せずに記録する。

The Waite グループ || The Waite グループ

#8.1.4.1D　会議，大会，集会等の回次，開催地，開催年

会議，大会，集会等の名称はその名称のみを優先名称として記録し，回次，開催地，開催年は省略する。

#8.1.4.2　下部組織，付属機関

団体の下部組織，付属機関は，その名称のみを優先名称として記録する。

飛鳥資料館 || アスカ　シリョウカン

（情報源の表示：奈良国立文化財研究所飛鳥資料館）

ただし，その名称がａ）～ｅ）のいずれかに該当する場合は，上部組織名のうちのａ）～ｅ）

に該当しない最下位のものを記録し，ピリオド，スペースで区切って，下部組織名または付属機関名を続けて記録する。上部組織名が「…立」の形の場合は，ピリオド，スペースで区切らない。必要に応じて，さらに上部組織名との間に，両者の階層の中間にある組織名のうちの識別可能な最下位のものを挿入する。

東京都立中央図書館‖トウキョウ　トリツ　チュウオウ　トショカン

東京都．建設局．総務課‖トウキョウト．ケンセツキョク．ソウムカ

（情報源の表示：東京都建設局総務部総務課）

該当するか否か明らかでないものは，下部組織，付属機関の名称のみを記録する。

a）「局」，「部」，「課」，「係」など組織下の区分を意味する語句（または他の言語で同様な語句）を含むもの

財務省．関税局‖ザイムショウ．カンゼイキョク

（情報源の表示：財務省関税局）

日本山岳会．東海支部‖ニホン　サンガクカイ．トウカイ　シブ

（情報源の表示：日本山岳会東海支部）

b）一般的な名称で他の組織の下部組織，付属機関とまぎらわしいもの

横浜市．衛生研究所‖ヨコハマシ．エイセイ　ケンキュウジョ

（情報源の表示：横浜市衛生研究所）

ヤクルト本社．中央研究所‖ヤクルトホンシャ．チュウオウ　ケンキュウジョ

（情報源の表示：株式会社ヤクルト本社中央研究所）

c）専門分野を表す語句と，団体の種類を表す語句のみから成るもの

アシックス．スポーツ工学研究所‖アシックス．スポーツ　コウガク　ケンキュウジョ

（正式名称：株式会社アシックススポーツ工学研究所）

d）単独では団体の名称であることが不明確なもの

歌舞伎町ルネッサンス推進協議会．歌舞伎町タウンマネージメント‖カブキチョウ　ルネッサンス　スイシン　キョウギカイ．カブキチョウ　タウン　マネージメント

（情報源の表示：歌舞伎町タウンマネージメント）

e）上部組織名の全体を含むもの

下部組織名，付属機関名としては，上部組織名を除いた部分のみを記録する。

多摩美術大学．美術館‖タマ　ビジュツダイガク．ビジュツカン

f）関係団体名

ある組織の下部組織，付属機関ではなく，関係団体としてその組織名の全体または一部を含む場合は，ピリオド，スペースで区切らない。

京大俳句会‖キョウダイ　ハイクカイ

（京都大学．俳句会または京都大学俳句会としない。）

含まれる団体がe）とf）のどちらに該当するか判断できない場合は，f）を適用する。

#8.1.4.3　合同機関

複数の団体の代表から成る合同機関は，その名称のみを記録する。

ただし，複数の団体が同一の上位組織に属し，かつ合同機関の名称だけでは識別が困難な場合は，#8.1.4.2を適用して上部組織の名称を記録し，ピリオド，スペースで区切って，合同機関の名称を続けて記録する。

＜#8.1.5～#8.1.7　各種の団体＞

#8.1.5　日本の団体

#8.1.5.1　国の行政機関

日本の国の行政機関は，その名称を記録する。

文部科学省‖モンブ　カガクショウ

東京高等検察庁‖トウキョウ　コウトウ　ケンサツチョウ

#8.1.5.1A　付属機関・出先機関

日本の国の行政機関の付属機関および出先機関は，その名称のみを記録する。

国土地理院||コクド　チリイン

札幌管区気象台||サッポロ　カンク　キショウダイ

ただし，その名称に組織下の区分を意味する語句を含むものや，一般的な名称のものなど，#8.1.4.2a)～e)に該当する場合は，所轄行政機関名の後に，ピリオド，スペースで区切って，その名称を続けて記録する。

経済産業省．近畿経済産業局||ケイザイ　サンギョウショウ．キンキ　ケイザイ　サンギョウキョク

#8.1.5.1B　在外公館

日本の在外公館（大使館，公使館，領事館，その他の常駐機関）は，国名「日本」を記録し，ピリオド，スペースで区切って，在外公館の名称を続けて記録する。

大使館または公使館の場合は，その所在国を丸がっこに入れて付加する。

日本．大使館（アメリカ合衆国）||ニホン．タイシカン（アメリカ　ガッシュウコク）

領事館またはその他の常駐機関の場合は，その所在都市および所在国を丸がっこに入れて付加する。

日本．総領事館（オーストラリア　パース）||ニホン．ソウリョウジカン（オーストラリア　パース）

#8.1.5.1C　国際団体・政府間機関への代表団

日本から国際団体，政府間機関，国際会議，国際プロジェクト等へ派遣した代表団，委員会等は，国名「日本」の後に，ピリオド，スペースで区切って，その名称を続けて記録する。代表団等の名称に含まれる「日本国政府」を意味する語句は省略するが，省略すると誤解をまねく場合は，この限りではない。

日本．欧州共同体代表部||ニホン．オウシュウ　キョウドウタイ　ダイヒョウブ

（情報源の表示：欧州共同体日本政府代表部）

代表団，委員会等の名称が判明しない場合は，「代表団」，「使節団」等と記録する。

同一の名称の他の代表団，委員会等と判別するために必要な場合は，派遣した国際団体等の名称を丸がっこに入れて付加する。

#8.1.5.2　国の立法機関および司法機関

日本の国の立法機関および司法機関は，その名称を記録する。

衆議院||シュウギイン

東京地方裁判所||トウキョウ　チホウ　サイバンショ

委員会などを含む下部組織は，機関名の後に，ピリオド，スペースで区切って，その名称を続けて記録する。

国立国会図書館．調査及び立法考査局||コクリツ　コッカイ　トショカン．チョウサ　オヨビ　リッポウ　コウサキョク

日本の国会の特定の会期を示す場合は，「国会」に回次と会期を丸がっこに入れて付加する。会期は年，月，日まで記録する。常会，臨時会，特別会の区別は記録しない。必要がある場合は，回次，会期の後に，ピリオド，スペースで区切って，衆議院と参議院のいずれかを記録する。

国会（第120回：1990年12月10日-1991年5月8日）．衆議院||コッカイ（ダイ120カイ：1990.12.10-1991.5.8）．シュウギイン

委員会などの国会の特定会期における下部組織は，その後にピリオド，スペースで区切って，その名称を続けて記録する。

#8.1.5.3　政府関係機関等

日本の政府関係機関等は，その名称を記録する。

沖縄振興開発金融公庫||オキナワ　シンコウ　カイハツ　キンユウ　コウコ

#8.1.5.4　地方自治体

日本の地方自治体（地方自治体に属する機関を含む）は，その名称を記録する。市役所（役場）等は，市等の名称を記録する。［#8.1.3.1.Db）を見よ。］

［地方自治体の上部組織は場所の名称と同一となるため，あわせて#12［略］を見よ。］

八王子市‖ハチオウジシ

（八王子市役所としない。）

東京都. 教育委員会‖トウキョウト. キョウイク　イインカイ

東京都の特別区および政令指定都市の行政区は，「東京都」または都市名を記録し，続けて特別区名，行政区名を記録する。

神戸市灘区‖コウベシ　ナダク

東京都港区. 議会‖トウキョウト　ミナトク. ギカイ

#8.1.5.5　その他の団体

日本のその他の団体は，#8.1.4～#8.1.4.3および次の規定に従って記録する。

#8.1.5.5 A　教育・研究組織

a）大学，学校等

大学，学校等は，その名称のみを記録する。

東北大学‖トウホク　ダイガク

柏陽高等学校‖ハクヨウ　コウトウ　ガッコウ

（神奈川県立柏陽高等学校としない。）

ただし，その名称のみで識別が困難な場合は，上部組織名の後に，ピリオド，スペースで区切って，その名称を続けて記録する。

宮城県. 第二女子高等学校‖ミヤギケン. ダイニ　ジョシ　コウトウ　ガッコウ

b）大学の学部等

大学の学部等は，大学名の後に，ピリオド，スペースで区切って，その名称を続けて記録する。

京都大学. 文学部‖キョウト　ダイガク. ブンガクブ

c）大学に付属または付置する機関

大学に付属または付置する学校，図書館，博物館，美術館，研究所，試験所（場），病院等は，その名称のみを記録する。

會津八一記念博物館‖アイズ　ヤイチ　キネン　ハクブツカン

（情報源の表示：早稲田大学會津八一記念博物館）

ただし，その名称のみで識別が困難な場合は，大学名の後に，ピリオド，スペースで区切って続けて記録する。

早稲田大学. 演劇博物館‖ワセダ　ダイガク. エンゲキ　ハクブツカン

（情報源の表示：早稲田大学坪内博士記念演劇博物館）

d）大学共同利用機関

大学共同利用機関は，その名称のみを記録する。また，大学共同利用機関の研究施設も，その名称のみを記録する。

高エネルギー加速器研究機構‖コウエネルギー　カソクキ　ケンキュウ　キコウ

e）大学，学校等以外の教育・研究組織

大学，学校等以外の教育・研究組織は，独立した名称の組織の場合は，その名称のみを記録する。他の団体の下部組織，付属機関，合同機関である場合は，#8.1.4.2，#8.1.4.3に従って，その名称を記録する。

福島県立図書館‖フクシマ　ケンリツ　トショカン

西宮市. 教育文化センター‖ニシノミヤシ. キョウイク　ブンカ　センター

（西宮市の下部組織）

鳥取県人権文化センター‖トットリケン　ジンケン　ブンカ　センター

（鳥取県の下部組織ではなく，公益社団法人）

#8.1.6　外国の団体

#8.1.6.1　国の機関

外国の国の機関は，国名の後に，ピリオド，スペースで区切って，その名称を続けて記録する。

［国名については，#12.1［略］を見よ。］

中華人民共和国．国家知識産権局 || チュウカジンミン　キョウワコク．コッカ　チシキサンケンキョク

イギリス．運輸省 || イギリス．ウンユショウ

国家元首，行政主体の統治者，政府機関の代表等の官職による優先名称は採用せず，＃6に従って，個人の名称として扱う。

#8.1.6.1 A　在外公館

一国を代表する在外公館（大使館，領事館，公使館，その他の常駐機関）は，国名の後に，ピリオド，スペースで区切って，大使館等の名称を続けて記録する。

大使館または公使館の場合は，その所在国を丸がっこに入れて付加する。

領事館またはその他の常駐機関の場合は，その所在都市および所在国を丸がっこに入れて付加する。

在外公館の名称から国名は省略する。

オーストラリア．大使館（インドネシア）|| オーストラリア．タイシカン（インドネシア）

#8.1.6.1 B　国際団体・政府間機関への代表団

一国から国際団体，政府間機関，国際会議，国際プロジェクト等へ派遣した代表団，委員会等は，国名の後に，ピリオド，スペースで区切って，その名称を続けて記録する。代表団，委員会等の名称からは名詞形の国名（政府名またはその略称）は省略するが，省略によって誤解をまねく場合はその限りではない。

代表団，委員会等の名称が判明しない場合は，「Delegation」，「Mission」または「代表団」，「使節団」等と記録する。

同一の名称の他の代表団，委員会等と判別するために必要な場合は，派遣した国際団体等の名称を付加する。このとき，付加する国際団体等の名称は，その団体の優先名称の言語および形で記録する。

#8.1.6.2　地方政府・自治体

外国の地方政府・自治体（地方政府・自治体に属する機関を含む）は，該当する市町村名や上位の地方政府・自治体名を，#12［略］に従って記録する。

地方政府・自治体の下部組織については，#8.1.4.2に従って記録する。

福建省 || フッケンショウ

ニューヨーク

（ニューヨーク市とはしない。）

ニューヨーク州 || ニューヨークシュウ

#8.1.6.3　その他の団体

外国のその他の団体は，#8.1.4～#8.1.4.3および次の規定に従って記録する。

#8.1.6.3 A　教育・研究組織

a）大学，学校等

大学，学校等は，その名称のみを記録する。

University of Florida

ミシガン大学 || ミシガン　ダイガク

b）大学の学部等

大学の学部等は，大学名の後に，ピリオド，スペースで区切って，その名称を続けて記録する。

北京大学．法学院 || ペキン　ダイガク．ホウガクイン

c）大学に付属または付置する機関

大学に付属または付置する学校，図書館，博物館，美術館，研究所，試験所（場），病院等は，その名称のみを記録する。ただし，その名称のみでは識別が困難な場合は，大学名の後に，ピリオド，スペースで区切って，その名称を続けて記録する。

上海财经大学．公共政策研究中心

d）大学，学校等以外の教育・研究組織

大学，学校等以外の教育・研究組織は，独立した名称の組織の場合は，その名称のみを記録する。他の団体の下部組織，付属

機関，合同機関である場合は，#8.1.4.2，#8.1.4.3に従って，その名称を記録する。

メトロポリタン美術館||メトロポリタン　ビジュツカン

#8.1.7　国際団体

国際的に組織された連盟，学会，協会等に，複数の言語による名称がある場合は，優先名称として選択した名称のみを記録する。

下部組織，付属機関である場合は，#8.1.4.2に従って記録する。

国際団体の優先名称に慣用形を選択した場合は，その名称のみを記録する。

国際連合||コクサイ　レンゴウ

経済協力開発機構||ケイザイ　キョウリョク　カイハツ　キコウ

#8.2　団体の異形名称

団体の異形名称は，団体の名称のエレメント・サブタイプである。

#8.2.1　記録の範囲

団体の優先名称として選択しなかった名称を，異形名称として記録することができる。また，優先名称として選択した名称の異なる形も，異形名称として記録することができる。

#8.2.2　情報源

団体の異形名称の情報源には，団体と結びつく資料および（または）参考資料を採用する。

#8.2.3　記録の方法

団体の異形名称は，#8.0.3および次の規定に従って記録する。その読みを記録する場合は，#8.1.4A～#8.1.4Cを適用して記録する。

#8.2.3A　異なる言語の名称

団体の名称に複数の言語による形がある場合は，優先名称として選択しなかった言語の名称を，異形名称として記録する。

Food and Agriculture Organization of the United Nations

（優先名称：国際連合食糧農業機関||コクサイ　レンゴウ　ショクリョウ　ノウギョウ　キカン）

国際連合||コクサイ　レンゴウ

（優先名称：United Nations）

#8.2.3B　異なる形

団体の優先名称として選択した名称と異なる形を記録する。次のような場合がある。

a）詳細度が異なる形

①展開形

冬生活総合研究所||フユ　セイカツ　ソウゴウ　ケンキュウジョ

（優先名称：冬総研||フユソウケン）

②略称形

経団連||ケイダンレン

（優先名称：経済団体連合会||ケイザイ　ダンタイ　レンゴウカイ）

b）文字種が異なる形

ゆめ俳句会||ユメ　ハイクカイ

（優先名称：夢俳句会||ユメ　ハイクカイ）

c）数の表記が異なる形

101会||イチマルイチカイ

（優先名称：一〇一会||イチマルイチカイ）

d）綴り，翻字，漢字の字体が異なる形

国学院大学||コクガクイン　ダイガク

（優先名称：國學院大學||コクガクイン　ダイガク）

e）読みのみ異なる形

雲母書房||ウンモ　ショボウ

（優先名称：雲母書房||キララ　ショボウ）

f）優先名称に含まない上部組織名，中間組織名，関係団体名をも含む形

東京都．建設局．河川部||トウキョウト．ケンセツキョク．カセンブ

（優先名称：東京都．河川部||トウキョウト．カセンブ）

早稲田大学．會津八一記念博物館||ワセダ　ダイガク．アイズ　ヤイチ　キネン　ハクブツカン

（優先名称：會津八一記念博物館||アイズ

ヤイチ　キネン　ハクブツカン）

g）その他

阪神・淡路大震災記念人と防災未来センター‖ハンシン　アワジ　ダイシンサイ　キネン　ヒト　ト　ボウサイ　ミライ　センター

（優先名称：人と防災未来センター‖ヒト　ボウサイ　ミライ　センター）

＜#8.3～#8.7　名称以外の識別要素＞

#8.3　団体と結びつく場所

団体と結びつく場所は，エレメントである。

団体と結びつく場所は，会議，大会，集会等では，コア・エレメントである。その他の団体では，同一名称の他の団体と判別するために必要な場合は，コア・エレメントである。

#8.3.1　記録の範囲

団体と結びつく場所には，会議，大会，集会等の開催地や団体の本部所在地（または団体の活動地）などがある。

団体と結びつく場所は，その団体に対する統制形アクセス・ポイントの一部として，または独立したエレメントとして，あるいはその双方として記録する。［#28.1.2，#28.2を見よ。］

#8.3.1.1　エレメント・サブタイプ

団体と結びつく場所には，次のエレメント・サブタイプがある。

a）会議，大会，集会等の開催地

b）団体と結びつくその他の場所

#8.3.2　情報源

団体と結びつく場所は，どの情報源に基づいて記録してもよい。

#8.3.3　記録の方法

団体と結びつく場所は，#12［略］に従って記録する。

#8.3.3.1　会議，大会，集会等の開催地

会議，大会，集会等の開催地は，団体と結びつく場所のエレメント・サブタイプである。

会議，大会，集会等の開催地は，コア・エレメントである。

会議，大会，集会等が開催された地名を記録する。

長野県

（優先名称：オリンピック冬季競技大会‖オリンピック　トウキ　キョウギ　タイカイ）

ただし，開催地よりも関係団体［#8.4］の名称を記録する方が識別に役立つ場合，または開催地が不明であるか容易に確認できない場合は，開催地に代えて関係団体の名称を記録する。

オンラインで開催された会議は，「オンライン」または「Online」と記録する。

［典拠形アクセス・ポイントの一部となる場合は，#28.1.7を見よ。］

#8.3.3.1.1　複数の開催地

会議，大会，集会等が複数の場所で開催された場合は，すべての開催地の名称を記録する。開催地の代わりに関係団体を記録する場合も，すべての開催団体の名称を記録する。

東京都；神奈川県；埼玉県；千葉県；長野県

（優先名称：オリンピック夏季競技大会‖オリンピック　カキ　キョウギ　タイカイ）

#8.3.3.2　団体と結びつくその他の場所

団体と結びつくその他の場所は，団体と結びつく場所のエレメント・サブタイプである。

団体と結びつくその他の場所は，同一名称の他の団体と判別するために必要な場合は，コア・エレメントである。

団体と関係する場所やその本部所在地について，国，地方政府・自治体の名称，またはそれらの行政区分より下位の地名から，適切なものを記録する。

東京都中野区

（優先名称：クレア）

団体の存続期間中に地名が変化した場合は，存続期間中の最も新しい地名を記録する。

#8.4　関係団体

関係団体は，エレメントである。

関係団体は，会議，大会，集会等の開催地より識別に役立つ場合，または開催地が不明または容易に確認できない場合は，コア・エレメントである。団体の本部所在地等より識別に役立つ場合，または本部所在地等が不明または容易に確認できない場合は，同一名称の他の団体と判別するために必要であれば，コア・エレメントである。

#8.4.1　記録の範囲

関係団体は，その団体に密接な関連がある他の団体である。

関係団体は，その団体に対する統制形アクセス・ポイントの一部として，または独立したエレメントとして，あるいはその双方として記録する。［#28.1.3，#28.2を見よ。］

#8.4.2　情報源

関係団体は，どの情報源に基づいて記録してもよい。

#8.4.3　記録の方法

関係団体は，それ自体の優先名称または優先名称として選択すべき形の名称を記録する。

> 東京学芸大学
>
> （「社会科教育研究会‖シャカイカ　キョウイク　ケンキュウカイ」（優先名称）の関係団体の優先名称）

#8.5　団体と結びつく日付

団体と結びつく日付は，エレメントである。

団体と結びつく日付のうち，会議，大会，集会等の開催年は，コア・エレメントである。設立年および（または）廃止年は，同一名称の他の団体と判別するために必要な場合は，コア・エレメントである。設立年および廃止年がともに不明であれば，団体の活動期間は，同一名称の他の団体と判別するために必要な場合は，コア・エレメントである。

#8.5.1　記録の範囲

団体と結びつく日付には，設立年，廃止年，活動期間，会議，大会，集会等の開催年がある。

団体と結びつく日付は，その団体に対する統制形アクセス・ポイントの一部として，または独立したエレメントとして，あるいはその双方として記録する。［#28.1.4，#28.2を見よ。］

#8.5.1.1　エレメント・サブタイプ

団体と結びつく日付には，次のエレメント・サブタイプがある。

a）設立年
b）廃止年
c）団体の活動期間
d）会議，大会，集会等の開催年

#8.5.2　情報源

団体と結びつく日付は，どの情報源に基づいて記録してもよい。

#8.5.3　記録の方法

団体と結びつく日付は，原則としてその西暦年をアラビア数字で記録する。

推定年の場合は，「？」を付加して記録する。推定年では，2年間のいずれか不明な場合に二つの年を「または」または「or」で続けて記録することも，おおよその年のみが判明している場合に「頃」または「approximately」を付して記録することもできる。

#8.5.3.1　設立年

設立年は，団体と結びつく日付のエレメント・サブタイプである。

設立年は，同一名称の他の団体と判別するために必要な場合は，コア・エレメントである。

団体が設立された年を記録する。

複数の政府が（例えば，占領，内乱などによって）同一地域の主権を主張している場合は，それぞれの政府の設立年を記録する。

> 1868
>
> 2003？

#8.5.3.2　廃止年

廃止年は，団体と結びつく日付のエレメント・サブタイプである。

廃止年は，同一名称の他の団体と判別するために必要な場合は，コア・エレメントである。

団体が廃止された年または活動を終了した年を記録する。

複数の政府が(例えば，占領，内乱などによって）同一地域の主権を主張している場合は，それぞれの政府の廃止年を記録する。

1998

2008または2009

#8.5.3.3　団体の活動期間

団体の活動期間は，団体と結びつく日付のエレメント・サブタイプである。

団体の活動期間は，同一名称の他の団体と判別するために必要な場合は，コア・エレメントである。

団体の活動が判明している期間を記録する。

活動していることが判明している最古年と最新年を，ハイフンで結んで記録する。活動期間を年で示せない場合は，その団体が活動していた世紀を記録する。

19世紀

1998-2014

#8.5.3.4　会議，大会，集会等の開催年

会議，大会，集会等の開催年は，団体と結びつく日付のエレメント・サブタイプである。

会議，大会，集会等の開催年は，コア・エレメントである。

会議，大会，集会等の開催された西暦年をアラビア数字で記録する。開催期間が2年以上にわたる場合は，ハイフンで結んで記録する。日本の会議，大会，集会等の場合は，必要に応じて「年度」または「FY」として記録することができる。

1998

（優先名称：オリンピック冬季競技大会‖オリンピック　トウキ　キョウギ　タイカイ）

同年に同一名称で開催された複数の会議，大会，集会等を判別する必要がある場合は，特定の日付を記録する。日付は年，月，日の順に，月を示す語を英語等とする場合は，間をスペースで区切って，アラビア数字のみの場合はピリオド，スペースで区切って続けて記録する。

2017.4.14

（優先名称：全国知事会議）

［典拠形アクセス・ポイントの一部となる場合は，#28.1.7を見よ。］

#8.6　会議，大会，集会等の回次

会議，大会，集会等の回次は，エレメントである。

会議，大会，集会等の回次は，コア・エレメントである。

#8.6.1　記録の範囲

会議，大会，集会等の回次は，一連の会議，大会，集会等の番号付けである。

会議，大会，集会等の回次は，その団体に対する統制形アクセス・ポイントの一部として，または独立したエレメントとして，あるいはその双方として記録する。

［典拠形アクセス・ポイントの一部となる場合は，#28.1.7を見よ。］

#8.6.2　情報源

会議，大会，集会等の回次は，どの情報源に基づいて記録してもよい。

#8.6.3　記録の方法

データ作成機関で定める言語における標準的な序数を示す形式で記録する。日本語で記録する場合は，「第」を省略せず，数はアラビア数字で記録する。

第18回

（優先名称：オリンピック冬季競技大会‖オリンピック　トウキ　キョウギ　タイカイ）

#8.7　その他の識別要素

その他の識別要素は，エレメントである。

その他の識別要素は，団体の名称であることが不明確な優先名称である場合は，コア・エレメントである。その他の場合は，同一名称の他の団体と判別するために必要なときに，コア・

エレメントである。

#8.7.0　通則

#8.7.0.1　記録の範囲・情報源

#8.7.0.1.1　記録の範囲

その他の識別要素は，#8.3～#8.6で規定した要素以外の団体の名称と結びつく情報である。

#8.7.0.1.1.1　エレメント・サブタイプ

その他の識別要素には，次のエレメント・サブタイプがある。

a）団体の種類

b）行政区分を表す語

c）その他の識別語句

#8.7.0.1.2　情報源

その他の識別要素は，どの情報源に基づいて記録してもよい。

#8.7.0.2　記録の方法

#8.7.1.2～#8.7.3.2に従って記録する。

#8.7.1　団体の種類

団体の種類は，その他の識別要素のエレメント・サブタイプである。

団体の種類は，団体の名称であることが不明確な優先名称である場合は，コア・エレメントである。その他の場合は，同一名称の他の団体と判別するために必要なときに，コア・エレメントである。

#8.7.1.1　記録の範囲

団体の種類には，団体であることを示す総称的な語句，または団体の種類を具体的に示す語句がある。団体の種類は，その団体に対する統制形アクセス・ポイントの一部として，または独立したエレメントとして，あるいはその双方として記録する。［#28.1.1，#28.2を見よ。］

#8.7.1.2　記録の方法

団体の種類は，データ作成機関で定める言語で適切な語句を記録する。データ作成機関で定める言語に適切な語句がないか判断できない場合は，その団体が公式に使用する言語で記録する。

団体

会社

教会

ラジオ局

#8.7.2　行政区分を表す語

行政区分を表す語は，その他の識別要素のエレメント・サブタイプである。

行政区分を表す語は，同一名称の他の団体と判別するために必要な場合は，コア・エレメントである。

#8.7.2.1　記録の範囲

行政区分を表す語は，市町村名やそれより上位の地方政府・自治体名に含まれる行政区分を表す語（「State」，「City」など）である。

優先名称に行政区分を表す語を含まない場合は，識別要素として用いる（例えば，州の優先名称「New York」における識別要素としての行政区分を表す語「State」）。

優先名称に行政区分を表す語を含む場合は，識別要素としては扱わない（例えば，市の優先名称「富山市」にはすでに行政区分を表す語「市」が含まれている）。

行政区分を表す語は，その団体に対する統制形アクセス・ポイントの一部として，または独立したエレメントとして，あるいはその双方として記録する。［#28.1.5，#28.2を見よ。］

#8.7.2.2　記録の方法

行政区分を表す語は，データ作成機関で定める言語で記録する。データ作成機関で定める言語に適切な語句がないか判断できない場合は，その団体が公式に使用する言語で記録する。

City

County

Province

State

#8.7.3　その他の識別語句

その他の識別語句は，その他の識別要素のエレメント・サブタイプである。

その他の識別語句は，団体の名称であることが不明確な優先名称である場合に，団体の種類を記録しないときは，コア・エレメントである。その他の場合は，同一名称の他の団体と判別するために必要なときに，コア・エレメントである。

#8.7.3.1　記録の範囲

その他の識別語句は，団体と結びつく場所[#8.3]，関係団体[#8.4]，団体と結びつく日付[#8.5]，団体の種類［#8.7.1]，行政区分を表す語［#8.7.2］では，同一名称の他の団体と判別するために不十分な場合に用いる情報である。その他の識別語句には，複数の政府が（例えば，占領，内乱などによって）同一地域の主権を主張している場合の政府のタイプを示す語句，その他の情報を示す語句をも含む。

その他の識別語句は，その団体に対する統制形アクセス・ポイントの一部として，または独立したエレメントとして，あるいはその双方として記録する。[#28.1.6，#28.2を見よ。]

#8.7.3.2　記録の方法

その他の識別語句は，データ作成機関で定める言語で適切な語句を記録する。

サッカー
（優先名称：ワールドカップ‖ワールドカップ）

団体の優先名称からそれが団体の名称であることが不明確であり，かつ団体の種類を記録しない場合は，適切な語句を記録する。

<#8.8～#8.16　説明・管理要素>

#8.8　団体の言語

団体の言語は，エレメントである。

#8.8.1　記録の範囲

団体の言語は，団体がコミュニケーションに使用する言語である。

団体の言語は，独立したエレメントとして記録し，その団体に対する統制形アクセス・ポイントの一部としては記録しない。

#8.8.2　情報源

団体の言語は，どの情報源に基づいて記録してもよい。

#8.8.3　記録の方法

団体がコミュニケーションに使用する言語を，データ作成機関で定める用語で記録する。言語の名称の適切なリストが利用可能ならば，そのリストから選択する。

#8.9　アドレス

アドレスは，エレメントである。

#8.9.1　記録の範囲

アドレスは，団体の本部所在地または所在地の住所および（または）電子メールまたはインターネットのアドレスである。

アドレスは，独立したエレメントとして記録し，その団体に対する統制形アクセス・ポイントの一部としては記録しない。

#8.9.2　情報源

アドレスは，どの情報源に基づいて記録してもよい。

#8.9.3　記録の方法

団体の活動している場所の住所および（または）電子メールまたはインターネットのアドレスは，表示されているもの全体を記録する。

#8.10　活動分野

活動分野は，エレメントである。

#8.10.1　記録の範囲

活動分野は，団体が従事している業務等の分野および（または）権限，責任，主権等を有している領域である。

活動分野は，独立したエレメントとして記録し，その団体に対する統制形アクセス・ポイントの一部としては記録しない。

#8.10.2　情報源

活動分野は，どの情報源に基づいて記録してもよい。

#8.10.3　記録の方法

団体が従事している分野および（または）権限，責任，主権等を有している領域を示す用語を記録する。

#8.11　沿革

沿革は，エレメントである。

#8.11.1　記録の範囲

沿革は，団体の歴史に関する情報である。

沿革は，独立したエレメントとして記録し，その団体に対する統制形アクセス・ポイントの一部としては記録しない。

#8.11.2　情報源

沿革は，どの情報源に基づいて記録してもよい。

#8.11.3　記録の方法

団体の歴史に関する情報を記録する。

それが適切な場合は，特定の識別要素に結びつく情報をも，沿革として記録する。

#8.12　団体の識別子

団体の識別子は，エレメントである。

団体の識別子は，コア・エレメントである。

#8.12.1　記録の範囲

団体の識別子は，団体または団体に代わる情報（典拠レコードなど）と結びつく一意の文字列である。識別子は，団体を他の団体と判別するために有効である。

#8.12.2　情報源

団体の識別子は，どの情報源に基づいて記録してもよい。

#8.12.3　記録の方法

団体の識別子を，容易に確認できる場合は，識別子付与に責任を有する機関等の名称または識別可能な語句に続けて記録する。

　　国立国会図書館典拠 ID：00267599
　　（日本図書館協会の国立国会図書館の典拠ID）

#8.13　使用範囲

使用範囲は，エレメントである。

#8.13.1　記録の範囲

使用範囲は，団体の優先名称とした名称が結びつく著作のタイプや形式である。

#8.13.2　情報源

使用範囲は，どの情報源に基づいて記録してもよい。

#8.13.3　記録の方法

団体の優先名称となった名称の使用範囲に関する情報を記録する。

#8.14　確定状況

確定状況は，エレメントである。

#8.14.1　記録の範囲

確定状況は，団体を識別するデータの確定の程度を示す情報である。

#8.14.2　情報源

確定状況は，どこから判断してもよい。

#8.14.3　記録の方法

確定状況は，次のいずれかの該当する条件に対応した用語を記録する。

a）確立

　団体に対する典拠形アクセス・ポイントとして，データが十分な状態にある場合は，「確立」または「fully established」と記録する。

b）未確立

　団体に対する典拠形アクセス・ポイントとして，データが不十分な状態にある場合は，「未確立」または「provisional」と記録する。

c）暫定

　資料自体を入手できず，体現形の記述から採用した場合は，「暫定」または「preliminary」と記録する。

#8.15　出典

出典は，エレメントである。

#8.15.1　記録の範囲

出典は，団体の名称または名称以外の識別要素を決定する際に使用した情報源である。

#8.15.2　情報源

出典は，どの情報源に基づいて記録してもよい。

#8.15.3　記録の方法

団体の優先名称または異形名称を決定する際に使用した情報源を記録し，簡略な説明を付す。

情報源内の情報を発見した箇所を特定できるように記録する。

優先名称を決定する際に役に立たなかった情報源についても，「情報なし」または「No information found」と付加して記録する。

名称以外の識別要素については，必要に応じてその情報源を記録する。

#8.16　データ作成者の注記

データ作成者の注記は，エレメントである。

データ作成者の注記は，団体に対する典拠形アクセス・ポイントを使用または更新するデータ作成者にとって，または関連する個人・家族・団体に対する典拠形アクセス・ポイントを構築する者に役立つ説明である。

必要に応じて，次のような注記を記録する。

a）典拠形アクセス・ポイントの構築に適用する，特定の規定に関する注記

b）優先名称の選択，典拠形アクセス・ポイントの形等の根拠に関する注記

c）典拠形アクセス・ポイントの使用を限定する注記

d）類似の名称をもつ個人・家族・団体と判別するための注記

e）その他の重要な情報を説明する注記

第12章　場所　［略］

第21章　アクセス・ポイントの構築総則

#21.0　通　則

アクセス・ポイントは，書誌データおよび典拠データの検索に使用される。アクセス・ポイントには，統制形アクセス・ポイントと非統制形アクセス・ポイントとがある。

#21.1　統制形アクセス・ポイント

統制形アクセス・ポイントは，典拠コントロールの対象であり，一群の資料に関するデータを集中するために必要な一貫性をもたらす。統制形アクセス・ポイントには，典拠形アクセス・ポイントと異形アクセス・ポイントとがある。

典拠形アクセス・ポイントは，著作，表現形(，体現形，個別資料)，個人・家族・団体(，概念，物，出来事および場所）という実体の優先名称（または優先タイトル）を基礎として構築する。

異形アクセス・ポイントは，それらの各実体の優先名称（著作と表現形については優先タイトル）または異形名称（著作と表現形については異形タイトル）を基礎として構築する。さらに，アクセスに重要な場合は，その他の形でも構築することができる。

#21.1.1　機能

典拠形アクセス・ポイントは，次の機能を備える。

a）特定の実体を発見，識別する手がかりとなる。

b）特定の実体と関連する資料を発見する手がかりとなる。

c）特定の実体を主題とする資料を発見する手がかりとなる。

d）特定の実体と関連する他の実体を発見する手がかりとなる。

以上の機能を満たすため，特定の実体に対する典拠形アクセス・ポイントは，他の実体に対する典拠形アクセス・ポイントと明確に判別される必要がある。

異形アクセス・ポイントは，特定の実体を典拠形アクセス・ポイントとは異なる形から発見する手がかりとなる機能を備える。利用者が検索すると推測される形で構築する必要がある。

#21.1.2　種類

統制形アクセス・ポイントには，次の種類がある。

a）著作に対する典拠形アクセス・ポイント［#22.1を見よ。］
b）著作に対する異形アクセス・ポイント［#22.2を見よ。］
c）表現形に対する典拠形アクセス・ポイント［#23.1を見よ。］
d）表現形に対する異形アクセス・ポイント［#23.2を見よ。］
e）体現形に対する典拠形アクセス・ポイント［#24：保留］
f）体現形に対する異形アクセス・ポイント［#24：保留］
g）個別資料に対する典拠形アクセス・ポイント［#25：保留］
h）個別資料に対する異形アクセス・ポイント［#25：保留］
i）個人に対する典拠形アクセス・ポイント［#26.1を見よ。］
j）個人に対する異形アクセス・ポイント［#26.2を見よ。］
k）家族に対する典拠形アクセス・ポイント［#27.1［略］を見よ。］
l）家族に対する異形アクセス・ポイント［#27.2［略］を見よ。］
m）団体に対する典拠形アクセス・ポイント［#28.1を見よ。］
n）団体に対する異形アクセス・ポイント［#28.2を見よ。］
o）概念に対する典拠形アクセス・ポイント［#29：保留］
p）概念に対する異形アクセス・ポイント［#29：保留］
q）物に対する典拠形アクセス・ポイント［#30：保留］
r）物に対する異形アクセス・ポイント［#30：保留］
s）出来事に対する典拠形アクセス・ポイント［#31：保留］
t）出来事に対する異形アクセス・ポイント［#31：保留］
u）場所に対する典拠形アクセス・ポイント［#32：保留］
v）場所に対する異形アクセス・ポイント［#32：保留］

#21.1.3　統制形アクセス・ポイントの構築

a）著作に対する典拠形アクセス・ポイント

優先タイトルをその基礎とし，必要な場合は創作者に対する典拠形アクセス・ポイントを結合し，さらに必要に応じて著作のタイトル以外の識別要素を付加して構築する。［#22.1を見よ。］

今昔物語‖コンジャク　モノガタリ

紫式部‖ムラサキ　シキブ．源氏物語‖ゲンジ　モノガタリ

森，鴎外‖モリ，オウガイ，1862-1922．全集‖ゼンシュウ

b）著作に対する異形アクセス・ポイント

優先タイトルまたは異形タイトルをその基礎とし，典拠形アクセス・ポイントと同様にして構築する。ほかに，優先タイトルと，著作に対する典拠形アクセス・ポイントを構築する際に用いなかった識別要素を結合した形で構築することもある。さらに，アクセスに重要な場合は，その他の形でも構築することができる。［#22.2を見よ。］

今昔物語集‖コンジャク　モノガタリシュウ

c）表現形に対する典拠形アクセス・ポイント

著作に対する典拠形アクセス・ポイント

に，表現形の識別要素を付加して構築する。
［#23.1を見よ。］

森，鴎外||モリ，オウガイ，1862-1922.
全集||ゼンシュウ．1923

d）表現形に対する異形アクセス・ポイント

著作に対する典拠形アクセス・ポイントに，表現形に対する典拠形アクセス・ポイントを構築する際に用いた識別要素以外の識別要素を付加して構築する。著作の異形タイトルと創作者の典拠形アクセス・ポイントを結合した形で構築することもある。
［#23.2を見よ。］

森，鴎外||モリ，オウガイ，1862-1922.
全集||ゼンシュウ．岩波書店

e）個人・家族・団体に対する典拠形アクセス・ポイント

優先名称をその基礎とし，必要に応じて名称以外の識別要素を付加して構築する。
［#26.1，#27.1［略］，#28.1を見よ。］

金子，みすゞ||カネコ，ミスズ，1903-1930

f）個人・家族・団体に対する異形アクセス・ポイント

優先名称または異形名称をその基礎とし，典拠形アクセス・ポイントと同様にして構築する。［#26.2，#27.2［略］，#28.2を見よ。］

金子，テル||カネコ，テル，1903-1930

#21.1.3.1　識別要素の区切り記号

統制形アクセス・ポイントの構築において，各識別要素の間は，データ作成機関で定める区切り記号法によって連結する。

安部，公房||アベ，コウボウ，1924-1993
オリンピック冬季競技大会||オリンピック　トウキ　キョウギ　タイカイ（第18回：1998：長野県）

#21.2　非統制形アクセス・ポイント

非統制形アクセス・ポイントは，典拠コントロールの対象とならないアクセス・ポイントの総称である。非統制形アクセス・ポイントは，書誌データおよび典拠データにおいて，名称，タイトル，コード，キーワード等として現れることがある。

#21.2.1　機能

非統制形アクセス・ポイントは，特定の実体を発見する手がかりとなることがある。また，実体の識別に役立つことがある。

第22章　著作

#22.0　通　則

#22.0.1　機能

著作に対する典拠形アクセス・ポイントは，次の機能を備える。

a）特定の著作を発見する手がかりとなる。
- 1著作に対して異なるタイトルをもつ複数の体現形が存在するとき，各体現形が1著作に属することを識別できる。
- 著作の一般に知られているタイトルと体現形の本タイトルが異なるとき，著作を識別できる。
- 同一タイトルをもつ複数の著作が存在するとき，各著作を判別できる。

b）特定の著作と関連する資料を発見する手がかりとなる。
- 1著作に対して複数の表現形，複数の体現形などが存在するとき，それらを体系的に把握できる。
- 特定の著作と他の著作やその表現形との関連を理解できる。

c）特定の著作と関連する個人・家族・団体を発見する手がかりとなる。

d）特定の著作を主題とする資料を発見する手がかりとなる。

以上の機能を満たすため，特定の著作に対する典拠形アクセス・ポイントは，他の著作に対する典拠形アクセス・ポイントと明確に判別される必要がある。

異形アクセス・ポイントは，特定の著作を典拠形アクセス・ポイントとは異なる形から発見する手がかりとなる機能を備える。利用者が検索すると推測される形で構築する必要がある。

#22.0.2　著作の識別に影響を与える変化

a）著作に対する新規の記述を作成する場合
著作に対する典拠形アクセス・ポイントを新たに構築する。

b）著作に対する従来の記述を更新する場合
著作に対する典拠形アクセス・ポイントを更新する。従来の典拠形アクセス・ポイントは，異形アクセス・ポイントとして記録する。

#22.1　著作に対する典拠形アクセス・ポイントの構築

著作に対する典拠形アクセス・ポイントは，#22.1.1～#22.1.6に従って，原著作に対して，または原著作など既存の著作から派生した新しい著作に対して構築する。著作の部分に対する典拠形アクセス・ポイントは，#22.1.7に従って，著作の集合に対する典拠形アクセス・ポイントは，#22.1.8に従って構築する。

法令等に対する典拠形アクセス・ポイントは，#22.3［略］に従って，音楽作品に対する典拠形アクセス・ポイントは，#22.5［略］に従って構築する。

#22.1A　典拠形アクセス・ポイントの形

著作に対する典拠形アクセス・ポイントは，優先タイトルを基礎として構築する。

その形には，優先タイトルと創作者（個人・家族・団体）に対する典拠形アクセス・ポイントを結合した形と，優先タイトル単独の形とがある。前者を結合形，後者を単独形とよぶ。いずれについても，必要に応じて識別要素を付加する。［#22.1.6を見よ。］

ただし，法令等に対する典拠形アクセス・ポイント［#22.3［略］］の一部に，優先タイトルと非創作者に対する典拠形アクセス・ポイントを結合した形がある。

a）結合形（優先タイトルと創作者（個人・家族・団体）に対する典拠形アクセス・ポイントの結合順序は，規定しない。）

紫式部||ムラサキ　シキブ．源氏物語||ゲンジ　モノガタリ
（創作者に対する典拠形アクセス・ポイント，優先タイトルの順に結合する場合の例）

b）単独形

今昔物語||コンジャク　モノガタリ
千一夜物語||センイチヤ　モノガタリ

［創作者に対する典拠形アクセス・ポイントについては，#26～#28［#27は省略］を見よ。］

#22.1B　一貫しない創作者の名称の扱い

著作に責任を有する創作者（個人・家族・団体）が複数の名称を使い分けているが，当該著作に対しては使用する名称が一貫していない場合は，当該著作の体現形に最も多く見られる名称に対する典拠形アクセス・ポイントを用いる。

当該著作を具体化した体現形に最も多く見られる名称を容易に決定できない場合は，当該著作を具体化した体現形のうち，データ作成機関が入手した最新の資料に現れた名称に対する典拠形アクセス・ポイントを用いる。

<#22.1.1～#22.1.5　著作と創作者との関連の形態>

#22.1.1　単一の創作者による著作

単一の創作者（個人・家族・団体）が創作した著作については，次の要素の結合形で典拠形アクセス・ポイントを構築する。

a）創作者（個人・家族・団体）に対する典拠形アクセス・ポイント（#26～#28のうち該当する規定を適用）［#27は省略］

b）著作の優先タイトル

野坂，昭如||ノサカ，アキユキ，1930-2015．火垂るの墓||ホタル　ノ　ハカ

大槻，文彦‖オオツキ，フミヒコ，1847-1928．大言海‖ダイゲンカイ

#22.1.1A　団体を創作者とみなす著作

団体を創作者とみなす著作については，優先タイトルと団体に対する典拠形アクセス・ポイントの結合形で構築する。団体を創作者とみなすのは，団体に由来するか，団体が責任刊行したか，または責任刊行させた著作で，次のいずれかに該当するものである。

a）団体の管理的な性格の著作

①内部方針，手続き，財政，運用

名古屋穀物砂糖取引所‖ナゴヤ　コクモツ　サトウ　トリヒキジョ．定款及び諸規程‖テイカン　オヨビ　ショキテイ

②役員，職員，会員（例：名簿）

日本公認会計士協会‖ニホン　コウニン　カイケイシ　キョウカイ．役員名簿‖ヤクイン　メイボ

③資源（例：目録，財産目録）

三重県立図書館‖ミエ　ケンリツ　トショカン．国書漢籍蔵書目録‖コクショ　カンセキ　ゾウショ　モクロク

④沿革（例：社史）

大正製薬株式会社‖タイショウ　セイヤク　カブシキ　ガイシャ．大正製薬百年史‖タイショウ　セイヤク　ヒャクネンシ

b）団体の集団的意思を記録した著作（例：委員会や審議会などの報告，対外政策に関する立場を示した公式見解，白書，規格）

日本図書館協会．図書館の自由に関する調査委員会‖ニホン　トショカン　キョウカイ．トショカン　ノ　ジユウ　ニ　カンスル　チョウサ　イインカイ．収集方針と図書館の自由‖シュウシュウ　ホウシン　ト　トショカン　ノ　ジユウ

c）団体の集団的活動を報告した著作

①会議（例：議事録，予稿集）

那覇市．議会‖ナハシ．ギカイ．那覇市議会会議録‖ナハシ　ギカイ　カイギロク

②調査団・視察団（例：調査報告）

石見銀山歴史文献調査団‖イワミ　ギンザン　レキシ　ブンケン　チョウサダン．石見銀山歴史文献調査報告書‖イワミ　ギンザン　レキシ　ブンケン　チョウサ　ホウコクショ

③公聴会

東京都．環境保全局．環境管理部‖トウキョウト．カンキョウ　ホゼンキョク．カンキョウ　カンリブ．東京都目黒清掃工場建設事業に係る環境影響評価に関する公聴会記録‖トウキョウト　メグロ　セイソウ　コウジョウ　ケンセツ　ジギョウ　ニ　カカル　カンキョウ　エイキョウ　ヒョウカ　ニ　カンスル　コウチョウカイ　キロク

④催し（例：展覧会，博覧会，祝祭の案内）

五島美術館‖ゴトウ　ビジュツカン．平安古筆の名品‖ヘイアン　コヒツ　ノ　メイヒン

d）演奏・演技グループが，単に演奏・演技するだけではなく，創作にも相当程度関与した著作

e）団体に由来する地図著作（団体の責任が出版・頒布のみに存する場合は除く。）

二宮書店‖ニノミヤ　ショテン．新コンパクト地図帳‖シン　コンパクト　チズチョウ

f）法令等

日本国憲法‖ニホンコク　ケンポウ

（法域が「日本」につき，#22.3.1.1[略]により優先タイトル単独の形）

g）複数の美術制作者が集合した団体による，タイトルを有する個別の美術著作

団体が関与していても，上記のいずれにも該当しない場合は，団体を創作者として扱わない。

上記のいずれに該当するかどうか判断できない場合は，該当しないものとして扱う。

複数の団体が関与する場合は＃22.1.2に従う。

大阪府 || オオサカフ；兵庫県 || ヒョウゴケン．阪神広域大気汚染共同調査報告書 || ハンシン　コウイキ　タイキ　オセン　キョウドウ　チョウサ　ホウコクショ

＃22.1.2　複数の創作者による共著作

複数の創作者（個人・家族・団体）が共同して責任を有する著作については，次の要素の結合形で典拠形アクセス・ポイントを構築する。

a）各創作者（個人・家族・団体）に対する典拠形アクセス・ポイント（＃26～＃28のうち該当する規定を適用し，採用した情報源の表示の順に記録）［＃27は省略］

b）著作の優先タイトル

園部，三郎 || ソノベ，サブロウ，1906-1980；山住，正己 || ヤマズミ，マサミ，1931-2003．日本の子どもの歌 || ニホン　ノ　コドモ　ノ　ウタ

（情報源の表示：日本の子どもの歌 / 園部三郎，山住正己著）

Marx, Karl, 1818-1883; Engels, Friedrich, 1820-1895. マルクス・エンゲルス往復書簡集 || マルクス　エンゲルス　オウフク　ショカンシュウ

（情報源の表示：マルクス・エンゲルス往復書簡集）

ただし，映画，ビデオ，ビデオ・ゲームなどの動画作品（自主映画製作者によるものを除く）については，単独形で典拠形アクセス・ポイントを構築する。

＃22.1.2 A　創作者とみなす団体と個人，家族との共著作

団体を創作者とみなす著作について，団体と個人または家族が共同で責任を有する場合は，次の要素の結合形で典拠形アクセス・ポイントを構築する。

a）団体に対する典拠形アクセス・ポイント（＃28のうち該当する規定を適用）

b）著作の優先タイトル

＃22.1.3　改作，改訂等による新しい著作

改作，改訂等による新しい著作には，創作者自身によるものと，創作者とは異なる個人・家族・団体によるものとがある。

その改作，改訂等が既存の著作の性質および内容を実質的に変更している場合は，次の要素の結合形で新しい典拠形アクセス・ポイントを構築する。

a）改作，改訂等を行った個人・家族・団体に対する典拠形アクセス・ポイント（＃26～＃28のうち該当する規定を適用）［＃27は省略］

b）改作，改訂等が行われた新たな著作の優先タイトル

黒岩，涙香 || クロイワ，ルイコウ，1862-1920．巌窟王 || ガンクツオウ

（Alexandre Dumas père の小説を黒岩涙香が翻案）

改作，改訂等を行った個人・家族・団体が複数である場合は，その典拠形アクセス・ポイントの結合について，＃22.1.2に従う。

改作，改訂等に責任を有するものが不特定または不明な場合は，＃22.1.5に従う。

その改作，改訂等が単に既存の著作の一つの版である場合は，表現形として扱い，既存の著作に対する典拠形アクセス・ポイントを用いる。表現形に対する典拠形アクセス・ポイントが必要な場合は，＃23に従う。

上記のいずれに該当するかどうか判断できない場合は，新しい著作とみなす。

＃22.1.4　既存の著作に注釈，解説，図等を追加した著作

既存の著作に注釈，解説，図等を追加した著作が，その注釈等に責任を有する個人・家族・団体の著作とみなされる場合は，次の要素の結合形で新しい典拠形アクセス・ポイントを構築

する。

a）注釈，解説，図等を追加した個人・家族・団体に対する典拠形アクセス・ポイント（#26～#28のうち該当する規定を適用）［#27は省略］

b）注釈，解説，図等の優先タイトル

澤瀉，久孝||オモダカ，ヒサタカ，1890-1968. 萬葉集注釋||マンヨウシュウ　チュウシャク

複数の個人・家族・団体が注釈，解説，図等に責任を有する場合は，#22.1.2に従う。

橘，純一||タチバナ，ジュンイチ，1884-1954；慶野，正次||ケイノ，マサツグ，1906-1976. 詳説徒然草の語釈と文法||ショウセツ　ツレズレグサ　ノ　ゴシャク　ト　ブンポウ

その著作が単に既存の著作の一つの版である場合は，表現形として扱い，既存の著作に対する典拠形アクセス・ポイントを用いる。表現形に対する典拠形アクセス・ポイントが必要な場合は，#23に従う。

松尾，芭蕉||マツオ，バショウ，1644-1694. 奥の細道||オク　ノ　ホソミチ

（情報源の表示：奥の細道：曽良本　新注絵入 / 松尾芭蕉；上野洋三編）

上記のいずれに該当するかどうか判断できない場合は，注釈等に責任を有する個人・家族・団体の著作とみなす。

#22.1.5　責任を有するものが不特定または不明な著作

著作に個人・家族・団体が寄与していることは判明しているが，責任を有する個人・家族・団体を特定できない場合は，単独形で典拠形アクセス・ポイントを構築する。

参考資料によって，責任を有する個人・家族・団体が判明する場合は，結合形で典拠形アクセス・ポイントを構築する。

責任を有する個人・家族・団体が不明であるか，名称のない集団による著作の場合は，単独形で典拠形アクセス・ポイントを構築する。

#22.1.6　識別要素の付加

#22.1.1～#22.1.5に基づいて構築した典拠形アクセス・ポイントが，他の著作または個人・家族・団体，場所に対する典拠形アクセス・ポイントと同一または類似している場合は，次の中から一つ以上の適切な識別要素を付加する。

a）著作の形式

b）著作の日付

c）著作の成立場所

d）責任刊行者

e）著作のその他の特性

紀要||キヨウ（国際教育研究所）

紀要||キヨウ（岡山短期大学）

#22.1.7　著作の部分に対する典拠形アクセス・ポイントの構築

#22.1.7.1　単一の部分

著作の単一の部分に対する典拠形アクセス・ポイントは，次の要素を結合して構築する。

a）著作の単一の部分に責任を有する個人・家族・団体に対する典拠形アクセス・ポイント（#26～#28のうち該当する規定を適用）［#27は省略］

b）著作の単一の部分の優先タイトル

三島，由紀夫||ミシマ，ユキオ，1925-1970. 春の雪||ハル　ノ　ユキ

（三島由紀夫作「豊饒の海」の単一の部分）

該当部分のタイトルが部分であることを示す一般的な語句である場合は#22.1.7.1 A に，逐次刊行物・更新資料の部編または補遺のタイトルの場合は#22.1.7.1 B に，テレビ・ラジオの番組等の場合は#22.1.7.1 C に従う。

該当部分を含む著作全体に対する典拠形アクセス・ポイントが#22.1.1～#22.1.5によって優先タイトルのみで構築されている場合は，該当部分に対する典拠形アクセス・ポイントも同様に優先タイトルのみで構築する。この場合も，

該当部分のタイトルが部分であることを示す一般的な語句のみである場合は#22.1.7.1Aに，逐次刊行物・更新資料の部編または補遺のタイトルの場合は#22.1.7.1Bに，テレビ・ラジオの番組等の場合は#22.1.7.1Cに，聖典については#22.1.7.1D［略］に従う。

#22.1.7.1A　部分であることを示す一般的な語句

その部分が，部分であることを示す一般的な語句で（数字を含むかどうかにかかわらず）識別される場合は，部分の優先タイトルに，著作全体に対する典拠形アクセス・ポイントを冠した形で，部分に対する典拠形アクセス・ポイントを構築する。

五味川，純平||ゴミカワ，ジュンペイ，1916-1995．人間の条件．第2部||ニンゲン　ノ　ジョウケン．ダイ2ブ

#22.1.7.1B　逐次刊行物・更新資料の部編または補遺

その部分が逐次刊行物または更新資料の部編または補遺である場合は，その部分の優先タイトルが一般的な語句のみかどうかにかかわらず，部分の優先タイトルに，著作全体に対する典拠形アクセス・ポイントを冠した形で，部分に対する典拠形アクセス・ポイントを構築する。

鹿児島県立短期大学紀要．人文・社会科学篇||カゴシマ　ケンリツ　タンキ　ダイガク　キヨウ．ジンブン　シャカイ　カガクヘン

#22.1.7.1C　テレビ・ラジオ番組

その部分がテレビ・ラジオ番組等のシーズン，エピソード，抜粋等である場合は，その部分に対する優先タイトルが一般的な語句のみかどうかにかかわらず，部分の優先タイトルに，著作全体に対する典拠形アクセス・ポイントを冠した形で，部分に対する典拠形アクセス・ポイントを構築する。

相棒(テレビ番組)．Season 2||アイボウ(テレビ番組)．Season 2

#22.1.7.1D　聖典　［略］

#22.1.7.2　複数の部分

部分であることを示す一般的な語句および数字のみで識別される，複数の連続した部分に対する典拠形アクセス・ポイントは，その複数の部分の優先タイトルに，著作全体に対する典拠形アクセス・ポイントを冠した形で構築する。

今昔物語．巻第15-19||コンジャク　モノガタリ．マキ　ダイ15-19

（情報源の表示：今昔物語集．2 / 馬淵和夫，国東文麿，稲垣泰一校注・訳．— 巻第15-巻第19）

複数の部分が，番号で識別されない場合，または番号が連続していない場合は，#22.1.7.1に従って，各部分に対する典拠形アクセス・ポイントを構築する。

#22.1.8　著作の集合に対する典拠形アクセス・ポイントの構築

#22.1.8.1　単一の創作者による著作の集合

単一の創作者（個人・家族・団体）が創作した著作の集合については，次の要素を結合した形で典拠形アクセス・ポイントを構築する。

a）創作者（個人・家族・団体）に対する典拠形アクセス・ポイント（#26～#28のうち該当する規定を適用）［#27は省略］

b）著作の集合の優先タイトル

安部，公房||アベ，コウボウ，1924-1993．作品集||サクヒンシュウ

#22.1.8.2　複数の創作者による共著作の集合

複数の創作者（個人・家族・団体）が共同して責任を有する著作の集合については，次の要素を結合した形で典拠形アクセス・ポイントを構築する。

a）各創作者（個人・家族・団体）に対する典拠形アクセス・ポイント（#26～#28のうち該当する規定を適用し，採用した情報源の表示の順に記録）［#27は省略］

b）著作の集合の優先タイトル

#22.1.8.3　複数の異なる創作者による著作の集合

複数の異なる創作者（個人･家族･団体）による著作の集合については，著作の集合の優先タイトルのみで典拠形アクセス・ポイントを構築する。

イギリス新鋭作家短篇選‖イギリス　シンエイ　サッカ　タンペンセン
（情報源の表示：イギリス新鋭作家短篇選 / 柴田元幸訳）

著作の集合に総合タイトルがない場合は，各著作に対する典拠形アクセス・ポイントを個別に構築する。

#22.2　著作に対する異形アクセス・ポイントの構築

著作に対する異形アクセス・ポイントは，著作の優先タイトルまたは異形タイトルを基礎として構築する。

著作に対する異形アクセス・ポイントには，著作の優先タイトルまたは異形タイトルと，創作者または非創作者（個人・家族・団体）に対する典拠形アクセス・ポイントを結合した形，および著作の優先タイトルまたは異形タイトル単独の形がある。いずれも，識別に重要な場合は，#22.1.6に従って，識別要素を付加して構築する。

坪内，逍遙‖ツボウチ，ショウヨウ，1859-1935．一讀三歎當世書生氣質‖イチドク　サンタン　トウセイ　ショセイ　カタギ)
（典拠形アクセス・ポイント：坪内，逍遙‖ツボウチ，ショウヨウ，1859-1935．當世書生氣質‖トウセイ　ショセイ　カタギ）

世継の翁の物語‖ヨツギ　ノ　オキナ　ノ　モノガタリ
（典拠形アクセス･ポイント：大鏡‖オオカガミ）

アクセスに重要な場合は，上記の他にも異形アクセス・ポイントを構築する。

なお，特定の著作については，#22.2.1～#22.2.3に従って，異形アクセス・ポイントを構築する。

#22.2.1　音楽作品に用いられる歌詞，リブレットなど　［略］

#22.2.2　著作の単一の部分

著作の単一の部分に対する異形アクセス・ポイントは，典拠形アクセス・ポイントの形に応じて，次のように構築する。

a）典拠形アクセス・ポイントが，著作全体の優先タイトル，部分の優先タイトル，創作者（個人・家族・団体）に対する典拠形アクセス・ポイントを結合した形

異形アクセス・ポイントは，部分の優先タイトルと創作者に対する典拠形アクセス・ポイントを直接結合した形で構築する。

b）典拠形アクセス・ポイントが，部分の優先タイトルと創作者（個人・家族・団体）に対する典拠形アクセス・ポイントを直接結合した形

異形アクセス・ポイントは，著作全体の優先タイトル，部分の優先タイトル，創作者に対する典拠形アクセス・ポイントを結合した形で構築する。

三島，由紀夫‖ミシマ，ユキオ，1925-1970．豊饒の海．春の雪‖ホウジョウ　ノ　ウミ．ハル　ノ　ユキ
（典拠形アクセス･ポイント:三島，由紀夫‖ミシマ，ユキオ，1925-1970．春の雪‖ハル　ノ　ユキ）

c）典拠形アクセス・ポイントが，著作全体の優先タイトルを部分の優先タイトルに冠する形

異形アクセス・ポイントは，部分の優先タイトル単独の形で構築する。

みよしの統計‖ミヨシ　ノ　トウケイ
（典拠形アクセス・ポイント：みよしものしり専科．みよしの統計‖ミヨシ　モノシ

リ　センカ．ミヨシ　ノ　トウケイ）

d）典拠形アクセス・ポイントが，部分の優先タイトル単独の形

異形アクセス・ポイントは，著作全体の優先タイトルを部分の優先タイトルに冠する形で構築する。

千一夜物語||センイチヤ　モノガタリ．船乗りシンドバッド||フナノリ　シンドバッド

（典拠形アクセス・ポイント：船乗りシンドバッド||フナノリ　シンドバッド）

識別に重要な場合は，#22.1.6に従って，識別要素を付加して異形アクセス・ポイントを構築する。

アクセスに重要な場合は，上記の他にも異形アクセス・ポイントを構築する。

#22.2.3　特定の創作者による著作の集合

特定の創作者（個人・家族・団体）による著作の集合に対する典拠形アクセス・ポイントのうちの優先タイトルが，定型的総合タイトルである場合で，かつその定型的総合タイトルと記述対象の本タイトルまたは参考資料に見られるタイトルが同一でなく，類似もしていない場合は，著作の異形タイトルに記述対象の本タイトルまたは参考資料に見られるタイトルを用いた異形アクセス・ポイントを構築する。

識別に重要な場合は，#22.1.6に従って，識別要素を付加して異形アクセス・ポイントを構築する。

アクセスに重要な場合は，上記の他にも異形アクセス・ポイントを構築する。

<#22.3〜#22.6　各種の著作>

<#22.3〜#22.4　法令等>

#22.3　法令等に対する典拠形アクセス・ポイントの構築　［略］

#22.4　法令等に対する異形アクセス・ポイントの構築　［略］

<#22.5〜#22.6　音楽作品>

#22.5　音楽作品に対する典拠形アクセス・ポイントの構築　［略］

#22.6　音楽作品に対する異形アクセス・ポイントの構築　［略］

第23章　表現形

#23.0　通　則

#23.0.1　機能

表現形に対する典拠形アクセス・ポイントは，次の機能を備える。

a）特定の資料を発見する手がかりとなる。
- 1著作に対して複数の表現形が存在するとき，各表現形がその著作に属することを識別できる。

b）特定の資料と関連する資料を発見する手がかりとなる。
- 1著作に対して複数の表現形が存在するとき，体現形まで体系的に把握できる。
- 特定の表現形と他の著作やその表現形との関連を理解できる。

c）特定の表現形と関連する個人・家族・団体を発見する手がかりとなる。

d）特定の表現形を主題とする資料を発見する手がかりとなる。

以上の機能を満たすため，特定の表現形に対する典拠形アクセス・ポイントは，他の表現形に対する典拠形アクセス・ポイントと明確に判別される必要がある。

異形アクセス・ポイントは，特定の表現形を典拠形アクセス・ポイントとは異なる形から発見する手がかりとなる機能を備える。利用者が検索すると推測される形で構築する必要がある。

#23.1　表現形に対する典拠形アクセス・ポイントの構築

著作または著作の部分の，特定の表現形に対

する典拠形アクセス・ポイントは，その著作または著作の部分に対する典拠形アクセス・ポイントに，次の中から一つ以上の適切な識別要素を付加して構築する。

a）表現種別

b）表現形の日付

c）表現形の言語

d）表現形のその他の特性

森，鴎外||モリ，オウガイ，1862-1922．全集||ゼンシュウ．1923

（鴎外全集 / 森林太郎著．— 東京：鴎外全集刊行会，1923-1927）

山田，太一||ヤマダ，タイチ，1934-．異人たちとの夏||イジンタチ　トノ　ナツ．ロシア語

Fitzgerald, F. Scott (Francis Scott), 1896-1940. The great Gatsby. 日本語（村上春樹）

（グレート・ギャツビー / スコット・フィッツジェラルド著；村上春樹訳）

#23.2　表現形に対する異形アクセス・ポイントの構築

表現形に対する異形アクセス・ポイントは，表現形に対する典拠形アクセス・ポイントの識別要素を，異なる形に置き換えて構築する。

森，鴎外||モリ，オウガイ，1862-1922．全集||ゼンシュウ．岩波書店

（典拠形アクセス・ポイント：森，鴎外||モリ，オウガイ．全集||ゼンシュウ．1936）

著作の異形タイトルが特定の表現形に結びついていて，かつ表現形に対する典拠形アクセス・ポイントが著作の優先タイトル，創作者（個人・家族・団体）に対する典拠形アクセス・ポイント，表現形の識別要素から構成されている場合は，表現形に対する異形アクセス・ポイントは，著作の異形タイトルと，創作者に対する典拠形アクセス・ポイントを結合した形で構築する。

Saint-Exupéry, Antoine de, 1900-1944. 星の王子さま||ホシ　ノ　オウジサマ

Saint-Exupéry, Antoine de, 1900-1944. 小さな王子さま||チイサナ　オウジサマ

Saint-Exupéry, Antoine de, 1900-1944. ちいさな王子||チイサナ　オウジ

（典拠形アクセス・ポイント：Saint-Exupéry, Antoine de, 1900-1944. Le petit prince. 日本語）

識別に重要な場合は，#22.1.6に従って，識別要素を付加して異形アクセス・ポイントを構築する。

アクセスに重要な場合は，上記の他にも異形アクセス・ポイントを構築する。

法令等の表現形に対する異形アクセス・ポイントは，#23.4［略］に従って，音楽作品の表現形に対する異形アクセス・ポイントは，#23.6［略］に従って構築する。

＜#23.3〜#23.6　各種の表現形＞

＜#23.3〜#23.4　法令等の表現形＞

#23.3　法令等の表現形に対する典拠形アクセス・ポイントの構築　［略］

#23.4　法令等の表現形に対する異形アクセス・ポイントの構築　［略］

＜#23.5〜#23.6　音楽作品の表現形＞

#23.5　音楽作品の表現形に対する典拠形アクセス・ポイントの構築　［略］

#23.6　音楽作品の表現形に対する異形アクセス・ポイントの構築　［略］

第26章　個人

#26.0　通　則

#26.0.1　機能

個人に対する統制形アクセス・ポイントは，次の機能を備える。

a）典拠形アクセス・ポイントおよび異形ア

クセス・ポイントを手がかりに，特定の個人を発見，識別できる。

・複数の名称をもつ個人が存在するとき，その個人を識別できる。

・個人が一般に知られている名称と異なる名称を使用しているとき，その関係を理解できる。

・同一名称をもつ複数の個人が存在するとき，各個人を判別できる。

b）典拠形アクセス・ポイントを手がかりに，次の資料を発見できる。

①特定の個人と関連する資料

②特定の個人を主題とする資料

c）典拠形アクセス・ポイントを手がかりに，特定の個人と関連する他の個人・家族・団体を発見できる。

以上の機能を満たすため，特定の個人に対する典拠形アクセス・ポイントは，他の個人に対する典拠形アクセス・ポイントと明確に判別される必要がある。

異形アクセス・ポイントは，特定の個人を典拠形アクセス・ポイントとは異なる形から発見する手がかりとなる機能を備える。利用者が検索すると推測される形で構築する必要がある。

#26.1　典拠形アクセス・ポイントの構築

個人に対する典拠形アクセス・ポイントは，優先名称を基礎として構築する。

夏目，漱石

Marx, Karl

必要に応じて，優先名称に，#26.1A～#26.1Bに従って，#26.1.1～#26.1.6で規定する識別要素を付加する。

#26.1A　識別要素の付加

同一名称の他の個人に対する典拠形アクセス・ポイントと判別するために必要な場合は，優先名称に必要な識別要素を付加して，次の順に記録する。各識別要素の付加の優先順位は，#26.1.1～#26.1.6に従う。

a）展開形

b）称号

c）聖人であることを示す語句

d）聖典等に含まれる名称であることを示す語句

e）伝説上または架空の個人であることを示す語句

f）人間以外の実体の種類を示す語句

g）生年および（または）没年

h）活動分野，職業

i）活動期間

j）その他の語句

k）霊であることを示す語句

ただし，同一名称の他の個人に対する典拠形アクセス・ポイントと判別するために必要でなくても，その他の称号を除く称号および聖人，霊であることを示す語句は，優先名称に付加する。

適切な識別要素が判明せず，同一の優先名称をもつ異なる個人の判別ができない場合は，異なる個人に対して同一の典拠形アクセス・ポイントを構築し，判別できないことを意味する名称未判別標示［#6.22］を付す。

#26.1B　個人の名称であることが不明確な優先名称への付加

個人の名称であることが不明確な優先名称には，同一名称の他の個人に対する典拠形アクセス・ポイントと判別するために必要でなくても，優先名称に次のいずれかを付加する。

a）実在の人間の場合は，活動分野または職業

b）伝説上または架空の個人の場合は，それを示す語句

c）人間以外の実体の場合は，その種類を示す語句

#26.1.1　称号

称号は，同一名称の他の個人に対する典拠形アクセス・ポイントと判別するために必要でなくても，優先名称に付加する。ただし，その他

の称号は，同一名称の他の個人に対する典拠形アクセス・ポイントと判別するために必要な場合に限り，優先名称に付加する。

#26.1.2　生年および（または）没年

同一名称の他の個人に対する典拠形アクセス・ポイントと判別するために必要な場合は，生年および（または）没年を優先名称に付加する。

生年および（または）没年は，年のみを記録する。ただし，別の個人に対する典拠形アクセス・ポイントと判別するために必要な場合は，月または月日を付加する。

鈴木，正義||スズキ，マサヨシ

鈴木，正義||スズキ，マサヨシ，1911-

鈴木，正義||スズキ，マサヨシ，1915-1993

#26.1.3　展開形

同一名称の他の個人に対する典拠形アクセス・ポイントと判別するために必要な場合は，個人の名称の展開形を優先名称に付加する。展開形は，個人の生年および（または）没年を付加できない場合に付加する。

Atkins, R. C. (Robert Charles)

#26.1.4　活動期間

同一名称の他の個人に対する典拠形アクセス・ポイントと判別するために必要な場合は，個人の活動期間（職業従事期間を含む）を優先名称に付加する。活動期間は，個人の生年および（または）没年も，展開形も付加できない場合に付加する。

#26.1.5　活動分野，職業

同一名称の他の個人に対する典拠形アクセス・ポイントと判別するために必要な場合は，個人の活動分野または職業（または名称とともに表される職位や肩書等）を優先名称に付加する。活動分野または職業は，個人の生年および（または）没年を付加できない場合，またはそれだけでは判別に不十分な場合に付加する。

中村，功||ナカムラ，イサオ，1935-

中村，功||ナカムラ，イサオ，1935-　医師

#26.1.6　その他の識別要素

#26.1.1～#26.1.5で規定したもの以外のその他の識別要素には，a)～f）に挙げるものがある。a）およびb）は識別のために必要でなくても，該当する場合は優先名称に付加する。c)～e）のうち複数該当する場合は，それぞれを丸がっこに入れるなどして区別がつくように記録する。

f）は，#26.1.1～#26.1.5で規定された識別要素で，同一名称の他の個人に対する典拠形アクセス・ポイントと判別するために不十分な場合に，優先名称に付加する。

a）聖人であることを示す語句

キリスト教の聖人であることを示す語句（「Saint」またはそれに相当する語）を，優先名称に付加する。ただし，教皇，皇帝，王の場合は，付加しない。

La Salle, Jean Baptiste de, Saint, 1651-1719

b）霊であることを示す語句

霊魂，心霊，神霊は，その個人に対する典拠形アクセス・ポイントに，霊であることを示す語句（「霊」，「Spirit」またはそれに相当する語）を付加して，霊に対する典拠形アクセス・ポイントを構築する。したがって，常に典拠形アクセス・ポイントの最後の要素となる。

Haven, Gilbert, 1821-1880 (Spirit)

c）聖典等に含まれる名称であることを示す語句

宗教の聖典や外典等に含まれる名称は，適切な語句を優先名称に付加する。

d）伝説上または架空の個人であることを示す語句

伝説上または架空の個人は，「伝説上の人物」，「架空の人物」，「Legendary character」，「Fictitious character」またはそれに相当する語を優先名称に付加する。

末摘花||スエツムハナ（架空の人物）

e）人間以外の実体の種類を示す語句

人間以外の実体は，その種類を示す語を優先名称に付加する。

アイ（チンパンジー）

f）その他の語句

同一名称の他の個人と判別するために，生年または没年，活動期間，活動分野または職業で不十分な場合は，その他の判別を可能とする語句を優先名称に付加する。

＃26.2　異形アクセス・ポイントの構築

個人に対する異形アクセス・ポイントは，原則として，個人の優先名称または異形名称を基礎として構築する。識別に重要な場合は，＃26.1.1～＃26.1.6に従って，識別要素を付加する。

第27章　家族　［略］

第28章　団体

＃28.0　通　則

＃28.0.1　機能

団体に対する統制形アクセス・ポイントは，次の機能を備える。

a）典拠形アクセス・ポイントおよび異形アクセス・ポイントを手がかりに，特定の団体を発見，識別できる。

・複数の名称をもつ団体が存在するとき，その団体を識別できる。

・団体が一般に知られている名称と異なる名称を使用しているとき，その関係を理解できる。

・同一名称をもつ複数の団体が存在するとき，各団体を判別できる。

b）典拠形アクセス・ポイントを手がかりに，次の資料を発見できる。

①特定の団体と関連する資料

②特定の団体を主題とする資料

c）典拠形アクセス・ポイントを手がかりに，特定の団体と関連する他の個人・家族・団体を発見できる。

以上の機能を満たすため，特定の団体に対する典拠形アクセス・ポイントは，他の団体に対する典拠形アクセス・ポイントと明確に判別される必要がある。

異形アクセス・ポイントは，特定の団体を典拠形アクセス・ポイントとは異なる形から発見する手がかりとなる機能を備える。利用者が検索すると推測される形で構築する必要がある。

＃28.1　典拠形アクセス・ポイントの構築

団体に対する典拠形アクセス・ポイントは，優先名称を基礎として構築する。

優先名称に，＃28.1A，＃28.1Bに従って，＃28.1.1～＃28.1.7で規定する識別要素を付加する。

＃28.1A　識別要素の付加

同一名称の他の団体に対する典拠形アクセス・ポイントと判別するために必要な場合は，優先名称に必要な識別要素を付加して，次の順に記録する。

a）団体の種類

b）団体と結びつく場所

c）関係団体の名称

d）団体と結びつく日付

e）行政区分を表す語

f）その他の識別語句

ただし，団体と結びつく場所よりも，関係団体の名称，団体と結びつく日付，その他の識別語句のいずれかが識別に適切な場合は，それを優先して優先名称に付加する。

関係団体の名称が当該団体の名称と通常結びついている場合は，団体と結びつく場所よりも優先して，関係団体の名称を優先名称に付加する。

複数の政府が(例えば，占領，内乱などによって）同一地域の主権を主張している場合は，団体と結びつく日付の前にその他の識別語句（政府のタイプを示す語句など）を付加する。

会議，大会，集会等については，#28.1.7に従って，識別要素を優先名称に付加する。

#28.1B　団体の名称であることが不明確な優先名称への付加

団体の名称であることが不明確な優先名称には，同一名称の他の団体に対する典拠形アクセス・ポイントと判別するために必要でなくても，#28.1.1に従って，団体の種類を付加する。

#28.1.1　団体の種類

同一名称（近似した名称を含む）の他の団体に対する典拠形アクセス・ポイントと判別するために必要な場合は，団体の種類を優先名称に付加する。

共同通信社||キョウドウ　ツウシンシャ（一般社団法人）

共同通信社||キョウドウ　ツウシンシャ（株式会社）

太陽||タイヨウ（団体）

（優先名称：太陽||タイヨウ。団体の種類：団体）

#28.1.2　団体と結びつく場所

同一名称（近似した名称を含む）の他の団体に対する典拠形アクセス・ポイントと判別するために必要な場合は，団体と結びつく場所を優先名称に付加する。

クレア（東京都中野区）

下部組織である支部・分会等が上位団体の活動を特定地域で遂行していて，かつ支部・分会等の名称に場所が含まれていない場合は，その場所を優先名称に付加する。

National Association of Letter Carriers (U.S.). Branch 36 (New York, N.Y.)

団体と結びつく場所の名称が団体の存続期間中に変化した場合は，最新の名称を優先名称に付加する。

同一名称（近似した名称を含む）の他の団体と判別するために，結びつく場所よりも次のいずれかが適切である場合は，それを優先名称に付加する。

a）関係団体の名称

b）団体と結びつく日付

c）その他の識別語句

［会議，大会，集会等の開催地の優先名称への付加については，#28.1.7を見よ。］

#28.1.3　関係団体の名称

同一名称（近似した名称を含む）の他の団体に対する典拠形アクセス・ポイントと判別するために必要な場合は，関係団体の名称を優先名称に付加する。

関係団体の名称が当該団体の名称と通常結びついている場合は，団体と結びつく場所よりも優先して，関係団体の名称を優先名称に付加する。

社会科教育研究会||シャカイカ　キョウイクケンキュウカイ（東京学芸大学）

#28.1.4　団体と結びつく日付

複数の団体に対する典拠形アクセス・ポイントを判別するために必要な場合は，団体と結びつく日付（設立年および（または）廃止年，いずれも不明なときは，団体の活動期間）を優先名称に付加する。

秋田県．総合食品研究所||アキタケン．ソウゴウ　ショクヒン　ケンキュウジョ（1995-2006）

複数の政府が(例えば，占領，内乱などによって）同一地域の主権を主張している場合は，設立年および（または）廃止年の前に，#28.1.6に従って，その他の識別要素（政府のタイプを示す語句など）を付加する。

［会議，大会，集会等の開催年の優先名称への付加については，#28.1.7を見よ。］

#28.1.5　行政区分を表す語

行政団体では，同一名称（近似した名称を含む）の他の団体に対する典拠形アクセス・ポイントを判別するために必要な場合は，その行政区分を表す語（「State」，「City」など）を優先名称に付加する。市町村では付加せず，市町村以外の行政団体の優先名称に付加する。

Carlow（Ireland）
（町の名称）
Carlow（Ireland: County）
（州の名称）

ただし，優先名称に行政区分を表す語を含む場合は，識別要素としては扱わない（例えば，優先名称「長野県」にはすでに行政区分を表す語「県」が含まれている)。

#28.1.6　その他の識別語句

複数の団体に対する典拠形アクセス・ポイントを判別するために，#28.1.1～#28.1.5で規定された識別要素で不十分な場合，またはそれらを使用できない場合は，その他の識別語句を優先名称に付加する。

ワールドカップ||ワールド　カップ(サッカー)

同一名称（近似した名称を含む）で同一の場所にある複数の団体を判別するために必要な場合は，団体と結びつく場所の後に，その他の識別を可能とする情報を付加する。

複数の政府が(例えば，占領，内乱などによって）同一地域の主権を主張している場合は，団体と結びつく日付の前に政府のタイプを示す語句などを付加する。

#28.1.7　会議，大会，集会等の回次，開催年，開催地，関係団体

1回限り開催の会議，大会，集会等，連続開催の会議，大会，集会等のうちの特定の回次のもの，団体の下部組織として位置付けられた会議，大会，集会等に対しては，適用可能で容易に判明する場合は，会議，大会，集会等の優先名称に，次の順に識別要素を付加する。

a）会議，大会，集会等の回次
b）会議，大会，集会等の開催年
c）会議，大会，集会等の開催地

オリンピック冬季競技大会||オリンピック　トウキ　キョウギ　タイカイ（第18回：1998：長野県）

開催地より関係団体の名称の方が識別するために適切な場合，または開催地が不明であるか容易に確認できない場合は，開催地の代わりに関係団体の名称を用いる。

会議，大会，集会等がオンラインで開催された場合は，開催地の代わりに「オンライン」または「Online」を用いる。

一連の会議，大会，集会等に対する典拠形アクセス・ポイントに対しては，回次，開催年，開催地を優先名称に付加しない。

大阪母親大会||オオサカ　ハハオヤ　タイカイ

同一名称（近似した名称を含む）の他の一連の会議，大会，集会等の典拠形アクセス・ポイントと判別するために必要な場合は，必要に応じて，#28.1.1～#28.1.6を適用する。

市民体育祭||シミン　タイイクサイ(羽村市)

#28.1.7.1　複数の開催地・関係団体

会議，大会，集会等が複数の場所で開催された場合は，すべての開催地の名称を優先名称に付加する。

オリンピック夏季競技大会||オリンピック　カキ　キョウギ　タイカイ(第18回：1964：東京都；神奈川県；埼玉県；千葉県；長野県)

開催地の代わりに関係団体の名称を用いる場合に，その会議，大会，集会等に複数の関係団体があるときは，すべての関係団体の名称を優先名称に付加する。

#28.2　異形アクセス・ポイントの構築

団体に対する異形アクセス·ポイントは，原則として，団体の優先名称または異形名称を基礎として構築する。識別に重要な場合は，#28.1.1～#28.1.7.1に従って，識別要素を付加する。

第41章　関連総則

#41.1　記録の目的

関連の記録の目的は，次のとおりである。

a）次に該当する目録中のすべての資料を発見する。

①特定の著作･表現形･体現形に属する資料

②特定の個人･家族･団体と関連を有する資料

③特定の主題に関する資料

b）関連する実体を示すことにより，資料の識別・選択に寄与する。

c）関連する実体を示すことにより，個人・家族・団体，主題の識別に寄与する。

d）関連する実体を示すことにより，目録内外における各種実体に誘導する。

#41.2　記録の範囲

資料，個人･家族･団体，主題の間に存在する様々な関係性を，関連として記録する。

#41.2.1　種類

関連には，次の種類がある。

a）資料に関する基本的関連［#42を見よ。］

b）資料に関するその他の関連［#43を見よ。］

c）資料と個人･家族･団体との関連［#44を見よ。］

d）資料と主題との関連［#45：保留］

e）個人･家族･団体の間の関連［#46を見よ。］

f）主題間の関連［#47：保留］

#41.2.2　コア・エレメント

コア・エレメントについては，#0末尾の付表を見よ。

#41.3　情報源

関連に関する情報は，どの情報源に基づいて記録してもよい。ただし，資料と個人・家族・団体との関連は，#44.0.3に従う。

#41.4　記録の方法

関連先となる実体を識別できる情報を，次のうち一つ以上の方法によって記録する。

a）識別子

b）典拠形アクセス・ポイント

c）複合記述(資料に関する基本的関連に限る)

体現形の記述と，著作・表現形・個別資料の属性を組み合わせて記録した記述。

d）構造記述（資料に関するその他の関連に限る）

関連先の著作・表現形・体現形・個別資料を識別できるように，いくつかの属性を標準的な表示形式（ISBD など）による順序で組み合わせて記録した記述。

e）非構造記述（資料に関するその他の関連に限る）

関連先と関連の種類に関する情報を，標準的な表示形式（ISBD など）に従わず，語句，文，パラグラフなどで記録した記述。

資料に関する基本的関連を除き，関連の詳細を表すために，関連指示子を付加することができる。関連指示子は，付録#C.1～#C.5［#C.3，#C.5は保留］に列挙する用語から，データ作成機関が必要とする詳細度のものを記録する。適切な用語がない場合は，データ作成機関が関連の種類を示す簡略な用語を定めて記録する。ただし，非構造記述によって関連先情報を記録する場合は，関連指示子を付加しない。

関連の種類によっては，関連の詳細を説明するエレメントが設定されており，必要に応じて記録する。

第42章　資料に関する基本的関連

#42.0　通　則

#42.0.1　記録の目的

資料に関する基本的関連の記録の目的は，次のとおりである。

a）特定の著作・表現形を具体化したすべて

の体現形を発見する。

b）特定の体現形を例示したすべての個別資料を発見する。

#42.0.2　記録の範囲

資料に関する基本的関連とは，資料の著作・表現形・体現形・個別資料の間における，具現化およびその逆の一連の構造を表現する関連である。

なお，ある著作・表現形・体現形・個別資料が，他の著作・表現形・体現形・個別資料に対して有する，派生，参照，全体・部分，付属・付加，連続，等価の関連については，#43に従って，資料に関するその他の関連として記録する。

#42.0.2.1　エレメント

資料に関する基本的関連には，次のエレメントがある。

a）著作から表現形への関連

b）表現形から著作への関連

c）著作から体現形への関連

d）体現形から著作への関連

e）表現形から体現形への関連

f）体現形から表現形への関連

g）体現形から個別資料への関連

h）個別資料から体現形への関連

体現形とそれが属する著作は，必ず関連づける。このため，上記のうち次のいずれかをコア・エレメントとする。

①f）およびb）

複数の表現形が一つの体現形として具体化された場合は，顕著なものまたは最初に表示される，体現形から表現形への関連およびその表現形から著作への関連をコア・エレメントとする。

②d）のみ

複数の著作が一つの体現形として具体化された場合は，顕著なものまたは最初に表示される，体現形から著作への関連のみをコア・エレメントとする。

#42.0.3　情報源

資料に関する基本的関連は，どの情報源に基づいて記録してもよい。

#42.0.4　記録の方法

関連先情報を用いて関連を記録する。関連指示子は使用しない。

#42.0.4.1　関連先情報

関連先となる著作・表現形・体現形・個別資料を識別できる情報を，次のうち一つ以上の方法によって記録する。

a）識別子

b）典拠形アクセス・ポイント

c）複合記述

#42.0.4.1 A　識別子による記録

関連先の著作・表現形・体現形・個別資料に付与された識別子を記録する。

各実体の識別子については，次を参照。

a）著作の識別子［#4.9を見よ。］

b）表現形の識別子［#5.5を見よ。］

c）体現形の識別子［#2.34を見よ。］

d）個別資料の識別子［#3.5を見よ。］

#42.0.4.1 B　典拠形アクセス・ポイントによる記録

関連先の著作・表現形・体現形・個別資料に対する典拠形アクセス・ポイントを記録する。

［典拠形アクセス・ポイントの構築については，#22～#25を見よ。ただし，#24～#25は保留］

#42.0.4.1 C　複合記述による記録

関連先の著作・表現形・体現形・個別資料を識別できるように，体現形の記述と，著作・表現形・個別資料の属性を組み合わせて記録する。

<#42.1～#42.8　資料に関する各基本的関連>

#42.1　著作から表現形への関連

著作から表現形への関連は，エレメントである。

#42.1.0　通則

著作は，一つ以上の表現形によって実現される。その著作を実現した表現形を，関連先の情報として記録する。

著作から表現形への関連を記録する場合は，その著作から体現形への関連は記録しない。

#42.1.1 記録の方法

関連先となる表現形を識別できる情報を，次のうち一つ以上の方法によって記録する。

a）識別子

b）典拠形アクセス・ポイント

c）複合記述

＜識別子＞

VIAF ID：307926008

（湯川秀樹「目に見えないもの」の韓国語訳の，VIAF（バーチャル国際典拠ファイル）における表現形の識別子）

（関連元：湯川，秀樹，1907-1981．目に見えないもの）

＜典拠形アクセス・ポイント＞

川端，康成，1899-1972．伊豆の踊子．話声

（著作に対する典拠形アクセス・ポイントに表現種別を付加して構築した，表現形に対する典拠形アクセス・ポイント）

（関連元：川端，康成，1899-1972．伊豆の踊子）

＜複合記述＞

Telemann, Georg Philipp, 1681-1767. Fantaisies, flute, TWV 40: 2-13. Selections; arranged

6つの幻想曲 / G.Ph.テレマン；［フランス・ブリュッヘン編］．― 東京：全音楽譜出版社，［1975？］．― 原曲はフルート；リコーダー用に短三度高く移調

（音楽作品の内容の演奏手段を，体現形の記述と組み合わせたもの）

#42.2 表現形から著作への関連

表現形から著作への関連は，エレメントである。

表現形から著作への関連は，体現形から著作への関連を記録しない場合は，コア・エレメントである。

#42.2.0 通則

表現形は，常に一つの著作を実現する。その表現形が実現した著作を，関連先の情報として記録する。

#42.2.1 記録の方法

関連先となる著作を識別できる情報を，次のうち一つ以上の方法によって記録する。

a）識別子

b）典拠形アクセス・ポイント

c）複合記述

＜識別子＞

国立国会図書館典拠 ID：00646236

（「平家物語」の著作の識別子）

（関連元：平家物語．ロシア語）

＜典拠形アクセス・ポイント＞

紫式部，平安中期．源氏物語

（関連元：紫式部，平安中期．源氏物語．英語）

＜複合記述＞

20世紀 / アルベール・ロビダ著；朝比奈弘治訳．― 東京：朝日出版社，2007．― 原タイトル：Le vingtième siècle

（著作の原タイトルを，体現形の記述と組み合わせたもの）

#42.3 著作から体現形への関連

著作から体現形への関連は，エレメントである。

#42.3.0 通則

著作は，一つ以上の体現形によって具体化される。その著作を具体化した体現形を，関連先の情報として記録する。

著作から体現形への関連は，著作を実現した表現形を特定せずに，著作と体現形を直接に関連づける場合に記録する。この関連を記録する場合は，その著作から表現形への関連は記録しない。

#42.3.1 記録の方法

関連先となる体現形を識別できる情報を，次のうち一つ以上の方法によって記録する。

a）識別子
b）典拠形アクセス・ポイント［#24：保留］
c）複合記述

＜識別子＞

ISSN 1881-4190
（「電気学会誌」のオンライン版の ISSN）
（関連元：電気学会誌）

ISBN 978-4-86596-030-3
（水上勉「越前竹人形」の大活字版の ISBN）
（関連元：水上，勉，1919-2004. 越前竹人形）

DVDの発売番号：DABA-0519（角川映画）
（映画「羅生門」の DVD の発売番号）
（関連元：羅生門（映画））

＜複合記述＞

Exhibiting Japan : gender and national identity at the World's Columbian Exposition of 1893 / by Lisa Kaye Langlois. — Ann Arbor, MI : UMI, ©2004. — Thesis (doctoral) — University of Michigan, 2004
（著作の学位論文情報を，体現形の記述と組み合わせたもの）

#42.4　体現形から著作への関連

体現形から著作への関連は，エレメントである。

体現形から著作への関連は，体現形で具体化された表現形を特定しない場合は，コア・エレメントである。複数の著作が一つの体現形として具体化された場合は，顕著なものまたは最初に表示されるもののみ，コア・エレメントである。

#42.4.0　通則

体現形は，一つ以上の著作を具体化する。その体現形が具体化した著作を，関連先の情報として記録する。体現形の構成部分として具体化された著作も記録することができる。

体現形から著作への関連は，体現形で具体化された表現形を特定せずに，体現形と著作を直接に関連づける場合に記録する。この関連を記録する場合は，その体現形から表現形への関連は記録しない。

#42.4.1　記録の方法

関連先となる著作を識別できる情報を，次のうち一つ以上の方法によって記録する。

a）識別子
b）典拠形アクセス・ポイント
c）複合記述

＜識別子＞

VIAF ID：9059151838001820520008
（宮沢俊義「憲法」の著作の識別子）
（関連元：憲法 / 宮沢俊義著. — 東京：勁草書房，1951）

＜典拠形アクセス・ポイント＞

崖の上のポニョ（映画）
（関連元：崖の上のポニョ / 宮崎駿原作・脚本・監督. — ［東京］：ウォルトディズニースタジオホームエンターテイメント，［2009］）

樋口，一葉，1872-1896. たけくらべ
（関連元：たけくらべ / 樋口一葉著. — 東京：集英社，1993）

＜複合記述＞

Gon, the little fox / written by Nankichi Niimi ; illustrated by Genjirou Mita ; translation by Mariko Shii Gharbi. — New York, NY : Museyon Inc., [2015]. — Original title : Gongitsune
（著作の原タイトルを，体現形の記述と組み合わせたもの）

#42.5　表現形から体現形への関連

表現形から体現形への関連は，エレメントである。

#42.5.0　通則

表現形は，一つ以上の体現形によって具体化される。その表現形を具体化した体現形を，関連先の情報として記録する。

#42.5.1　記録の方法

関連先となる体現形を識別できる情報を，次のうち一つ以上の方法によって記録する。

a）識別子

b）典拠形アクセス・ポイント［#24：保留］

c）複合記述

＜識別子＞

ISBN 978-4-8053-1141-7

（夏目漱石「それから」の英語訳の，2012年刊行図書の ISBN）

（関連元：夏目，漱石，1867-1916．それから．英語）

ウォルト・ディズニー・スタジオ・ジャパン：VWAS-5331

（映画「アナと雪の女王」のオリジナルの英語音声を日本語に吹替えた，Blu-ray ディスクの発売番号）

（関連元：アナと雪の女王(映画)．日本語）

＜複合記述＞

Monopolies, cartels and trusts in British industry / by Hermann Levy. — London: Macmillan, 1927. — Translation of: Monopole, Kartelle und Trusts. First English edition under title: Monopoly and competition

（表現形に関する異形タイトルを，体現形の記述と組み合わせたもの）

#42.6　体現形から表現形への関連

体現形から表現形への関連は，エレメントである。

体現形から表現形への関連は，体現形で具体化された著作を直接特定しない場合は，コア・エレメントである。複数の表現形が一つの体現形として具体化された場合は，顕著なものまたは最初に表示されるもののみ，コア・エレメントである。

#42.6.0　通則

体現形は，一つ以上の表現形を具体化する。その体現形が具体化した表現形を，関連先の情報として記録する。体現形の構成部分として具体化された表現形も記録することができる。

この関連を記録する場合は，その体現形から著作への関連は記録しない。

#42.6.1　記録の方法

関連先となる表現形を識別できる情報を，次のうち一つ以上の方法によって記録する。

a）識別子

b）典拠形アクセス・ポイント

c）複合記述

＜識別子＞

VIAF ID：311853941

（太宰治「人間失格」の表現形の一つである，ドナルド・キーンによる英語訳の識別子）

（関連元：No longer human / Osamu Dazai ; translated by Donald Keene. — Tokyo : Tuttle Publishing, [1958]）

＜典拠形アクセス・ポイント＞

林，芙美子，1904-1951．放浪記．話声

（著作に対する典拠形アクセス・ポイントに表現種別を付加して構築した，表現形に対する典拠形アクセス・ポイント）

（関連元：放浪記 / 林芙美子；朗読・藤田弓子．— 東京：新潮社，2011）

＜複合記述＞

組曲「惑星」/ ホルスト［作曲］；大友直人指揮；東京交響楽団，東響コーラス［演奏］．— Tokyo : King Record, 2013. — 収録：2013年9月サントリーホール（東京）．— キング：KICC-1120

（表現形の収録の日付・場所を，体現形の記述と組み合わせたもの）

#42.7　体現形から個別資料への関連

体現形から個別資料への関連は，エレメントである。

#42.7.0　通則

体現形は，一つ以上の個別資料によって例示される。その体現形を例示した個別資料を，関連先の情報として記録する。

#42.7.1　記録の方法

関連先となる個別資料を識別できる情報を，次のうち一つ以上の方法によって記録する。

a）識別子

b）典拠形アクセス・ポイント［#25：保留］

c）複合記述

＜識別子＞

国立国会図書館資料貼付ID：1200700731590

（中島敦「山月記・名人伝・牛人」の朗読を録音したCDについて，国立国会図書館の所蔵資料に付与されたID）

（関連元：山月記・名人伝・牛人 / 中島敦 ; 江守徹朗読. ― 東京：新潮社，1988）

＜複合記述＞

風の箱 / 芳野太一銅版画・摺り. ― 東京：77ギャラリー，1997. ― 限定30部のうちの4番

（個別資料の情報を，体現形の記述と組み合わせたもの）

Finesta nel cobalt blu. ― Firenze : Morgana Edizioni, 2000. ― Limited edition of 50 copies, NDL copy no. 11

（個別資料の情報を，体現形の記述と組み合わせたもの）

#42.8　個別資料から体現形への関連

個別資料から体現形への関連は，エレメントである。

#42.8.0　通則

個別資料は，通常は一つの体現形を例示する。ただし，合冊製本等では，個別資料の構成部分がそれぞれ別の体現形への関連を有することがある。

その個別資料が例示した体現形を，関連先の情報として記録する。

#42.8.1　記録の方法

関連先となる体現形を識別できる情報を，次のうち一つ以上の方法によって記録する。

a）識別子

b）典拠形アクセス・ポイント［#24：保留］

c）複合記述

＜識別子＞

国立国会図書館書誌ID：000003146344

（Lawrence M. Lande, “John Law, the French régime and the beginning of exploration, trade and paper money in North America” の，1985年限定版刊行の識別子）

（関連元：国立国会図書館の資料貼付ID：87Y08935をもつ個別資料）

＜複合記述＞

Catalogus librorum qui in bibliopolio Danielis Elsevirij venales extant. ― Amstelodami: Apud Danielem Elsevirium, 1675. ― Provenance: formerly owned by James de Rothchild, Alphonse Willems

（個別資料の管理履歴を，体現形の記述と組み合わせたもの）

第43章　資料に関するその他の関連

#43.0　通　則

#43.0.1　記録の目的

資料に関するその他の関連の記録の目的は，次のとおりである。

a）関連する実体を示すことにより，資料の識別・選択に寄与する。

b）関連する実体を示すことにより，他の資料に誘導する。

#43.0.2　記録の範囲

資料に関するその他の関連とは，ある著作・

表現形・体現形・個別資料が，他の著作・表現形・体現形・個別資料に対して有する，派生，参照，全体・部分，付属・付加，連続，等価の関係を表現する関連である。

なお，資料の著作・表現形・体現形・個別資料の間における，具現化およびその逆の一連の構造を表現する関連については，#42に従って，資料に関する基本的関連として記録する。

#43.0.2.1　エレメント

資料に関するその他の関連には，次のエレメントがある。

a）著作間の関連

b）表現形間の関連

c）体現形間の関連

d）個別資料間の関連

#43.0.3　情報源

資料に関するその他の関連は，どの情報源に基づいて記録してもよい。

#43.0.4　記録の方法

関連先情報，または関連先情報と関連指示子を用いて，関連を記録する。

必要に応じて，関連に関する説明，部分の順序表示，管理要素を記録する。

#43.0.4.1　関連先情報

関連先となる著作・表現形・体現形・個別資料を識別できる情報を，次のうち一つ以上の方法によって記録する。

a）識別子

b）典拠形アクセス・ポイント

c）構造記述

d）非構造記述

#43.0.4.1 A　識別子による記録

関連先の著作・表現形・体現形・個別資料に付与された識別子を記録する。

各実体の識別子については，次を参照。

a）著作の識別子

b）表現形の識別子

c）体現形の識別子

d）個別資料の識別子

#43.0.4.1 B　典拠形アクセス・ポイントによる記録

関連先の著作・表現形・体現形・個別資料に対する典拠形アクセス・ポイントを記録する。

#43.0.4.1 C　構造記述による記録

関連先の著作・表現形・体現形・個別資料を識別できるように，いくつかの属性を標準的な表示形式（ISBD など）による順序で組み合わせて記録する。

#43.0.4.1 D　非構造記述による記録

関連先と関連の種類に関する情報を，標準的な表示形式（ISBD など）に従わず，語句，文，パラグラフなどで記録する。

#43.0.5　関連指示子

資料に関するその他の関連の詳細を表すために必要な場合は，関連先の著作・表現形・体現形・個別資料の識別子，典拠形アクセス・ポイントおよび（または）構造記述に，関連指示子を付加する。

関連先情報の記録に非構造記述を用いた場合は，関連指示子を付加しない。

関連指示子は，付録#C.1に列挙する用語から，データ作成機関が必要とする詳細度のものを記録する。適切な用語がない場合は，データ作成機関が関連の種類を示す簡略な用語を定めて記録する。

<#43.1～#43.4　資料に関するその他の各関連>

#43.1　著作間の関連

著作間の関連は，エレメントである。

#43.1.0　通則

著作と著作との関連を記録する。

著作間の関連には，次のものがある。

a）派生の関連

b）参照の関連

c）全体・部分の関連

d）付属・付加の関連

e）連続の関連

#43.1.1　記録の方法

関連先となる著作を識別できる情報を，次のうち一つ以上の方法によって記録する。

a）識別子

b）典拠形アクセス・ポイント

c）構造記述

d）非構造記述

＜識別子＞

自由訳の対象（著作）：国立国会図書館典拠 ID：00627759
（貝原益軒「養生訓」に対する国立国会図書館の典拠 ID）
（関連元：工藤，美代子. 自由訳・養生訓）

漫画化の原作（著作）：http://id.ndl.go.jp/auth/ndlna/00633493
（紫式部「源氏物語」に対する国立国会図書館の典拠データの URI）
（関連元：大和，和紀. あさきゆめみし）

＜典拠形アクセス・ポイント＞

脚本化の原作（著作）：野坂，昭如，1930-2015. 火垂るの墓
（関連元：高畑，勲. 火垂るの墓）

その著作を記念した著作：宮崎県. 古事記編さん1300年
（関連元：古事記）

上位（著作）：中央公論
（関連元：特集　大学の耐えられない軽さ）

吸収前（著作）：神経研究の進歩
（関連元：Brain and nerve）

＜構造記述＞

シリーズ（著作）：アジア経済研究所叢書
（関連元：中東・中央アジア諸国における権力構造：したたかな国家・翻弄される社会 / 酒井啓子・青山弘之編（「アジア経済研究所叢書」の中の一つの著作））

継続後（著作）：Toyama medical journal / 富山大学医学会編
（関連元：富山大学医学会誌）

＜非構造記述＞

「新選組史料集」(新人物往来社　1993年刊) と「新選組史料集　続」(新人物往来社 2006年刊) の改題・合本・加筆・再編集
（関連元：新選組史料大全）

#43.1.2　部分の順序表示

部分の順序表示は，エレメントである。

部分の順序表示とは，上位の著作内における部分を排列する表示である。

部分の順序表示には，次のものがある。

a）数字・文字・その他の記号またはこれらの組み合わせ。巻号を表す語を伴うことがある。

b）年月次表示

部分の順序表示は，情報源に表示されているとおりに記録する。ただし，数字は#1.11.6に従って，アラビア数字で記録する。付録#A.3［略］に従って，略語を使用する。

#43.1.3　関連に関する説明

関連に関する説明は，エレメントである。

必要に応じて，関連に関する説明を記録する。

三島，由紀夫，1925-1970. 豊饒の海
この著作の部分については，以下を見よ
春の雪
奔馬
暁の寺
天人五衰

#43.2　表現形間の関連

表現形間の関連は，エレメントである。

#43.2.0　通則

表現形と表現形との関連を記録する。表現形と別の著作との関連は，著作間の関連として扱う。

表現形間の関連には，次のものがある。

a）派生の関連

b）参照の関連

c）全体・部分の関連

d）付属・付加の関連

e）連続の関連

#43.2.1　記録の方法

関連先となる表現形を識別できる情報を，次のうち一つ以上の方法によって記録する。

a）識別子

b）典拠形アクセス・ポイント

c）構造記述

d）非構造記述

<識別子>

翻訳：Library of Congress control number: no 45029807

（イタリア語訳「源氏物語」に対する米国議会図書館の識別子）

（関連元：源氏物語）

<典拠形アクセス・ポイント>

翻訳の対象：Carroll, Lewis, 1832-1898. Alice's adventures in Wonderland

（関連元：Carroll, Lewis, 1832-1898. Alice's adventures in Wonderland. 日本語）

<構造記述>

改訂の対象：映画ジャンル論：ハリウッド的快楽のスタイル / 加藤幹郎著. ― 東京：平凡社，1996

（関連元：加藤，幹郎. 映画ジャンル論（2016））

<非構造記述>

平凡社　1996年刊の増補改訂版

（関連元：加藤，幹郎. 映画ジャンル論（2016））

#43.2.2　関連に関する説明

関連に関する説明は，エレメントである。

必要に応じて，関連に関する説明を記録する。

#43.3　体現形間の関連

体現形間の関連は，エレメントである。

#43.3.0　通則

体現形と体現形との関連を記録する。体現形と別の体現形の個別資料との関連は，個別資料間の関連として扱う。

体現形間の関連には，次のものがある。

a）等価の関連

b）参照の関連

c）全体・部分の関連

書誌階層構造における上位書誌レベル，下位書誌レベルの情報は，全体・部分の関連として記録する。

d）付属・付加の関連

#43.3.1　記録の方法

関連先となる体現形を識別できる情報を，次のうち一つ以上の方法によって記録する。

a）識別子

b）典拠形アクセス・ポイント［#24：保留］

c）構造記述

d）非構造記述

<識別子>

上位（体現形）：ISBN978-4-535-06502-4

（「夫婦 / 川井健［ほか］編集. ― 東京：日本評論社，1991」のISBN）

（関連元：夫婦の法の課題 / 利谷信義. ― p3-14）

<構造記述>

異版：図解ギリシア神話 / 松村一男監修. ― 東京：西東社，2011

（関連元：もう一度学びたいギリシア神話 / 松村一男監修. ― 東京：西東社，2007）

上位（体現形）：特集　ウェブ検索時代の目録. ―（図書館雑誌103巻6号）

（関連元：Webの時代における書誌ユーティリティの現状と今後 / 佐藤義則. ― p380-383）

下位（体現形）：伊豆の踊子. 温泉宿. 抒情歌. 禽獣

（関連元：伊豆の踊子 / 川端康成. ― 東京：新潮社，2003.5. ―（新潮文庫；115か-1-2））

<非構造記述>

内容：時代区分論 / 岸本美緒（ほか10編）

（関連元：世界史へのアプローチ. ― 東京

：岩波書店，1998.4. —（岩波講座世界歴史；1））

#43.4　個別資料間の関連

個別資料間の関連は，エレメントである。

#43.4.0　通則

個別資料と個別資料との関連を記録する。

個別資料間の関連には，次のものがある。

a）等価の関連

b）参照の関連

c）全体・部分の関連

d）付属・付加の関連

#43.4.1　記録の方法

関連先となる個別資料を識別できる情報を，次のうち一つ以上の方法によって記録する。

a）識別子

b）典拠形アクセス・ポイント［#25：保留］

c）構造記述

d）非構造記述

＜識別子＞

デジタル化の対象（個別資料）：プランゲ文庫請求記号：JX-0008

（関連元：Charter of the United Nations / United Nations. — 東京：國際聯合研究會，1946）

＜構造記述＞

＜非構造記述＞

手稿の電子複写による複製

（関連元：メキシコ四十年 / 松下止. —[制作日付不明]）

＜#43.5～#43.6　管理要素＞

#43.5　出典

出典は，エレメントである。

著作・表現形・体現形・個別資料の間の関連の決定に使用した情報源と，その簡略な説明を記録する。

#43.6　データ作成者の注記

データ作成者の注記は，エレメントである。

関連データを利用・訂正するときや，関連する著作・表現形・体現形・個別資料に対する典拠形アクセス・ポイントを構築するときに役立つと思われる情報を記録する。

第44章　資料と個人・家族・団体との関連

#44.0　通　則

#44.0.1　記録の目的

資料と個人・家族・団体との関連の記録の目的は，次のとおりである。

a）特定の個人・家族・団体と関連を有する，目録中のすべての資料を発見する。

b）個人・家族・団体を介した関連する実体への誘導により，目録内外における各種実体を発見する。

#44.0.2　記録の範囲

資料と個人･家族･団体との関連とは，ある著作・表現形・体現形・個別資料が，ある個人・家族・団体に対して有する関連である。

#44.0.2.1　エレメント

資料と個人・家族・団体との関連には，a）～d）の種類がある。各関連の下に列挙したものが，エレメントである。

a）著作と個人・家族・団体との関連

①創作者

②著作と関連を有する非創作者

b）表現形と個人・家族・団体との関連

寄与者

c）体現形と個人・家族・団体との関連

①出版者

②頒布者

③製作者

④非刊行物の制作者

⑤体現形と関連を有するその他の個人・家族・団体

d）個別資料と個人・家族・団体との関連

①所有者

②管理者

③個別資料と関連を有するその他の個人・家族・団体

#44.0.3　情報源

#44.0.3A　著作・表現形・体現形

著作・表現形・体現形と個人・家族・団体との関連は，著作または表現形を具体化した体現形の優先情報源における表示に基づいて記録する。

表示が不明確または不十分な場合は，次の情報源からこの優先順位で採用する。

a）資料に顕著に現れたその他の表示

b）資料の内容（図書のテキスト等）にのみ現れた情報

c）その他の情報源

#44.0.3B　個別資料

個別資料と個人・家族・団体との関連は，どの情報源に基づいて記録してもよい。

#44.0.4　記録の方法

関連先情報，または関連先情報と関連指示子を用いて，関連を記録する。

#44.0.4.1　関連先情報

関連先となる個人・家族・団体を識別できる情報を，次のうち一つ以上の方法によって記録する。

a）識別子

b）典拠形アクセス・ポイント

#44.0.4.1A　識別子による記録

関連先の個人・家族・団体に付与された国際標準番号，またはそれに代わる標準システムの番号等を記録する。

記録する識別子は，関連先の実体を一意に識別できるものでなければならない。

当該識別子の管理機関が定める形式に基づき，識別子の種類が明確に示されるように記録する。

［識別子は，#6.18，#7.10，#8.12を見よ。］

#44.0.4.1B　典拠形アクセス・ポイントによる記録

関連先の個人・家族・団体に対する典拠形アクセス・ポイントを記録する。

［典拠形アクセス・ポイントの構築については，#26～#28［#27は省略］を見よ。］

#44.0.5　関連指示子

資料と個人・家族・団体との関連の詳細を表すために必要な場合は，関連先の個人・家族・団体の識別子および(または)典拠形アクセス・ポイントに，関連指示子を付加する。

個人・家族・団体が有する関連が複数の種類に及ぶ場合は，複数の関連指示子を記録する。

関連指示子は，付録#C.2に列挙する用語から，データ作成機関が必要とする詳細度のものを記録する。適切な用語がない場合は，データ作成機関が関連の種類を示す簡略な用語を定めて記録する。

#44.0.6　関連の記録に影響を与える変化

複数巻単行資料，逐次刊行物または更新資料において，著作・表現形・体現形に対する責任性の変化が生じた場合は，それぞれについて適切な個人・家族・団体に対する典拠形アクセス・ポイントを追加し，資料とそれらとの関連を記録する。

#44.0.6A　複数巻単行資料

複数巻単行資料の途中の部分に責任性の変化が生じ，その変化がアクセスに重要な場合は，複数巻単行資料の途中の部分と関連を有するすべての個人・家族・団体に対する典拠形アクセス・ポイントを追加し，資料とそれらとの関連を記録する。

#44.0.6B　逐次刊行物

逐次刊行物の途中の巻号に，新規の記述の作成を必要としない責任性の変化が生じ，その変化がアクセスに重要な場合は，逐次刊行物の途中の巻号と関連を有するすべての個人・家族・団体に対するアクセス・ポイントを追加し，資料とそれらとの関連を記録する。

#44.0.6C　更新資料

更新資料のイテレーションの間に責任性の変化が生じ，その変化がアクセスに重要な場合は，更新資料の最新のイテレーションと関連を有するすべての個人・家族・団体に対するアクセス・ポイントを構築し，資料とそれらとの関連を記録する。

アクセスに重要な場合は，過去に責任を有していた個人・家族・団体に対するアクセス・ポイントを残す。

#44.0.7　注記

資料と個人・家族・団体との関連について説明を要する場合（例えば，責任表示に関して著作における著者の帰属が不明確な場合など）は，必要に応じて次の注記を記録する。

a）責任表示に関する注記

b）版表示に関する注記

c）出版表示に関する注記

d）頒布表示に関する注記

e）製作表示に関する注記

f）非刊行物の制作表示に関する注記

g）データ作成者の注記

＜#44.1～#44.4　資料と個人・家族・団体との各関連＞

#44.1　著作と個人・家族・団体との関連

#44.1.0　通則

著作と個人・家族・団体の関連には，次のエレメントがある。

a）創作者

b）著作と関連を有する非創作者

資料に複数の著作が含まれ，各著作が異なる個人･家族･団体と関連している場合は，各著作において関連する個人･家族･団体を記録する。

#44.1.1　創作者

創作者は，エレメントである。

創作者は，コア・エレメントである。創作者が複数存在する場合は，すべてコア・エレメントである。

創作者とは，著作の創作に責任を有する個人・家族・団体（著者，編纂者，作曲者など）である。

創作者には，一つの著作の創作に共同で責任を有する複数の個人・家族・団体が含まれる。これには，同一の役割を果たす創作者と，異なる役割を果たす創作者とがある。

著作の集合について，内容の選択，配置，編集によって新しい著作が生じたと考えられる場合は，その編集等に責任を有する個人・家族・団体を，新しい著作の創作者として扱う。

既存の著作の改変について，その性質や内容が実質的に変化し，新しい著作が生じたと考えられる場合は，その改変に責任を有する個人・家族・団体を，新しい著作の創作者として扱う。［付録#C.2を見よ。］

#44.1.1A　著作の創作に責任を有する単一の創作者

著作と，その単一の創作者（個人・家族・団体）とを関連づける。

＜個人＞

著者：高木，貞治，1875-1960
（関連元：著作「解析概論」（優先タイトル））

編纂者：新村，出，1876-1967
（関連元：著作「広辞苑」（優先タイトル））

写真撮影者：土門，拳，1909-1990
（関連元：著作「土門拳自選作品集」（優先タイトル））

#44.1.1A1　著作の創作に責任を有する団体

団体を創作者とみなすのは，団体に由来するか，団体が責任刊行したか，または責任刊行させた著作で，次のいずれかに該当するものである。

a）団体の管理的な性格の著作

①内部方針，手続き，財政，運用

著者：岩手県
（関連元：著作「岩手県」（優先タイトル）（岩手県ホームページ））

②役員，職員，会員（例：名簿）

著者：日本癌学会
（関連元：著作「日本癌学会会員名簿」（優先タイトル））

③資源（例：目録，財産目録）

著者：天理図書館
（関連元：著作「善本圖録」（優先タイトル））

④沿革（例：社史）

著者：三井信託銀行株式会社
（関連元：著作「三井信託銀行70年のあゆみ」（優先タイトル））

b）団体の集団的意思を記録した著作（例：委員会や審議会などの報告，対外政策に関する立場を示した公式見解，白書，規格）

著者：大阪府
（関連元：著作「地球社会に貢献する大阪を目指して」（優先タイトル））

c）団体の集団的活動を報告した著作

①会議（例：議事録，予稿集）

著者：熊本地名シンポジウム
（関連元：著作「熊本の地理と地名」（優先タイトル））

②調査団・視察団（例：調査報告）

著者：野尻湖発掘調査団
（関連元：著作「野尻湖の発掘写真集」（優先タイトル））

③公聴会

著者：東京都中野区．議会
（関連元：著作「東京都中野区議会区長選出対策特別委員会公聴会記録」（優先タイトル））

④催し（例：展覧会，博覧会，祝祭の案内）

著者：別府アルゲリッチ音楽祭
（関連元：著作「別府アルゲリッチ音楽祭公式報告書」（優先タイトル））

d）演奏・演技グループが，単に演奏・演技するだけではなく，創作にも相当程度関与した著作

e）団体に由来する地図著作

著者：国土地理院
（関連元：著作「弘前」（優先タイトル））

f）法令等

g）複数の美術制作者が集合した団体による，タイトルを有する個別の美術著作

＃44.1.1 B　著作の創作に責任を有する複数の個人・家族・団体

著作と，その複数の創作者（個人・家族・団体）とを関連づける。

＜同一の役割を果たす複数の個人・家族・団体＞

著者：大河内，一男，1905-1984
著者：松尾，洋，1911-
（関連元：著作「日本労働組合物語」（優先タイトル））

＜それぞれ異なる役割を果たす複数の個人・家族・団体＞

インタビュアー：Gsell, Paul
インタビュイー：Rodin, Auguste, 1840-1917
（関連元：著作「Art」（優先タイトル））

＃44.1.1 C　改作，改訂等による新しい著作の創作に責任を有する個人・家族・団体

著作と，改作，改訂等による新しい著作の創作者（個人・家族・団体）とを関連づける。

著者：村山，知義，1901-1977
（関連元：著作「戯曲夜明け前」（優先タイトル））

＃44.1.1 D　注釈，解説，図等を追加した新しい著作の創作に責任を有する個人・家族・団体

著作と，注釈，解説，図等を追加した新しい著作の創作者（個人・家族・団体）とを関連づける。

著者：片桐，洋一，1931-
（関連元：著作「古今和歌集全評釈」（優先タイトル））

＃44.1.2　著作と関連を有する非創作者

著作と関連を有する非創作者は，エレメントである。

著作と関連を有する非創作者は，個人・家族・団体に対する典拠形アクセス・ポイントを使用

して著作に対する典拠形アクセス・ポイントを構築する場合は，コア・エレメントである。

著作と関連を有する非創作者とは，創作者以外で著作と関連を有する個人・家族・団体（書簡の名宛人，記念論文集の被記念者，ディレクター等）である。［#付録 C.2を見よ。］

被記念者：国立国会図書館典拠ID：00080538
（滝川，政次郎，1897-1992に対する国立国会図書館の典拠 ID）
（関連元：著作「滝川博士還暦記念論文集」（優先タイトル））

映画監督：小津，安二郎，1903-1963
（関連元：著作「東京物語」（優先タイトル））

名宛人：巌谷，小波，1870-1933
（関連元：著作「紅葉より小波へ」（優先タイトル））

#44.1.2.1　法令等と関連を有する非創作者

［略］

#44.2　表現形と個人・家族・団体との関連

#44.2.0　通則

表現形と個人・家族・団体との関連のエレメントには，寄与者がある。

資料に複数の表現形が含まれ，各表現形が異なる個人・家族・団体と関連している場合は，各表現形において関連する個人・家族・団体を記録する。

#44.2.1　寄与者

寄与者は，エレメントである。

寄与者とは，表現形の成立に寄与する個人・家族・団体（編者，訳者，注釈者，演奏・演技者等）である。［#付録 C.2を見よ。］

著作の主要部分は変わらず，それに注釈，挿絵，伴奏等が付加される場合は，注釈者，挿画者，伴奏の作曲者等を寄与者とみなす。

訳者：呉，茂一，1897-1977
（関連元：著作「Ιλιάς」（優先タイトル）の表現形）

編者，訳者：上田，敏，1874-1916
（関連元：著作「海潮音」（優先タイトル））

既存のデータや情報等の編纂によって新しい著作が生じた場合は，その編纂に責任を有する個人・家族・団体は，創作者として扱う。

#44.3　体現形と個人・家族・団体との関連

#44.3.0　通則

体現形と個人・家族・団体との関連には，次のエレメントがある。

a）出版者
b）頒布者
c）製作者
d）非刊行物の制作者
e）体現形と関連を有するその他の個人・家族・団体

資料に複数の体現形が含まれ，各体現形が異なる個人・家族・団体と関連している場合は，各体現形において関連する個人・家族・団体を記録する。

#44.3.1　出版者

出版者は，エレメントである。

出版者とは，刊行物の出版，発行，公開に責任を有する個人・家族・団体である。［#付録 C.2を見よ。］

新潮社
（関連元：体現形「戦国夜話 / 本郷和人著. ― 東京：新潮社，2016.4」）

#44.3.2　頒布者

頒布者は，エレメントである。［#付録 C.2を見よ。］

頒布者とは，刊行物の頒布，発売に責任を有する個人・家族・団体である。

日経 BP 出版センター
（関連元：体現形「世界の食を愉しむ BEST 500：一生に一度だけの旅 / キース・ベローズほか著；関利枝子，花田知恵，町田敦夫訳 ― 東京：日経ナショナルジオグラフィック社，日経 BP 出版センター（発売），2009.12」）

#44.3.3　製作者

製作者は，エレメントである。

製作者とは，刊行物の印刷，複写，成型等に責任を有する個人・家族・団体である。

東松島市．教育委員会

（関連元：体現形「東松島市からのメッセージ / 東松島市著．―［東松島］：東松島市教育委員会（製作），2014.12」）

装丁者：大原，信泉

（関連元：体現形「あふれるひかり / 中村幸一著．― 東京：北冬舎，2016.3」）

#44.3.4　非刊行物の制作者

非刊行物の制作者は，エレメントである。

非刊行物の制作者とは，非刊行物の書写，銘刻，作製，組立等に責任を有する個人・家族・団体である。

銅版画制作：渡辺，千尋，1944-2009

（関連元：有家のセミナリヨの日本人画学生作「セビリアの聖母」（1597年）の復刻作品（1998年））

（銅版画の制作を表す関連指示子を設けて記録した例）

#44.3.5　体現形と関連を有するその他の個人・家族・団体

体現形と関連を有するその他の個人・家族・団体は，エレメントである。

体現形と関連を有するその他の個人・家族・団体とは，出版者，頒布者，製作者，非刊行物の制作者以外の，体現形と個人・家族・団体である。

#44.4　個別資料と個人・家族・団体との関連

#44.4.0　通則

個別資料と個人・家族・団体との関連には，次のエレメントがある。

a）所有者

b）管理者

c）個別資料と関連を有するその他の個人・家族・団体

資料に複数の個別資料が含まれ，各個別資料が異なる個人・家族・団体と関連している場合は，各個別資料において関連する個人・家族・団体を記録する。

#44.4.1　所有者

所有者は，エレメントである。

所有者とは，個別資料に対して所有権を有する個人・家族・団体である。

寄託者：徳島県立博物館

（関連元：個別資料「板碑銘（拓本）東京大学史料編纂所所蔵資料00203030」）

#44.4.2　管理者

管理者は，エレメントである。

管理者とは，個別資料に対して管理権を有する個人・家族・団体である。

東京大学．史料編纂所

（関連元：個別資料「板碑銘（拓本）東京大学史料編纂所所蔵資料00203030」）

#44.4.3　個別資料と関連を有するその他の個人・家族・団体

個別資料と関連を有するその他の個人・家族・団体は，エレメントである。

個別資料と関連を有するその他の個人・家族・団体とは，個別資料と関連を有する，所有者または管理者以外の個人・家族・団体である。

個別資料と関連を有するその他の個人・家族・団体には，収集者，献辞者，キュレーター，製本者，修復者などが含まれる。

手書き注釈者：森，鴎外，1862-1922

（関連元：個別資料「名譽新誌 / 佐田白茅編輯．― 東京：大來社，［1800年代］東京大学総合図書館鴎外文庫所蔵資料0004328654」）

修復者：東京大学．史料編纂所．保存技術室

（関連元：個別資料「慈鎮和尚夢想記　東京大学史料編纂所所蔵資料00199807」）

第46章　個人・家族・団体の間の関連

＃46.0　通則

＃46.0.1　記録の目的

個人・家族・団体の間の関連の記録の目的は，次のとおりである。

a）特定の個人・家族・団体と関連を有する，個人・家族・団体を発見する。

b）個人・家族・団体を介した関連する実体を示すことにより，個人・家族・団体の識別に寄与する。

＃46.0.2　記録の範囲

個人・家族・団体の間の関連とは，ある個人・家族・団体が，他の個人・家族・団体に対して有する関連である。

同一の個人・家族・団体の，異なる名称との間の関連をも含む。

＃46.0.2.1　エレメント

個人・家族・団体の間の関連には，次のエレメントがある。

a）個人・家族・団体と個人との関連

b）個人・家族・団体と家族との関連

c）個人・家族・団体と団体との関連

＃46.0.3　情報源

個人・家族・団体の間の関連は，どの情報源に基づいて記録してもよい。

＃46.0.4　記録の方法

関連先情報を用いて，または関連先情報と関連指示子を用いて，関連を記録する。

必要に応じて，関連に関する説明，管理要素を記録する。

＃46.0.4.1　関連先情報

関連先となる個人・家族・団体を識別できる情報を，次のうち一つ以上の方法によって記録する。

a）識別子

b）典拠形アクセス・ポイント

＃46.0.4.1A　識別子による記録

関連先の個人・家族・団体に付与された国際標準番号，またはそれに代わる標準システムの番号等を記録する。

記録する識別子は，関連先の実体を一意に識別できるものでなければならない。

当該識別子の管理機関が定める形式に基づき，識別子の種類が明確に示されるように記録する。

＃46.0.4.1B　典拠形アクセス・ポイントによる記録

関連先の個人・家族・団体に対する典拠形アクセス・ポイントを記録する。

＃46.0.5　関連指示子

個人・家族・団体の間の関連の詳細を表すために必要な場合は，関連先の個人・家族・団体の識別子および（または）典拠形アクセス・ポイントに，関連指示子を付加する。

個人・家族・団体が有する関連が複数の種類に及ぶ場合は，複数の関連指示子を記録する。

関連指示子は，付録＃C.4に列挙する用語から，データ作成機関が必要とする詳細度のものを記録する。適切な用語がない場合は，データ作成機関が関連の種類を示す簡略な用語を定めて記録する。

＜＃46.1～＃46.3　個人・家族・団体に関する各関連＞

＃46.1　個人・家族・団体と個人との関連

個人・家族・団体と個人との関連は，エレメントである。

＃46.1.0　通則

＃46.1.1　記録の方法

関連先となる個人を識別できる情報を，次のうち一つ以上の方法によって記録する。

a）識別子

b）典拠形アクセス・ポイント

＜識別子＞

＜個人と個人との関連＞

別名：国立国会図書館典拠ID：00103020

（栗本薫に対する国立国会図書館の典

拠 ID）
（関連元：中島，梓, 1953-2009）
別名：国立国会図書館典拠ID：00015619
（藤子不二雄に対する国立国会図書館の典拠 ID）
（関連元：藤子, 不二雄A, 1934- ; 藤子, 不二雄F, 1933-1996）
<家族と個人との関連>　［略］
<団体と個人との関連>
構成員：VIAF ID：108716715
（忌野清志郎に対する VIAF ID）
（関連元：RC サクセション）
<典拠形アクセス・ポイント>
<個人と個人との関連>
別名：中島，梓, 1953-2009
（関連元：栗本，薫, 1953-2009）
別名：藤子，不二雄
（関連元：藤子, 不二雄A，1934- ; 藤子, 不二雄F, 1933-1996）
（共同筆名）
<家族と個人との関連>　［略］
<団体と個人との関連>
構成員：忌野，清志郎, 1951-2009
（関連元：RC サクセション）

#46.1.2　関連に関する説明

関連に関する説明は，エレメントである。

必要に応じて，関連に関する説明を記録する。

古賀，英正, 1908-2004
経済関係の著書では本名を使用。小説では以下を見よ。
南条，範夫, 1908-2004
（典拠形アクセス・ポイントにおける参照に説明を加えた例）

#46.2　個人・家族・団体と家族との関連

［略］

#46.3　個人・家族・団体と団体との関連

個人・家族・団体と団体との関連は，エレメントである。

#46.3.0　通則

#46.3.1　記録の方法

関連先となる団体を識別できる情報を，次の一つ以上の方法によって記録する。

a）識別子
b）典拠形アクセス・ポイント

<識別子>
<個人と団体との関連>
個人による創設団体：国立国会図書館典拠 ID：00307354
（津田塾大学に対する国立国会図書館の典拠 ID）
（関連元：津田，梅子，1864-1929）
<家族と団体との関連>　［略］
<団体と団体との関連>
下位団体：国立国会図書館典拠 ID：00996830
（京都大学東南アジア研究所に対する国立国会図書館の典拠 ID）
（関連元：京都大学）
前身団体：国立国会図書館典拠 ID：00421770
（京都大学東南アジア研究センターに対する国立国会図書館の典拠 ID）
（関連元：京都大学. 東南アジア研究所）
後身団体：国立国会図書館典拠 ID：00996830
（京都大学東南アジア研究所に対する国立国会図書館の典拠 ID）
（関連元：京都大学. 東南アジア研究センター）
<典拠形アクセス・ポイント>
<個人と団体との関連>
個人による創設団体：津田塾大学
（関連元：津田，梅子，1864-1929）
<家族と団体との関連>　［略］
<団体と団体との関連>
下位団体：京都大学. 東南アジア研究所

（関連元：京都大学）
前身団体：京都大学．東南アジア研究センター
（関連元：京都大学.東南アジア研究所）
後身団体：京都大学．東南アジア研究所
（関連元：京都大学．東南アジア研究センター）

#46.3.2　関連に関する説明

関連に関する説明は，エレメントである。

必要に応じて，関連に関する説明を記録する。

津田梅子が1900年女子英学塾として創設

2004年４月京都大学東南アジア研究センターから京都大学東南アジア研究所に名称変更

＜#46.4～#46.5管理要素＞

#46.4　出典

出典は，エレメントである。

個人・家族・団体の間の関連の決定に使用した情報源と，その簡略な説明を記録する。

「藤子不二雄」は，藤子･F･不二雄の旧筆名（日外アソシエーツ．20世紀日本人名事典，2004，p.2178）

別名：中島，梓，1953-2009（Web NDL Authorities（2015/09/17アクセス））

#46.5　データ作成者の注記

データ作成者の注記は，エレメントである。

関連データを利用・訂正するときや，関連する個人・家族・団体に対する典拠形アクセス・ポイントを構築するときに役立つと思われる情報を記録する。

藤子不二雄（典拠形アクセス･ポイント）は，1954年からコンビを解消する1987年まで使用

典拠 ID: X 000513とは別人

付録 A.1　片仮名記録法

#A.1　片仮名記録法

#A.1.0　範囲

本付録では，片仮名読み形と片仮名表記形における片仮名の記録法を規定する。

［#1.11～#1.11.4.3，#1.12～#1.12.1を見よ。］

#A.1.1　漢字，仮名

漢字，仮名の片仮名読み形は，その発音に従い，第1表［略］を用いて記録する。

現代詩　　　ゲンダイシ
ぐりとぐら　　グリ　ト　グラ
ディジタル　　ディジタル
倫敦　　　ロンドン
則天武后　　ソクテン　ブコウ

#A.1.1.1　助詞「ハ」，「ヘ」，「ヲ」

助詞「ハ」，「ヘ」，「ヲ」は，「ワ」，「エ」，「オ」と記録する。

こんにちは　　コンニチワ
いずこへ　　イズコ　エ
字を書く　　ジ　オ　カク

#A.1.1.2　拗音，促音

拗音を表す「ヤ」，「ユ」，「ヨ」は，「ャ」，「ュ」，「ョ」と小字で記録する。促音を表す「ツ」は，「ッ」と小字で記録する。

観覧車物語　　カンランシャ　モノガタリ
著者　　チョシャ
雑誌　　ザッシ

#A.1.1.3　長音

a）ア列の長音は，「ア」と記録する。

母さん　　カアサン

b）イ列の長音は，「イ」と記録する。

兄さん　　ニイサン

c）ウ列の長音は，「ウ」と記録する。

有数　　ユウスウ

d）エ列の長音は，「エ」と記録する。

姉さん　　ネエサン

e）オ列の長音は，「ウ」と記録する。ただし，現代仮名遣いで「お」と書き表される長音は，「オ」と記録する。

労働法　　ロウドウホウ
父さん　　トウサン
大阪　　オオサカ
氷　　コオリ

f）情報源に長音符（ー）で表示された長音は，長音符で記録する。また，長音符の使用が確立している語については，情報源に別の表示がない限り，長音を長音符で記録する。

シェークスピア全集　　シェークスピア　ゼンシュウ
珈琲　　コーヒー
（情報源に「こうひい」と表示されている場合は，「コウヒイ」と記録する。）

#A.1.1.4　拗長音

a）ア列拗音の長音は，「ャ」の次に「ア」と記録する。

じゃあじゃあ　　ジャアジャア

b）ウ列拗音の長音は，「ュ」の次に「ウ」と記録する。

乳牛　　ニュウギュウ

c）オ列拗音の長音は，「ョ」の次に「ウ」と記録する。

表彰　　ヒョウショウ

d）情報源に長音符（ー）で表示された拗長音は，長音符で記録する。また，長音符の使用が確立している語については，情報源に別の表示がない限り，拗長音を長音符で記録する。

ジャーナリズム　　ジャーナリズム
マトリョーシカ　　マトリョーシカ
紐育　　ニューヨーク

#A.1.1.5　「ヂ」，「ヅ」

「ヂ」，「ヅ」は，「ジ」，「ズ」と記録する。

ちかぢか　　チカジカ
磯づり　　イソズリ
仮名遣い　　カナズカイ

#A.1.1.6　その他

a）歴史的仮名遣い

歴史的仮名遣いは，その現代語音によって記録する。

てふてふ　　チョウチョウ
どぜう　　ドジョウ
みづゑ　　ミズエ

b）「ヰ」，「ヱ」，「ヲ」

「ヰ」，「ヱ」，「ヲ」は，「イ」，「エ」，「オ」と記録する。

ヰタ・セクスアリス　　イタ・セクスアリス
ナポレヲン　　ナポレオン

c）「ヷ」，「ヸ」，「ヹ」，「ヺ」

「ヷ」，「ヸ」，「ヹ」，「ヺ」は，「ヴァ」，「ヴィ」，「ヴェ」，「ヴォ」と記録する。

ヹニス　　ヴェニス

d）第1表にない仮名

第1表［略］にない仮名は，表示に従って記録する。ただし，#A.1.1.1～#A.1.1.6 c）で特に規定する場合は，それに従う。

キェルケゴール　　キェルケゴール
ゲョエテ　　ゲョエテ

#A.1.2　ラテン文字等

片仮名読み形と片仮名表記形において，想定される発音に従って，ラテン文字等を片仮名に置き換えて記録する場合は，第1表［略］および第2表［略］を用いて記録する。この場合，長音，拗長音は長音符（ー）で記録する。

<片仮名読み形>

JIS 用語集　　ジス　ヨウゴシュウ
X 線結晶学　　エックスセン　ケッショウガク
T. S. エリオット試論　　ティー　エス　エリオット　シロン

<片仮名表記形>

Web 2.0　　ウェブ2.0
Rowling, J. K.　　ローリング，J. K.

#A.1.3　数字

片仮名読み形において，数字を片仮名に置き換えて記録する場合は，原則として第3表［略］を用いて記録する。

二十四　　ニジュウシ
平成十七年度　　ヘイセイ　ジュウシチネンド
第Ⅰ部　　ダイイチブ
一千億　　イッセンオク
六百　　ロッピャク
十進法　　ジッシンホウ
第二百十回　　ダイニヒャクジッカイ
20世紀　　ニジッセイキ

ただし，数字が成語または固有名詞の一部に含まれていて，第3表［略］とは異なる慣用の読み方が確立している場合は，参考資料に従って記録する。また，助数詞や他語との結びつきから，第3表［略］に従うと不自然な場合は，慣用の読み方に従って記録する。

四次元　　ヨジゲン
六義園　　リクギエン
七転八起　　ナナコロビ　ヤオキ
十人十色　　ジュウニン　トイロ
9.11事件　　キュウ　イチイチ　ジケン
二人　　フタリ
九十九個　　キュウジュウキュウコ
七宝　　シッポウ

#A.1.4　記号

片仮名読み形において，想定される発音に従って，記号を片仮名に置き換えて記録する場合は，第1表［略］を用いて記録する。

新制度 Q&A　　シンセイド　キュー　アンド　エイ
.mac 徹底使いこなし術　　ドットマック　テッテイ　ツカイコナシジュツ

付表　第1表～第3表　［略］

付録 C.1　関連指示子：資料に関するその他の関連 ［一部省略］

#C.1.0　範囲

本付録は，資料に関するその他の関連［#43］で使用する関連指示子のリストであり，その各々について規定する。

これらの関連指示子は，関連元の記録中で使用して，関連先との関連の詳細な種類を示す。関連指示子は，次に列挙する用語から，データ作成機関が必要とする詳細度のものを記録する。例えば，映画化後の著作の記録に，その原作について記録する場合は，「映画化の原作(著作)」か，より包括的な「翻案の原作(著作)」か，最も包括的な「原作(著作)」のいずれかを使用することができる。

適切な用語がない場合は，データ作成機関が，関連の種類を示す簡略な用語を定めて記録する。

#C.1.1　著作間の関連

#C.1.1.1　著作の派生の関連

原作（著作） based on (work) 原作	**派生（著作）** derivative (work) 記述対象を改変した著作
索引サービスの対象(著作) indexing for(work) 記述対象の抄録索引サービスによって，その内容が索引化された著作	**索引サービス（著作）** indexed in (work) 記述対象の内容を索引化したサービス
自由訳の対象(著作) free translation of(work) その趣旨が保持されたまま，自由に翻訳された著作	**自由訳（著作）** freely translated as (work) 記述対象の趣旨を保持したまま，自由に翻訳した著作
縮約の対象（著作） abridgement of (work) 記述対象によって，全体的な意味や表現形式が変わらずに短縮された著作	**縮約（著作）** abridged as (work) 記述対象を全体的な意味や表現形式を変更せずに短縮した著作
抄録サービスの対象(著作) abstracts for(work) 記述対象の抄録索引サービスによって，その内容が抄録化された著作	**抄録サービス（著作）** abstracted in (work) 記述対象の内容を抄録化したサービス
抄録の対象（著作） abstract of (work) 記述対象によって，簡略かつ客観的に短縮された著作	**抄録（著作）** abstracted as (work) 記述対象を簡略かつ客観的に短縮した著作
増補の対象(著作) expanded version of(work) 記述対象によって，その内容が拡充された著作	**増補（著作）** expanded as (work) 記述対象の内容を拡充した著作
ダイジェストの対象(著作) digest of (work) 記述対象によって，体系的かつ包括的に圧縮された著作	**ダイジェスト（著作）** digested as (work) 記述対象を体系的かつ包括的に圧縮した著作
着想を得た著作 inspired by 記述対象が着想を得た著作	**着想を与えた著作** inspiration for 記述対象が着想を与えた著作
パラフレーズの対象(著作) paraphrase of(work) 記述対象によって，その内容が別の表現で置き換えられた著作	**パラフレーズ(著作)** paraphrased as (work) 記述対象の内容を別の表現で置き換えた著作
翻案の原作（著作） adaptation of (work) 記述対象によって，当初意図されていなかった目的や手段で使用するために改変された著作。形式が変更されたり，同じ形式で完全に書き直されたりすることがある	**翻案（著作）** adapted as (work) 記述対象を当初意図されていなかった目的や手段で使用するために，改変した著作。形式を変更したり，同じ形式で完全に書き直したりすることがある

韻文化の原作（著作） verse adaptation of (work) 記述対象によって，韻文形式の文学作品として翻案された著作	**韻文化（著作）** adapted in verse as (work) 記述対象から翻案された韻文形式の文学作品
映画化の原作（著作） motion picture adaptation of (work) 記述対象によって,映画として翻案された著作	**映画化（著作）** adapted as motion picture (work) 記述対象を基に作成された映画
脚本化の原作（著作） screenplay based on (work) 記述対象によって，映画，テレビ番組，ビデオ作品の脚本として翻案された著作	**脚本化（著作）** adapted as screenplay (work) 記述対象を基に作成された映画，テレビ番組，ビデオ作品の脚本から成る著作
映画の脚本化の原作（著作） motion picture screenplay based on (work) 記述対象によって，映画の脚本として翻案された著作	**映画の脚本化（著作）** adapted as motion picture screenplay (work) 記述対象を基に作成された映画の脚本から成る著作
テレビ番組の脚本化の原作（著作） television screenplay based on (work) 記述対象によって，テレビ番組の脚本として翻案された著作	**テレビ番組の脚本化（著作）** adapted as television screenplay (work) 記述対象を基に作成されたテレビ番組の脚本から成る著作
コレオグラフィー化の原作（著作） choreographic adaptation of (work) ダンス等の動作から成る著作として翻案された著作	**コレオグラフィー化（著作）** adapted as choreography (work) 記述対象を基に作成されたダンス等の動作から成る著作
小説化の原作（著作） novelization of (work) 記述対象によって,小説として翻案された著作	**小説化（著作）** adapted as novel (work) 記述対象から翻案された小説
テレビ番組化の原作（著作） television adaptation of (work) 記述対象によって，テレビ番組として翻案された著作	**テレビ番組化（著作）** adapted as television program (work) 記述対象を基に作成されたテレビ番組
ドラマ化の原作（著作） dramatization of (work) 記述対象によって，ドラマとして翻案された著作	**ドラマ化（著作）** dramatized as (work) 記述対象から翻案されたドラマ
ビデオゲーム化の原作（著作） video game adaptation of (work) 記述対象によって，ビデオゲームとして翻案された著作	**ビデオゲーム化（著作）** adapted as video game (work) 記述対象を基に作成されたビデオゲーム
漫画化の原作（著作） graphic novelization of (work) 記述対象によって,漫画として翻案された著作	**漫画化（著作）** adapted as graphic novel (work) 記述対象を基に作成された漫画
模倣の対象（著作） imitation of (work) 記述対象によって,様式や内容を模倣された著作	**模倣（著作）** imitated as (work) 記述対象の様式や内容を模倣した著作
パロディの原作（著作） parody of (work) 記述対象によって，パロディ化された著作	**パロディ化（著作）** parodied as (work) 記述対象をパロディ化した著作
要約の対象（著作） summary of (work) 記述対象によって,内容が簡略に要約された著作	**要約（著作）** summarized as (work) 記述対象の内容を簡略に要約した著作
リメイクの対象（著作） remake of (work) 記述対象によって，新たな映画，ラジオ番組，テレビ番組，ビデオ作品として改作された著作	**リメイク（著作）** remade as (work) 記述対象を基に作成された新たな映画，ラジオ番組，テレビ番組，ビデオ作品

#C.1.1.2　著作の参照の関連

その著作を記念した著作　commemoration 記述対象を記念した著作	**記念の対象とされた著作**　commemoration of 記述対象によって記念された著作

#C.1.1.3　著作の全体・部分の関連

上位（著作）　contained in（work） 記述対象が構成要素の一つである上位の著作	**下位（著作）**　container of（work） 記述対象を構成する下位の著作
上位のシリーズ　subseries of 記述対象がそのサブシリーズとして属する上位のシリーズ	**サブシリーズ**　subseries 記述対象に属するサブシリーズ
シリーズ　in series 記述対象がその一部として属するシリーズ	**シリーズの一部**　series container of 記述対象に属するシリーズの一部

#C.1.1.4　著作の付属・付加の関連

相互補完（著作）　complemented by（work） 記述対象と主従関係がなく，一対である著作	**相互補完（著作）**　complemented by（work） 記述対象と主従関係がなく，一対である著作
脚本（著作）　screenplay（work） 記述対象の映画，テレビ番組，ビデオ作品の脚本とされた著作	**脚本が使用された著作**　screenplay for（work） 記述対象を脚本として使用した映画，テレビ番組，ビデオ作品の著作
映画の脚本（著作） motion picture screenplay（work） 記述対象の映画の脚本とされた著作	**脚本が使用された映画（著作）** screenplay for motion picture（work） 記述対象を脚本として使用した映画の著作
テレビ番組の脚本（著作） television screenplay（work） 記述対象のテレビ番組の脚本とされた著作	**脚本が使用されたテレビ番組（著作）** screenplay for television program（work） 記述対象を脚本として使用したテレビ番組の著作
コレオグラフィー（著作） choreography（work） 記述対象の関連する著作において振付として使用された著作	**コレオグラフィーの対象（著作）** choreography for（work） 記述対象の関連する著作の振付を使用した著作
使用された音楽（著作）　music（work） 記述対象の映画，演劇，テレビ番組等で使用された音楽作品	**音楽が使用された著作**　music for（work） 記述対象の音楽作品を使用した映画，演劇，テレビ番組等の著作
映画音楽（著作） motion picture music（work） 記述対象の映画で使用された音楽作品	**音楽が使用された映画（著作）** music for motion picture（work） 記述対象の音楽作品を使用した映画の著作
テレビ番組の音楽（著作） television program music（work） 記述対象のテレビ番組で使用された音楽作品	**音楽が使用されたテレビ番組（著作）** music for television program（work） 記述対象の音楽作品を使用したテレビ番組の著作
ラジオ番組の脚本（著作）　radio script（work） 記述対象のラジオ番組の脚本とされた著作	**脚本が使用されたラジオ番組（著作）** script for radio program（work） 記述対象を脚本として使用したラジオ番組の著作
本体（著作）　augmentation of（work） 別の著作によって，内容が追加された著作	**付属（著作）**　augmented by（work） 主要な著作に内容を追加した著作

ガイドの対象（著作） guide to (work) 記述対象(注釈,学習補助,練習問題,Q&A,講師用・学生用教材等)が,その利用の一助となる著作	**ガイド（著作）** guide (work) 記述対象の利用に役立つ著作。注釈，学習補助，練習問題,Q&A,講師用・学生用教材等
検索手段の対象（著作） finding aid for (work) 記述対象の検索手段に記述されている文書コレクション	**検索手段（著作）** finding aid (work) 文書コレクションの組織化，排列，内容のための手引きとなる著作
索引の対象（著作） index to (work) 記述対象の索引の対象とされた著作	**索引（著作）** index (work) 記述対象に対する索引
図版の対象（著作） illustrations for (work) 記述対象の説明または装飾を目的とした図版が追加される対象とされた著作	**図版（著作）** illustrations (work) 記述対象を説明または装飾するための図版から成る著作
補遺の対象（著作） supplement to (work) 記述対象の補遺の対象とされた著作	**補遺（著作）** supplement (work) 記述対象に対する補遺
目録の対象（著作） catalogue of (work) 記述対象の目録の対象とされた著作	**目録（著作）** catalogue (work) 記述対象に対する目録

#C.1.1.5　著作の連続の関連

先行（著作） preceded by (work) 時系列や話の筋において，記述対象に先行する著作。連番が付与された著作のうち，内容の修正を伴う場合は，#C.1.1.1（著作の派生の関連）を見よ。	**後続（著作）** succeeded by (work) 時系列や話の筋において，記述対象に後続する著作。連番が付与された著作のうち，内容の修正を伴う場合は，#C.1.1.1（著作の派生の関連）を見よ。
合併前（著作） merger of (work) 記述対象を形成する複数の著作のうちの一つ	**合併後（著作）** merged to form (work) 記述対象を含む複数の著作が結びついて形成された著作
吸収前（著作） absorption of (work) 記述対象に編入された著作	**吸収後（著作）** absorbed by (work) 記述対象を編入した著作
継続前（著作） continuation of (work) 記述対象の内容が継続された著作。一般に逐次刊行物に適用する。	**継続後（著作）** continued by (work) その内容が記述対象を継続した著作。一般に逐次刊行物に適用する。
差替前（著作） replacement of (work) 記述対象によって，その内容が差替えられた著作。一般に，単巻資料，複数巻単行資料および更新資料に適用する。	**差替後（著作）** replaced by (work) 記述対象と差替えられた著作。一般に，単巻資料，複数巻単行資料および更新資料に適用する。
前編 sequel to 記述対象によって,その話の筋が継続された著作	**続編** sequel 記述対象の話の筋を継続した著作
派生前（著作） separated from (work) 記述対象が形成された，分離する前の著作	**派生後（著作）** continued in part by (work) 記述対象から分離した結果生じた，新たな著作。一般に逐次刊行物に適用する。
分離前（著作） continuation in part of (work) 新たなタイトルをもつ複数の著作に分かれた著作。一般に逐次刊行物に適用する。	**分離後（著作）** split into (work) 記述対象から分離した結果生じた，複数の著作のうちの一つ

#C. 1. 2　表現形間の関連

#C. 1. 2. 1　表現形の派生の関連

原作（表現形）　based on（expression） 原作の表現形	派生（表現形）　derivative（expression） 記述対象の表現形を改変した表現形
改訂の対象　revision of 更新，修正または増補された版のベースとして使われた著作の表現形	**改訂**　revised as 更新，修正または増補された著作の表現形
索引サービスの対象（表現形） indexing for（expression） 記述対象の抄録索引サービスによって，その内容が索引化された著作の表現形	**索引サービス（表現形）** indexed in（expression） 記述対象の内容を索引化したサービスの表現形
自由訳の対象（表現形） free translation of（expression） その趣旨が保持されたまま，自由に翻訳された著作の表現形	**自由訳（表現形）** freely translated as（expression） 記述対象の趣旨を保持したまま，自由に翻訳した著作の表現形
縮約の対象（表現形） abridgement of（expression） 記述対象によって，全体的な意味や表現形式が変わらずに短縮された著作の表現形	**縮約（表現形）** abridged as（expression） 記述対象を全体的な意味や表現形式を変更せずに短縮した著作の表現形
抄録サービスの対象（表現形） abstracts for（expression） 記述対象の抄録索引サービスによって，その内容に抄録が付された著作の表現形	**抄録サービス（表現形）** abstracted in（expression） 記述対象の内容を抄録化したサービスの表現形
抄録の対象（表現形）　abstract of（expression） 記述対象によって，簡略かつ客観的に短縮された著作の表現形	**抄録（表現形）**　abstracted as（expression） 記述対象が，簡略かつ客観的に短縮した著作の表現形
増補の対象（表現形） expanded version of（expression） 記述対象によって，その内容が拡充された著作の表現形	**増補（表現形）** expanded as（expression） 記述対象の内容を拡充した著作の表現形
ダイジェストの対象（表現形） digest of（expression） 記述対象によって，体系的かつ包括的に圧縮された著作の表現形	**ダイジェスト（表現形）** digested as（expression） 記述対象を体系的かつ包括的に圧縮した著作の表現形
パラフレーズの対象（表現形） paraphrase of（expression） 記述対象によって，その内容が別の表現で置き換えられた著作の表現形	**パラフレーズ（表現形）** paraphrased as（expression） 記述対象の内容を別の表現で置き換えた著作の表現形
翻案の原作（表現形） adaptation of（expression） 記述対象によって，当初意図されていなかった目的や手段で使用するために改変された著作の表現形	**翻案（表現形）** adapted as（expression） 記述対象を当初意図されていなかった目的や手段で使用するために改変した著作の表現形
韻文化の原作（表現形） verse adaptation of（expression） 記述対象によって，韻文形式の文学作品として翻案された著作の表現形	**韻文化（表現形）** adapted in verse as（expression） 記述対象から翻案された韻文形式の文学作品の表現形

映画化の原作（表現形）
motion picture adaptation of（expression）
記述対象によって，映画として翻案された著作の表現形

脚本化の原作（表現形）
screenplay based on（expression）
記述対象によって，映画，テレビ番組，ビデオ作品の脚本として翻案された著作の表現形

映画の脚本化の原作（表現形）
motion picture screenplay based on（expression）
記述対象によって，映画の脚本として翻案された著作の表現形

テレビ番組の脚本化の原作（表現形）
television screenplay based on（expression）
記述対象によって，テレビ番組の脚本として翻案された著作の表現形

コレオグラフィー化の原作（表現形）
choreographic adaptation of（expression）
ダンス等の動作から成る著作として翻案された著作の表現形

小説化の原作（表現形）
novelization of（expression）
記述対象によって，小説として翻案された著作の表現形

テレビ番組化の原作（表現形）
television adaptation of（expression）
記述対象によって，テレビ番組として翻案された著作の表現形

ドラマ化の原作（表現形）
dramatization of（expression）
記述対象によって，ドラマとして翻案された著作の表現形

漫画化の原作（表現形）
graphic novelization of（expression）
記述対象によって，漫画として翻案された著作の表現形

翻訳の対象 translation of
記述対象と異なる言語に翻訳された著作の表現形

吹替の対象 dubbed version of
吹替の対象となる映像作品の表現形。吹替に使用された言語と異なる言語による会話が含まれている。

模倣の対象（表現形）
imitation of（expression）
記述対象によって，様式や内容が模倣された著作の表現形

映画化（表現形）
adapted as motion picture（expression）
記述対象を基に作成された映画

脚本化（表現形）
adapted as screenplay（expression）
記述対象を基に作成された映画，テレビ番組，ビデオ作品の脚本から成る著作の表現形

映画の脚本化（表現形）
adapted as motion picture screenplay（expression）
記述対象を基に作成された映画の脚本から成る著作の表現形

テレビ番組の脚本化（表現形）
adapted as television screenplay（expression）
記述対象を基に作成されたテレビ番組の脚本から成る著作の表現形

コレオグラフィー化（表現形）
adapted as choreography（expression）
記述対象を基に作成されたダンス等の動作から成る著作の表現形

小説化（表現形）
adapted as novel（expression）
記述対象から翻案された小説の表現形

テレビ番組化（表現形）
adapted as television program（expression）
記述対象を基に作成されたテレビ番組

ドラマ化（表現形）
dramatized as（expression）
記述対象から翻案されたドラマの表現形

漫画化（表現形）
adapted as graphic novel（expression）
記述対象を基に作成された漫画

翻訳 translated as
記述対象と異なる言語に翻訳した著作の表現形

吹替 dubbed version
記述対象で使用されている会話の言語と異なる言語に吹き替えた映像作品の表現形

模倣（表現形）
imitated as（expression）
記述対象の様式や内容を模倣した著作の表現形

パロディの原作（表現形） parody of（expression） 記述対象によって，パロディ化された著作の表現形	**パロディ（表現形）** parodied as（expression） 記述対象をパロディ化した著作の表現形
要約の対象（表現形） summary of（expression） 記述対象によって，内容が簡略に要約された著作の表現形	**要約（表現形）** summarized as（expression） 記述対象の内容を簡略に要約した著作の表現形
リメイクの対象（表現形） remake of（expression） 記述対象によって，新たな映画，ラジオ番組，テレビ番組，ビデオ作品として改作された著作の表現形	**リメイク（表現形）** remade as（expression） 記述対象を基に作成された新たな映画，ラジオ番組，テレビ番組，ビデオ作品の表現形

#C.1.2.2　表現形の参照の関連（保留）

#C.1.2.3　表現形の全体・部分の関連

上位（表現形） contained in（expression） 記述対象が構成要素の一つである上位の著作の表現形	**下位（表現形）** container of（expression） 記述対象を構成する下位の著作の表現形

#C.1.2.4　表現形の付属・付加の関連

相互補完（表現形） complemented by（expression） 記述対象と主従関係がなく，一対である著作の表現形	**相互補完（表現形）** complemented by（expression） 記述対象と主従関係がなく，一対である著作の表現形
脚本（表現形） screenplay（expression） 映画，テレビ番組，ビデオ作品の脚本とされた著作の表現形	**脚本が使用された表現形** screenplay for（expression） 記述対象を脚本として使用した映画，テレビ番組，ビデオ作品の著作の表現形
映画の脚本（表現形） motion picture screenplay（expression） 映画の脚本とされた著作の表現形	**脚本が使用された映画（表現形）** screenplay for motion picture（expression） 記述対象を脚本として使用した映画の著作の表現形
テレビ番組の脚本（表現形） television screenplay（expression） テレビ番組の脚本とされた著作の表現形	**脚本が使用されたテレビ番組（表現形）** screenplay for television program（expression） 記述対象を脚本として使用したテレビ番組の著作の表現形
コレオグラフィー（表現形） choreography（expression） 関連する著作において振付として使用された著作の表現形	**コレオグラフィーの対象（表現形）** choreography for（expression） 関連する著作の振付を使用した著作の表現形
使用された音楽（表現形） music（expression） 映画，演劇，テレビ番組等で使用された音楽作品の表現形	**音楽が使用された表現形** music for（expression） 音楽作品を使用した映画，演劇，テレビ番組等の著作の表現形

映画音楽（表現形） motion picture music（expression） 映画で使用された音楽作品の表現形	**音楽が使用された映画（表現形）** music for motion picture（expression） 音楽作品を使用した映画の著作の表現形
テレビ番組の音楽（表現形） television program music（expression） テレビ番組で使用された音楽作品の表現形	**音楽が使用されたテレビ番組（表現形）** music for television program（expression） 音楽作品を使用したテレビ番組の著作の表現形
ラジオ番組の脚本（表現形） radio script（expression） ラジオ番組の脚本とされた著作の表現形	**脚本が使用されたラジオ番組（表現形）** script for radio program（expression） 記述対象を脚本として使用したラジオ番組の著作の表現形
本体（表現形） augmentation of（expression） 別の表現形によって，内容が追加された著作の表現形	**付属（表現形）** augmented by（expression） 主要な表現形に内容を追加した著作の表現形
ガイドの対象（表現形） guide to（expression） 記述対象（注釈, 学習補助, 練習問題, Q&A, 講師用・学生用教材等）が，その利用の一助となる著作の表現形	**ガイド（表現形）** guide（expression） 記述対象の利用に役立つ著作の表現形。注釈, 学習補助, 練習問題, Q&A, 講師用・学生用教材等
検索手段の対象（表現形） finding aid for（expression） 検索手段に記述されている文書コレクションの表現形	**検索手段（表現形）** finding aid（expression） 文書コレクションの組織化，排列，内容のための手引きとなる著作の表現形
コンコーダンスの対象（表現形） concordance to（expression） 記述対象の用語索引（コンコーダンス）によって，出現する全ての語を見出し語とされた著作の表現形	**コンコーダンス（表現形）** concordance（expression） 記述対象に出現する全ての語を見出し語とした索引（コンコーダンス）の表現形
索引の対象（表現形） index to（expression） 索引の対象とされた著作の表現形	**索引（表現形）** index（expression） 記述対象に対する索引の表現形
図版の対象（表現形） illustrations for（expression） 記述対象の説明または装飾を目的とした図版が追加された著作の表現形	**図版（表現形）** illustrations（expression） 記述対象を説明または装飾するための図版から成る著作の表現形
補遺の対象（表現形） supplement to（expression） 補遺の対象とされた著作の表現形	**補遺（表現形）** supplement（expression） 記述対象に対する補遺の表現形
目録の対象（表現形） catalogue of（expression） 目録の対象とされた著作の表現形	**目録（表現形）** catalogue（expression） 記述対象に対する目録の表現形

#C.1.2.5　表現形の連続の関連

先行（表現形） preceded by（expression） 時系列や話の筋において，記述対象に先行する著作の表現形。連番が付与された著作のうち，内容の修正を伴う場合は，#C.1.2.1（表現形の派生の関連）を見よ。	**後続（表現形）** succeeded by（expression） 時系列や話の筋において，記述対象に後続する著作の表現形。連番が付与された著作のうち，内容の修正を伴う場合は，#C.1.2.1（表現形の派生の関連）を見よ。
合併前（表現形） merger of（expression） 記述対象を形成する複数の表現形のうちの一つ	**合併後（表現形）** merged to form（expression） 記述対象を含む複数の表現形が結びついて形成された著作の表現形

吸収前（表現形） absorption of（expression） 記述対象に編入された著作の表現形	**吸収後（表現形）** absorbed by（expression） 記述対象を編入した著作の表現形
継続前（表現形） continuation of（expression） 記述対象の内容が継続された著作の表現形。一般に逐次刊行物に適用する。	**継続後（表現形）** continued by（expression） その内容が記述対象を継続した著作の表現形。一般に逐次刊行物に適用する。
差替前（表現形） replacement of（expression） 記述対象によって，その内容が差替えられた著作の表現形。一般に，単巻資料，複数巻単行資料および更新資料に適用する。	**差替後（表現形）** replaced by（expression） 記述対象と差替えられた著作の表現形。一般に，単巻資料，複数巻単行資料および更新資料に適用する。
派生前（表現形） separated from（expression） 記述対象が形成された，分離する前の著作の表現形	**派生後（表現形）** continued in part by（expression） 記述対象から分離した結果生じた，新たな著作の表現形。一般に逐次刊行物に適用する。
分離前（表現形） continuation in part of（expression） 新たなタイトルをもつ複数の表現形に分かれた著作の表現形。一般に逐次刊行物に適用する。	**分離後（表現形）** split into（expression） 記述対象から分離した結果生じた，複数の表現形のうちの一つ

#C.1.3　体現形間の関連

#C.1.3.1　体現形の等価の関連

等価（体現形） equivalent（manifestation） 記述対象と同じ著作の表現形を具体化した体現形	**等価（体現形）** equivalent（manifestation） 記述対象と同じ著作の表現形を具体化した体現形
異版 also issued as 記述対象と同じ著作の表現形を，別の形式で刊行した体現形	**異版** also issued as 記述対象と同じ著作の表現形を，別の形式で刊行した体現形
複製の対象（体現形） reproduction of（manifestation） 複製の対象とされた体現形	**複製（体現形）** reproduced as（manifestation） 記述対象を複製した体現形
デジタル化の対象（体現形） electronic reproduction of（manifestation） デジタル化の対象とされたアナログ形式の体現形	**デジタル化（体現形）** electronic reproduction（manifestation） アナログ形式の体現形をデジタル化した体現形
復刻の対象（体現形） facsimile of（manifestation） 忠実に再現する対象とされた体現形	**復刻（体現形）** facsimile（manifestation） 記述対象を忠実に再現した体現形
保存のための復刻の対象（体現形） preservation facsimile of（manifestation） 中性紙等の保存性の高い媒体に忠実に再現する対象とされた体現形	**保存のための復刻（体現形）** preservation facsimile（manifestation） 中性紙等の保存性の高い媒体に忠実に再現した体現形
リプリントの対象（体現形） reprint of（manifestation） リプリントの対象とされた印刷体の体現形	**リプリント（体現形）** reprinted as（manifestation） 記述対象をリプリントした体現形
ミラー・サイト mirror site ウェブサイトに対するミラー・サイト	**ミラー・サイト** mirror site ウェブサイトに対するミラー・サイト

#C.1.3.2　体現形の参照の関連（保留）

#C. 1. 3. 3　体現形の全体・部分の関連

上位（体現形） contained in（manifestation） 記述対象が構成要素の一つである上位の体現形	**下位（体現形）** container of（manifestation） 記述対象を構成する下位の体現形
挿入先 inserted in 記述対象が挿入された体現形。記述対象はその体現形の不可分な一部ではない。	**挿入** insert 記述対象に挿入した体現形。記述対象の一部ではなく，個別に刊行されたもの。
本誌 special issue of 特定の主題を扱った単一の号や補遺（増刊号や記念号等）を含む逐次刊行物。その号の順序表示の有無は問わない。	**特別号** special issue 逐次刊行物の特定の主題を扱った単一の号や補遺（増刊号や記念号等）から成る体現形

#C. 1. 3. 4　体現形の付属・付加の関連

付属・付加（体現形） accompanied by（manifestation） 記述対象とともに刊行された体現形。その内容に関する関連を伴わない。	**付属・付加（体現形）** accompanied by（manifestation） 記述対象とともに刊行された体現形。その内容に関する関連を伴わない。
合冊刊行 issued with 記述対象と同じキャリア内に収載され，刊行された体現形	**合冊刊行** issued with 記述対象と同じキャリア内に収載され，刊行された体現形
ディスク内の同時収載（体現形） on disc with（manifestation） 記述対象と同じディスク内に格納され，刊行された体現形	**ディスク内の同時収載（体現形）** on disc with（manifestation） 記述対象と同じディスク内に格納され，刊行された体現形

#C. 1. 4　個別資料間の関連

#C. 1. 4. 1　個別資料の等価の関連

等価（個別資料） equivalent（item） 記述対象と同じ体現形を具体化した個別資料	**等価（個別資料）** equivalent（item） 記述対象と同じ体現形を具体化した個別資料
複製の対象（個別資料） reproduction of（item） 複製の対象とされた個別資料	**複製（個別資料）** reproduced as（item） 記述対象を複製した個別資料
デジタル化の対象（個別資料） electronic reproduction of（item） デジタル化の対象とされたアナログ形式の個別資料	**デジタル化（個別資料）** electronic reproduction（item） アナログ形式の個別資料をデジタル化した個別資料
復刻の対象（個別資料） facsimile of（item） 忠実に再現する対象とされた個別資料	**復刻（個別資料）** facsimile（item） 記述対象を忠実に再現した個別資料
保存のための復刻の対象（個別資料） preservation facsimile of（item） 中性紙等の保存性の高い媒体に忠実に再現する対象とされた個別資料	**保存のための復刻（個別資料）** preservation facsimile（item） 中性紙等の保存性の高い媒体に忠実に再現した個別資料
リプリントの対象（個別資料） reprint of（item） リプリントの対象とされた個別資料	**リプリント（個別資料）** reprinted as（item） 記述対象をリプリントした個別資料

#C. 1. 4. 2　個別資料の参照の関連（保留）

#C. 1. 4. 3　個別資料の全体・部分の関連

上位（個別資料）　contained in（item） 記述対象が構成要素の一つである上位の個別資料	下位（個別資料）　container of（item） 記述対象を構成する下位の個別資料

#C. 1. 4. 4　個別資料の付属・付加の関連

付属・付加（個別資料）　accompanied by（item）	付属・付加（個別資料）　accompanied by（item）
記述対象の刊行後に，ともにまとめられた個別資料	記述対象の刊行後に，ともにまとめられた個別資料
合冊　bound with 記述対象とともに製本された個別資料	合冊　bound with 記述対象とともに製本された個別資料
ディスク内の同時収載（個別資料） on disc with（item） 記述対象と同じディスク内に格納された個別資料	ディスク内の同時収載（個別資料） on disc with（item） 記述対象と同じディスク内に格納された個別資料

付録 C. 2　関連指示子：資料と個人・家族・団体との関連［一部省略］

#C. 2. 0　範囲

本付録は，資料と個人・家族・団体との関連で使用する関連指示子のリストであり，その各々について規定する。

これらの関連指示子は，関連元の記録中で使用して，関連先との関連の詳細な種類を示す。

関連指示子は，次に列挙する用語から，データ作成機関が必要とする詳細度のものを記録する。例えば，楽曲の表現形と歌詞を付加した者との関連を記録する場合は，「歌詞付加者」，より包括的な「テキスト付加者」，最も包括的な「内容付加者」のいずれかを使用することができる。

適切な用語がない場合は，データ作成機関が，関連の種類を示す簡略な用語を定めて記録する。

#C. 2. 1　著作と関連を有する個人・家族・団体

#C. 2. 1 A　創作者として著作と関連を有する個人・家族・団体

インタビュアー　interviewer
インタビュアー，記者，世論調査員等の情報収集者としての役割を果たすことによって，著作の創作に責任を有する個人・家族・団体

インタビュイー　interviewee
インタビュアー（通常は記者，世論調査員等の情報収集者）に応答することによって，著作の創作に責任を有する個人・家族・団体

建築設計者　architect
建造物などの完成予想図を含む，建築設計の創作に責任を有する個人・家族・団体

作曲者　composer
音楽作品の創作に責任を有する個人・家族・団体。さらに，別の音楽作品を改作して独自の編曲（例えば，フリー・トランスクリプション）を行う者，作品のパラフレーズを行う者，または別の作曲者の音楽を基にした作品（例えば，ある主題による変奏曲）を創作する者等に対しても，この用語を用いる。

写真撮影者　photographer
写真著作の創作に責任を有する個人・家族・団体

地図製作者　cartographer
地図，地図帳，地球儀等の地図著作の創作に責任を有する個人・家族・団体

著者　author
機器種別またはジャンルにかかわらず，内容が主にテキストである著作の創作に責任を有する個人・家族・団体。別の創作者による原作に対して，性質，内容，表現手段を変更した者についても，新しい著作の創作ととらえて，この用語を用いる。

　脚本作者　screenwriter
　脚本，台本，またはト書きの著者

　作詞者　lyricist
　ポピュラー・ソングの歌詞の著者。ミュー

ジカルの歌詞を含む。

デザイナー designer
オブジェクト（立体工芸品など）のデザインの創作に責任を有する個人・家族・団体

発明者 inventor
新しい機器や工程の創作に責任を有する個人・家族・団体

美術制作者 artist
独自のグラフィック・デザイン，素描，絵画などを着想し，また多くの場合それを形にすることによって，著作の創作に責任を有する個人・家族・団体

書者 calligrapher
文字著作（書，カリグラフィー等）の創作に責任を有する美術制作者。文字テキストの著者と同一の者であるかは問わない。書法などの視覚的な芸術性の側面から書を創作する者

彫刻制作者 sculptor
彫塑または類似の手法によって，三次元著作の創作に責任を有する個人・家族・団体

ブック・アーティスト book artist
本の外観・形状などの物的側面が著作の内容の一部をも構成しているとみなされる場合に，その創出または改造の責任を有する者。芸術著作の創作者である。

振付者 choreographer
動作（舞踊等）から成る著作の創作に責任を有する個人・家族・団体

プログラマー programmer
コンピュータ・プログラムの創作に責任を有する個人・家族・団体

編纂者 compiler
データや情報などの選択，編成，収集，編集によって，新たな著作（例えば，書誌，名簿）の創作に責任を有する個人・家族・団体

#C.2.1 B 非創作者として著作と関連を有する個人・家族・団体

委託者 commissioning body
著作を委託することに責任を有する個人・家族・団体

開催機関 host institution
著作が生じるもととなるイベント，展示会，会議等を主催しながら，その著作の内容に関する責任をほとんどまたはまったく有していない団体

学位授与機関 degree granting institution
学位を授与する団体

献呈者 dedicator
著作を献呈する個人・家族・団体

後援者 sponsoring body
著作の何らかの面を後援する，例えば，調査に資金を提供したり，イベントを後援したりする個人・家族・団体

コンサルタント consultant
著作の創作者として表されている個人・家族・団体に対して，相談サービスを提供したり，提言したりする個人・家族・団体

撮影監督 director of photography
電子的にまたはフィルムもしくはビデオ上に画像を収録し，多くは照明の選択と配置を行う個人・家族・団体。ビデオグラファー（videographer）についても，この指示子を用いる。

主催者 Organizer
著作が生じるもととなるイベント，展示会，会議等を企画・運営する個人・家族・団体

制作会社 production company
舞台，映画，録音物，テレビ，ウェブキャスト等の制作の，財務，技術および組織に関する管理に責任を有する団体

責任刊行者 issuing body
団体の公式機関誌のような著作を責任刊行する個人・家族・団体

調査者 researcher
著作の創作の助けとなる調査を行う個人・家族・団体

著作創刊者 founder of work
逐次刊行物，更新資料または複数巻単行資料の創刊に責任を有する個人・家族・団体

ディレクター director
映画，テレビ・ラジオ番組等の，総合管理と監督指揮の責任を有する個人・家族・団体

映画監督 film director
映画の総合管理と監督指揮に責任を有するディレクター

名宛人 addressee
著作または著作の一部の宛先である個人・家族・団体

被記念者 honouree
著作によって称えられた個人・家族・団体（例えば，記念論文集の被記念者）

被献呈者 dedicatee
著作を献呈される個人・家族・団体

プロデューサー　producer
映画，録音物，テレビ，ウェブキャスト等の制作の，事業面の大部分に責任を有する個人・家族・団体。資金調達，制作管理，主要な人員の採用，配給等の手配に総合的な責任を有する

映画プロデューサー　film producer
映画の事業面の大部分に責任を有するプロデューサー

編集責任者　editorial director
逐次刊行物，更新資料または複数巻単行資料の内容に，法的および（または）知的責任（創作を除く）を有する個人・家族・団体。
（参照：著作の表現形における改訂，内容の明確化等については，#C.2.2Aの「編者」を見よ。）

#C.2.2　表現形と関連を有する個人・家族・団体

#C.2.2A　寄与者として表現形と関連を有する個人・家族・団体

アニメーター　animator
動きのない物または素描に外見上の動きを与えることによって，動画著作またはコンピュータ・プログラムの表現形に寄与する個人・家族・団体

衣裳デザイナー　costume designer
動画制作または音楽や演劇などの上演のための衣裳をデザインすることによって，著作の表現形に寄与する個人・家族・団体

インタビュアー（表現形）
interviewer (expression)
インタビュアー，記者，世論調査員等の情報収集者としての役割を果たすことによって，著作の表現形に寄与する個人・家族・団体

インタビュイー（表現形）
interviewee (expression)
インタビュアー（通常は記者，世論調査員等の情報収集者）に応答することによって，著作の表現形に寄与する個人・家族・団体

演者　performer
多くの場合，音楽または演劇の上演等において，演奏，演技，舞踊，発声によって，著作の表現形に寄与する個人・家族・団体

歌唱者　singer
音楽を制作するために，伴奏の有無にかかわらず声を用いることによって，著作の表現形に寄与する演者。歌唱には歌詞を含むこともあれば，含まないこともある。

器楽奏者　instrumentalist
楽器を演奏することによって，著作の表現形に寄与する演者

コメンテーター　commentator
録音物，映画等の音響映像メディアにおいて，主題の解釈，分析，または考察を提供することによって，著作の表現形に寄与する演者

司会者　host
ゲスト，演者などを含むプログラム(多くは放送番組)を先導することによって，著作の表現形に寄与する演者(例えば，トークショーのホスト)

指揮者　conductor
音楽または演劇の上演などにおいて，演奏・演技グループ(オーケストラ，合唱団，歌劇団等)を指揮することによって，音楽作品の表現形に寄与する演者

ストーリーテラー　storyteller
創作者の元の筋書きを，演劇や芝居の解釈とともに伝えることによって，著作の表現形に寄与する演者

ナレーター　narrator
朗読したり，行動，事件，出来事の経過を説明したりすることによって，著作の表現形に寄与する演者

人形遣い　puppeteer
動画制作または音楽や演劇などの上演において，指人形や操り人形を操作し，制御し，または指揮することによって，著作の表現形に寄与する演者

俳優　actor
音楽または演劇の上演等において，出演者や奏者の役割を果たすことによって，著作の表現形に寄与する演者

声優　voice actor
ラジオや録音制作物におけるキャラクターの声，動画著作におけるアニメーションのキャラクターの声，ラジオ・テレビコマーシャルや吹替え版等におけるナレーションの声を提供することによって，著作の表現形に寄与する俳優

パネリスト　panelist
討論会(放送番組を含む)に参加することによって，著作の表現形に寄与する演者。討論会には通常，議論に関連する分野の専門家が参加する。

舞踊者　dancer
音楽または演劇等の上演において，舞踊によって著作の表現形に寄与する演者

話者　speaker
言葉を話すこと（講演や演説等）によって，著作の表現形に寄与する演者

音楽監督　musical director
動画制作または音楽や演劇などの上演のための作曲者，サウンド・エディター（音声編集者），サウンド・ミキサーの活動を調整することによって，著作の表現形に寄与する個人・家族・団体

検閲者　censor
原作の性質や内容を本質的には変更せず，道徳性，政治性，軍事性，その他の根拠で好ましくないと考える部分を抑圧する目的で内容を修正することによって，著作の表現形に寄与する個人・家族・団体

挿絵者　illustrator
素描，図表，写真等で主要な内容を補足することによって，著作の表現形に寄与する個人・家族・団体

写真撮影者（表現形）
photographer (expression)
写真で原作の内容を補足することによって，著作の表現形に寄与する挿絵者

作曲者（表現形）　composer (expression)
著作に楽曲を追加したり，原曲の代わりに新たな楽曲を作曲したり，または既存の楽曲を補足するために新たな曲を作曲したりすることによって，表現形に寄与する個人・家族・団体

修復者（表現形）　restorationist (expression)
損傷があったり断片的であったりする以前の表現形を修復および（または）結合し，新しい表現形を現出することによって，著作の表現形に寄与する個人・家族・団体

製図者　draftsman
建造物，船舶，航空機，機械，物体等の設計図や製図を作製することによって，設計者や考案者等の著作の表現形に寄与する個人・家族・団体

測量者　surveyor
対象の地理的範囲に対して，測量値または次元上の関連を提供することによって，地図著作の表現形に寄与する個人・家族・団体

ソフトウェア開発者　software developer
ソフトウェアを研究し，設計し，実装し，またはテストすることによって，著作の表現形に寄与する個人・家族・団体

地図製作者（表現形）
cartographer (expression)
地図を追加することや既存の地図を変更することによって，著作の表現形に寄与する個人・家族・団体

提供者　presenter
動画資料に「○○ presents」というクレジットで名前が挙がり，何らかの形で制作，財政，または頒布と関連を有すると考えられる個人・家族・団体

動画著作編集者
editor of moving image work
映像と音声の両方を含むフィルム，ビデオ等の動画フォーマットを，集め，整理し，カットすることに責任を有する個人・家族・団体

美術監督　art director
動画制作のためのセットを組み立てる，美術制作者と職人を監督することによって，表現形に寄与する個人・家族・団体

舞台監督　stage director
パフォーマンスの総合管理と監督指揮を通して，演劇著作の表現形に寄与する個人・家族・団体

振付者（表現形）　choreographer (expression)
振り付けを追加することや，既存の振り付けを変更することによって，著作の表現形に寄与する個人・家族・団体

プロダクション・デザイナー
production designer
動画制作の視覚表現全体のデザインに責任を有する個人・家族・団体

編曲者　arranger of music
原曲で意図されたものとは異なる演奏手段のために楽曲を書き換えることによって，音楽作品の表現形に寄与する個人・家族・団体。原曲の音楽的な本質は変更しないまま，同じ演奏手段等のために作品を改作することもある。

編者　editor
1または複数の創作者による著作や著作の部分の内容を改訂もしくは明確化し，またはそれらを選択し集めることによって，著作の表現形に寄与する個人・家族・団体。寄与には，序論や注記などを追加したり，制作，出版または頒布のために著作の表現形を用意したりすることも含まれる。

訳者　translator
著作の既存の表現形と異なる言語で，その著作の言語面の内容を表現することによって，著作の表現形に寄与する個人・家族・団体。同一言語の時期による相違についても，異なる言語による表現として扱うことがある。

#C.2.3　体現形と関連を有する個人・家族・団体

#C.2.3 A　出版者として体現形と関連を有する個人・家族・団体

体現形の出版者に対する典拠形アクセス・ポイントまたは識別子とともに，右のリストから適切な用語を記録する。

放送製作者　broadcaster
ラジオ，テレビ，ウェブキャストなどを通じて，視聴者への体現形の放送に関与した個人・家族・団体

#C.2.3 B　頒布者として体現形と関連を有する個人・家族・団体

体現形の頒布者に対する典拠形アクセス・ポイントまたは識別子とともに，右のリストから適切な用語を記録する。

フィルム配給者　film distributor
動画の体現形を劇場等の販路に頒布することに関与した個人・家族・団体

#C.2.3 C　製作者として体現形と関連を有する個人・家族・団体

体現形の製作者に対する典拠形アクセス・ポイントまたは識別子とともに，次のリストから適切な用語を記録する。

印刷者　printer
図書，新聞，雑誌，ブロードサイド，楽譜などのように，版面から印刷されたテキスト，楽譜などの体現形の製作に関与した個人・家族・団体

製紙者　papermaker
体現形を製作するために用いる紙の制作に責任を有する個人・家族・団体

製版者　platemaker
印刷画像および（または）印刷テキストの制作で使用される板を準備することによって，体現形の製作に関与した個人・家族・団体

装丁者　book designer
本のグラフィック・デザイン全体（活字とイラストの配置，素材の選択，製作手法を含む）に責任を有することによって，体現形の製作に関与した個人・家族・団体

点字製作者　braille embosser
尖筆器具，点字プリンター等の機器を用いて点字を打ち出すことによって，体現形の製作に関与した個人・家族・団体

リトグラファー　lithographer
リトグラフィ印刷のための石または板を準備することによって，体現形の製作に関与した個人・家族・団体。版面に直接図案を作るグラフィック・アーティストを含む。

#C.2.4　個別資料と関連を有する個人・家族・団体

#C.2.4 A　所有者として個別資料と関連を有する個人・家族・団体

個別資料の所有者に対する典拠形アクセス・ポイントまたは識別子とともに，次のリストから適切な用語を記録する。

現所有者　current owner
個別資料の法的所有権を現在有している個人・家族・団体

- **寄託者**　depositor
  所有権を有したまま，別の個人・家族・団体に管理を寄託した，個別資料の現所有者

前所有者　former owner
個別資料の法的所有権を以前有していた個人・家族・団体

- **寄贈者**　donor
  個別資料を別の所有者に寄贈した，その個別資料の前所有者
- **売却者**　seller
  個別資料を別の所有者に売却した，その個別資料の前所有者

#C.2.4 B　個別資料と関連を有するその他の個人・家族・団体

個別資料とその他の個人・家族・団体の関連に対する典拠形アクセス・ポイントまたは識別子とともに，次のリストから適切な用語を記録する。

キュレーター　curator 展示会，コレクションなどを計画し，集成し，組織する個人・家族・団体	**署名者**　autographer 個別資料に手書きの署名が表示されている個人
収集者　collector 　多様な由来の個別資料を集め，コレクションとして整理し，目録を作るキュレーター	**製本者**　binder 個別資料を製本する個人
献辞者　inscriber 個別資料に献辞を書いた個人	**手書き注釈者**　annotator 個別資料に手書きの注釈を付す個人
修復者（個別資料）　restorationist (item) 可能な限り元の状態に戻すことによって個別資料の劣化を手当てすることを目的とする，技術的，編集上，そして知的な一連の処置に責任を有する個人・家族・団体	**被記念者（個別資料）**　honouree (item) 個別資料によって称えられる個人・家族・団体。例えば，献本される個人
	被献呈者（個別資料）　dedicatee (item) 個別資料が献呈される個人・家族・団体

付録 C.4　関連指示子：個人・家族・団体の間の関連

#C.4.0　範囲

本付録は，個人・家族・団体の間の関連で使用する関連指示子のリストであり，その各々について規定する。［#46を見よ。］

これらの関連指示子は，関連元の記録中で使用して，関連先との関連の詳細な種類を示す。

関連指示子は，次に列挙する用語から，データ作成機関が必要とする詳細度のものを記録する。例えば，企業と代表取締役との関連を記録する場合は，「最高責任者」，包括的な「役員」のいずれかを使用することができる。

適切な用語がない場合は，データ作成機関が，関連の種類を示す簡略な用語を定めて記録する。

#C.4.1　個人と個人との関連

学友　fellow student その学生と同じ機関で学ぶ仲間。	**学友**　fellow student その学生と同じ機関で学ぶ仲間
教師　teacher その個人を指導する個人	**学生**　student その個人から指導を受ける個人
同業者　colleague 同じ職業集団，職場，大学などの構成員	**同業者**　colleague 同じ職業集団，職場，大学などの構成員
協力者　partner 　ビジネス・パートナーなど，共通の目的を果たすために，その個人とともに働く同業者	**協力者**　partner 　ビジネス・パートナーなど，共通の目的を果たすために，その個人とともに働く同業者
同僚　co-worker 　その個人とともに，または分担して働く同業者	**同僚**　co-worker 　その個人とともに，または分担して働く同業者
補助者　assistant 　その個人を助ける同業者	**被補助者**　assistant to 　その個人に助けられる同業者
別名　alternate identity その個人が使用する筆名などの本名とは異なる名称	**本名**　real identity その別名を使用する個人の本当の名称

友人　friend その個人と親しい個人	**友人**　friend その個人と親しい個人

＃C.4.2　家族と個人との関連，個人と家族との関連

家族と個人との関連	個人と家族との関連
家族構成員　family member その家族の構成員である個人	**家族**　family その個人が属している家族
家祖　progenitor その家族の祖にあたる個人	**後裔**　descendants ある個人の子孫にあたる家族

＃C.4.3　団体と個人との関連，個人と団体との関連

団体と個人との関連	個人と団体との関連
学位取得者　graduate その団体から学位を取得した個人	**学位授与団体**　graduate of その個人に学位を授与した団体
後援者　sponsor その団体を後援している個人	
構成員　member その団体の構成員である個人	**所属団体**　corporate body その個人が所属する団体
在籍生　enrolled student その教育機関で指導を受ける個人	**在籍校**　student at その個人を指導する教育機関
創設者　founder その団体を創設した個人	**個人による創設団体** founded corporate body of person その個人に創設された団体
被雇用者　employee その団体に雇用されている個人	**雇用団体**　employer その個人を雇用している団体
役員　officer その団体の幹部職に就いている，または統括を担っている個人	**役員としての在任団体**　officer of その個人が統括している，または幹部職に就いている団体
経営役員　trustee その団体の経営の権限を委ねられている役員	**経営役員としての在任団体**　trustee of その役員に経営の権限を委ねている団体
最高責任者　chief executive その団体の最高位の役員	**最高責任者としての在任団体**　chief executive of その個人が最高位の役員として在任する団体

＃C.4.4　家族と家族との関連

後裔の家族　descendant family その家族の血筋を引いている家族

＃C.4.5　団体と家族との関連，家族と団体との関連

団体と家族との関連	家族と団体との関連
後援者一族　sponsoring family その団体を後援している家族	**家族による後援団体** sponsored corporate body of family その家族に後援されている団体
創設者一族　founding family その団体を創設した家族	**家族による創設団体** founded corporate body of family その家族に創設された団体

#C.4.6　団体と団体との関連

合併相手団体　mergee その団体と合併して新しい団体を形成した団体	**合併相手団体**　mergee その団体と合併して新しい団体を形成した団体
合併前団体　component of merger その団体を形成するため，別団体と合併した団体	**合併後団体**　product of merger 複数の別団体が合併した結果できた団体
加盟団体　membership corporate body 他の団体の加盟によって組織される団体	**構成団体**　corporate member 他の団体を構成する団体
吸収団体　absorbing corporate body その団体を吸収した団体	**被吸収団体**　absorbed corporate body その団体に吸収された団体
広域統括団体　broader affiliated body その傘下地域団体などを広域の組織レベルで代表する団体	**傘下地域団体**　local affiliate その広域統括団体の傘下にある地域レベルの団体
後援団体　sponsoring corporate body その団体を後援している団体	**被後援団体** sponsored corporate body of corporate body その団体に後援されている団体
合同開催会議　jointly held conference 他の会議と合同で開催した会議	**合同開催会議**　jointly held conference 他の会議と合同で開催した会議
上位団体　hierarchical superior その団体の上位の団体	**下位団体**　hierarchical subordinate その団体の下位の団体
前身団体　predecessor その団体の前身となる団体	**後身団体**　successor その団体の後身となる団体
創設団体　founding corporate body その団体を創設した団体	**被創設団体** founded corporate body of corporate body その団体に創設された団体
分割前団体　predecessor of split その団体へと分割・分離された団体	**分割後団体**　product of split その団体から分割・分離された結果生じた団体

日本十進分類法（NDC）新訂10版

もり・きよし原編　日本図書館協会分類委員会改訂　2014

第１次区分表（類目表）

0　総　　記　General works
（情報学，図書館，図書，百科事典，一般論文集，逐次刊行物，団体，ジャーナリズム，叢書）

1　哲　　学　Philosophy
（哲学，心理学，倫理学，宗教）

2　歴　　史　History
（歴史，伝記，地理）

3　社会科学　Social sciences
（政治，法律，経済，統計，社会，教育，風俗習慣，国防）

4　自然科学　Natural sciences
（数学，理学，医学）

5　技　　術　Technology
（工学，工業，家政学）

6　産　　業　Industry
（農林水産業，商業，運輸，通信）

7　芸　　術　The arts
（美術，音楽，演劇，スポーツ，諸芸，娯楽）

8　言　　語　Language

9　文　　学　Literature

第２次区分表（綱目表）

00　総記
01　図書館．図書館情報学
02　図書．書誌学
03　百科事典．用語索引
04　一般論文集．一般講演集．雑著
05　逐次刊行物．一般年鑑
06　団体．博物館
07　ジャーナリズム．新聞
08　叢書．全集．選集
09　貴重書．郷土資料．その他の特別コレクション

10　哲学
11　哲学各論
12　東洋思想
13　西洋哲学
14　心理学
15　倫理学．道徳
16　宗教
17　神道
18　仏教
19　キリスト教．ユダヤ教

20　歴史
21　日本史
22　アジア史．東洋史
23　ヨーロッパ史．西洋史
24　アフリカ史
25　北アメリカ史
26　南アメリカ史
27　オセアニア史．両極地方史
28　伝記
29　地理．地誌．紀行

30　社会科学
31　政治
32　法律
33　経済
34　財政
35　統計
36　社会
37　教育
38　風俗習慣．民俗学．民族学
39　国防．軍事

40　自然科学
41　数学
42　物理学
43　化学
44　天文学．宇宙科学
45　地球科学．地学
46　生物科学．一般生物学
47　植物学
48　動物学
49　医学．薬学

50　技術．工学
51　建設工学．土木工学
52　建築学
53　機械工学．原子力工学
54　電気工学
55　海洋工学．船舶工学．兵器．軍事工学
56　金属工学．鉱山工学
57　化学工業
58　製造工業
59　家政学．生活科学

60　産業
61　農業
62　園芸．造園
63　蚕糸業
64　畜産業．獣医学
65　林業．狩猟
66　水産業
67　商業
68　運輸．交通．観光事業
69　通信事業

70　芸術．美術
71　彫刻．オブジェ
72　絵画．書．書道
73　版画．印章．篆刻．印譜
74　写真．印刷
75　工芸
76　音楽．舞踊．バレエ
77　演劇．映画．大衆芸能
78　スポーツ．体育
79　諸芸．娯楽

80　言語
81　日本語
82　中国語．その他の東洋の諸言語
83　英語
84　ドイツ語．その他のゲルマン諸語
85　フランス語．プロバンス語
86　スペイン語．ポルトガル語
87　イタリア語．その他のロマンス諸語
88　ロシア語．その他のスラブ諸語
89　その他の諸言語

90　文学
91　日本文学
92　中国文学．その他の東洋文学
93　英米文学
94　ドイツ文学．その他のゲルマン文学
95　フランス文学．プロバンス文学
96　スペイン文学．ポルトガル文学
97　イタリア文学．その他のロマンス文学
98　ロシア・ソビエト文学．その他のスラブ文学
99　その他の諸言語文学

第 3 次区分表（要目表）

※ただし，中間見出しと直接の地理区分，言語区分を表示した

000　総記
002　知識．学問．学術
007　情報学．情報科学

010　図書館．図書館情報学
011　図書館政策．図書館行財政
012　図書館建築．図書館設備
013　図書館経営・管理
014　情報資源の収集・組織化・保存
015　図書館サービス．図書館活動
〈016／018　各種の図書館〉
016　各種の図書館
017　学校図書館
018　専門図書館
019　読書．読書法

020　図書．書誌学
〈021／024　図書・書誌学の各論〉
021　著作．編集
022　写本．刊本．造本
023　出版　＊地理区分
024　図書の販売　＊地理区分
〈025／029　書誌．目録〉
025　一般書誌．全国書誌　＊地理区分
026　稀書目録．善本目録
027　特種目録
028　選定図書目録．参考図書目録
029　蔵書目録．総合目録

030　百科事典　＊原著の言語による言語区分
〈031／038　各言語の百科事典〉
031　日本語
032　中国語
033　英語
034　ドイツ語
035　フランス語
036　スペイン語
037　イタリア語
038　ロシア語
039　**用語索引**

040　一般論文集．一般講演集
＊原著の言語による言語区分
041　日本語
042　中国語
043　英語
044　ドイツ語
045　フランス語
046　スペイン語
047　イタリア語
048　ロシア語
049　**雑著**

050　逐次刊行物　＊原著の言語による言語区分
051　日本語
052　中国語
053　英語
054　ドイツ語
055　フランス語
056　スペイン語
057　イタリア語
058　ロシア語
059　**一般年鑑**　＊地理区分

060　団体
〈061／065　各種の団体〉
061　学術・研究機関
062
063　文化交流機関
064
065　親睦団体．その他の団体
066
067
068
069　**博物館**

070　ジャーナリズム．新聞
〈071／077　新聞紙〉　＊発行地による地理区分
071　日本
072　アジア
073　ヨーロッパ
074　アフリカ
075　北アメリカ
076　南アメリカ
077　オセアニア．両極地方
078
079

080　叢書．全集．選集
＊原著の言語による言語区分
081　日本語
082　中国語
083　英語
084　ドイツ語
085　フランス語
086　スペイン語
087　イタリア語
088　ロシア語
089　その他の諸言語

090　貴重書．郷土資料．その他の特別コレクション

100　哲学
101　哲学理論
102　哲学史
103　参考図書［レファレンスブック］
104　論文集．評論集．講演集
105　逐次刊行物
106　団体
107　研究法．指導法．哲学教育
108　叢書．全集．選集
109

〈110／130　哲学〉
110　哲学各論
111　形而上学．存在論
112　自然哲学．宇宙論
113　人生観．世界観
114　人間学
115　認識論
116　論理学．弁証法．方法論
117　価値哲学
118　文化哲学．技術哲学
［119］　芸術哲学．美学　→701

〈120／130　各国の哲学・思想〉
120　東洋思想
121　日本思想
122　中国思想．中国哲学
〈123／125　時代別の中国思想・哲学〉
123　経書
124　先秦思想．諸子百家
125　中世思想．近代思想
126　インド哲学．バラモン教
127
128
129　その他の東洋思想．アジア哲学

130　西洋哲学
131　古代哲学
132　中世哲学
〈133／139　西洋近代哲学〉
133　近代哲学
134　ドイツ・オーストリア哲学
135　フランス・オランダ哲学
136　スペイン・ポルトガル哲学
137　イタリア哲学
138　ロシア哲学
139　その他の哲学

140　心理学
〈141／146　各種の心理学〉
141　普通心理学．心理各論
142
143　発達心理学
144
145　異常心理学
146　臨床心理学．精神分析学
147　超心理学．心霊研究
148　相法．易占
［149］　応用心理学　→140

150　倫理学．道徳
151　倫理各論
152　家庭倫理．性倫理
153　職業倫理
154　社会倫理［社会道徳］
155　国体論．詔勅
156　武士道
157　報徳教．石門心学
158　その他の特定主題
159　人生訓．教訓

〈160／190　宗教〉
160　宗教
161　宗教学．宗教思想
162　宗教史・事情　＊地理区分
163　原始宗教．宗教民族学
164　神話．神話学　＊地理区分
165　比較宗教
〈166／199　各宗教〉
166　道教
167　イスラム
168　ヒンズー教．ジャイナ教
169　その他の宗教．新興宗教
＊発祥国による地理区分

170　神道
171　神道思想．神道説
172　神祇・神道史
173　神典
174　信仰録．説教集
175　神社．神職
176　祭祀
177　布教．伝道
178　各教派．教派神道
179

180　仏教
181　仏教教理．仏教哲学
182　仏教史　＊地理区分
183　経典
184　法話・説教集
185　寺院．僧職
186　仏会
187　布教．伝道
188　各宗
189

190　キリスト教
191　教義．キリスト教神学
192　キリスト教史．迫害史　＊地理区分
193　聖書
194　信仰録．説教集
195　教会．聖職
196　典礼．祭式．礼拝
197　布教．伝道
198　各教派．教会史
199　ユダヤ教

200　歴史
〈201／208　総記〉
201　歴史学
202　歴史補助学
203　参考図書［レファレンスブック］
204　論文集．評論集．講演集
205　逐次刊行物
206　団体
207　研究法．指導法．歴史教育
208　叢書．全集．選集
209　**世界史．文化史**

〈210／270　各国・各地域の歴史〉
210　日本史
〈211／219　各地〉
211　北海道地方
212　東北地方
213　関東地方
214　北陸地方
215　中部地方
216　近畿地方
217　中国地方
218　四国地方
219　九州地方
（211～219：各県の記号は一般補助表Ｉ‐a 地理区分を参照）

220　アジア史．東洋史
221　朝鮮
222　中国
〈223／224　東南アジア〉
223　東南アジア
224　インドネシア
225　インド
〈226／228　西南アジア．中東［中近東］．アラブ諸国〉
[226]　西南アジア．中東［中近東］→227
227　西南アジア．中東［中近東］
[228]　アラブ諸国　→227
229　アジアロシア

230　ヨーロッパ史．西洋史
231　古代ギリシア
232　古代ローマ
233　イギリス．英国
234　ドイツ．中欧
235　フランス
236　スペイン［イスパニア］
237　イタリア
238　ロシア
239　バルカン諸国

240　アフリカ史
〈241／243　北アフリカ〉
241　北アフリカ
242　エジプト
243　マグレブ諸国
244　西アフリカ
245　東アフリカ
246
247
248　南アフリカ
249　インド洋のアフリカ諸島

〈250／260　アメリカ大陸〉
250　北アメリカ史
251　カナダ
252
253　アメリカ合衆国
254
〈255／268　ラテンアメリカ〉
255　ラテンアメリカ［中南米］
256　メキシコ
257　中央アメリカ［中米諸国］
258
259　西インド諸島

260　南アメリカ史
261　北部諸国［カリブ沿海諸国］
262　ブラジル
263　パラグアイ
264　ウルグアイ
265　アルゼンチン
266　チリ
267　ボリビア
268　ペルー
269

270　オセアニア史．両極地方史
〈271／276　オセアニア〉
271　オーストラリア
272　ニュージーランド
273　メラネシア
274　ミクロネシア
275　ポリネシア
276　ハワイ
〈277／279　両極地方〉
277　両極地方
278　北極．北極地方
279　南極．南極地方

280　伝記　＊地理区分
〈281／287　各国・各地域の列伝〉
281　日本
282　アジア
283　ヨーロッパ
284　アフリカ
285　北アメリカ
286　南アメリカ
287　オセアニア．両極地方
288　系譜．家史．皇室
289　個人伝記

290　地理．地誌．紀行　＊地理区分
〈291／297　各国・各地域の地理・地誌・紀行〉
291　日本
292　アジア
293　ヨーロッパ
294　アフリカ
295　北アメリカ
296　南アメリカ
297　オセアニア．両極地方
298
299　海洋

300　社会科学
301　　理論．方法論
302　　政治・経済・社会・文化事情 ＊地理区分
303　　参考図書［レファレンスブック］
304　　論文集．評論集．講演集
305　　逐次刊行物
306　　団体
307　　研究法．指導法．社会科学教育
308　　叢書．全集．選集
309　　社会思想

310　政治
311　　政治学．政治思想
312　　政治史・事情　＊地理区分
313　　国家の形態．政治体制
314　　議会　＊地理区分
315　　政党．政治結社　＊地理区分
316　　国家と個人・宗教・民族
317　　行政
318　　地方自治．地方行政
319　　外交．国際問題　＊地理区分

320　法律
321　　法学
322　　法制史
323　　憲法　＊地理区分
324　　民法．民事法
325　　商法．商事法
326　　刑法．刑事法
327　　司法．訴訟手続法
［328］　諸法
329　　国際法

330　経済
331　　経済学．経済思想
332　　経済史・事情．経済体制　＊地理区分
333　　経済政策．国際経済
334　　人口．土地．資源
〈335／336　企業．経営〉
335　　企業．経営
336　　　経営管理
337　　貨幣．通貨
338　　金融．銀行．信託
339　　保険

340　財政
341　　財政学．財政思想
342　　財政史・事情　＊地理区分
343　　財政政策．財務行政
344　　予算．決算　＊地理区分
345　　租税
346
347　　公債．国債
348　　専売．国有財産
349　　地方財政

**350　統計　**＊地理区分
〈351／357　一般統計書〉
351　　日本
352　　アジア
353　　ヨーロッパ
354　　アフリカ
355　　北アメリカ
356　　南アメリカ
357　　オセアニア．両極地方
358　　人口統計．国勢調査　＊地理区分
［359］　各種の統計書

360　社会
361　　社会学
362　　社会史．社会体制　＊地理区分
363
364　　社会保障
365　　生活・消費者問題
366　　労働経済．労働問題
367　　家庭問題．男性・女性問題．老人問題
368　　社会病理
369　　社会福祉

370　教育
371　　教育学．教育思想
372　　教育史・事情　＊地理区分
373　　教育政策．教育制度．教育行財政
374　　学校経営・管理．学校保健
375　　教育課程．学習指導．教科別教育
376　　幼児・初等・中等教育
377　　大学．高等・専門教育．学術行政
378　　障害児教育［特別支援教育］
379　　社会教育

380　風俗習慣．民俗学．民族学
381
382　　風俗史．民俗誌．民族誌　＊地理区分
〈383／387　各種の風俗・習慣〉
383　　衣食住の習俗
384　　社会・家庭生活の習俗
385　　通過儀礼．冠婚葬祭
386　　年中行事．祭礼　＊地理区分
387　　民間信仰．迷信［俗信］
388　　伝説．民話［昔話］　＊地理区分
389　　民族学．文化人類学

390　国防．軍事
391　　戦争．戦略．戦術
392　　国防史・事情．軍事史・事情 ＊地理区分
393　　国防政策・行政・法令
394　　軍事医学．兵食
395　　軍事施設．軍需品
396　　陸軍
397　　海軍
398　　空軍
399　　古代兵法．軍学

400　自然科学
401　　科学理論．科学哲学
402　　科学史・事情　＊地理区分
403　　参考図書［レファレンスブック］
404　　論文集．評論集．講演集
405　　逐次刊行物
406　　団体
407　　研究法．指導法．科学教育
408　　叢書．全集．選集
409　　科学技術政策．科学技術行政
　　　　＊地理区分

410　数学
411　　代数学
412　　数論［整数論］
413　　解析学
414　　幾何学
415　　位相数学
416
417　　確率論．数理統計学
418　　計算法
419　　和算．中国算法

420　物理学
421　　理論物理学
422
423　　力学
424　　振動学．音響学
425　　光学
426　　熱学
427　　電磁気学
428　　物性物理学
429　　原子物理学

430　化学
431　　物理化学．理論化学
432　　実験化学［化学実験法］
433　　分析化学［化学分析］
434　　合成化学［化学合成］
〈435／436　無機化学〉
435　　無機化学
436　　　金属元素とその化合物
〈437／439　有機化学〉
437　　有機化学
438　　　環式化合物の化学
439　　　天然物質の化学

440　天文学．宇宙科学
441　　理論天文学．数理天文学
442　　実地天文学．天体観測法
〈443／448　各種の天体〉
443　　恒星．恒星天文学
444　　太陽．太陽物理学
445　　惑星．衛星
446　　月
447　　彗星．流星
448　　地球．天文地理学
449　　時法．暦学

450　地球科学．地学
451　　気象学
452　　海洋学
453　　地震学
454　　地形学
455　　地質学　＊地理区分
456　　地史学．層位学
457　　古生物学．化石
458　　岩石学
459　　鉱物学

460　生物科学．一般生物学
461　　理論生物学．生命論
462　　生物地理．生物誌　＊地理区分
463　　細胞学
464　　生化学
465　　微生物学
466
467　　遺伝学
468　　生態学
469　　人類学

470　植物学
471　　一般植物学
472　　植物地理．植物誌　＊地理区分
〈473／479　各種の植物〉
〈473／476　葉状植物〉
473　　葉状植物
474　　　藻類．菌類
475　　　コケ植物［蘚苔類］
476　　　シダ植物
〈477／479　種子植物〉
477　　種子植物
478　　　裸子植物
479　　　被子植物

480　動物学
481　　一般動物学
482　　動物地理．動物誌　＊地理区分
〈483／489　各種の動物〉
〈483／486　無脊椎動物〉
483　　無脊椎動物
484　　　軟体動物．貝類学
485　　　節足動物
486　　　　昆虫類
〈487／489　脊椎動物〉
487　　脊椎動物
488　　　鳥類
489　　　哺乳類

490　医学
〈491／498　医学各論〉
491　　基礎医学
492　　臨床医学．診断・治療
493　　内科学
494　　外科学
495　　婦人科学．産科学
496　　眼科学．耳鼻咽喉科学
497　　歯科学
498　　衛生学．公衆衛生．予防医学
499　　**薬学**

500　技術．工学
501　　工業基礎学
502　　技術史．工学史　＊地理区分
503　　参考図書［レファレンスブック］
504　　論文集．評論集．講演集
505　　逐次刊行物
506　　団体
507　　研究法．指導法．技術教育
508　　叢書．全集．選集
509　　工業．工業経済

〈510／580　各種の技術・工学〉
510　建設工学．土木工学
511　　土木力学．建設材料
512　　測量
513　　土木設計・施工法
〈514／518　各種の土木工学〉
514　　道路工学
515　　橋梁工学
516　　鉄道工学
517　　河海工学．河川工学
518　　衛生工学．都市工学
519　　環境工学．公害

520　建 築 学
〈521／523　様式別の建築〉
521　　日本の建築
522　　東洋の建築．アジアの建築
523　　西洋の建築．その他の様式の建築
　　　　＊地理区分
524　　建築構造
525　　建築計画・施工
〈526／527　各種の建築〉
526　　各種の建築
527　　　住宅建築
528　　建築設備．設備工学
529　　建築意匠・装飾

530　機械工学
531　　機械力学・材料・設計
532　　機械工作．工作機械
533　　熱機関．熱工学
534　　流体機械．流体工学
535　　精密機器．光学機器
〈536／538　運輸工学〉
536　　運輸工学．車両．運搬機械
537　　自動車工学
538　　航空工学．宇宙工学
539　**原子力工学**

540　電気工学
541　　電気回路・計測・材料
542　　電気機器
543　　発電
544　　送電．変電．配電
545　　電灯．照明．電熱
(546　　電気鉄道)
547　　通信工学．電気通信
548　　情報工学
549　　電子工学

550　海洋工学．船舶工学
〈551／556　造船学〉
551　　理論造船学
552　　船体構造・材料・施工
553　　船体艤装・船舶設備
554　　舶用機関［造機］
555　　船舶修理．保守
556　　各種の船舶・艦艇
557　　航海．航海学
558　　海洋開発
559　**兵器．軍事工学**

560　金属工学．鉱山工学
561　　採鉱．選鉱
562　　各種の金属鉱床・採掘
〈563／566　冶金〉
563　　冶金．合金
〈564／565　各種の金属〉
564　　　鉄鋼
565　　　非鉄金属
566　　　金属加工．製造冶金
567　　石炭
568　　石油
569　　非金属鉱物．土石採取業

570　化学工業
571　　化学工学．化学機器
〈572／579　各種の化学工業〉
572　　電気化学工業
573　　セラミックス．窯業．珪酸塩化学工業
574　　化学薬品
575　　燃料．爆発物
576　　油脂類
577　　染料
578　　高分子化学工業
579　　その他の化学工業

580　製造工業
581　　金属製品
582　　事務機器．家庭機器．楽器
583　　木工業．木製品
584　　皮革工業．皮革製品
585　　パルプ・製紙工業
586　　繊維工学
587　　染色加工．染色業
588　　食品工業
589　　その他の雑工業

590　家政学．生活科学
591　　家庭経済・経営
592　　家庭理工学
593　　衣服．裁縫
594　　手芸
595　　理容．美容
596　　食品．料理
597　　住居．家具調度
598　　家庭衛生
599　　育児

600　産業
601　　産業政策・行政. 総合開発　＊地理区分
602　　産業史・事情. 物産誌　＊地理区分
603　　参考図書［レファレンスブック］
604　　論文集. 評論集. 講演集
605　　逐次刊行物
606　　団体
607　　研究法. 指導法. 産業教育
608　　叢書. 全集. 選集
609　　度量衡. 計量法

〈610／660　農林水産業〉
〈610／650　農林業〉
610　農業
611　　農業経済・行政・経営
612　　農業史・事情　＊地理区分
613　　農業基礎学
614　　農業工学
615　　作物栽培. 作物学
〈616／618　各種の作物〉
616　　　食用作物
617　　　工芸作物
618　　　繊維作物
619　　農産物製造・加工

620　園芸
621　　園芸経済・行政・経営
622　　園芸史・事情　＊地理区分
623　　園芸植物学. 病虫害
624　　温室. 温床. 園芸用具
〈625／627　各種の園芸〉
625　　果樹園芸
626　　蔬菜園芸
627　　花卉園芸［草花］
628　　園芸利用
629　**造園**

630　蚕糸業
631　　蚕糸経済・行政・経営
632　　蚕糸業史・事情　＊地理区分
633　　蚕学. 蚕業基礎学
634　　蚕種
635　　飼育法
636　　くわ. 栽桑
637　　蚕室. 蚕具
638　　まゆ
639　　製糸. 生糸. 蚕糸利用

640　畜産業
641　　畜産経済・行政・経営
642　　畜産史・事情　＊地理区分
643　　家畜の繁殖. 家畜飼料
644　　家畜の管理. 畜舎. 用具
645　　家畜・畜産動物. 愛玩動物
646　　家禽
(［647］　みつばち. 昆虫　→646)
648　　畜産製造. 畜産物
649　**獣医学**

650　林業
651　　林業経済・行政・経営
652　　森林史. 林業史・事情　＊地理区分
653　　森林立地. 造林
654　　森林保護
655　　森林施業
656　　森林工学
657　　森林利用. 林産物. 木材学
658　　林産製造
659　**狩猟**

660　水産業
661　　水産経済・行政・経営
662　　水産業および漁業史・事情　＊地理区分
663　　水産基礎学
〈664／666　漁業各論〉
664　　漁労. 漁業各論
665　　漁船. 漁具
666　　水産増殖. 養殖業
667　　水産製造. 水産食品
668　　水産物利用. 水産利用工業
669　　製塩. 塩業

670　商業
671　　商業政策・行政
672　　商業史・事情　＊地理区分
673　　商業経営. 商店
674　　広告. 宣伝
675　　マーケティング
676　　取引所
677
678　　貿易
679

680　運輸. 交通
681　　交通政策・行政・経営
682　　交通史・事情　＊地理区分
683　　海運
684　　内陸水運. 運河交通
685　　陸運. 道路運輸
686　　鉄道運輸
687　　航空運輸
688　　倉庫業
689　**観光事業**

690　通信事業
691　　通信政策・行政・法令
692　　通信事業史・事情　＊地理区分
693　　郵便. 郵政事業
694　　電気通信事業
695
696
697
698
699　　放送事業

700　芸術．美術
701　芸術理論．美学
702　芸術史．美術史　＊地理区分
703　参考図書［レファレンスブック］
704　論文集．評論集．講演集
705　逐次刊行物
706　団体
707　研究法．指導法．芸術教育
708　叢書．全集．選集
709　芸術政策．文化財　＊地理区分

〈710／770　各種の芸術・美術〉
〈710／750　各種の美術〉
710　彫刻
711　彫塑材料・技法
712　彫刻史．各国の彫刻　＊地理区分
〈713／718　各種の彫刻〉
713　木彫
714　石彫
715　金属彫刻．鋳造
716
717　粘土彫刻．塑造
718　仏像
719　**オブジェ**

720　絵画
〈721／723　様式別の絵画〉
721　日本画
722　東洋画
723　洋画　＊地理区分
〈724／725　絵画材料・技法〉
724　絵画材料・技法
725　素描．描画
726　漫画．挿絵．児童画
727　グラフィックデザイン．図案
728　**書．書道**
729

730　版画
731　版画材料・技法
732　版画史．各国の版画　＊地理区分
〈733／737　各種の版画〉
733　木版画
734　石版画［リトグラフ］
735　銅版画．鋼版画
736　リノリウム版画．ゴム版画
737　写真版画．孔版画
738
739　**印章．篆刻．印譜**

740　写真
741
〈742／747　写真技術〉
742　写真器械・材料
743　撮影技術
744　現像．印画
745　複写技術
746　特殊写真
747　写真の応用
748　写真集
749　**印刷**

750　工芸
751　陶磁工芸
752　漆工芸
753　染織工芸
754　木竹工芸
755　宝石・牙角・皮革工芸
756　金工芸
757　デザイン．装飾美術
758　美術家具
759　人形．玩具

760　音楽
〈761／768　音楽〉
761　音楽の一般理論．音楽学
762　音楽史．各国の音楽　＊地理区分
〈763／764　器楽〉
763　楽器．器楽
764　器楽合奏
765　宗教音楽．聖楽
〈766／767　声楽〉
766　劇音楽
767　声楽
768　邦楽
769　**舞踊．バレエ**　＊地理区分

770　演劇
〈771／777　演劇〉
771　劇場．演出．演技
772　演劇史．各国の演劇　＊地理区分
〈773／777　各種の演劇〉
773　能楽．狂言
774　歌舞伎
775　各種の演劇
776
777　人形劇　＊地理区分
778　**映画**
779　**大衆演芸**

780　スポーツ．体育
781　体操．遊戯
782　陸上競技
783　球技
784　冬季競技
785　水上競技
786　戸外レクリエーション
787　釣魚．遊猟
788　相撲．拳闘．競馬
789　武術

790　諸芸．娯楽
791　茶道
792　香道
793　花道［華道］
794　ビリヤード
795　囲碁
796　将棋
797　射倖ゲーム
798　その他の室内娯楽
799　ダンス

800　言語

〈801／808　総記〉
801　言語学
802　言語史・事情. 言語政策　＊地理区分
803　参考図書［レファレンスブック］
804　論文集. 評論集. 講演集
805　逐次刊行物
806　団体
807　研究法. 指導法. 言語教育
808　叢書. 全集. 選集
809　言語生活

〈810／890　各言語〉
810　日本語
811　音声. 音韻. 文字
812　語源. 意味［語義］
813　辞典
814　語彙
815　文法. 語法
816　文章. 文体. 作文
817　読本. 解釈. 会話
818　方言. 訛語　＊日本地方区分
819

820　中国語
821　音声. 音韻. 文字
822　語源. 意味［語義］
823　辞典
824　語彙
825　文法. 語法
826　文章. 文体. 作文
827　読本. 解釈. 会話
828　方言. 訛語
829　**その他の東洋の諸言語**

〈830／840　ゲルマン諸語〉
830　英語
831　音声. 音韻. 文字
832　語源. 意味［語義］
833　辞典
834　語彙
835　文法. 語法
836　文章. 文体. 作文
837　読本. 解釈. 会話
838　方言. 訛語
839

840　ドイツ語
841　音声. 音韻. 文字
842　語源. 意味［語義］
843　辞典
844　語彙
845　文法. 語法
846　文章. 文体. 作文
847　読本. 解釈. 会話
848　方言. 訛語
849　**その他のゲルマン諸語**

〈850／870　ロマンス諸語〉
850　フランス語
851　音声. 音韻. 文字
852　語源. 意味［語義］
853　辞典
854　語彙
855　文法. 語法
856　文章. 文体. 作文
857　読本. 解釈. 会話
858　方言. 訛語
859　**プロバンス語**

860　スペイン語
861　音声. 音韻. 文字
862　語源. 意味［語義］
863　辞典
864　語彙
865　文法. 語法
866　文章. 文体. 作文
867　読本. 解釈. 会話
868　方言. 訛語
869　**ポルトガル語**

870　イタリア語
871　音声. 音韻. 文字
872　語源. 意味［語義］
873　辞典
874　語彙
875　文法. 語法
876　文章. 文体. 作文
877　読本. 解釈. 会話
878　方言. 訛語
879　**その他のロマンス諸語**

880　ロシア語
881　音声. 音韻. 文字
882　語源. 意味［語義］
883　辞典
884　語彙
885　文法. 語法
886　文章. 文体. 作文
887　読本. 解釈. 会話
888　方言. 訛語
889　**その他のスラブ諸語**

890　その他の諸言語
891　ギリシア語
892　ラテン語
893　その他のヨーロッパの諸言語
894　アフリカの諸言語
895　アメリカの諸言語
896
897　オーストラリアの諸言語
898
899　国際語［人工語］

900　文学　＊言語区分

〈901／908　総記〉

901　文学理論・作法
902　文学史．文学思想史
903　参考図書［レファレンスブック］
904　論文集．評論集．講演集
905　逐次刊行物
906　団体
907　研究法．指導法．文学教育
908　叢書．全集．選集
909　児童文学研究

〈910／990　各言語の文学〉

910　日本文学
911　詩歌
912　戯曲
913　小説．物語
914　評論．エッセイ．随筆
915　日記．書簡．紀行
916　記録．手記．ルポルタージュ
917　箴言．アフォリズム．寸言
918　作品集
919　漢詩文．日本漢文学

920　中国文学
921　詩歌．韻文．詩文
922　戯曲
923　小説．物語
924　評論．エッセイ．随筆
925　日記．書簡．紀行
926　記録．手記．ルポルタージュ
927　箴言．アフォリズム．寸言
928　作品集
929　**その他の東洋文学**

〈930／940　ゲルマン文学〉

930　英米文学
931　詩
932　戯曲
933　小説．物語
934　評論．エッセイ．随筆
935　日記．書簡．紀行
936　記録．手記．ルポルタージュ
937　箴言．アフォリズム．寸言
938　作品集
［939］　アメリカ文学　→930／938

940　ドイツ文学
941　詩
942　戯曲
943　小説．物語
944　評論．エッセイ．随筆
945　日記．書簡．紀行
946　記録．手記．ルポルタージュ
947　箴言．アフォリズム．寸言
948　作品集
949　**その他のゲルマン文学**
＊849のように言語区分

〈950／970　ロマンス文学〉

950　フランス文学
951　詩
952　戯曲
953　小説．物語
954　評論．エッセイ．随筆
955　日記．書簡．紀行
956　記録．手記．ルポルタージュ
957　箴言．アフォリズム．寸言
958　作品集
959　**プロバンス文学**

960　スペイン文学
961　詩
962　戯曲
963　小説．物語
964　評論．エッセイ．随筆
965　日記．書簡．紀行
966　記録．手記．ルポルタージュ
967　箴言．アフォリズム．寸言
968　作品集
969　**ポルトガル文学**

970　イタリア文学
971　詩
972　戯曲
973　小説．物語
974　評論．エッセイ．随筆
975　日記．書簡．紀行
976　記録．手記．ルポルタージュ
977　箴言．アフォリズム．寸言
978　作品集
979　**その他のロマンス文学**
＊879のように言語区分

980　ロシア・ソビエト文学
981　詩
982　戯曲
983　小説．物語
984　評論．エッセイ．随筆
985　日記．書簡．紀行
986　記録．手記．ルポルタージュ
987　箴言．アフォリズム．寸言
988　作品集
989　**その他のスラブ文学**
＊889のように言語区分

990　その他の諸言語文学
991　ギリシア文学
992　ラテン文学
993　その他のヨーロッパ文学
994　アフリカ文学
995　アメリカ諸言語の文学
996
997　オーストラリア諸言語の文学
998
999　国際語［人工語］による文学

細目表の例１（総記）

（+記号は新設項目）

000　総　　記　General works

002　知識．学問．学術　Knowledge. Learning

＊各国の学術事情および知的協力は，ここに収める

＊人文科学〈一般〉は，ここに収める

＊科学方法論→116.5；学術研究奨励→377.7；自然科学→400；社会科学→300；知識の分類→116.5

.7　研究法．調査法

＊研究や調査に必要な一般的な知識（情報）の集め方および整理法は，ここに収める

＊コンピュータによる情報処理→007.6

007　情報学．情報科学　Information science. Informatics　→：010；548

＊ここには，情報学・情報科学〈一般〉およびソフトウェアを収め，特定主題に関する情報学は，各主題の下に収める　例：010図書館情報学，467.3生命情報学，498医療情報学

＊情報通信産業および経営・事業に関するものは，ここに収める（別法：経営・事業に関するものは694の下に収める）；情報を処理する機器類［ハードウェア］や工学的な取扱いに関するものは，547および548に収める（別法：機器類や工学的な取扱いも，ここに収める）；観点が明確でないものは，ここに収める

＊別法：548.9；ただし，情報学，情報理論（007.1）は548.1

[.02→007.2]

.1　情報理論　→：007.636；801.2

情報の意味とその伝達，仮想現実［バーチャルリアリティ］，計算言語学，情報数学，認知科学

＊別法：548.1

.11　サイバネティックス

.13　人工知能．パターン認識

[.15]　エキスパートシステム　→007.632

.2　歴史．事情　＊地理区分

.3　情報と社会：情報政策，情報倫理　→：361.45；547；694.5

＊社会情報学，クラウドコンピューティング〈一般〉，ユビキタスコンピューティング〈一般〉，情報法〈一般〉は，ここに収める

＊ウェアラブルコンピュータ→548.2

007.35　情報産業．情報サービス　→：547.48；694

.353+　ソーシャルメディア：電子掲示版，ブログ，ウィキ，ソーシャルネットワーキングサービス［SNS］

＊画像・動画共有サイトは，ここに収める

.37+　情報セキュリティ　→：007.609；547.48

＊ここには，情報セキュリティ〈一般〉を収める

.375+　不正操作：コンピュータウイルス，ハッキング，クラッキング，マルウェア，スパイウェア

（[.4]　情　報　源　→007.1）

.5　ドキュメンテーション．情報管理

[.52]　主題分析　→014.4　＊シソーラス→014.49

.53　索　引　法

.54　抄　録　法

[.55]　クリッピング　→014.74

.57　情報記述の標準化　→：014.3

.58　情報検索．機械検索

＊データベース〈一般〉の検索，検索エンジンは，ここに収める

＊別法：007.68

.6　データ処理．情報処理　→：013.8；336.57

＊個々の主題に関するデータ処理とそのソフトウェアは，各主題の下に収める　例：498医療関係のデータ処理

＊データベース管理システム→007.609

.6079+　情報処理技術者試験

.609　データ管理：データセキュリティ，データマイニング　→：007.37；547.48

＊データベースの保全は，ここに収める

＊データベース作成用ソフトウェアは，ここに収める

＊個々の主題に関するデータ管理は，各主題の下に収める　例：336.17企業のデータ管理，498.163病院のデータ管理

.61　システム分析．システム設計．システム開発

.63　コンピュータシステム．ソフトウェア．ミドルウェア．アプリケーション　→：548.2

＊パーソナルコンピュータ［パソコン］の操作方法〈一般〉は，ここに収める（別法：548.295）

＊オペレーティングシステム［OS］→007.634

.632　エキスパートシステム

＊別法：007.15

＊人工知能→007.13

.634　オペレーティングシステム［OS］

＊個々のオペレーティングシステムは，ここに収める

007.635　文字情報処理：文字コード，文字セット，漢字処理システム
　＊日本語フロントエンドプロセッサー［FEP］，インプットメソッド［IM］は，ここに収める
.6355+　書体［フォント］　→：021.49；727.8；749.41
　＊ここには，コンピュータにおける書体に関するものを収める
.636　言語情報処理；機械翻訳　→：007.1；801
.637　画像処理：図形処理，画像認識　→：007.642；744
　＊写真処理のためのソフトウェアは，ここに収める（別法：744）
　＊デジタル写真処理→744
.638+　文書作成ソフトウェア
　＊データベース作成用ソフトウェア→007.609
.6383+　プレゼンテーション用ソフトウェア
.6384+　表計算用ソフトウェア　→：417
.6388+　ワードプロセッサー［ワープロ］用ソフトウェア　→：582.33
　＊テキストエディタは，ここに収める
.6389+　データ通信用ソフトウェア　→：547.48
　インターネットブラウザ，電子メール
.639+　個人情報管理ソフトウェア［PIM］
　住所録，スケジュール
.64　コンピュータプログラミング
　アルゴリズム，プログラミング言語，スクリプト言語
.642　画像描写：コンピュータグラフィックス，アニメーション　→：007.637；727；778.77
　＊ここには，静止画および動画の作成を収める
　＊図形処理ソフトウェアのプログラミング〈一般〉は，ここに収める
　＊CAD など設計・製図に用途を限定したものは，501.8に収める
.645+　マークアップ言語．ウェブサービス記述言語［WSDL］
　HTML，SGML，XHTML，XML
　＊ホームページ作成ソフトウェアは，ここに収める
　＊スクリプト言語→007.64
.65　各種の記憶媒体　→：548.23
［.68］　情報検索．機械検索　→007.58
（.7　情報システム：UNISIST，NATIS　→007.63）
［.8］　情報工学　→548
［.82］　コンピュータ［電子計算機］　→：007.63；418.6；535.5
［.821］　入力装置：マウス，タッチパッド，トラックボール
　＊入力・出力が一体となっているものは，ここに収める
　＊ユーザインターフェース〈一般〉は，ここに収める

［007.8211］　文字・画像入力：キーボード，ペンタブレット，タッチパネル，グラフィカルユーザーインターフェース［GUI］，キャラクターユーザーインターフェース［CUI］，バーコードリーダー

＊日本語フロントエンドプロセッサー［FEP］，インプットメソッド［IM］は，007.635に収める

＊タイピング→809.9

［.8212］　映像入力

＊映像・音声が一体となっているものは，ここに収める

［.8213］　音声入力

［.822］　演算装置：CPU［中央演算装置］，MPU［マイクロプロセッサー］

［.823］　記憶装置．記憶媒体　→：007.65

［.8232］　半導体記憶装置：RAM，IC カード，メモリカード

［.8235］　磁気記憶装置：ハードディスク，フロッピーディスク，磁気テープ装置，磁気ドラム

［.8237］　光学記憶装置：光ディスク，CD-ROM，DVD

［.824］　制御装置

［.825］　出力装置

［.8251］　文字・画像出力：プリンター，プロッター

［.8252］　映像出力：ディスプレイ，プロジェクター

［.8253］　音声出力：スピーカー，音源

＊インターネット電話→694.6；音声合成→501.24，549.9；電子音楽→763.93

［.827］　端末装置　→：007.8295

ハンディターミナル，インテリジェントターミナル

＊特定主題に関する端末装置は，各主題の下に収める　例：014.37 OPAC 端末

［.829］　各種のコンピュータ［電子計算機］

＊コンピュータを構成する各種装置は，.821／.827に収める

［.8291］　スーパーコンピュータ［スパコン］．汎用大型電子計算機

［.8295］　パーソナルコンピュータ［パソコン］．携帯型情報通信端末　→：007.827；023；694.6；798.5

デスクトップパソコン，ノートパソコン，タブレット型パソコン，ポケットコンピュータ，シンクライアント，ハンドヘルドコンピュータ［PDA］

＊パーソナルコンピュータの操作方法〈一般〉は，007.63に収める（別法：ここに収める）

＊携帯電話，多機能携帯電話［スマートフォン］は694.6に，電子書籍・文書閲覧を主目的とした機器は023に，携帯型ゲーム機は798.5に収める（別法：各機器の汎用性や多機能性について書かれたものは，ここに収める）

＊携帯電話の構造，製造など工学的な観点から書かれたものは，547.464に収める

[007.83]　　自動制御工学．オートメーション．ロボット　→：509.69；531.38
　　　　＊ここには，電気的なフィードバック機構による機械制御に関するものを収める
　　　　＊別法：501.9
[.8301→007.831]
[.831]　　制御理論
[.87]　　シミュレーション　→：417
[.9]　情報通信．データ通信．コンピュータネットワーク　→547.48
[.91]　　データ通信回路
[.92]　　データ通信方式．通信規約［通信プロトコル］
[.93]　　データ通信網
[.933]　　公衆データ通信網．広域データ通信網．インターネット
[.935]　　ローカルエリアネットワーク［LAN］．イントラネット
[.94]　　データ通信機器：モデム，PAD
[.95]　　データ通信交換：パケット交換
[.96]　　中継装置・機器

010　図書館．図書館情報学　Libraries. Library and information sciences　→：007；020
　　　＊電子図書館は，ここに収める
.1　図書館論．図書館の自由　＊図書館の理念は，ここに収める
[.13]　　図書館職員の倫理　→013.1
.7　研究法．指導法．図書館学教育．職員の養成　＊図書館利用教育・指導→015.23
.77　　司書課程．司書講習・研修

011　図書館政策．図書館行財政　Library policy and administration
　　　＊ここには，図書館〈一般〉および公共図書館に関するものを収める；公共図書館以外の各館種に関するものは，016／018に収める
.1　図書館行政
.2　図書館法令および基準
.3　図書館計画．図書館相互協力
　　　＊ここには，図書館相互協力〈一般〉を収め，相互協力による個々のサービスは，015.1に収める
　　　＊図書館ネットワークシステムは，ここに収める
　　　＊書誌ユーティリティ→014.37
011.38　　中央図書館制．分館制．配本所
.4　図書館財政
　　　＊補助金，図書館税，財団は，ここに収める
.5　図書館に対する特典：免税，郵送料割引，運賃割引
.9　国際資料交換

012　**図書館建築．図書館設備　Library buildings**

＊ここには，全ての館種に関するものを収める；ただし，一館の建築誌は，016／018に収める；また，文書館の建築・設備に関するものは，018.092に収める

.1　建築計画：基礎調査，位置，敷地
.2　建築材料および構造
.28　改修・改築工事
.29　維持管理．保護．防火．防水
.3　建築設計・製図
.4　書庫．書架
.5　利用者用諸室：閲覧室，児童室，目録室
.6　講堂．集会室．展示室．視聴覚室
.7　事務室．その他管理部門の諸室
.8　図書館設備：衛生設備，機械設備，電気設備
.89　ブックモビル　→：015.5
.9　図書館用品．図書館備品

013　**図書館経営・管理　Library management**

＊ここには，図書館〈一般〉および公共図書館に関するものを収める；公共図書館以外の各館種に関するものは，016／018に収める
＊図書館の安全管理，危機管理は，ここに収める

.1　図書館職員．人事管理
＊図書館職員の倫理は，ここに収める（別法：010.13）
＊職員の養成→010.7
.2　図書館の組織．事務分掌．スタッフマニュアル
.3　図書館協議会
.4　図書館の予算．経理．物品会計．施設管理
.5　図書館の調査．図書館の統計．評価法
.6　図書館用品と様式
.7　図書館の広報活動
.8　図書館事務の機械化　→：007.6
＊個々の業務の機械化は，各主題の下に収める
＊機械可読目録［MARC］→014.37
.9　利用規程：開館時間，休館日，入館料

014　**情報資源の収集・組織化・保存　Technical processes in libraries**　→：336.55

＊ここには，すべての館種に関するものを収める；ただし，文書館における情報資源の収集・組織化・保存に関するものは，018.094に収める
＊資料組織法，書誌コントロールは，ここに収める

＊ウェブアーカイビング，図書館におけるメタデータ〈一般〉は，ここに収める
＊各種の情報資源に関するものは，目録法および主題索引法を除き，014.7／.8に収める

014.1　情報資源の選択・構成
図書館資料，図書の選択，蔵書構成

.2　受入と払出：購入，寄贈，登録，蔵書印，除籍，廃棄

.3　目　録　法　→：007.57　＊記述目録法は，ここに収める

.32　目録規則：記入，記述，標目
＊英米目録規則［AACR］，RDA，日本目録規則［NCR］などは，ここに収める

.33　配列．編成

(.34　目録の種類．目録の形態　→014.37)

(.35　総合目録　→014.37)

(.36　目録カードの複製．印刷カード　→014.37)

.37　目録の種類・形態・制度
冊子体目録，カード目録，機械可読目録［MARC］，OPAC，総合目録ネットワーク，集中目録作業，共同目録作業，書誌ユーティリティ
＊個々の目録は，025／029に収める

.38　特殊資料の目録法

.39　目録用品

.4　主題索引法：分類法，件名標目法，主題分析
＊主題目録法は，ここに収める
＊別法：主題分析007.52

.45　一般分類表
＊国際十進分類法［UDC］，国立国会図書館分類表［NDLC］，デューイ十進分類法［DDC］，日本十進分類法［NDC］などは，ここに収める

.46　専門分類表

.47　分類規程．分類作業

.48　特殊資料の分類法

.49　件名標目．シソーラス．件名作業

.495　一般件名標目表
＊基本件名標目表［BSH］，国立国会図書館件名標目表［NDLSH］，米国議会図書館件名標目表［LCSH］などは，ここに収める

.496　専門図書館件名標目表
＊大学図書館，法律・医学・科学技術などの各種研究機関の件名標目表は，ここに収める

.497　学校図書館件名標目表

.5　図書の配架法

.55　図書記号法．著者記号表

.57　書架目録［シェルフリスト］

014.6　資料保存．蔵書管理
.61　資料保存
＊保存方針，保存計画，保存協力〈一般〉は，ここに収める
.612　劣化．破損
虫害，かび，酸化，汚損，水濡れ，光化学的劣化，物理的損傷
.614　資料保護：消毒，曝書，燻蒸，脱酸，紙強化法，ドライクリーニング，補修，保存容器，中性紙
＊資料修復は，ここに収める
.616+　内容保存．媒体変換
.66　図書館製本　＊製本〈一般〉→022.8
.67　書架管理．書庫管理　＊蔵書点検，亡失は，ここに収める
.68　保存図書館［デポジットライブラリー］．共同保存
〈.7／.8　各種の情報資源〉
＊目録法は014.3に，主題索引法は014.4に収める
.7　非図書資料．特殊資料　＊電子情報資源〈一般〉→：023
.71　文書．記録．書写資料．貴重書　→：018.094
.72　郷土資料．博物資料
.73　パンフレット．リーフレット
.74　インフォメーションファイル．小資料．クリッピング
＊別法：クリッピング007.55
.75　継続資料：逐次刊行物，更新資料
＊電子ジャーナルは，ここに収める
.76　マイクロ資料
＊マイクロ化資料に関するものは，すべてここに収める
.77　視聴覚資料：映画フィルム，スライド，レコード［音盤］，録音テープ，ビデオテープ，レーザーディスク［LD］，コンパクトディスク［CD］，DVD　→：375.19
.78　地図資料．図表．楽譜．絵画．写真
.79　視覚障害者用資料：点字資料，録音資料，大活字資料　→：016.58；369.275；378.18；801.91
.8　政府刊行物
＊ここには，目録法，分類法以外に関するものを収める
＊分類法→014.48；目録法→014.38

015　図書館サービス．図書館活動　Library activities
＊ここには，図書館〈一般〉および公共図書館に関するものを収める；公共図書館以外の各館種に関するものは，016／018に収める
＊利用者研究，図書館利用法，課題解決支援サービス〈一般〉は，ここに収める
＊広報活動→013.7

015.1　資料提供サービス：閲覧，貸出
　　＊リクエストサービス，予約サービスは，ここに収める
.12+　複写サービス　＊別法：015.29
.13+　図書館間相互貸借［ILL］　＊別法：015.38
［.17］　障害者に対するサービス　→015.97
.2　情報提供サービス：レファレンスサービス［参考業務］
　　＊レフェラルサービス，遡及探索サービス，読書相談は，ここに収める
.23+　利用教育　＊参考図書の利用法は，ここに収める（別法：019.4）
［.29］　複写サービス　→015.12
（.3　図書の貸出．貸出記録法　→015.1）
［.38］　図書館間相互貸借［ILL］　→015.13
（.4　貸出文庫．団体貸出　→015.1）
.5　移動図書館．ブックモビル　→：012.89
.6　読書会．読書運動　→：019.25　＊別法：019.23
.7　図書館と他の文化機関との協力活動
.8　集会．行事活動
　　講演会，お話会，郷土研究会，展示会，映画会，音楽鑑賞会
.9+　利用対象別サービス
.91+　乳幼児に対するサービス　＊ブックスタート→019.53
.93+　児童・青少年に対するサービス．ヤングアダルトサービス
.95+　高齢者に対するサービス
.97+　障害者に対するサービス　→：369.275
　　点訳，朗読，録音
　　＊別法：015.17
.98+　多文化サービス
.99+　アウトリーチサービス

〈016／018　**各種の図書館**〉
＊ここには，公共図書館を除く館種別の経営・管理を含む各種の問題を収める
＊図書館〈一般〉および公共図書館〈一般〉に関する政策・行財政は011に，経営・管理は013に，サービス・活動は015に収める　例：011.4公共図書館の財政，013.1図書館の人事管理，015.2公共図書館のレファレンスサービス
＊建築・設備に関するものは，館種の別なく012に収める；ただし，一館ごとの建築誌は，ここに収める　例：012.1大学図書館の建築計画；また，文書館の建築・設備に関するものは，018.092に収める
＊情報資源の収集・組織化・保存に関するものは，館種の別なく，個々の館を含め，すべて014に収める　例：014.1学校図書館の資料収集；ただし，文書館における情報資源の収集・組織化・保存に関するものは018.094に収める

＊一館ごと（公共図書館を含む）の沿革，要覧，統計，報告書などは，ここに収める；ただし，近世以前の文庫史は，010.2に収める
＊対象となる館種をより特定するところに収める　例：016.281国立国会図書館国際子ども図書館，018.49米国国立医学図書館

016　各種の図書館　Specific kinds of institutions

.1　国立図書館　＊地理区分
.2　公共図書館
　＊地理区分
　＊公共図書館〈一般〉に関しては，政策・行財政を011に，建築・設備は一館ごとの建築誌を除いて012に，経営・管理を013に，図書館サービスおよび活動を015に収める；なお，012，014の注記をも参照
.28　児童図書館
　＊地理区分
　＊青少年図書館は，ここに収める
　＊公共図書館における児童サービス，ヤングアダルトサービスは，015.93に収める
.29　地域文庫などの読書施設
　＊家庭文庫は，ここに収める
.3　官公庁図書館．議会図書館
　＊地理区分
　＊地方議会図書室は，ここに収める
.4　団体・企業内の図書館
　＊福利施設としてのものは，ここに収める
　＊専門図書館→018
.5　その他の図書館
.53　刑務所図書館
.54　病院患者図書館
　＊医師などの専門職を対象とする病院図書室は，018.49に収める
.55　船員文庫
.58　点字図書館　→：014.79；369.275；378.18；801.91
.59　会員制図書館
.7　メディアセンター．視聴覚ライブラリー
.9　貸　本　屋

017　学校図書館　School libraries

　＊学校図書館の利用指導は，ここに収める
.2　小学校．学級文庫
.3　中　学　校

017.4　高等学校
(.6　短期大学図書館　→017.8)
.7　大学図書館．学術図書館　＊地理区分
.8+　短期大学図書館．高等専門学校図書館

018　**専門図書館　Special libraries**
＊綱目表に準じて細分　例：018.37教育図書館，018.49医学図書館・018.74印刷図書館
＊会社，研究所などに付置された専門分野の図書館・情報センター・資料室も，ここに収める
.09　文書館．史料館
＊ここには，文書館，公文書館，史料館〈一般〉を収め，個々の文書館に関するものは，018.096／.098に収める
＊文書館学，文書管理論，記録管理論は，ここに収める
＊貴重書，郷土資料，その他の特別コレクションの専門図書館に関するものは，018.098に収める
.091+　文書管理政策．文書館行財政・法令
.092+　文書館建築．文書館設備
.093+　文書館経営・管理．文書館職員
.094+　資料の収集・組織化・保存　→：014.71
.095+　資料の展示．資料の利用．資料・展示の広報
〈.096／.098　各種の文書館〉
.096+　文　書　館
.097+　学校文書館．大学文書館
＊学校史など，歴史的文書に限定した文書館は，各学校の歴史・事情に収める（別法：ここに収める）
.098+　専門文書館
＊専門文書館論など一般的なものを収める；特定主題の文書館は，各主題の下に収める　例：335.48企業アーカイブ
＊別法：ここに集め，綱目表に準じて細分　例：018.09833企業文書館
.099+　文書館収蔵文書目録
＊特定主題に関するものは，各主題の下に収める　例：121.59031吉田松陰関係資料目録，218.2031香川家文書目録，318.231031茨城県行政文書目録

019　**読書．読書法　Reading of books. Book review**
＊読書〈一般〉は，ここに収める
.1　読書の心理．読書の生理
.12　読　書　法
.13　速　読　法

019.2　読書指導
　　＊特定主題のものは，各主題の下に収める　例：107哲学書の読み方
　　＊児童・青少年の読書指導〈一般〉は，ここに収める
　　＊読書記録→019.25；読解（国語科）→375.85
[.23]　読書会．読書運動　→015.6
.25　読書感想文．読書記録　→：015.6
　　＊図書館や読書サークルなどが主催する読書会やコンクールでの感想文集や読書記録・日誌そのものは，ここに収める；また小中高生の読書感想文も，ここに収める
　　＊作文（国語科）→375.86；読書会の記録→015.6；読書所感集〈一般〉→019.9
.3　読書調査
[.4]　参考図書の利用法　→015.23
.5　児童・青少年図書．児童・青少年と読書
　　＊児童と絵本→019.53；児童文学研究→909
.53　絵本・漫画と読書　→：726.101；726.601
　　＊絵本，漫画に関する一般的著作は，726.1および726.6に収める
.9　書評．書評集
　　＊読書所感集〈一般〉は，ここに収める
　　＊児童・青少年および読書サークルなどでの読書感想文集は，019.25に収める

細目表の例２（日本文学）

（+記号は新設項目）

910　**日本文学　Japanese literature**　→：121.52

.2　日本文学史

.23　古代：奈良時代まで［古代前期．上代］，平安時代［古代後期．中古］

.24　中世：鎌倉・室町時代

.25　近世：江戸時代

.26　近代：明治以後．作家の伝記［作家研究］

＊ここには，文学史のほか，⑴小説家の列伝［作家研究］，⑵文学形式を特定できない列伝［作家研究］，⑶多数作家の小説の研究，⑷小説史などを収める（別法：⑵を除いて913.6に収める）

＊上記⑴および⑵以外の作家の列伝［作家研究］は，911／912，914／917に収める

＊文芸時評は，ここに収める

.261　明治時代

.262　大正時代

.263　昭和時代前期 1927－1945

.264　昭和時代後期 1945－1989

.265+　平成時代 1989－

.268　作家の個人伝記［作家研究］

＊ここには，⑴小説家の個人伝記［作家研究］，⑵文学形式を特定できない作家の個人伝記［作家研究］，⑶個人作家の複数の小説の研究などを収める（別法：⑴，⑶は913.6に収める）

＊上記⑴および⑵以外の作家の個人伝記［作家研究］は，911／912，914／917に収める

[.27]　文学形式別文学史

＊文学共通区分　例：.271詩歌史

＊一般には，各文学形式の下に収める

.28　作家の列伝［作家研究］

＊ここには，主要な文学形式および時代を特定できない列伝を収める

.29　地方文学

＊ここには，特定地域の文学活動〈一般〉を収める

＊文学形式を限定している研究は911／917に，作品は911／918に収める

.8　叢書．全集．選集

＊ここには，日本文学〈一般〉に関する研究の叢書などを収める

＊主要な文学形式を特定できない作品集は，918に収める

911 詩 歌 Poetry

.02 詩歌史．韻文作家列伝・研究

.08 詩 歌 集

＊ここには，複数の文学形式の詩歌を含み，主要な形式を特定できないものを収める

.1 和歌．短歌

.101 理論．歌学．歌学史

＊時代を問わず，ここに収める

＊理論としての歌論は，ここに収め，評論としての歌論は，911.104に収める

.102 和歌史．歌人列伝・研究

.104 論文集．評論集．講演集．歌話．評釈．鑑賞 ＊歌論→911.101

.106 団体：学会，協会，会議．歌会

.107 研究法．指導法．作歌法．作歌用書

.108 叢書．全集．選集 ＊一時代のものは，その時代の下に収める

〈.11／.12 古代前期［上代］：奈良時代まで〉

.11 記紀歌謡 →：911.63；913.2

.12 万 葉 集

［.1203→911.121；911.123］

.121 書誌．索引．類句

.122 歌人伝・研究 ＊ここには，個人伝と列伝の双方を収める

.123 辞典．便覧

.124 評釈．注釈．語釈

.125 特殊研究：地理，動植物，物品

.127 類 題

.128 家 集

.129 外国語訳

.13 古代後期［中古］：平安時代

.132 歌人伝・研究 ＊ここには，個人伝と列伝の双方を収める

.135 勅撰集．八代集

.1351 古今和歌集

.1352 後撰和歌集

.1353 拾遺和歌集

.1354 後拾遺和歌集

.1355 金葉和歌集

.1356 詞花和歌集

.1357 千載和歌集

.1358 新古今和歌集

.137 私撰集：新撰和歌集，三十六人集，古今和歌六帖

.138 家 集

.14 中世：鎌倉・室町時代

.142 歌人伝・研究 ＊ここには，個人伝と列伝の双方を収める

.145 勅撰集：十三代集 ＊新古今和歌集→911.1358

911.147　　私撰集：小倉百人一首
.1473　　夫木和歌抄．新葉和歌集
.148　　家集：山家集，金槐集
.15　近世：江戸時代
.152　　歌人伝・研究　＊ここには，個人伝と列伝の双方を収める
.157　　選　　集
.158　　家　　集
.16　近代：明治以後
.162　　歌人伝・研究　＊ここには，個人伝と列伝の双方を収める
.167　　複数作家の歌集．勅題集
.168　　個人歌集
.18　歌合．曲水　→：798　＊時代を問わず，ここに収める
.19　狂歌．へなぶり
.2　連　　歌　→：911.3
.201　　連　歌　論
.3　俳諧．俳句　→：911.2　＊俳文→914
.301　　理　　論
　　＊時代を問わず，ここに収める
　　＊理論としての俳論は，ここに収め，評論としての俳論は，911.304に収める
.302　　俳諧史．俳人列伝・研究
.304　　論文集．評論集．講演集．俳話．評釈．鑑賞
.306　　団体：学会，協会，会議．句会
.307　　研究法．指導法．作句法．作句用書．歳時記
.308　　叢書．全集．選集　＊一時代のものは，その時代の下に収める
〈.31／.35　近世まで〉
.31　芭蕉以前：山崎宗鑑，荒木田守武，松永貞徳，西山宗因，井原西鶴
　　＊談林・貞門俳諧は，ここに収める
.32　松尾芭蕉
.33　元禄期：榎本其角，服部嵐雪，向井去来，内藤丈草，森川許六，各務支考，横井也有，中川乙由，上島鬼貫
　　＊蕉風俳諧は，ここに収める
　　＊享保期俳諧も，ここに収める
.34　安永・天明期：炭太祇，与謝蕪村，堀麦水，加藤暁台，大島蓼太
　　＊中興俳諧は，ここに収める
.35　文化・文政・天保期：小林一茶，成田蒼虬，桜井梅室
　　＊幕末期の俳諧も，ここに収める
.36　近代：明治以後
.362　　俳人伝・研究　＊ここには，個人伝と列伝の双方を収める

911.367　　複数作家の句集
.368　　個人句集
.38　　近代連句　　＊近代以前の連句→911.31／.35；連句〈一般〉→911.3
.4　　川柳．狂句
.45　　近世：江戸時代
.46　　近代：明治以後
.467　　複数作家の句集
.468　　個人句集
.49　　雑俳：前句付，冠付，物は付，沓付，折句
.5　　詩：新体詩，近代詩，現代詩
[.502→911.52]
.52　　詩史．詩人伝・研究　　＊ここには，個人伝と列伝の双方を収める
.56　　個人詩集
.568　　複数作家の詩集
.58　　児童詩．童謡
[.59]　　訳　詩　集
＊一般には，原作または908.1の下に収める
＊別法：翻訳または翻案が日本文学作品とみなされているもの（例：「海潮音」）に限って，ここに収める
.6　　歌　　謡　→：388.9；767；768.2／.9
＊おもろは，ここに収める
.63　　古代：平安時代まで　→：911.11
神楽，催馬楽，風俗歌，朗詠，雑芸，今様
＊和漢朗詠集→919.3
.64　　中世：鎌倉・室町時代
宴曲，平曲，和讃，小歌
.65　　近世：江戸時代
俗曲，俗謡，小唄
.66　　近代：明治以後　→：767.5
民謡，どどいつ，歌謡曲
[.9]　　漢　　詩　→919

912　　**戯　　曲　Drama**
＊時代ではなく，文学形式によって細分
.2　　舞　の　本　→：768.49
.3　　謡　　曲　→：768.4；773　　＊能楽論→773
.39　　狂　　言　→：773.9
.4　　浄瑠璃：近松門左衛門，紀海音　→：768.5；774；777.1

912.5　歌舞伎：鶴屋南北，河竹黙阿弥　→：774
.6　近代戯曲　＊近代に成立した謡曲などの新作は，.3／.5に収める
.68　複数作家の作品集　＊個人の作品・作品集→912.6
.7　シナリオ．放送ドラマ
.78　複数作家の作品集　＊個人の作品・作品集→912.7
.8　児　童　劇　→：775.7

913　**小説．物語　Fiction. Romance. Novel**
.2　古代前期［上代］：奈良時代まで　→：210.3；291；911.11
古事記，日本書紀，風土記
.3　古代後期［中古］：平安時代　＊物語文学〈一般〉は，ここに収める
〈.31／.36　平安時代前期の物語〉
.31　竹取物語
.32　伊勢物語　＊歌物語〈一般〉は，ここに収める
.33　大和物語．平中物語．篁物語
.34　宇津保物語
.35　落窪物語
.36　源氏物語
[.3603→913.361；913.362]
.361　書誌．索引
.362　年表．系図．故実
.363　和　歌
.364　評釈．語法
.365　梗概．抄録
.366　秘　事
.369　訳　文
.37　説話物語：日本霊異記，江談抄，今昔物語，打聞集，古本説話集　→：184.9
＊説話物語〈一般〉は，ここに収める
.38　平安時代後期の物語
.381　狭衣物語
.382　夜半の寝覚
.383　浜松中納言物語
.384　堤中納言物語
.385　とりかへばや物語
.389　散佚物語
.39　歴史物語　＊歴史物語〈一般〉は，ここに収める
.392　栄華物語
.393　大　鏡

913.394　　今　　鏡
.399　軍記物語：将門記，陸奥話記
.4　中世：鎌倉・室町時代
.41　物語：住吉物語，石清水物語，松浦宮物語，鳴門中将物語，我身にたどる姫君，苔の衣，浅茅が露
.42　歴史物語
.425　　水　　鏡
.426　　増　　鏡
.43　軍記物語　＊軍記物語〈一般〉は，ここに収める
.432　　保元物語
.433　　平治物語
.434　　平家物語．源平盛衰記
.435　　太 平 記
.436　　義 経 記
.437　　曽我物語
.438　　その他の軍記物語：承久記，応仁記
.47　説話物語：古事談，発心集，宇治拾遺物語，今物語，十訓抄，古今著聞集，撰集抄，沙石集，雑談集　→：184.9
　＊説話物語〈一般〉→913.37
.49　お伽草子：一寸法師，浦島太郎，文正草紙，ものぐさ太郎
.5　近世：江戸時代
.51　仮名草子：浅井了意，鈴木正三
.52　浮世草子：井原西鶴，江島其碩
.53　洒落本：山東京伝，大田南畝
.54　人情本：為永春水
.55　滑稽本：十返舎一九，式亭三馬，滝亭鯉丈
.56　読本：滝沢馬琴，上田秋成　＊実録体小説は，ここに収める
.57　草双紙：赤本，黒本，青本，黄表紙，合巻
.59　咄本：醒睡笑　→：913.7
.6　近代：明治以後
　＊次のように細分してもよい－ .61 明治時代，.62 大正時代，.63 昭和時代前期 1927－1945，.64 昭和時代後期 1945－1989，.65 平成時代 1989－
　＊ここには，(1)個人の単一の小説，(2)個人の小説集，(3)特定の小説に関する作品論を収める
　＊小説の研究（特定の小説に関するものを除く），および小説家の研究は，910.26／.268に収める（別法：ここに収める）
.68　複数作家の作品集　＊個人の作品・作品集→913.6
.7　講談・落語本．笑話集　→：779.12／.15；913.59　＊浪曲集は，ここに収める

913.8　童　話

[.9]　翻訳小説

＊一般には，原作または908.3の下に収める

＊翻案小説は，翻案者の作品として扱う

＊別法：翻訳または翻案が日本文学作品とみなされているもの（例：森鷗外訳「即興詩人」）に限って，ここに収める

914　評論．エッセイ．随筆　Essays. Prose

.3　古代：平安時代まで

枕草子

.4　中世：鎌倉・室町時代

.42　方　丈　記

.45　徒　然　草

.5　近世：江戸時代

.6　近代：明治以後　＊写生文は，ここに収める

.68　複数作家の作品集　＊個人の作品・作品集→914.6

915　日記．書簡．紀行　Diaries. Letters. Travels

.3　古代：平安時代まで

.32　土佐日記

.33　蜻蛉日記

.34　和泉式部日記

.35　紫式部日記

.36　更級日記

.37　讃岐典侍日記

.39　その他の日記・書簡・紀行

.4　中世：鎌倉・室町時代

.44　十六夜日記

.45　海　道　記

.46　東関紀行

.49　その他の日記・書簡・紀行：建春門院中納言日記［たまきはる］，とはずがたり，中務内侍日記，弁内侍日記

.5　近世：江戸時代

.6　近代：明治以後

.68　複数作家の作品集　＊個人の作品・作品集，往復書簡集→915.6

916　記録．手記．ルポルタージュ　Reportage

917　箴言．アフォリズム．寸言　Aphorism

918　作品集：全集，選集　Collections

＊ここには，個人または複数作家の，文学形式を特定できない作品集を収める；特定できる作品集は，その文学形式の下に収める

918.3　古代：平安時代まで

.4　中世：鎌倉・室町時代

.5　近世：江戸時代

.6　近代：明治以後

.68　個人全集・選集　＊複数作家の全集・選集→918.6

919　漢詩文．日本漢文学　Chinese poetry and prose

＊別法：漢詩911.9

.02　日本漢文学史

.07　詩文作法　＊日本人の著作のみを収める

.3　古代：平安時代まで　＊和漢朗詠集は，ここに収める

.4　中世：鎌倉・室町時代　＊五山文学は，ここに収める

.5　近世：江戸時代

.6　近代：明治以後

一般補助表・固有補助表

一般補助表

凡　例

1　一般補助表の構成

Ⅰ　形式区分およびその中の細目－02を展開したⅠ-a　地理区分，Ⅱ　海洋区分，Ⅲ　言語区分の3種4区分が用意されている。

2　一般補助表の記号があらかじめ付加された分類記号

一般補助表の記号を付加した結果が3桁にとどまる場合や，分類項目として特に必要とみなされる場合には，要目表や細目表にあらかじめ表示されている。

例）技術史：技術(500)の歴史（形式区分－02）
　　要目表および細目表に，502 技術史．工学史　があらかじめ表示されている。
　ドイツ文学史：ドイツ語（言語区分－04）による文学(900)の歴史（形式区分－02）
　　細目表に，940.2 ドイツ文学史　があらかじめ表示されている。

3　一般補助表の適用分野，付加できる分類記号

一般補助表には全分野で適用可能なものと，特定の主題に限定して適用されるものがある。形式区分および地理区分は，原則として，細目表のすべての分類記号に付加できる。付加できない分類記号については，序説2.6.1および使用法Ⅰの4.1を参照。海洋区分は注記「＊海洋区分」を伴う分類記号に，言語区分は注記「＊言語区分」を伴う分類記号に付加できる。

4　使用法

一般補助表の使用法は，序説2.6.1および使用法Ⅰの4.1を参照。

5　記号の冒頭のハイフン

一般補助表における各記号には，すべてハイフン（－）が付されている。これらの記号は単独では使用しないで，常にそのハイフンを取り去り分類記号に付加して使用する。

6　分類記号の末尾などの0

分類記号の末尾が0の場合や，さらにその上の桁も0の場合は，0を取り去ってから付加する。

例）心理学辞典：心理学（140）の辞典（形式区分－033）
　　14 ＋ 033 ＝ 140.33
　技術史：技術（500）の歴史（形式区分－02）
　　5 ＋ 02 ＝ 502

7　ピリオド

付加した結果，全体が4桁以上となる場合は，冒頭から3桁目と4桁目との間にピリオドを打つ。

例）心理学辞典：心理学（140）の辞典（形式区分－033）
　　14 ＋ 033 ＝ 14033 → 140.33
　芸術年鑑：芸術(700)の年鑑(形式区分－059)
　　7 ＋ 059 ＝ 7059 → 705.9

8　注記

各記号の適用にあたって特に注意すべきところには，注記を付した。注記の冒頭にはアステリスク（＊）を置き表示した。

Ⅰ　形式区分　Form division

－01　理論．哲学
－012　　学史．学説史．思想史
－016　　方　法　論
－019　　数学的・統計学的研究
－02　歴史的・地域的論述　　＊地理区分
－028　　多数人の伝記

　　＊３人以上の伝記に，使用する
　　＊人名辞典→－033；名簿→－035

－029　地理学的論述．立地論
－03　参考図書［レファレンスブック］
－031　書誌．文献目録．索引．抄録集
－032　年　　表
－033　辞典．事典．引用語辞典．用語集．用語索引［コンコーダンス］
－034　命名法［命名規則］
－035　名簿［ダイレクトリ］．人名録
－036　便覧．ハンドブック．ポケットブック
－038　諸表．図鑑．地図．物品目録［カタログ］
－04　論文集．評論集．講演集．会議録

　　＊(1)非体系的または非網羅的なものに，使用する；体系的または網羅的なものには－08を，逐次刊行されるものには－05を使用する
　　(2)当該主題を他主題との関連から扱ったもの，または特定の概念・テーマから扱ったものに，使用する

－049　随筆．雑記
－05　逐次刊行物：新聞，雑誌，紀要
－059　年報．年鑑．年次統計．暦書
－06　団体：学会，協会，会議

　　＊概要，事業報告，会員名簿など，個々の団体自身を扱ったものに，使用する；ただし，研究調査機関を扱ったものには－076を，教育・養成機関を扱ったものには－077を使用する

－067　企業体．会社誌
－07　研究法．指導法．教育
－075　調査法．審査法．実験法
－076　研究調査機関
－077　教育・養成機関
－078　教科書．問題集
－079　入学・検定・資格試験の案内・問題集・受験参考書
－08　叢書．全集．選集

　　＊体系的または網羅的なものに，使用する；非体系的または非網羅的なものには，－04を使用する
　　＊単冊の全集などにも使用する

－088　資　料　集

Ⅰ－a　地理区分　Geographic division（抄）

－1　日　　本
－11　北海道地方
－111　道北：宗谷総合振興局，オホーツク総合振興局［北見国］
－112　道東：根室振興局，釧路総合振興局［根室国．釧路国］
－113　十勝総合振興局［十勝国］
－114　上川総合振興局．日高振興局［日高国］
－115　道央：石狩振興局，空知総合振興局［石狩国］
－116　道西：留萌振興局［天塩国］
－117　後志総合振興局．胆振総合振興局［後志国，胆振国］
－118　道南：渡島総合振興局，檜山振興局［渡島国］
－119　千島列島［千島国］
－12　東北地方
－121　青森県［陸奥国］
－122　岩手県［陸中国］
－123　宮城県［陸前国］
－124　秋田県［羽後国］
－125　山形県［羽前国］
－126　福島県［岩代国．磐城国］
－13　関東地方
－131　茨城県［常陸国］
－132　栃木県［下野国］
－133　群馬県［上野国］
－134　埼玉県［武蔵国］
－135　千葉県［上総国．下総国．安房国］
－136　東京都
－1361　区部

−1365　　　市部．郡部
−1369　　　島部：小笠原諸島，伊豆諸島
−137　　神奈川県［相模国］
−14　北陸地方
−141　　新潟県［越後国．佐渡国］
−142　　富山県［越中国］
−143　　石川県［加賀国．能登国］
−144　　福井県［越前国．若狭国］
−15　中部地方：東山・東海地方
−151　　山梨県［甲斐国］
−152　　長野県［信濃国］
−153　　岐阜県［飛驒国．美濃国］
−154　　静岡県［伊豆国．駿河国．遠江国］
−155　　愛知県［尾張国．三河国］
−156　　三重県［伊勢国．伊賀国．志摩国］
−16　近畿地方
−161　　滋賀県［近江国］
−162　　京都府［山城国．丹波国．丹後国］
−163　　大阪府［和泉国．河内国．摂津国］
−164　　兵庫県［播磨国．但馬国．淡路国．西摂．西丹］
−165　　奈良県［大和国］
−166　　和歌山県［紀伊国］
−17　中国地方
−171　　山陰地方
−172　　　鳥取県［因幡国．伯耆国］
−173　　　島根県［出雲国．石見国．隠岐国］
−174　　山陽地方
−175　　　岡山県［備前国．備中国．美作国］
−176　　　広島県［安芸国．備後国］
−177　　　山口県［周防国．長門国］
−18　四国地方
−181　　徳島県［阿波国］
−182　　香川県［讃岐国］
−183　　愛媛県［伊予国］
−184　　高知県［土佐国］
−19　九州地方
−191　　福岡県［筑前国．筑後国．豊前国］
−192　　佐賀県［肥前国］
−193　　長崎県［壱岐国．対馬国．西肥］
−194　　熊本県［肥後国］
−195　　大分県［豊後国．北豊］
−196　　宮崎県［日向国］
−197　　鹿児島県［薩摩国．大隅国］
−199　　沖縄県［琉球国］
−2　**アジア．東洋**
−21　朝鮮
−22　中国
−2239　　香港．九竜
−224　　台湾
−229　　チベット
−23　東南アジア
−231　　ベトナム［越南］
−238　　ミャンマー［ビルマ］
−239　　マレーシア．マライ半島．クアラルンプール
−2399　　シンガポール
−24　インドネシア
−248　　フィリピン
−25　インド
［−26］　西南アジア．中東［中近東］　→−27
−27　西南アジア．中東［中近東］
−271　　アフガニスタン
−272　　イラン［ペルシア］
−273　　イラク［メソポタミア］
−274　　トルコ
−278　　アラビア半島
−279　　イスラエル
［−28］　アラブ諸国　→−271／−278
−29　アジアロシア
−292　　極東地方
−296　　中央アジア
−3　**ヨーロッパ．西洋**
−33　イギリス．英国
−34　ドイツ．中欧
−345　　スイス

－346　　オーストリア
－347　　ハンガリー
－348　　チェコ
－349　　ポーランド
－35　フランス
－358　ベネルックス．ベルギー
－359　　オランダ
－36　スペイン［イスパニア］
－369　ポルトガル
－37　イタリア
－378　バチカン
－38　ロシア
－381　　ヨーロッパロシア
－388　バルト3国
－389　北ヨーロッパ
－3892　　フィンランド
－3893　　スウェーデン
－3894　　ノルウェー
－3895　　デンマーク
－3897　　アイスランド
－39　バルカン諸国
　　＊東欧は，この記号を使用する
－391　　ルーマニア
－392　　ブルガリア
－393　　セルビア．コソボ．モンテネグロ
　　＊ユーゴスラビアには，この記号を使用する
－3931　　　セルビア
－39311　　　コソボ
－3932　　　モンテネグロ
－394　　アルバニア
－395　　ギリシア
－4　**アフリカ**
－41　北アフリカ
－42　エジプト
－43　マグレブ諸国
－44　西アフリカ
－443　　リベリア
－4435　　コートジボワール［象牙海岸］
－45　東アフリカ
－48　南アフリカ
－487　　南アフリカ共和国
－49　インド洋のアフリカ諸島
－5　**北アメリカ**
－51　カナダ
－53　アメリカ合衆国
－532　　大西洋岸中部諸州
－5321　　　ニューヨーク
－533　　大西洋南部諸州
－5333　　　コロンビア特別区
－539　　太平洋岸諸州
－5391　　　ワシントン
－5392　　　オレゴン
－5393　　　カリフォルニア
－5394　　　アラスカ
［－5396］　　　ハワイ　→－76
－55　ラテンアメリカ［中南米］
－56　メキシコ
－57　中央アメリカ［中米諸国］
－59　西インド諸島
－6　**南アメリカ**
－62　ブラジル
－63　パラグアイ
－64　ウルグアイ
－65　アルゼンチン
－66　チリ
－67　ボリビア
－68　ペルー
－7　**オセアニア．両極地方**
－71　オーストラリア
－72　ニュージーランド
－76　ハワイ
－77　両極地方
－78　　北極．北極地方
－79　　南極．南極地方

Ⅱ　海洋区分　Sea division（抄）

−1　太平洋
−2　　北太平洋
−21　　　ベーリング海
−22　　　オホーツク海
−23　　　日本海
−24　　　黄海
−25　　　東シナ海
−26　　　南シナ海
−3　　南太平洋
−4　インド洋
−45　　ペルシア湾
−5　大西洋
−51　　北大西洋
−57　　南大西洋：ギニア湾
−6　地中海
−7　北極海［北氷洋］
−8　南極海［南氷洋］

Ⅲ　言語区分　Language division（抄）

−1　日　本　語
−2　中　国　語
−29　その他の東洋の諸言語
−291　　朝鮮語［韓国語］
−292　　アイヌ語
−293　　チベット・ビルマ諸語
−2932　　　チベット語．ゾンカ語
−2935　　　ビルマ語［ミャンマー語］．ロロ語
−2937　　モン・クメール諸語：ベトナム語［安南語］
−294　　オーストロネシア諸語［マライ・ポリネシア諸語］
−2941　　　高山族諸語
−2942　　　ムラユ語［マレー語．マライ語］．インドネシア語
−2944　　　フィリピノ語［タガログ語］
−295　　アルタイ諸語
−297　　セム・ハム諸語［アフロ・アジア諸語］
−2976　　　アラビア語
−298　　インド諸語
−2983　　　ヒンディー語
−2986　　　ネパール語
−299　　イラン諸語
−2993　　　ペルシア語
−3　英　　語
−4　ドイツ語
−49　その他のゲルマン諸語
−493　　オランダ語［蘭語］
−494　　北欧語
−496　　　ノルウェー語
−497　　　デンマーク語
−498　　　スウェーデン語
−5　フランス語
−59　プロバンス語
−6　スペイン語
−69　ポルトガル語
−7　イタリア語
−79　その他のロマンス諸語
−791　　ルーマニア語．モルドバ語
−8　ロシア語
−89　その他のスラブ諸語
−891　　ブルガリア語．マケドニア語
−898　　ポーランド語
−9　その他の諸言語
−91　　ギリシア語
−92　　ラテン語
−93　　その他のヨーロッパの諸言語
−9361　　　フィンランド語［スオミ語］
−94　　アフリカの諸言語
−95　　アメリカの諸言語
−97　　オーストラリアの諸言語
−99　　国際語［人工語］
−991　　　エスペラント

固有補助表

凡　　例

1　固有補助表の構成

一つの類またはその一部分についてのみ，共通に使用される補助表で，次の10種がある。

1）神道各教派の共通細区分表
2）仏教各宗派の共通細区分表
3）キリスト教各教派の共通細区分表
4）日本の各地域の歴史（沖縄県を除く）における時代区分
5）各国・各地域の地理，地誌，紀行における共通細区分表
6）各種の技術・工学における経済的，経営的観点の細区分表
7）様式別の建築における図集
8）写真・印刷を除く各美術の図集に関する共通細区分表
9）言語共通区分
言語共通区分は8類（言語）の各言語の下で，言語学の共通主題区分として使用する。
10）文学共通区分
文学共通区分は9類（文学）の各言語の文学の下で，文学形式および作品集の共通区分として使用する。

2　細目表における固有補助表

細目表には，その適用箇所に各固有補助表を掲示し運用の便を図った。

3　使用法

固有補助表の使用法は，序説2.6.2および使用法Iの4.2を参照。

4　記号の冒頭のハイフン

固有補助表における各記号には，すべてハイフン（－）が付されている。これらの記号は単独では使用しないで，常にそのハイフンを取り去り，限定された範囲における分類記号に付加して使用する。

5　注記

適用にあたって注意すべきところとして，各固有補助表の冒頭および特定の記号の下に注記を付した。注記の冒頭にはアステリスク（＊）を置き表示した。

1）神道各教派の共通細区分表

178　各教派．教派神道

＊各教派とも，次のように細分することができる　例：178.62黒住宗忠伝

－1　教　　義
－2　教史．教祖．伝記
－3　教　　典
－4　信仰・説教集．霊験．神佑
－5　教会．教団．教職
－6　祭祀．行事
－7　布教．伝道

2）仏教各宗派の共通細区分表

188　各　　宗

＊各宗とも，次のように細分することができる　例：188.73真宗聖典，188.85永平寺史，188.92日蓮伝

＊宗典には，その宗派のために編集されたものを収め，所依の個々の経典およびその注疏は，183に収める

－1　教義．宗学
－2　宗史．宗祖．伝記
－3　宗　　典
－4　法話・語録．説教集
－5　寺院．僧職．宗規
－6　仏会．行持作法．法会
－7　布教．伝道

3）キリスト教各教派の共通細区分表

198　各教派．教会史

＊各教派とも，次のように細分することができる　例：198.74メソジスト説教集，198.982救世軍史

－1　教義．信条
－2　教会史．伝記
－3　聖　典
－4　信仰録．説教集
－5　教会．聖職
－6　典礼．儀式
－7　布教．伝道

4）日本の各地域の歴史（沖縄県を除く）における時代区分

〈211／219　各　地〉

＊沖縄県を除く各地域とも，次のように細分することができる　例：213.603古代の東京都

＊形式区分記号を付加する場合は，時代による区分と抵触するので，0を重ねる　例：213.6003東京都の参考図書；ただし，時代区分の後に形式区分を重ねる場合はその必要はない　例：213.60303 古代の東京都の参考図書

－02　原始時代
－03　古　代
－04　中　世
－05　近　世
－06　近　代

5）各国・各地域の地理，地誌，紀行における共通細区分表

〈291／297　各国・各地域の地理，地誌，紀行〉

＊各国・各地域とも，形式区分の他に，次のように細分することができる　例：293.4087ドイツ写真帖，294.09アフリカ紀行

－013　景観地理
－017　集落地理
－0173　都市地理
－0176　村落地理
－0189　地　名
－02　史跡．名勝
－087　写真集
－09　紀　行
－091　探検記
－092　漂流記
－093　案内記

6）各種の技術・工学における経済的，経営的観点の細区分表

〈510／580　各種の技術・工学〉

＊各技術・工学とも，次のように細分することができる　例：537.09253 アメリカの自動車産業史・事情，549.809半導体産業

－09　経済的・経営的観点
－091　政策．行政．法令
－092　歴史・事情　＊地理区分
－093　金融．市場．生産費
－095　経営．会計
－096　労　働

7）様式別の建築における図集

〈521／523様式別の建築〉

＊521／523においては，図集を次のように細分することができる　例：521.34087 白鳳時代の建築図集

－087　建築図集

8）写真・印刷を除く各美術の図集に関する共通細区分表

700　芸術．美術

＊700／739および750／759においては，各美術とも，図集は次のように細分することができる　例：721.087 日本画名画集，730.87世界版画展図録

－087　美術図集

＊鑑賞のための図版を主体とする所蔵・出陳図録を含む；ただし，図版が，目録の一部として収録してある美術館・展覧会の所蔵・出陳目録には，形式区分－038を使用する

9）言語共通区分

〈810／890　各　言　語〉

＊各言語は，すべて言語共通区分により細分することができる　例：829.762アラビア語の語源；ただし，言語の集合（諸語）および分類記号を複数の言語で共有している言語には付加しない　例：829.37モン・クメール諸語の音声，829.42インドネシア語の辞典

＊日本語，中国語，朝鮮語を除く各言語は，言語共通区分を英語に準じて細分してもよい　例：843.3独和辞典，855.5フランス語の時制

－1　音声．音韻．文字

－2　語源．意味［語義］

－3　辞　典

＊語彙に関する辞典に，使用する；その他の主題に関する辞典には，形式区分－033を使用する

－4　語　彙

－5　文法．語法

－6　文章．文体．作文

－7　読本．解釈．会話

－78　会　話

－8　方言．訛語

10）文学共通区分

〈910／990　各言語の文学〉

＊各言語の文学は，すべて文学共通区分により細分することができる　例：929.21ユーカラ，949.62ノルウェー語の戯曲，989.83ポーランド語の小説，993.611カレワラ；ただし，言語の集合（諸語）および分類記号を複数の言語で共有している言語による文学には付加しない　例：929.8インド諸語の小説集，994.7スワヒリ語の小説

－1　詩　歌

－18　児童詩．童謡

－2　戯　曲

＊小説を戯曲化したものは，脚色者の戯曲として扱う

－28　児童劇．童話劇

－3　小説．物語

－38　童　話

－4　評論．エッセイ．随筆

＊文学形式が不明のものにも，使用する

－5　日記．書簡．紀行

＊いわゆる文学作品とみなされるもの，または文学者の著作に，使用する；ただし，文学者の著作であっても，特定の主題を有するものは，その主題の下に収める

－6　記録．手記．ルポルタージュ

＊体験や調査に基づいて書かれているものに，使用する

－7　箴言．アフォリズム．寸言

－8　作品集：全集，選集

＊個人または複数作家の文学形式を特定できない作品集に，使用する；特定できるものは，その形式の記号を使用する

＊作品集ではない研究の叢書などには，形式区分－08を使用する

－88　児童文学作品集：全集，選集

相関索引［一部抜粋］

（＊付きは地理区分記号，＊＊付きは海洋区分記号，□は言語区分記号に置き換える）

『日本十進分類法　新訂10版』の使用法

（分類規程，番号構築（ナンバービルディング））

1　分類作業［略］

2　分類規程

NDC の分類規程（Classification code）とは，NDC を適用するにあたって，従うべきルールや指針・原則である。分類基準とか分類コードとも呼ばれる。NDC のように分類項目があらかじめ列挙されている分類表の場合，用意されているどの分類項目に収めるのか，なぜその分類項目を選択するのかに関するルールや原則が明示されていることが，分類結果に一貫性を持たせるために不可欠となる。

分類規程には，各図書館がそれぞれの実情に応じて（例えば，蔵書数やその分野構成，図書館の目的あるいは利用者の利便性等を勘案して）決められるものと各図書館に共通するものとがある。ここでは，基本的に各図書館に共通し，NDC による分類記号の決定・付与作業に全般的に関係する分類規程について解説する。

NDC による分類作業の第一歩は，主題分析により把握した分類対象資料の要約主題を最も的確に示す分類項目を細目表から選びだし，その分類記号を付与することである。

分類対象資料が基礎主題や単一主題のケースでは，細目表中にあらかじめ用意されている分類項目の中からその主題に最も適した分類項目を選択することになるので，特にルールや指針を決めておかなくても，比較的容易に首尾一貫した分類項目の選択が可能である。（あらかじめ分類項目が用意できていないケースには，「新主題」の分類規程で対応することになる。）

一方，複数の主題が含まれる「複数主題」の資料，あるいは主題同士が組み合わされた複雑な主題である「複合主題」や「混合主題」の資料，さらには「形式」が加味される資料のケースでは，それらの主題を構成する各要素を組み合わせ（合成し）て，できるだけ正確に主題を表現する分類記号を作成することが望ましい。「分析合成型分類法」ならば，各要素を組み合わせる際の順序となる「引用順序」に関する分類規程により，首尾一貫した分類記号の作成が保証される。

しかし，「列挙型分類法」である NDC では，基本的に細目表中の分類項目の記号同士を組み合わせるのではなく，複雑な主題の組み合わせに合致する分類項目をあらかじめ用意しておくことで対応を図っている。例えば，「複合主題」は多くの場合 NDC があらかじめ定めた「引用順序」に基づき，階層構造の形で細目表中に分類項目として列挙表示されている。

ところが，特に「混合主題」の場合には，個々の主題の分類項目の用意は大方なされているが，それらを組み合わせた複雑な主題に合致した分類項目は用意されていないことが多い。そこで，主題を構成する各要素に当てはまる分類項目の中からどの分類項目を優先して選択するのかを首尾一貫して決定するための「優先順序」に関する分類規程が必要となる。

なお，NDC には一般補助表（4表）と固有補助表（10表）が用意されており，細目表にこれら補助表の記号を付加（番号構築）して「複合主題」を表現することも求められるので，首尾一貫した分類記号を作成するためには，それらを組み合わせる際の「引用順序」に関する分類規程も必要となる。

さらに，NDC の細目表の一部には，組み合わせに関する特別の指示がなされている箇所がある。この場合には，細目表のその箇所での指示に従うことで一貫した分類記号の作成が可能となる。

2.1　一般分類規程

1）主題の観点

①主題の観点による分類

NDC は観点分類法であるので，まず主題の観点（学問分野）を明確にし，その観点の下に用意された主題に分類することが重要である。

②複数の観点からみた主題

主題を著者がどんな観点に立って見ているかによって分類するのであるが，その観点が2以上（学際的著作）となったとき，主になる観点が明らかならば，その観点に分類する。例えば，米という主題を，生産から見た米（稲作616.2），流通から見た米（611.33），調理から見た米（596.5）という複数の観点から取り扱った資料の場合はどうするか。その中に主になる観点が一つ明らかならば，その観点の下に分類する。

しかし，主になる観点が不明なときは，その主題にとって最も基本となる分類項目，つまり，より基礎的，あるいは目的を示す観点の下に分類する。例えば，上記の資料がこのケースに当てはまる場合には，より基礎的な観点である生産から見た米（稲作616.2）を選択することになる。

なお，総記（0類）の分類記号を選択する可能性も見落してはならない。

観点が2以上の場合は，書誌分類記号として，それぞれの観点の下の分類記号を分類重出することを考えたい。

2）主題と形式概念の区別

資料はまず主題によって分類する。次いで必要があれば，主題を表す叙述または編集・出版形式（－01／－08）によって細分する。主題による分類は，細目表よりその主題を最も詳細・的確に表す分類項目を選択し，その分類記号を付与する。その後に形式を必要に応じて一般補助表Ⅰ（形式区分）から選択し，主題の分類記号に付加する。

例：教育名著叢書

　教育叢書（370.8）とし，一般叢書（080）または社会科学叢書（308）としない。

ただし，総記（0類）の030（百科事典），040（論文集），050（逐次刊行物），080（叢書）については編集・出版形式，文学作品（9類）については言語区分のうえ，文学共通区分という文学形式，芸術作品（7類）については芸術の表現形式によって分類する。

3）原著作とその関連著作

①原則

特定著作の翻訳，評釈，校注，批評，研究，解説，辞典，索引などは，原著の分類される分類項目に分類する。

例：やまとうた―古今和歌集の言語ゲーム（小松英雄）→古今和歌集（911.1351）

②語学学習書

語学（日本語古典を含む）の学習を主目的とした対訳書，注解書の類は，主題または文学形式にかかわらず，学習される言語の解釈，読本として分類する。

例：若草物語（オルコット原作　荻田庄五郎訳注）→英語読本（837.7）

③翻案，脚色

原作の分類項目とは独立して，翻案作家，脚色家の作品として分類する。

例：戯曲・赤と黒（スタンダール原作　大岡昇平脚色）→近代日本の戯曲（912.6）

④特定意図による抄録

例：回想の織田信長―フロイス「日本史」より（松田毅一，川崎桃太編訳）
　→個人の伝記（289）

原著作に分類される資料の場合は，関連著作の分類記号を，関連著作に分類される資料の場合には，原著作の分類記号を必要に応じて書誌分類記号として分類重出することも考えたい。

4）複数主題

1つの著作で，複数の主題を取り扱っている場合，そのうち1主題が特に中心として取り扱われている場合は，中心となる主題の下に分類する。

例：胃癌の話　付:食道癌と腸癌　→胃癌(493.455)

しかし，2または3個の主題を取り扱っていて，どの主題も特に中心となる主題がない場合は，最初の主題に分類する。

例：桃・栗・柿の園芸技術　→桃(625.51)

もし4以上の主題を取り扱い，特に中心となる主題がない場合は，それらを含む上位の主題の下に分類する。

例：アルミニウム・マグネシウム・チタニウム・ベリリウムとその合金

上記4種の金属を含む上位の主題である軽金属(565.5)に分類する。

この取り扱いは合刻書，合綴書についても適用する。

例：(3種の図書の合刻)

佐州金銀採製全図　山尾鶴軒［画］　先大津阿川村山砂鉄洗取之図　［萩藩絵師画］　鼓銅図録　丹羽桃渓画　増田綱録　葉賀三七男解説　恒和出版　1976（江戸科学古典叢書1）

「佐州 —」は金鉱山(562.1)，「先大津 —」は鉄鉱(562.6)「鼓銅 —」は銅冶金(565.2)，であるが，第1著の主題である金鉱山(562.1)に分類

例：(4種の図書の合刻)

般若心経・法華経・華厳経・維摩経合巻

仏典「般若心経」は般若部(183.2)，「法華経」は法華部(183.3)，「華厳経」は華厳部(183.4)，「維摩経」は経集部(183.6)にそれぞれ分類されるが，四経合巻ゆえ経典(183)に分類する。

ただし，特に中心となる主題がない2または3個の主題を取り扱っている場合でも，それらが，ある主題を構成する主要な下位区分から成る資料の場合には，上位の主題の分類記号を付与する。例えば，動物誌(482）と植物誌(472)を対等に取り扱った資料の場合，最初の主題である動物誌の分類記号を付与するのではなく，その両者を含む上位の主題である生物誌(462)の分類記号を付与する（生物誌の主要な下位区分は，動物誌と植物誌の2つのみである)。

書誌分類記号としては，複数の主題それぞれに対応する複数の分類記号を必要に応じて分類重出することが望ましい。

5）主題と主題との関連

通常は独立している主題同士が相互に結びついた主題の場合は，次のとおりに取り扱う。

①影響関係

1つの主題が他の主題に影響を及ぼした場合は，原則として影響を受けた側に分類する。

例：浮世絵のフランス絵画への影響

→フランス絵画（723.35)

しかし，個人の思想・業績が多数人に及ぼした影響については，個人の側に分類する。

例：白楽天の日本文学への影響

→唐詩（921.43)

②因果関係

主題間の因果関係を取り扱ったものは，原因ではなく，結果のほうに分類する。

例：地震と鉄道（日本鉄道施設協会)

→鉄道建設（516)

③概念の上下関係

上位概念の主題と下位概念の主題とを扱った図書は，上位の主題に分類する。

例：原子力・原子炉・核燃料

→原子力工学（539)

ただし，上位概念が漠然としているとき，下位概念により分類する。

例：禅と日本文化（鈴木大拙）→禅（188.8)

④比較対照

比較の尺度として使われている側でなく，その尺度によって比較されている対象の側（著者の重点）に分類する。

例：イギリス人と日本人（ピーター・ミルワード）　→日本人（302.1）

⑤主題と材料

特定の主題を説明するために材料として取り扱われたものは，その材料のいかんを問わず，説明している特定主題によって分類する。

例：ショウジョウバエの遺伝と実験（駒井卓）　→実験遺伝学（467.2）

⑥理論と応用

a. 特定主題の理論と応用を扱ったものは，応用に分類する。

例：液晶とディスプレイ応用の基礎（吉野勝美・尾崎雅則）　→電子装置の応用（549.9）

b. 特定理論の特定主題への応用はその応用に分類する。

例：推計学による寿命実験と推定法（田口玄一）　→生命表（339.431）

多数の主題に応用された場合で，応用部門を総合的に収める分類項目があれば，そこに収める。

例：応用物理データブック（応用物理学会）　→応用物理学（501.2）

ただし，適当な分類項目がない場合は，理論の場所に収める。

例：応用微生物学(村尾沢夫，荒井基夫共編)　→微生物学（465）

⑦主題と目的

特定の目的のために（特定主題分野の利用者のみを対象として）著わされた資料は，原則としてその目的とした主題の下に分類する。

例：国語教育のための基本語彙　→国語教育（375.8）

介護のための心理学入門（岸見一郎）　→老人福祉（369.26）

ただし，基本（重点がおかれる）となる主題に関する一般的概論，つまり基本となる主題の解説（入門書的性格）であることも多い。この場合には，目的とした主題ではなく，基本となる主題の下に分類する。

例：介護のための医学知識(日本訪問看護財団)　→医学（490）

書誌分類記号としては，関係している主題それぞれを分類重出することが望ましい。

6）新主題

分類項目が用意されていない主題に関する著作は，その主題と最も密接な関係があると思われる主題の分類項目，または階層の上位にある包括的クラスの分類項目に分類する。あるいは新しい分類項目を設けて分類する。

※編者注：「2　分類規程」には，2.2以下はない。

3　各類における分類記号の付与［略］

4　番号構築(ナンバービルディング)

複雑な主題を正確に表現するためには，分類記号の合成（組み合わせ），つまり番号構築が必要になることがある。NDCでは基本的に細目表の分類記号を基礎記号とし，それに補助表の記号を付加する方法が用意されている。補助表には，一般補助表（4.1参照）と，固有補助表（4.2参照）がある。

また，細目表の一部に「＊…のように区分」といった，記号の組み合わせに関する特別の指示がなされている箇所があり，そこでは，細目表の他の部分の記号を付加して番号構築を行うことができる（4.3参照）。

4.1　一般補助表

一般補助表は細目表の全分野で適用可能なも

のから，特定の類に限られるものまで含むが，少なくとも一つの類で共通に使用可能か，部分的であっても二つ以上の類で使用される補助表である。次の３種４区分がある。

1）形式区分

形式区分は，原則として，細目表のあらゆる分類項目について使用可能である。分類記号に直ちに付加する。

例：科学史　　402［要目表，細目表に既出］
　　地学史　　450.2
　　地震学史　453.02
　　地震観測史　453.302

ただし，以下のように例外的な使用法や，使用することができない場合があるので，注意が必要である。

⑴例外的な使用法

①０を重ねて用いる。

a. 地域史および各国史の分類記号（210／270）では時代区分が展開されている。細目表に表示されていない場合でも，時代区分が展開されることが想定される。時代区分と抵触することを前提に，形式区分を行う場合は０を重ねる。

例：大和時代　　210.32
　　日本史年表　210.032

ただし，時代区分の後に，形式区分を重ねる場合はその必要はない。

例：フランス革命事典　235.06033

b. 地域史および各国史に属さない分類記号で，時代による区分が可能なもの（332，362，523，702，723，762，902他）

例：経済史辞典　332.0033

c. 地理区分記号を付加して，２国間の関係を扱う分類記号（319，678.2）

319（外交）において２国間の国際関係を扱う場合に，地理区分の後，０を介して相手国によって細分するので，０を重ねなければ形式区分を付加できない。

例：日本外交史事典　319.10033
　　日本貿易史年表　678.210032

②－01および－02に関しては，細目表中に短縮する旨の指示がある箇所に限り０を省略する。

例：政治史　312
　　（310.2の位置に「[.2→312]」との指示がある）

⑵使用することができない場合

①細目表に同一内容の分類項目がすでに存在する場合は，そこに収める。

例：貿易年次統計は，678.059ではなく678.9に収める。

②形式的には合成できるが，その分類項目の意味的な実質が伴わない場合

例：叢書の教育　080.7

＊あらかじめ形式区分記号を付加した分類記号

付加した結果が３桁となる場合の他，４桁以上になる場合も，それ自身か下位の記号に，固有の分類項目名または注記が存在するものに限って，細目表に表示した。

例１：101　哲学理論
　　　102　哲学史
例２：010.1　図書館論．図書館の自由
　　　010.7　研究法．指導法．図書館学教育．職員の養成
　　　010.77　司書課程．司書講習・研修
例３：911.108　叢書．全集．選集
　　　　＊一時代のものは，その時代の下に収める

＊形式区分の複合使用

形式区分が複数適用できる場合には，形式区分の優先順序に留意して適用することが求められる。日本の図書館では，優先順位の高い形式区分を一つ選択して付加するのが一般的である。形式区分の優先順序を考える際の基準として，NDC の形式区分を内形式と外形式とに２分し，原則として資料の主題と深く関係する内形式を

優先する考え方がある。

内形式とは，資料の内容（主題）の叙述形式を表すものであり，NDC の形式区分の次の項目が該当する。－01とその細目，－02とその細目，－04（当該主題を他主題との関連から扱ったもの，または特定の概念・テーマから扱ったものに使用する），－06とその細目，－07とその細目（ただし，－078および－079を除く）。

外形式とは，資料の内容（主題）とは直接的に関わらない，資料の編集あるいは出版形式を表すものであり，次の項目が該当する。－03とその細目，－04（非体系的または非網羅的なものに使用する），－05とその細目，－078，－079，－08とその細目。

この内形式と外形式という考え方のみでは優先順序が決められない場合もある。よくあるケースとして，複数の外形式が適用可能な場合の優先順序を以下に挙げる。

・逐次刊行（－05）される参考図書（－03）には，－03を使用する。

・逐次刊行（－05）される論文集（－04）には，－05を使用する。

なお，複合使用が必要となるケースとして，形式が主題概念となることがあることを忘れてはならない。例えば科学雑誌の歴史405.02では，－05が外形式ではなく主題概念となっている。

2）地理区分

地理区分は，形式区分の「歴史的・地域的論述」を表す－02を展開したものである。原則として細目表のすべての分類記号に付加できる。

地理区分の具体的な使用法は，以下のとおりである。

a）通常の分類記号の場合

当該分類記号に－02を介して付加する。

例：ドイツ医学史　490.234

b）注記「＊地理区分」を伴う分類記号の場合

注記「＊地理区分」の場合は，当該分類記号に直接地理区分を付加する。主題の特性や文献的根拠から必要とみなされた，形式区分の例外的な措置（－02を介さない）である。

例：遠野の民話　388.122

房総半島地形誌　454.9135

c）注記「＊日本地方区分」を伴う分類記号の場合

当該分類記号に地理区分のうち，日本を意味する1を省いて，各地方または各都道府県の記号のみを付加する。

例：東京都議会　318.436

ただし，細目表上，特別な地理区分を用意している場合は使用できない。

例：020.2　図書および書誌学史

.21　日本

.22　東洋：朝鮮，中国

.23　西洋，その他

また，次項に述べられる海洋区分する分類項目には使用できない。

3）海洋区分

海洋区分は，海洋を共通区分として展開したものである。注記「＊海洋区分」を伴う分類記号に直接付加する。適用箇所は海洋気象誌（451.24），海洋誌（452.2）および海図集（557.78）の下に限られており，当該箇所では地理区分との併用はできない。

例：南太平洋誌　452.23

ペルシア湾水路誌　557.7845

4）言語区分

注記「＊言語区分」を伴う分類記号に直接付加する。

a）030，040，050，080

百科事典（030），論文集（040），逐次刊行物（050），叢書（080）では，末尾の“0”を除き，付加する。

例：オランダ語で書かれた雑誌　054.93

ただし，030，040，050では，039が用語索引，049が雑著，059が一般年鑑として使用され，言語区分の一部がこれと抵触し使用できない。－9（その他の諸言語）以下を使用する場合は，899を介在させて付加する。

例：エスペラントで書かれた百科事典
038.99991

b)469.8(地理区分できない人種)，670.9(商業通信［ビジネスレター］．商業作文．商用語学)

c) 8類（言語）

すべての言語区分が付加された形で細目表に列挙されており，各国の言語を番号構築により表現する必要がない。したがって，細目表の800の下に「＊言語区分」という注記は付記されていない。

d) 9類（文学）

分類記号900に言語区分を適用し，各言語の文学の分類記号を形成する。おおむね各言語の文学はあらかじめ細目表に列挙されているので，自分で言語区分の付加（合成）を行う必要はない。

例：ポルトガル文学　969

しかし，すべての言語の文学が細目表に列挙されているわけではないので，その場合には言語区分の付加を行う必要が生じる。

例：ヒンディー文学　929.83

4.2　固有補助表

一つの類の一部分についてのみ，共通に使用される補助表で，次の10種がある。

1）神道各教派の共通細区分表

例：御岳教教典　178.593

2）仏教各宗派の共通細区分表

例：親鸞伝の研究　188.72

3）キリスト教各教派の共通細区分表

例：英国国教会伝道会　198.47

4）日本の各地域の歴史（沖縄県を除く）における時代区分

例：古代の東京都　213.603

5）各国・各地域の地理，地誌，紀行における共通細区分表

例：礪波平野の村落地理　291.420176

6）各種の技術・工学における経済的，経営的観点の細区分表

例：配管工事業の経営学　528.18095

7）様式別の建築における図集

8）写真・印刷を除く各美術の図集に関する共通細区分表

例：仏像図集　718.087

9）言語共通区分

言語共通区分は8類（言語）の各言語の下で，言語学の共通主題区分として使用する。

8類（言語）の各言語の分類記号に直接付加することができるが，言語の集合（諸語）および「分類記号を複数の言語で共有している言語」には付加しない。

例：日本語文法　　815［要目表，細目表に既出］
ベトナム語文法　829.37
［829.375とはしない］

10）文学共通区分

文学共通区分は9類（文学）の各言語の文学の下で，文学形式および作品集の共通区分として使用する。9類（文学）の各言語の文学の分類記号に直接付加できるが，言語の集合（諸語）および「分類記号を複数の言語で共有している言語」の文学には付加しない。

例：中国語の詩　　921［要目表，細目表に既出］
ベトナム小説　　929.37
［929.373とはしない］

4.3　細目表中の他の分類記号を用いた番号構築

細目表中に「＊…のように区分」といった，記号の組み合わせに関する特別の指示がなされている箇所では，細目表の他の部分の記号を借用して付加する。

例：492.432／.438　各器官の造影法
＊491.12／.18のように区分　例：492.4345胃のレントゲン診断

各類概説

0類

この類は総記（General works）として，1類から9類の主題を包括する総合的な著作を収めるとともに，併せてそれらの資料・情報の形式を扱う。

まず〈知識の宇宙〉全体にかかわる知識，学問一般(002) および情報学(007) が配置される。次いで1類から9類に列挙されなかった学術・研究分野を収める。すなわち，図書館(010／019)，図書・書誌学(020／024)，逐次刊行物(050)，博物館(069)，ジャーナリズム(070) の諸著作である。これらは，知識，学問に対する研究法的意味を持つ。

また主題を横断する総合的な資料・情報をその形式により，百科事典(031／038)，一般論文集(040／048)，雑著(049)，雑誌(051／058)，年鑑(059)，学会・団体(060／065)，新聞(071／077)，叢書(080／089)に細分している。総合的二次資料である書誌(025／029)および用語索引(039) も収める。これらは，一般補助表の形成区分と符合するものである。

情報学 (007) は，知識や科学一般を取り扱い処理するための情報理論 (007.1)，情報と社会とのかかわり(007.3)，情報処理(007.6)が大きな部分を占めている。この分野は工学や産業と不可分であり，情報通信・情報工学(547／548)や電気通信事業(694) に分類したほうが適切な場合もある。そのため図書館の事情に応じて，情報通信・情報工学(547／548) を007.8／.9に収めることができる別法を設けた。一方，007を548.1および548.9に収めることができる別法も設けられているので，007と547／548のいずれかに関連図書を集中させることができる（5類の各類概説参照)。

図書館．図書館情報学 (010) は，論文レベルの詳細な分類を視野に入れて，分類項目が細分されている。図書館政策・行財政(011)，図書館経営・管理(013)，図書館サービス．図書館活動(015) は，一般論および公共図書館に関するものを収め，それ以外の各館種におけるこれらの主題については，それぞれの館種(016／018) に収める。また，文書館(018.09) については，その運営にかかわる項目を細分できるようにしている。

出版(023) は広く出版にかかわるものを収めるが，メディアの多様化が現代的特徴である。電子書籍については閲覧用のソフトウェアおよび端末等のハードウェアについてもここに収める。ただしそれらを他種のものと同列に扱いたい図書館には，別法を設けている。

百科事典(030) は，原著の言語による言語区分を行い，031／038に収める（ただし，言語区分－9その他の諸言語については，例外的に039ではなく038.999を使用する)。日本語(031) および中国語(032) については，種類に応じて細分している。また，邦訳ではあるが日本の事象に合わせて翻案しているものは，日本語として扱う。

用語索引(039) は主題を特定しないものを収め，特定主題の語句索引は各主題の下に収める。

一般論文集．一般講演集(040)，逐次刊行物(050) および叢書．全集．選集(080) も，030同様の言語区分を行う。なお，いずれも日本語のもの(041，051，081)および中国語の叢書(082)については，百科事典同様に種類に応じて細分している。また，特定の主題に関するものは，それぞれの主題の下に収める。

雑著(049) は，どの主題にも収められない雑文(集)を収め，必要に応じて原著の言語によって言語区分を行うことができる。

一般年鑑(059) は，総合年鑑および一地域に関する総合年鑑を収め，特定主題の年鑑は，各主題の下に収める。また，統計を主とした年鑑は，350／357に収める。一般年鑑は地理区分によって細分する。

団体(060) は，各種の団体(061／065) と博物館(069) から成る。博物館は，文書館同様に，その運営にかかわる項目を細分できるようにしている。

ジャーナリズム．新聞(070) は，ジャーナリズム一般(070) と新聞紙(071／077) から成る。新聞紙は，発行地による地理区分を行う。

貴重書．郷土資料．その他の特別コレクション(090) は，図書館が任意に使用することができる分類項目として，特に下位の展開を規定していない。

1類

この類には，人間の精神界にかかわる著作を収める。哲学系諸領域（哲学(100／139)，心理学(140／149)，倫理学(150／159)）と宗教(160／199) に大別される。

哲学は，哲学総記(100／108)，哲学各論(110／119)，各国の哲学・思想(120／139)の構成をとる。特定主題の哲学は各主題の下に収めて，形式区分－01を活用する。ただし，芸術哲学，美学を119に収める別法を設けている。

哲学における優先順序は，①各国の哲学・思想，②哲学各論，③哲学総記である。

哲学各論は，西洋哲学の体系による各論で，ここには包括的な著作・概説・歴史などを収め，個々の哲学者・思想家の学説とみなせる著作は，各国の哲学・思想に収める。分類表に示されていない人物でも，哲学者とされる者は，同様に各国の哲学・思想の下に収める。

各国の哲学・思想は，地域，時代，学派，個々の哲学者の順序で列挙されている。ただし，ここでの地域は，一般補助表の地理区分と異なる細区分である。

東洋思想(120)は，日本思想(121)，中国思想．中国哲学(122／125)，インド哲学．バラモン教(126)，その他の東洋思想．アジア哲学(129)で構成されている。日本，中国，インド，朝鮮(129.1)を除くアジア諸国の哲学・思想は129.3に収める。イスラム哲学は，一般および近代について扱ったものは129.7に収め，中世について扱ったものは132.28に収める。

西洋哲学(130) は，古代哲学(131)，中世哲学(132)，近代哲学(133／139) に三分され，このうち近代哲学では，主要な学派を形成した国を中心として細分されている。133／138を除く西洋諸国，および東洋，西洋の区分に属さない諸国の哲学・思想は，139に収める。ユダヤ哲学は，一般および近代について扱ったものは139.7に収め，中世について扱ったものは132.29に収める。

心理学では，心理学の理論，歴史で一般的なものは，140／146に収め，特定主題についての心理学は，各主題の下に収める。応用心理学一般は140に収めるが，応用心理学を149に収める別法を設けている。また，精神療法[心理療法]は146.8に収めるが，医学としての精神療法は，医学の各主題の下に収める。

倫理学のうち職業倫理(153) では，職業一般における倫理を収め，特定の職業倫理は，各職業または各主題の下に収める。ただし，153の下に収める別法を設けている。

実践的な人生訓や教訓は159に収めるが，哲学者の人生論は各国の哲学・思想(120／139)に収め，文学者の人生論は文学(９類) の下に収める。

宗教は，大別して，一般宗教学(160／165)と各宗教(166／199) に分かれる。宗教における区分の優先順序は，①宗派別区分，②問題別区分である。

宗派は，神道(170)，仏教(180)，キリスト教(190) を第二次区分で取り上げ，第三次区分で，道教(166)，イスラム(167)，ヒンズー教．ジャイナ教(168)，ユダヤ教(199)を展開している。分類表に示されていない宗教は，その他の宗教(169) に収め，発祥国によって地理区分する。新興宗教も同様の扱いとするが，分類表に示されている各宗派・教派である場合には，その宗教の下に収める。

問題別区分は教義，史伝，教典，説教集，教会・寺院，儀式，布教の７種類であり，各宗教においてほぼ共通の区分となっている。神道，仏教，キリスト教に関しては，各宗派，各教派に対して問題別区分の固有補助表が設けられており，組み合わせが可能である。

２類

この類には，過去から現在に及ぶ人間生活における事象の，時間的過程と地域的展開の記述にかかわる著作を収める。大別して，歴史(200／279)，伝記(280／289)，地理(290／299)に分けられる。

歴史は，現代史を含めて過去のできごとの記述であり，歴史総記(200／208)，世界史(209)，各国・各地域(210／279) で構成されている。区分の優先順序は，①地域別区分，②時代別区分，③形式区分である。このため，地域が明確な主題は地域が優先される。また，地域が限定されず時代のみが限定された主題は209に，地域も時代も限定されない主題は200／208 (形式区分) に収める。ただし，古代ギリシア(231)，古代ローマ(232) については，ギリシア史(239.5)，イタリア史(237) とは別に項目が設けられている。

なお，一般補助表の地理区分は，歴史における地域別区分を展開したものである。

各国・各地域(210／279) は，日本(210) が先頭に置かれ，以下，アジア(220／229)，ヨーロッパ(230／239)，アフリカ(240／249)，北アメリカ(250／259)，南アメリカ(260／268)，オセアニア．両極地方(270／279) の７つの大陸・複数の地域で構成されている。それぞれの国・地域で，さらに地方別区分や時代別区分の項目が用意されている場合には，地方，時代の順に分類する。沖縄県を除く日本各地(211／219) には，時代によって細分できる固有補助表が，沖縄県(219.9) には，独自の時代別区分に対応した細分注記がそれぞれ用意されている。

特定主題の歴史は各主題の下に収めて，形式区分－02を活用する。ただし，特定一般政治史，一般社会史や戦争史は一般史として，ここに収める (３類の各類概説参照)。

伝記は，列伝(280／287)，系譜・家史・皇室(288)，個人伝(289)で構成されている。ここには，いわゆる伝記だけでなく，日記，書簡，語録，逸話，追悼録，伝記書誌，年譜など伝記資料一切を収める。

列伝では，３人以上を扱った伝記を収め，被伝者の属性に従って地理区分する。ただし，特定主題に関する列伝は，その主題の下に収めて，形式区分－028を活用する。

個人伝では，２人までを扱った伝記を収め，被伝者の出身国，もしくは主な活動の場と認められる国によって地理区分するか，日本，東洋，西洋およびその他に三分することができる。ただし，哲学者，宗教家，芸術家，スポーツ選手［スポーツマン]，諸芸に携わる者および文学者 (文学研究者を除く) の伝記は，その思想，作品，技能などと不可分の関係にあるので，その主題の下に収める。

地理は，その著作がなされた時点の地域の現状を，人文地理学の観点から記述したものを扱う。地理学一般もここに収めるが，自然地理学は450(地球科学．地学) で扱う。また，社会事情(302) や政治地理(312.9) などの特定主題のものは，各主題の下に収める。

各地域の地理は29の後に地理区分する。歴史のように「時代区分」がなく，各地域・各時代の歴史地理は歴史に収める。各国・各地域とも，固有補助表が用意されており，それにより細分することができる。固有補助表には－09(紀行)があるが，文学者によるものは文学(９類)の9□5に収める。なお，一般補助表の海洋区分は，海洋(299)における海洋別区分を展開したものである。

3類

この類には，人間の社会生活にかかわる諸現象を扱う著作を収める。社会のしくみ・制度の基本ともいうべき政治，法律，経済，財政をはじめ，統計，社会，教育，風俗習慣，国防の諸分野にわたっている。ただし経済と密接な産業の生産・流通は，技術(５類)，産業(６類)にゆだねている。このうち生産管理(509.6)および営業管理・商業経営等(673／676)は336.6／.7に，また貿易(678)は333.9に収める別法を設けている。

この類に関する著作は，理論的研究と歴史的研究が多いところから，一般補助表の形式区分－01および－02については，統計(350／359)および民間伝承論．民俗学(380.1)を除いて，例えば［310.2→312］のような短縮形を採用している。

理論的著作のうち，社会思想(309)，経済学(331)，社会学(361)，教育学(371)については，諸学説の代表人物を列挙した。経済学の場合，経済各論(331.8)には各項目に関係する概論・歴史などを収め，331.3／.7に挙げられた経済学者の学説・体系を形成する著作および著作集は，各学者のほうに分類する。

歴史的研究では，一般政治史，一般社会史，戦争史は歴史(200／279)に収め，政治史(312)には政治機構・制度の内的発展など特に政治的観点から扱ったものを収め，社会史(362)には社会体制史，社会構造史などを収める。また戦史・戦記(391.2)は軍事的見地からの著作にとどめ，従軍記などはルポルタージュ(9□6)に収める。

行政および法律は国によって異なった歴史を持ち，いちじるしく相違する。NDCは日本の制度や実際に基づいて作表しており，行政(317)，地方行政(318)，行政法(323.9)，民法(324)，商法(325)，刑法(326)，司法制度(327)の各分類項目は，その細分の最後の項目を外国に割り当て地理区分する。この際，細区分の諸項目，例えば民法の担保物権，婚姻，遺産相続などの個別事項も，外国のものはフランスならすべて324.935(フランスの民法)に収める。

行政，法律，統計などでは，特定主題に関するものは，各主題の下に収める。すなわち，317.2には行政組織に関するもののみを収め，各官庁の行政に関するものは，各主題の下に収める。320／327には法律一般や六法などに関するものを収め，諸法は関連主題の下に収める。350／358には，世界統計書や一般統計書，人口統計などを収め，特定主題の統計書は，各主題の下に収めて形式区分－059を活用する。ただし，諸法を328に，各種の統計書を359に収める別法を設けている。

教育では，小学校・中学校・高等学校教育のカリキュラムや学習指導に関する著作を教育課程(375)に収め，大学その他の高等専門学校等以上の教材や研究指導書は各主題の下の「研究法．指導法．教育」(－07)に収める。また，375にはわが国の教科別教育を収め，外国の教科別教育は372の下に収める。

風俗習慣では，民族学を民俗学と同格に扱い，民族誌は382に収め，389には民族学および文化人類学の一般理論を収める。ただし，特定民族の民族誌を389に地理区分して収める別法を設けている。

4 類

この類には，自然界に生ずる諸現象を扱う著作を収める。数・量および空間に関して研究する学問である数学は自然科学とは区別されるものであるが，数学は科学の原理解明の重要な方法であるところから，自然科学の諸部門の前に置く。数学(410／419)，物理学(420／429)，化学(430／439)，天文学(440／449)，地学(450／459)，生物学(460／489)の純粋科学と医学(490／498)，薬学(499) とから構成されている。生物学は，その細区分である植物学(470／479)と動物学(480／489) を同じ第二次区分で並べ，人類学(469) を生物学の最後に置く。

4 類は純粋理論および実験的なものを主体とし，その応用は5類や6類等に収める。各種の応用数学，応用物理学は関連主題の下に収める(例：007.1情報数学，613.2農業物理学)。化学工業は570に収め，その他の各種の応用化学は関連主題の下に収める(例：663.4水産化学)。

天文学では，未確認飛行物体［UFO］は440.9に収めるが，超常現象として147.9に収める別法を設けている。

博物学，博物誌等は動植物・鉱物・地質などの自然物を総合的に扱うもので生物の範疇を超えるが，博物学は460に，博物誌は462に収める。博物誌については402.9に収める別法を設けている。

生物学では，微生物学(465) をここに収め，工業微生物学は588.51に，また病原体としての微生物を研究する病理微生物学は491.7に収める。

人類学では，生物としての人類を扱う自然人類学をここに収め，人類の社会・文化的側面を研究する文化人類学は389に収める。

植物学，動物学では，個々の動植物について総合的に扱ったものをここに収め，栽培植物や家畜，水産物としての魚類等は6類に収める。植物学，動物学は生物分類が適用されているが，十進分類法における十進性の制約から論理的に階層構造を表示することができない箇所が多い。

医学各論(491／498) は，基礎医学(491)，臨床医学一般，放射線医学等(492／.8)，看護学(492.9)に続いて，内科学(493)，精神医学(493.7)，小児科学(493.9)，外科学(494)，整形外科学(494.7)，皮膚科学(494.8)，泌尿器科学(494.9)，産婦人科学(495)，眼科学(496.1／.4)，耳鼻咽喉科学(496.5／.9)，歯科学(497)，衛生学(498)，労働医学(498.8)，災害医学(498.89)，法医学(498.9) の構成をとる。法医学については，刑事法に収める別法(326.7) を設けている。各科，各疾患の診断・治療は493／497に収めるが，内科診断学は492.1に収める。

薬学(499) は，医学(490) の一部ではなく，綱レベルの分類項目である。

NDC は西洋医学の体系に従っており，東洋医学は基礎医学の前(490.9) に置くが，特定の疾病については493／497の各々の下に収める。漢方薬は薬学の下(499.8) に収める。また，家庭医学は598.3に，獣医学は649に，スポーツ医学は780.19に収める。心霊療法は147.7に収める。

5 類

この類には，主として第二次産業の生産諸技術および第一次産業の採鉱技術と，それらにかかわる生産・流通経済に関する著作を収める(510／589)。またこの分野の範疇には入らない家政学．生活科学(590／599) も収めている。

技術．工学総記(500)では，工業基礎学(501)，研究法．指導法．技術教育(507) および工業．工業経済(509) を特に細分している。

各種の技術・工学(510／580) は，経済的・経営的観点から固有補助表を用いて細分することができる。第二次区分(綱) および第三次区分(目) のうち主要なものにはあらかじめそれを組み込み，細目表に列挙してあるが(例：514.091道路政策・行政・法令)，それ以外の分目以下の分類項目にも適用できる(例：548.809半導体産業)。

建築工学．土木工学(510) には，力学・材料(511)，測量(512)，設計・施工法(513) および各種の土木工学(514／518) を収め，さらに環境工学(519) も収める。環境工学は公害を含む環境問題一般と，環境保全を収める。

鉄道工学(516)には，鉄道(電気鉄道を含む)の施設・設備等に関するものを収め，鉄道車両に関するものは536に，鉄道運輸に関するものは686に収める。

建築学(520) は様式別の建築(521／523) と，構造(524)，計画・施工(525)，各種の建築(526／527)，設備(528)，意匠(529) から成る。このうち様式別の建築については図集を表す固有補助表「建築図集」(－087) が用意されている。

原子力工学(539) は，機械工学(530) の一部ではなく，綱レベルの分類項目である。

通信工学．電気通信(547) のうち，情報通信．データ通信．コンピュータネットワーク(547.48) は，情報学(007) と関連の深い分野である。主として技術的な観点から書かれたものであればここに収めるが，007.9に収める別法を設けている。また，電話機器(547.464) のうち携帯電話については，原則としてここに収めるが，機器の汎用性や多機能性について書かれたものであれば，別法によりコンピュータ．携帯型情報通信端末(548.295) に収めることができる。

情報工学(548) も情報学(007) と関連が深い分野である。図書館の事情に応じて，本来情報学に分類されるべきものであっても548.1および548.9に収めることができる別法を設けている。その逆に，548を007.8に収めることもできる(０類の各類概説参照)。また，携帯電話の機能の向上に鑑み，その汎用性・多機能性についての工学的な著作は548.295のパーソナルコンピュータに収める別法を用意している。

兵器．軍事工学(559) は，海洋工学．船舶工学(550) の一部ではなく，綱レベルの分類項目である。

家政学．生活科学(590／599)には衣服．裁縫(593) や料理(596) が位置づけられ，被服を含むその他の雑工業(589) や食品工業(588) との関連性が強い。また，手芸(594)，理容．美容(595)，住居(597)，家庭衛生(598)，育児(599) など，いずれも他の類と関連性の多い分野である。

6類

この類には，第一次産業の農林水産業(610／669) および第三次産業の商業(670／678)，運輸(680／689)，通信(690／699) を収める。産業総記(600／609) は第二次産業(５類) を含めた産業一般を収める。

第一次産業は，大別して，農業(610)，園芸(620)，蚕糸業(630)，畜産業(640)，林業(650)，水産業(660) で構成されている。農林水産業の総記は農業総記(610.1／.8) が兼ねている。ここでは，経済学・経営学の側面と技術的側面の両方を扱う。

農業は，大別して，農業一般論(610／615)，各種作物(616／618)，農産物製造・加工(619) で構成されている。農産物一般を経済学・経営学的側面から扱ったものは611に，技術的側面から扱ったものは613／615に収めるが，個々の農作物は，観点にかかわらず616／618に収める。ただし，食糧（米，麦，雑穀）を経済学的側面から扱ったものは，611.3の下に収める。また，農産物の加工は，619または５類に収める。

園芸は，大別して，園芸一般論(620／624)，各種の園芸(625／627)，園芸利用(628) で構成されている。園芸作物一般を経済学・経営学的側面から扱ったものは621に収めるが，園芸作物一般の栽培法は園芸総記(620)，果樹・蔬菜・

花卉の作物栽培は，625／627に収める。造園(629) は，園芸(620) の一部ではなく，綱レベルの分類項目である。

畜産業は，大別して，畜産一般論(640／644)，家畜・畜産動物(645／646)，畜産製造．畜産物(648) で構成されている。愛玩動物[ペット]は種類が多岐にわたるので，645.9(愛玩動物．ペット) には一般論を収め，個々の愛玩動物は各畜産動物の下に収める。獣医学(649) は，畜産業(640) の一部ではなく，綱レベルの分類項目である。個々の家畜・畜産動物の病気とその治療法は，649ではなく645／646に収める。

狩猟(659) は，林業(650) の一部ではなく，綱レベルの分類項目である。

水産業は，大別して，水産業一般論(660／663)，漁業各論(664／666)，水産製造・利用(667／668)で構成されている。水産物一般を経済学・経営学的側面から扱ったものは661に，技術的側面から扱ったものは663に収める。個々の水産物は，獲得手段によって漁労(664)，水産増殖(666) に分けられる。

第三次産業は，商業(670)，運輸．交通(680)，通信事業(690) で構成されている。

商業は，商業政策・行政(671)，商業史・事情(672)，商業経営．商店(673)，広告．宣伝(674)，マーケティング(675)，取引所(676)，貿易(678) で構成されている。ただし，673／676を336.7に，678を333.9に収める別法を設けている。

卸売業(673.5)，小売業(673.7)，物流業(680) の総称である流通産業は，商業と関連が深いことから670に収め，商品流通機構は675.4に収める。ただし，流通産業一般についても675.4に収める別法を設けている。また，物流は，マーケティングの観点によるものは675.4に，運輸業の観点によるものは680に収める。

サービス産業(673.9) は，多岐にわたる分野であり，各分野のサービス産業は関連主題の下に収める（例：780.9スポーツ産業)。関連主題が存在せず，673.94／.99にも該当しないサービス産業は，673.93に収める。

運輸．交通 (680) には，交通事情や運輸業などの経済学・経営学的側面について扱ったものを収め，運輸交通技術など工学的側面から扱ったものは5類に収める。観光事業(689) は，運輸．交通(680) の一部ではなく，綱レベルの分類項目である。

通信事業のうち電気通信事業(694) では，各種の電気通信事業者やその歴史的経緯などの電気通信産業について扱い，情報ネットワークや情報通信産業は007.35に，工学的な取り扱いに関するものは547に，機器に関するものは548に収める。

7類

この類は，芸術(700／779)，スポーツ．体育(780／789) および諸芸．娯楽(790／799) の3群で構成されている。

芸術は，芸術総記(700／709)，美術(710／759)，音楽(760／768)，舞踊(769)，演劇(770／777)，映画(778)，大衆演芸(779) の構成をとる。芸術作品は表現している主題ではなく，その表現形式によって分類する。芸術のうち，造形芸術（美術）の一種である建築は520に，造園は629に収める。また，言語芸術である文学は9類で扱う。

芸術総記は，表現形式を問わない芸術を収め，造形芸術（美術）の総記も兼ねている。

美術は，その表現形式によって，彫刻(710／719)，絵画(720／727)，書道(728)，版画(730／737)，印章．篆刻．印譜(739)，写真(740／748)，印刷(749)，工芸(750／759) に分けられており，次いで，それぞれの様式や材料，技法などによって細分する。

写真と印刷を除く各美術には，美術図集を表す固有補助表「美術図集」(−087) が用意されている。美術館・展覧会の所蔵・出陳目録については，収録されている図版が観賞用を主とする図録の場合には－087を，図版が目録の一部として収録されているに過ぎない場合には形式区分－038を使用する。ただし，いずれも706.99に収める別法を設けている。

絵画は，絵画総記(720)，様式別の絵画(721／723)，絵画材料・技法(724) で構成されている。様式別の絵画は，日本画(721)，東洋画(722)，西洋画(723) に三分されるが，いずれの様式にもあてはまらない絵画は723に収めて地理区分する。721／723には歴史や画集を収め，724には画法や技法を収める。

日本絵画史(721.02) には，日本画の歴史のほか，日本画・洋画双方にわたる日本絵画史も収める。近世までの日本洋画史もここに収めるが，近代以降の日本洋画史は723.1に収める。

特定主題を扱った漫画(726.1)，挿絵. イラストレーション(726.5)は，各主題の下に収める。

写真集(748) には，個々の写真作家による作品集を収めるが，特定主題を表現するための補助的な写真集は，各主題の下に収める。

工芸は，芸術的要素をもつ工作および伝統的手工芸は750／759に収め，工業として扱ったものは，570／589に収める。

音楽(760) では，音楽一般の歴史は762に収めて地理区分するが，特定の楽器・器楽，および宗教音楽，劇音楽，声楽，邦楽の歴史は，763／768に収める。

芸術家の個人伝記は，研究・評論とともに，一般に最も活躍が顕著であった分野の下に収める。芸術活動が多岐にわたり，分野が特定できない芸術家の総合的な伝記は，主な活躍の場と認められる国または出身国により芸術史(702)の下で地理区分する。

スポーツ. 体育(780) では，体育一般，社会体育，スポーツ興行は780に収め，学校保健の観点からみた学校体育は374.98，学校教科としての体育科は375.49，幼児教育における体操は376.157に収める。

780には，プロスポーツ，アマチュアスポーツを区別せずに収めるが，動物の闘技・競走(788.4)，競馬(788.5)，競輪(788.6)，オートレース(788.7)，ボートレース(788.8) には，公営競技の性格をもったプロスポーツを収める。ギャンブル一般は797(射倖ゲーム) に収める。

8類

この類には，言語に関する著作を収める。類全体を通じてまず言語によって区分し，さらに８類の固有補助表である言語共通区分（言語学のトピックスを列挙した共通主題区分）を適用して細分する。ただし，言語遊戯と言語生活は，各言語のものもそれぞれ807.9と809に収める。

類の過半を占める810から末尾まで，各言語および各言語群（「諸語」）が配列されている。その順序は言語系統に地域性が加味されていて，おおむね系統別にグルーピングされている。諸語のうち，シナ・チベット諸語は820／828と829.3／.369に，セム・ハム諸語は829.7／.78と894.2／.5に分かれる。

なお，一般補助表の言語区分と810／899は，言語区分－１(日本語) が810(日本語)，言語区分－２(中国語) が820(中国語)，言語区分－３(英語) が830(英語) のように符合している。また，言語共通区分を適用できるのは，個々の言語に対してであり，諸語のような言語の集合や分類記号を複数の言語で共有している言語に対しては適用できない。

各言語は日本語(810)を先頭に，中国語(820)，その他の東洋の諸言語(829) と続き，以下西洋の主要言語として，英語(830)，ドイツ語(840)，フランス語(850)，スペイン語(860)，イタリア語(870)，ロシア語(880) を第二次区分(綱) で取り上げている。その他の各言語に関する分類記号は，関連する言語や地域性により849，859，869，879，889，890に割り振られている。ただし899は国際語で，他が自然言語なのに対し人工言語である。

ドイツ語，フランス語，スペイン語，イタリア語，ロシア語等は，細目表において言語共通区分で細分した分類項目が省略されているが，言語共通区分を適用することができる。例えばドイツ語は音声．音韻．文字(841)，語源．意味［語義］(842)，辞典(843)，語彙(844)，文法．語法(845)，文章．文体．作文(846)，読本．解釈．会話(847)，さらに会話は847.8，方言．訛語(848）と細分できる。日本語，中国語，朝鮮語，英語は，細目表において言語共通区分をさらに詳しく細分しているが，これ以外の各言語も英語に準じて言語共通区分を細分してもよい。例えば，独和辞典は英和辞典(833.3）に準じて843.3としてもよい。

辞典については，以下のように分類する。言語に関する辞典は8□033に収め，語彙に関する辞典は8□3に収め，発音・文法・方言などの主題に関する辞典は，各言語の主題（言語共通区分により細分）の下に収める。語彙の２言語辞典のうち，日本語対外国語のものは，漢和辞典および外国人向けの日本語辞典を除き，外国語の下に収める。外国語対外国語のものは，日本人にとって疎遠な言語の下に収める。また，３つ以上の言語から成る辞典（多国語辞典）は，801.3に収めるが，特定の言語に２つ以上の言語を対照させた辞典は，特定の言語の下に収める。

点字と手話［手話言語］は，音声によらない伝達(801.9）としてそれぞれ801.91，801.92に収める。特定言語の点字もここに収める。ただし，点字は378.18に，手話は378.28に収める別法が設けられている。

９類

この類には，文学に関する著作と文学作品の双方を収める。類全体を通じてまず言語によって区分(一般補助表の言語区分)し，次いで文学形式（９類の固有補助表である文学共通区分）によって細分する。さらに日本語など特定の言語による文学は，すべての文学形式において，時代区分が可能である。文学共通区分を適用できるのは，言語共通区分と同様，個々の言語の文学に対してであり，言語の集合(諸語)や分類記号を複数の言語で共有している言語の文学に対しては適用できない。

文学一般に関する研究の叢書および主要な言語を特定できない作品集は，908の下に収める。

類の過半を占める910から末尾まで，各言語による文学が配列されている。その順序は８類の言語と同様である。ただし，言語よりも文学の地域性が問題になる場合は，特別の配慮がなされている。例えばアメリカ文学(930.29）は，英米文学(930）から独立した分類項目としている。また，作品と研究の双方を収める別法を939に設けている。同様に，イギリス，アメリカ以外の英語文学(930.299)，フランス以外のフランス語文学(950.29)，スペイン以外のスペイン語文学(960.29)，ポルトガル以外のポルトガル語文学(969.029）の分類項目が存在する。そしてここでも，作品と研究の双方を収める別法(939.9，958.9，968.9，969.89）を設けている。

また一国の文学に使用される言語が複数あるとき，主要な言語に，その国の文学が代表される例がある(カナダ文学(930)，スイス文学(940)，ベルギー文学(950）など)。

例外的に，日本文学に関しては，漢詩文．日本漢文学(919）のように創作された言語と異なる扱いをした分類項目が存在する。訳詩集や翻訳小説は，一般には原作または908.1や908.3に収めるが，翻訳または翻案が日本文学作品とみなされているものに限り，それぞれ日本文学の911.59，913.9に収める別法が設けられている。

文学に関する著作は，主題によって分類する。このうち作家研究と作品論においては，それぞれ異なる特徴的な分類方法が適用される。

1）作家研究

個人（2人をも含む）作家に関するものと，多数作家に関するものとに分けて考える。

a）個人作家の場合は，さらに総合的な研究と，特定の文学形式に限定した研究とに分けられる。①総合的な研究は，当該作家が主として採用した文学形式の下の，活動した時代に収める（例：911.52萩原朔太郎，932.5シェイクスピア）。ただし，近代文学においては，その主流が小説であり文学史も小説史と重なる部分が多いので，小説家は文学史の下の，特定の時代に収める（例：910.268志賀直哉）。なお特定の文学形式に偏らない近代作家も同様である（例：910.268宮沢賢治）。②特定の文学形式に限定した研究は，近代小説を除き，文学形式の下に収める。

b）多数作家の場合は，文学形式と時代がどのように限定されるかによって分類する。両方とも限定されれば，その箇所に収める。ただし近代小説は文学史に収める（例：940.27二十世紀ドイツ小説家の研究）。文学形式のみ限走されればその文学形式に，時代のみ限定されれば文学史のその時代に，両方とも限定できない場合は9□028に収める。

2）作品論

作品論においては1作品に関するものと，複数作品に関するものとに分けて考える。

a）1作品に関するものは，その作品と同一分類記号を与える。

b）複数作品に関するものは，個人作家の作品の場合は，文学形式が限定できれば，近代小説を除き，その文学形式に分類する。文学形式が限定できないか，近代小説ならば，その作家の研究と同様に扱う。多数作家の作品の場合は，多数作家研究と同様に扱う。文学形式が限定できれば，近代小説を除き，文学形式に分類する。文学形式が限定できないか，近代小説なら，文学史に収める。文学形式も時代も限定できない場合は9□028に収める。

近代小説については，作家研究，作品論とも，近代小説家の伝記［作家研究］と近代小説の研究を小説の下に収める別法が設けられている。

特定の文学・文学形式・作家・作品における文体・語法・語彙・登場人物（実在した者を含む）・特殊な主題を扱ったものは，その文学，文学形式，作家の総合的な伝記［作家研究］，作品の下に収める（例：911.125万葉集における植物）。文学一般における特殊な主題を扱ったものは，902.09に収める。

児童文学研究は909に収め，児童文学作品は各言語の文学または908の下に収める。ただし，作品を909の下に収める別法が設けられている。

新訂10版における主要な改訂

1　改訂方針

2004年に公表した10版に向けた改訂方針では，「実務の継続性の確保の観点から，NDC の伝統の枠組みを継承せざるえない。しかし，OPAC，インターネットを通じた他館の蔵書検索が一般的となった現在は，8版，9版が出された当時とは環境が大きく変わっており，主題検索に向いた分類表という要請に応えうるものを指向すべきであろう。」という認識のもとに，以下の4本の柱を立てた。

1）９版の改訂方針を踏襲する。

①NDC の根幹に関わる体系の変更はしない。

ただし，情報科学(007)と情報工学(548)の統合の可能性を検討する。

②書誌分類をめざす。出版点数が多い箇所は，必要に応じて展開する。

2）新主題の追加を行う。

BSH 4 版，NDLSH，新刊書の書名の用語などを参考にして，新しい項目名を追加する。

3）全般にわたって必要な修正・追加などを行う。

解説，分類項目，注記，例，補助表，相関索引など，全般にわたって検討を加え，追加・変更・削除などを行う。

①論理的不整合はできるだけ修正する。

②用語の整備。

新名称への変更，用語の現代化を行い，また，用語の表現（例えばカナ表記）について，整備・統一を図る。

③他のツールの情報の取り込み。

BSH 4 版，NDLSH などの用語・分類記号を適宜取り込む。

④分類作業が行いやすく，また利用者にも分かりやすい分類表をめざす。

形式区分，地理区分などを含め，補助表の使用基準の明確化を図り，また分類注記，相関索引の用語を充実させる。

⑤細目表と相関索引の用語，分類記号の整合性を図る。

4）NDC・MRDF 9（NDC 新訂 9 版機械可読データファイル）の本表と相関索引を統合し，分類典拠ファイルを作成する。

おおむねこれに基づき，改訂作業を行ったが，「情報科学(007）と情報工学(548）の統合の可能性を検討する。」については，記号的な統合よりも「概念（観点）の明確化」により区分する考え方に切り替えた。また，その後の検討により追加的対応も行った。以下に，「追加的対応」「各類における改訂の概要」「相関索引の整備」および「NDC・MRDF 10の検討」の順に主要な改訂について述べる。

2　追加的対応

⑴分類表の構成の改変

９版の「解説」を廃止し，「序説」と「使用法」に二分して，「序説」を簡潔にし，かねてから要望されていた「使用法」については，分冊の「相関索引・使用法編」に収録した。使用法は最低限の基本的な解説であるが，「使いやすい」「わかりやすい」をモットーに記述するとともに，書誌分類に対応することに留意した。さらに「分類規程」の見直しを図り，従来書架分類のための指針とされてきた規程を，著作の主題情報について分析的，合理的に明確にするための基準とみなし，書架分類はそこで得られた分類記号から，個別資料の配架のために最も適切なものを選ぶという考え方で作成した。

今後は FRBR（書誌レコードの機能要件）および FRSAD（主題典拠データの機能要件）における主題となりうる実体の検討等を踏まえて，分類規程を抜本的にそれに対応したものにする必要もあろう。

⑵補助表の組み換えと固有補助表の新設

一般補助表と固有補助表の区別を明確にし，補助表として双方を並列的に掲載した。一般補助表は共通区分の共通性が普遍的なものに限定し，形式区分，形式区分の－02を展開した地理区分，海洋区分，言語区分の３種４区分とした。これまで一般補助表とみなされていた言語共通区分と文学共通区分は，共通性が８類，９類に限定されるところから固有補助表に移した。また日本の地方史を時代区分するための固有補助表を新設し，９版で定められた７種類の表と合わせ10種類とした。

⑶[共通細目]［地域細目］の付記の削除

９版では形式区分に［共通細目]，地理区分に［地域細目］の名称が付記されていたが，近年これらの名称は使用されることがあまりない。

一語に統一することにより件名標目表における用語などと区別できる，また一般補助表の中を区分で統一することにより属性が明確になるなどの判断から，これらを削除した。

⑷多数の別法の導入

NDC には全面的改訂が必要な分野がいくつか認められるが，それを行うと分類表の構造に関わる改訂となり記号の移動を伴うので極力それを回避し，別法注記を増やすという形でその主題に適切な部分的改訂を試行した。将来の抜本的改革に向けた布石として理解していただければ幸いである。

⑸その他［略］

3　各類における改訂の概要

⑴情報学および関連領域

情報学および関連領域については，概念（観点）の明確化を図り，以下のような枠組みで整理した。

a. 情報学は学際的な分野であり，従来 NDC が定義するところの情報科学，情報工学，社会情報学や応用情報学の上位概念である。したがって，いわゆる「情報学一般」に相当する部分は007に位置づける。また，主題分野を限定しない社会学的な観点（情報ネットワークやその利用，社会的な関わり等）に関するものは，007.3を中心に位置づける。

b. 工学・技術的な観点（機器設計や作成，操作解説，敷設等）に関するものは547／548に収める。

c. 産業・経営・事業に関する観点（各種事業者に関するものやその歴史的経緯等）に関するものは694に収める。

また，007と548のどちらかに関連図書を集中させることができるよう，007の下に548に対応する別法(007.8) を追加した。さらに，情報学に関連する547.48を収める別法(007.9) も用意した。

⑵各類

①０類

図書館学において，図書館をめぐる社会や情報環境の変化に対応し，資料の収集・組織化・保存(014)と図書館サービス．図書館活動(015)に大きな変更を加えた。情報科学（007）は既述のとおりである。

②１類

心理学の細分化が顕著であり，それに対応し，特に精神療法(146.8) で細分化を図った。超心理学．心霊研究(147)に「その他の超常現象(147.9)」を新設した。またユダヤ教(199) を細分化した。

③２類

国名，市町村名の変更に対応した。項目の新設については，一国一記号となるように留意し，現代史の項目をいくつかの国に追加した。時代区分は，各国史においても新たな時代区分を施した。既述のように，日本の各地域(211／219)の歴史において固有補助表を設置して共通に時代区分を可能にするとともに，独自の時代展開が必要な219.9の沖縄県には，特に細分注記を設けた。また日本考古学(210.025) では，注記に大きな改訂を加えた。

④３類

社会状況，制度，名称等の変化に対応した。大きな改訂箇所は，行政組織(317.2)，会社法(325.2)，幼児教育の教育課程(376.15)，障害児教育(378) 等である。NPO(335.89)，介護保険(364.48)，総合的学習(375.189) を新設した。入学試験(376.8)を細分化し，大学院入試(377.8) を新設した。教科書(375.9)は各教科で細分した。植民地行政(317.8)，地方開発行政(318.6)にそれぞれ地理区分，日本地方区分を設けた。

⑤４類

医学分野で用語の現代化を図り，精神医学(493.7)では構成を見直し，歯科学(497)では基礎歯科学の領域を細分化した。成人看護(492.926)

では，各疾患の看護を細分できるようにした。未確認飛行物体[UFO]（440.9）について，その他の超常現象（147.9）に別法を設けた。

⑥5類

科学技術の発達に伴う新しい概念，手法，名称に対応した。電気鉄道（546）を削除項目とし，施設・設備・機器に関するものは鉄道工学（516）へ，車両に関するものは運輸工学．車両．運輸機械（536）へ移設した。環境工学（519）の用語，各種航空機（538.5／.7），酒類（588.52／.55）等は構造を見直した。

⑦6類

産業構造の著しい変化に対応した。愛玩動物[ペット]の位置づけを明確にし，獣医学の展開の充実を図ったほか，みつばち．昆虫（647）を削除項目とした。また，流通産業，運輸・交通業等の現代化，農林水産業の経済・行政・経営の項目において項目名および注記の整合を図った。

⑧7類

芸術分野におけるコンピュータ技術の影響に鑑み，それへの対応として項目の新設，注記の充実を図った。美術館の所蔵品や展覧会の目録・図録については，美術館．展覧会（706.9）の下に別法を新設した。室内娯楽（798）を細分した。音楽産業（760.9）とスポーツ産業（780.9）において記号の共通化を図り，項目名の見直し，項目の新設を行った。

⑨8類

日本に関係の深い国の言語だけでなく，少数言語への配慮も必要である。言語学の進化に留意しつつ，各言語の展開の充実に努めた。具体的には，アジアの言語，特に朝鮮語，中国語の充実を図り，インド諸語の展開も見直した。

固有補助表とした言語共通区分を細目表に掲載し，その適用を表示した。それに伴い，各言語の下の言語共通区分に関する注記を削除し，各言語の下にあった形式区分に関する注記も削除した。言語共通区分では，－3に形式区分の－033との区別に関する注記を設けた。

⑩9類

基本的には9版の構成を維持しつつ，分類項目間の整合性，範囲の明確性を高めた。文学共通区分，形式区分の扱いを8類の言語共通区分と形式区分に合わせて，固有補助表とした文学共通区分を細目表に掲載し，その適用を表示した。それに伴い，各言語の文学の下の文学共通区分に関する注記を削除し，各言語の文学の下にあった形式区分に関する注記も削除した。

日本文学史の時代区分に平成時代（910.265）を新設，日本の近代小説（913.6）に日本文学史の時代区分と同様の細分を可能とする細分注記を設けた。

4　相関索引の整備

9版において，相関索引の各データは機械編さんに適した形式に整備され，索引語の収録範囲も拡充された。10版においては，9版の相関索引を本表の改訂に合わせて更新することを基本的な方針とし，改訂作業の重点を次の3点に置いた。

①分類項目の新設等に伴う新索引語の追加および本表改訂に伴う索引語の修正
②本表からの索引語収録の拡充
③BSHからの索引語取り込みの拡充（限定語の整備を含む）

また，BSH以外にも，必要に応じてNDLSHを参照し，本表の分類項目名等にはない用語の追加にも留意した。なお，本表の改訂によって分類項目名等が更新された場合は，更新後の語を新索引語として追加したが，主題の歴史的範囲を考慮し，更新前の語についても原則として索引語として残すことにした。

索引登録件数（レコード数）は，9版の約29,500件に対し，約33,400件となった。

5　NDC・MRDF 10の検討［略］

基本件名標目表（BSH）第 4 版

日本図書館協会件名標目委員会編　1999

BSH の記号

→	直接参照（を見よ）		RT	関連標目	Related term
SN	限定注記	Scope note	SA	参照注記	See also
UF	直接参照あり（を見よ参照あり）	Use for	*	第 3 版にもあった標目	
TT	最上位標目	Top term	⑧	NDC 新訂 8 版分類記号	
BT	上位標目	Broader term	⑨	NDC 新訂 9 版分類記号	
NT	下位標目	Narrower term	；	複数の分類記号の区切り	

I　音順標目表［抄］

ガッコウトシ　**学校図書館***　*⑧017　⑨017*

UF：図書館（学校）
TT：学校 34.　図書館 183
BT：学校．図書館
NT：学級文庫．学校司書．司書教諭．図書館教育
RT：児童図書館

サンコウギョ　参考業務（図書館）　**→レファレンス　ワーク**

サンコウトシ　**参考図書***　*⑧015.2　⑨015.2*

UF：レファレンス　ブック
TT：図書館資料 184.　図書館奉仕 185
BT：図書．レファレンス　ワーク

ジドウシ　**児童詩***　*⑧909.1；911.58　⑨909.1；911.58*

SN：この件名標目は，児童詩に関する著作および多数人の詩集にあたえる。
UF：童詩
TT：日本文学 193.　文学 216
BT：詩（日本）．児童文学
RT：童謡

ジドウシャ　**自動車***　*⑧537　⑨537*

TT：交通機関 87
BT：交通機関
NT：オートバイ．キャンピング　カー．自動車運転．自動車工学．スポーツ

カー．電気自動車．トラクター．トラック．排気ガス．バス．レーシング　カー
RT：自動車工業

ジドウシャ　自動車―運転　→**自動車運転**

ジドウシャウ　**自動車運転**　*⑧537.8　⑨537.8*
UF：運転（自動車）．自動車―運転
TT：交通機関 87
BT：自動車
NT：自動車運転者．ドライブ

ジドウシャブ　**自動車文庫***　*⑧012.89；015.5　⑨012.89；015.5*
UF：移動図書館．ブックモビール
TT：図書館奉仕 185
BT：図書館奉仕

シドウシュジ　**指導主事**　*⑧373.2　⑨373.2*
TT：教育政策 49
BT：教育委員会

ジドウシンリ　**児童心理学***　*⑧371.45　⑨371.45*
TT：児童 104．心理学 133
BT：児童．発達心理学
NT：野生児
RT：教育心理学

ジドウセイギ　**自動制御***　*⑧531.38；548.3　⑨531.38；548.3*
UF：サーボ機構．プロセス制御
TT：機械工学 42
BT：制御装置
NT：監視制御．数値制御．ロボット
RT：オートメーション

ジドウトショ　**児童図書***　*⑧019.5　⑨019.5*
UF：児童よみもの
TT：図書館資料 184
BT：図書
NT：絵本

ジドウトショ　**児童図書館***　*⑧016.28　⑨016.28*
UF：図書館（児童）

TT：図書館 183
BT：図書館
NT：ストーリー　テリング
RT：学校図書館

ジドウニリン　自動二輪車　→**オートバイ**

ジドウブンガ　**児童文学***　*⑧909　⑨909*
UF：少年少女文学
TT：文学 216
BT：文学
NT：児童劇—脚本集．児童詩．童謡．童話

ジドウホゴ　児童保護　→**児童福祉．母子保護**

ジドウホンヤ　自動翻訳　→**機械翻訳**

ジドウヨミモ　児童よみもの　→**児童図書**

シャカイキョ　**社会教育***　*⑧379　⑨379*
TT：教育 47
BT：教育
NT：公民館．サークル活動．識字運動．社会教育施設．女性団体．青少年教育．青少年施設．青少年団体．成人教育．読書運動．図書館（公共）．PTA
RT：生涯学習

シリョウカシ　**資料貸出**　*⑧015.3　⑨015.3*
UF：図書貸出
TT：図書館奉仕 185
BT：図書館奉仕

シリョウカン　資料管理　→**資料整理法．ドキュメンテーション．特殊資料**

シリョウセイ　**資料整理法**　*⑧014　⑨014*
UF：資料管理．図書整理法
NT：郷土資料．索引法．主題索引法．資料分類法．資料目録法．図書記号．ファイリング

シリョウセン　**資料選択法**　*⑧014.1　⑨014.1*
UF：図書選択法
TT：図書館資料 184
BF：図書館資料

シリョウブン　**資料分類法**　*⑧014.4　⑨014.4*
UF：図書分類法
TT：資料整理法 130
BT：資料整理法

シリョウホゾ　**資料保存**　*⑧014.6　⑨014.61*
UF：図書保存
TT：図書館資料 184
BT：図書館資料
NT：脱酸処理

シリョウモク　**資料目録法**　*⑧014.3　⑨014.3*
UF：図書目録法．排列
TT：資料整理法 130
BT：資料整理法
NT：MARC

トショ　**図書***　*⑧020　⑨020*
UF：書籍．書物．ペーパー　バックス．本
TT：図書館資料 184
BT：図書館資料
NT：絵入り本．貸本屋．刊本．稀書．古刊本．古書．参考図書．児童図書．写本．書籍商．書評．蔵書印．蔵書票．造本．著作権．読書．図書目録．図書目録（図書館）．豆本．
RT：出版．書誌学

トショイガイ　図書以外の資料　**→視聴覚資料．特殊資料**

ドジョウ　**土壌***　*⑧613.5　⑨613.5*
UF：土．土性
TT：農学 196
BT：農業技術
NT：凍土．土壌化学

トショカン　**図書館***　*⑧010；016　⑨010；016*
NT：学校図書館．刑務所図書館．国立図書館．視聴覚ライブラリー．児童図書館．情報センター．専門図書館．大学図書館．短期大学図書館．点字図書館．電子図書館．図書館（公共）．図書館員．図書館家具．図書館機械化．図書館行政．図書館協力．図書館経営．図書館計画．図書館情報学．図書館の自由．図書館用品．図書館利用．病院図書館．文書館

トショカン　図書館（学校）→**学校図書館**

トショカン　**図書館（公共）***　*⑧016.2　⑨016.2*
UF：公共図書館
TT：教育 47. 図書館 183
BT：社会教育. 図書館
NT：家庭文庫

トショカン　図書館（児童）→**児童図書館**

トショカン　図書館（専門）→**専門図書館**

トショカン　図書館（大学）→**大学図書館**

トショカンイ　**図書館員**　*⑧013.1　⑨013.1*
TT：図書館 183
BT：図書館

トショカンカ　図書館活動　→**図書館奉仕**

トショカンカ　**図書館間相互貸借**　*⑧015.38　⑨015.38*
UF：I LL
TT：図書館 183. 図書館奉仕 185
BT：図書館協力. 図書館奉仕

トショカンキ　**図書館協力**　*⑧011.3　⑨011.3*
TT：図書館 183
BT：図書館
NT：図書館間相互貸借

トショカンシ　**図書館資料***　*⑧014.1　⑨014.1*
NT：郷土資料. 視聴覚資料. 資料選択法. 資料保存. 政府刊行物. 逐次刊行物. 地方行政資料. 点字図書. 特殊資料. 図書. 図書館資料収集

トショカンシ　**図書館資料収集**　*⑧014.1　⑨014.1*
TT：図書館資料 184
BT：図書館資料

トショカンノ　**図書館の自由**　*⑧010.1　⑨010.1*
TT：図書館 183
BT：図書館

トショカンホ　**図書館奉仕***　*⑧015　⑨015*
UF：図書運用法. 図書館活動

NT：自動車文庫．資料貸出．ストーリー　テリング．図書館間相互貸借．レファレンス　ワーク

トショブンル　図書分類法　**→資料分類法**

トショモクロ　図書目録法　**→資料目録法**

ニホン　**日本***　*⑧291　⑨291*
UF：日本—社会．日本—文化．日本文化

－レキシ　**日本—歴史***　*⑧210　⑨210*
UF：国史．日本史．日本歴史
NT：郷土研究．公家．国号．日本—対外関係．日本—歴史—近世．日本—歴史—近代．日本—歴史—原始時代．日本—歴史—古代．日本—歴史—史料．日本—歴史—中世．年号．武士．封建制度．有職故実

－レキシ　**日本—歴史—史料***　*⑧210.088　⑨210.088*
TT：日本—歴史 191
BT：日本—歴史
NT：金石・金石文．詔勅．宣命．木簡

－レキシ　**日本—歴史—年表***　*⑧210.032　⑨210.032*

－レキシ　**日本—歴史—原始時代***　*⑧210.2　⑨210.2*
UF：原始時代（日本）
TT：日本—歴史 191
BT：日本—歴史
NT：縄文式文化．弥生式文化

－レキシ　**日本—歴史—古代***　*⑧210.3　⑨210.3*
UF：古代史（日本）
TT：日本—歴史 191
BT：日本—歴史
NT：金印．国造．都城．渡来人．日本—歴史—奈良時代．日本—歴史—平安時代．日本—歴史—大和時代．風土記．任那．邪馬台国

－レキシ　**日本—歴史—大和時代***　*⑧210.32　⑨210.32*
UF：大和時代
TT：日本—歴史 191
BT：日本—歴史—古代
NT：壬申の乱（672）．大化改新（645－50）

－レキシ　**日本—歴史—奈良時代***　*⑧210.35　⑨210.35*
UF：奈良時代
TT：日本—歴史 191
BT：日本—歴史—古代
NT：遣唐使．国司．条里制．律令

－レキシ　**日本—歴史—平安時代***　*⑧210.36　⑨210.36*
UF：平安時代
TT：日本—歴史 191
BT：日本—歴史—古代
NT：院政．荘園．僧兵．藤原氏（奥州）

－レキシ　**日本—歴史—中世***　*⑧210.4　⑨210.4*
UF：中世史（日本）．封建時代（日本）
TT：日本—歴史 191
BT：日本—歴史
NT：守護・地頭．荘園．日本—歴史—鎌倉時代．日本—歴史—南北朝時代．日本—歴史—室町時代．倭寇

－レキシ　**日本—歴史—鎌倉時代***　*⑧210.42　⑨210.42*
UF：鎌倉時代
TT：日本—歴史 191
BT：日本—歴史—中世
NT：元寇（1274－81）．御家人．承久の乱（1221）

－レキシ　**日本—歴史—南北朝時代***　*⑧210.45　⑨210.45*
UF：南北朝時代（日本）．吉野朝時代
TT：日本—歴史 191
BT：日本—歴史—中世
NT：建武中興（1333－36）

－レキシ　**日本—歴史—室町時代***　*⑧210.46　⑨210.46*
UF：足利時代．戦国時代（日本）．東山時代．室町時代
TT：日本—歴史 191
BT：日本—歴史—中世
NT：一向一揆．応仁の乱（1467－77）

－レキシ　**日本—歴史—安土桃山時代***　*⑧210.48　⑨210.48*
UF：安土時代．織田豊臣時代．桃山時代
TT：日本—歴史 191
BT：日本—歴史—近世

NT：太閤検地．文禄・慶長の役（1592－98）

－レキシ　**日本—歴史—近世***　*⑧210.5　⑨210.5*
UF：近世史（日本）
TT：日本—歴史 191
BT：日本—歴史
NT：朱印船．日本—歴史—安土桃山時代．日本—歴史—江戸時代．日本人町．農民一揆

－レキシ　**日本—歴史—江戸時代***　*⑧210.5　⑨210.5*
UF：江戸時代．徳川時代．封建時代（日本）
TT：日本—歴史 191
BT：日本—歴史—近世
NT：赤穂義士．大奥．石高．鎖国．参勤交代．島原の乱（1637－38）．庄屋・名主．大名．町人．天保の改革（1841－43）．天領．日本—歴史—幕末期．藩政

－レキシ　**日本—歴史—幕末期***　*⑧210.58　⑨210.58*
UF：幕末
TT：日本—歴史 191
BT：日本—歴史—江戸時代
NT：ええじゃないか．長州征伐（1864－66）

－レキシ　**日本—歴史—近代***　*⑧210.6　⑨210.6*
UF：近代史（日本）
TT：日本—歴史 191
BT：日本—歴史
NT：軍閥．士族．台湾—歴史—日本統治時代．朝鮮—歴史—日韓併合時代（1910－45）．日本—歴史—昭和時代．日本—歴史—大正時代．日本—歴史—平成時代．日本—歴史—明治時代．明治維新

－レキシ　**日本—歴史—明治時代***　*⑧210.6　⑨210.6*
UF：明治時代
TT：日本—歴史 191
BT：日本—歴史—近代
NT：お雇い外国人．堺事件（1868）．自由民権運動．西南の役（1877）．大逆事件（1910）．台湾出兵（1874）．太政官．日露戦争（1904－05）．日清戦争（1894－95）．萩の乱（1876）．戊辰の役（1868）．

－レキシ　**日本—歴史—大正時代***　*⑧210.69　⑨210.69*
UF：大正時代

TT：日本—歴史 191
BT：日本—歴史—近代
NT：米騒動（1918）．板東俘虜収容所

－レキシ　**日本—歴史—昭和時代＊**　*⑧210.7　⑨210.7*
UF：現代史（日本）．昭和時代
TT：日本—歴史 191
BT：日本—歴史—近代
NT：太平洋戦争（1941－45）．日中戦争．日本—歴史—昭和時代（1945年以後）．満州事変（1931）

－レキシ　**日本—歴史—昭和時代（1945年以後）＊**　*⑧210.76　⑨210.76*
UF：戦後史（日本）
TT：日本—歴史 191
BT：日本—歴史—昭和時代

－レキシ　**日本—歴史—平成時代**　*⑧210.76　⑨210.76*
UF：現代史（日本）
TT：日本—歴史 191
BT：日本—歴史—近代

ニホンブンガ　**日本文学＊**　*⑧910　⑨910*
UF：国文学
NT：漢文学．戯曲（日本）．紀行文学．記録文学．国文．詩（日本）．詩歌．小説（日本）．随筆．大衆文学．日記文学．日本文学—作家．日本文学—評論．日本文学—歴史．翻訳文学．物語文学．琉球文学

－サッカ　**日本文学—作家＊**　*⑧910.28　⑨910.28*
TT：日本文学 193
BT：日本文学
NT：歌人．劇作家．詩人．俳人

－ヒョウロ　**日本文学—評論＊**　*⑧910.4　⑨910.4*
TT：日本文学 193
BT：日本文学

－レキシ　**日本文学—歴史＊**　*⑧910.2　⑨910.2*
UF：国文学史．日本文学史
TT：日本文学 193
BT：日本文学

NT：日本文学—歴史—江戸時代．日本文学—歴史—近代．日本文学—歴史—古代．日本文学—歴史—中世．文学地理．文学碑

－レキシ　**日本文学—歴史—古代***　*⑧910.23　⑨910.23*
UF：上代文学．大和文学
TT：日本文学 193
BT：日本文学—歴史
NT：記紀歌謡．日本文学—歴史—奈良時代．日本文学—歴史—平安時代
SA：個々の古典文学作品名（例：**万葉集**）も件名標目となる。

－レキシ　**日本文学—歴史—奈良時代***　*⑧910.23　⑨910.23*
TT：日本文学 193
BT：日本文学—歴史—古代

－レキシ　**日本文学—歴史—平安時代***　*⑧910.23　⑨910.23*
UF：王朝文学．平安文学
TT：日本文学 193
BT：日本文学—歴史—古代

－レキシ　**日本文学—歴史—中世***　*⑧910.24　⑨910.24*
UF：中世文学（日本）
TT：日本文学 193
BT：日本文学—歴史
NT：狂言．五山文学．説話文学．日本文学—歴史—鎌倉時代．日本文学—歴史—室町時代．謡曲．歴史物語

－レキシ　**日本文学—歴史—鎌倉時代***　*⑧910.24　⑨910.24*
UF：鎌倉文学
TT：日本文学 193
BT：日本文学—歴史—中世

－レキシ　**日本文学—歴史—室町時代***　*⑧910.24　⑨910.24*
UF：室町文学
TT：日本文学 193
BT：日本文学—歴史—中世
NT：お伽草子

－レキシ　**日本文学—歴史—江戸時代***　*⑧910.25　⑨910.25*
UF：江戸文学．上方文学．近世文学（日本）
TT：日本文学 193
BT：日本文学—歴史

NT：浮世草子．仮名草子．草双紙．滑稽本．洒落本．人情本．咄本．読本

－レキシ　**日本文学—歴史—近代***　*⑨910.26　⑨910.26*
UF：近代文学（日本）
TT：日本文学 193
BT：日本文学—歴史
NT：日本文学—歴史—昭和時代．日本文学—歴史—昭和時代（1945年以後）．日本文学—歴史—大正時代．日本文学—歴史—平成時代．日本文学—歴史—明治時代．プロレタリア文学

－レキシ　**日本文学—歴史—明治時代***　*⑧910.26　⑨910.261*
UF：明治文学
TT：日本文学 193
BT：日本文学—歴史—近代

－レキシ　**日本文学—歴史—大正時代***　*⑧910.26　⑨910.262*
UF：大正文学
TT：日本文学 193
BT：日本文学—歴史—近代

－レキシ　**日本文学—歴史—昭和時代***　*⑧910.26　⑨910.263*
UF：昭和文学
TT：日本文学 193
BT：日本文学—歴史—近代

－レキシ　**日本文学—歴史—昭和時代（1945年以後）***　*⑧910.26　⑨910.264*
UF：戦後文学
TT：日本文学 193
BT：日本文学—歴史—近代

－レキシ　**日本文学—歴史—平成時代**　*⑧910.26　⑨910.264*
TT：日本文学 193
BT：日本文学—歴史—近代

ニホンブンガ　日本文学史　→**日本文学—歴史**

ニホンホウセ　日本法制史　→**法制史—日本**

Ⅱ　細 目 一 覧

各細目の使用法については，音順標目表の各該当位置にそれぞれの細目を掲げ，使用法を示してあるので，参照されたい。　　＊印は第３版で採用していた細目

1　一般細目

一般細目は，いずれの標目のもとでも，共通して使用することができる。

エッセイ
学習書*
研究法*
索引*
雑誌*
辞典*
写真集*
条例・規則
抄録*
書誌*
史料*　（歴史を表す標目，および細目としての「－歴史」のもとに用いる。）
資料集
随筆*
図鑑*
伝記*
統計書
年鑑
年表*　（歴史を表す標目，および細目としての「－歴史」のもとに用いる。）
判例
文献探索
便覧*
法令*
名簿*
用語集*
歴史*

例：経済学―書誌．映画―年鑑

2　分野ごとの共通細目

それぞれ指定された範囲の標目のもとで，必要に応じ共通に使用することができる。

〈医学・薬学共通細目〉
検査法
非臨床試験
副作用
臨床試験

〈映画・演劇共通細目〉
演技*
演出*
制作

〈音楽共通細目〉
演奏*
楽譜
作曲*
編曲
名曲解説*

〈会議共通細目〉
会議録

〈科学共通細目〉
採集*
実験*
定数表*
標本*
捕獲
命名法

〈芸術・文学共通細目〉
作法*
作家*
評釈*
評論*

〈工業・鉱業共通細目〉
採鉱*
積算・仕様
腐食・防食*

〈古典共通細目〉
古典名のもとに用いる。
研究*
梗概*
植物*
諸本・諸版
撰抄*
地理*
動物*
評釈*

〈災害・戦争共通細目〉
戦没者
遭難*
被害

〈作品集成共通細目〉
各ジャンルおよび特定の題材に係わる文学・芸術作品の集成に用いる。

エッセイ集
歌集*
画集*
戯曲集*
脚本集*
句集*
詩集*
シナリオ集
小説集*
随筆集*
文集*

〈宗教共通細目〉

儀式*
教義*
殉教
布教*

〈商品・製品共通細目〉

カタログ*

〈職業・資格共通細目〉

問題集

〈生物・農業・畜産業共通細目〉

育種*
栽培*
飼育*
習性*
知能*
病虫害*
分布*
保護*

〈美術・文化財共通細目〉

鑑定*
技法
材料
収集
図案*
図集*
標本目録
保存・修復
目録*

〈文学形式共通細目〉

人物・事件名・動植物名などを題材とする文学作品に用いる。

戯曲*
シナリオ
小説・物語

例：歌曲―楽譜．昆虫―採集

3　言語細目

各言語名のもとで，必要に応じて共通に使用することができる。

アクセント
位相
意味論
音韻*
音声
解釈*
外来語
会話*
冠詞
感動詞
慣用語句
擬声語・擬態語
近世語
敬語
形態論
形容詞
語彙
口語
構文論
語源*
古語
古代語
作文*
時制
修辞法
熟語*
書簡文
助詞
助動詞
数詞
正書法
接続詞
接頭語・接尾語
前置詞
俗語*
代名詞
単語*
中世語
同音異義語
動詞
読本*
発音*
反対語*
表記法*
標準語
副詞
文節法
文体
文法*
方言*　（日本語のもとでは，必要に応じて，地方名により区分することができる）
名詞
略語*
類語*

例：英語—解釈．中国語—文法

4　地名のもとの主題細目

以下に掲げる主題については，国名・地方名を問わず，原則として地名を優先させ，そのもとに主題を細目として用いる。

紀行・案内記*	産業*	地域研究
教育*	商業*	地図*
行政	人口*	地理*
経済*	政治	農業*
工業*	対外関係*（国名のもとに使用。必要に応じて相手国により区分）	風俗*
国防*（国名のもとに使用）		貿易*（必要に応じて，相手国により区分）

例：アジア—地理．アメリカ合衆国—経済．神戸市—行政

5　地名細目

〈地名のもとの主題細目〉において指定されている主題以外のすべての件名標目は，その主題に関する地域事情などについて記述されている場合，主題を表す主標目のもとに，対象となっている地名を細目としてあたえることができる。

細目が国名の場合は，国名標目表に掲げている表現形式を用いる。地方名の場合も，主標目として採用した表現形式と一致させる。

例：年中行事—神戸市．労働運動—イギリス

6　時代細目

歴史を表す標目，および「－歴史」の細目を用いている標目については，時代細目を重ねて用いることができる。

時代細目に用いる区分の名辞は，主標目である地域，主題ごとに，異なった表現を用いざるをえないが，同一地域，同一主題のもとでは，統一した時代区分の方式を採用する。

例：西洋史—古代．日本—歴史—明治時代．経済—歴史—近代

7　特殊細目

共通細目ではないので，すべて各標目のもとに示してある。

Ⅲ　分類記号順標目表〔一部抜粋〕

分類記号	標目	関連分類記号
	000　総記	
	〔002　知識．学問．学術〕	
002	学問	
	国際交流	
	国際文化交流	377.6
	人文科学	
	地域研究	
002.7	情報利用法	007.1
	〔007　情報科学〕	
007	情報科学	
007.1	意味論	801.2
	エントロピー（情報科学）	
	音声処理	548.2
	画像通信	547.457
	形式言語	
	言語情報処理	
	シミュレーション	336.1；417；509.6；548.7
	情報利用法	002.7
	情報理論	
	シンボル	141.2；288.9
	ファジー理論	410.9
007.13	人工知能	
	パターン認識	
	文字認識	007.63；548.2
007.3	情報センター	018
	情報と社会	
007.35	情報産業	
007.5	情報管理	336.17
	ドキュメンテーション	
007.53	索引法	
007.58	情報検索	
007.6	可視化技術	
	コンピュータ	548.2
	システム工学	509.6
	情報処理	
	データ処理（コンピュータ）	
	ハイパーテキスト	
	バーコード	
	パーソナル　コンピュータ	548.295
	ホームページ	
	DTP	021.49
007.609	データ管理	336.57
007.61	システム設計	509.6
	システム分析	509.6
007.63	文字認識	007.13；548.2
007.632	エキスパート　システム	
007.634	オペレーティング　システム	
	MS－DOS	
007.635	漢字処理（コンピュータ）	
007.636	機械翻訳	
007.637	図形情報処理	
007.64	アルゴリズム	410.1；410.9；418
	テレビ　ゲーム	798.5
	プログラミング（コンピュータ）	
007.642	コンピュータ　グラフィックス	
007.65	記憶装置	548.23
	光学記憶装置	547.336；548.237
	磁気記録	547.333；548.235
	ハードディスク	548.235
	パンチカード	
	光ディスク	548.235
	フロッピーディスク	548.235
	CD－ROM	548.237
	IC カード	548.232；549.7
	IC メモリ	548.232；549.7
007.7	インターネット	547.4833
	高度情報通信システム	

分類記号	標目	参照
		547.4833
	構内情報通信システム	547.4835
	コンピュータ　ネットワーク	547.483
	データ通信	547.48；694.5
	データベース	
	付加価値通信網	547.4833

〔010　図書館．図書館学〕

分類記号	標目	参照
010	電子図書館	
	図書館	016
	図書館情報学	
010.1	図書館の自由	
010.242	アレクサンドリア図書館	

〔011　図書館政策．図書館行財政〕

分類記号	標目	参照
011.1	図書館行政	
011.3	図書館協力	
	図書館計画	

〔012　図書館建築．図書館設備〕

分類記号	標目	参照
012	図書館建築	
012.89	自動車文庫	015.5
012.9	図書館家具	
	図書館用品	013.6

〔013　図書館管理〕

分類記号	標目	参照
013	図書館経営	
013.1	図書館員	
013.6	図書館用品	012.9
013.8	図書館機械化	

〔014　資料の収集．資料の整理．資料の保管〕

分類記号	標目	参照
014	資料整理法	
014.1	資料選択法	
	図書館資料	
	図書館資料収集	
014.3	資料目録法	
014.37	MARC	
014.4	主題索引法	
	資料分類法	
014.49	件名標目	
	件名目録法	
014.55	図書記号	
014.61	資料保存	
014.614	脱酸処理	
014.66	製本	022.8
014.7	特殊資料	
014.71	公文書	317.6；816.4
	古文書	202.9；210.088
	写本	022.2
014.72	郷土資料	
	地方行政資料	
014.73	パンフレット	
014.74	クリッピング	
	ファイリング	336.55
014.75	雑誌	050
	逐次刊行物	050
014.76	マイクロ写真	745
014.77	コンパクトディスク	547.336
	視聴覚資料	375.19；379.5
	レコード	375.19；547.335；760.9
	録音資料	
	録音図書	
014.78	楽譜	761.2
	地図	290.38；448.9
014.79	点字図書	378.18
014.8	政府刊行物	

〔015　図書館奉仕．図書館活動〕

分類記号	標目	参照
015	図書館教育	375.18
	図書館奉仕	
	図書館利用	
015.2	参考図書	
	文献探索	
	レファレンス　ワーク	
015.29	複写	745
015.3	資料貸出	
015.38	図書館間相互貸借	
015.5	自動車文庫	012.89

Ⅳ　階層構造標目表の例（1）

1〈アジア〉

アジア
•アジア（西部）
••オリエント
•••エジプト（古代）
••••ピラミッド
•••シュメール文明
•••フェニキア
•••メソポタミア文明
•南洋
••オセアニア
••太平洋諸島

2〈アフリカ－歴史〉

アフリカ―歴史
•エチオピア侵略（1935－36）

3〈アメリカ〉

アメリカ
•北アメリカ
•ラテン　アメリカ
••中央アメリカ
••南アメリカ

4〈アメリカ合衆国－経済〉

アメリカ合衆国―経済
•アメリカ合衆国―産業
•アメリカ合衆国―商業

5〈アメリカ合衆国－政治〉

アメリカ合衆国―政治
•ホワイトハウス（米国大統領府）

6〈アメリカ合衆国－歴史〉

アメリカ合衆国―歴史
•キューバ危機（1962）
•南北戦争（1861－65）

7〈医学〉

医学
•医学教育
•医学者
•医学哲学
•医学と宗教
•医師
••医事紛争
•医用生体工学
••生体材料
•医用電子工学
•医療
••医療事故
•医療器械
••人工関節
••人工臓器
•••人工内耳
••ペースメーカー（医療機器）
•医療施設
••サナトリウム
••診療所
••精神病院
••病院
•••院内感染
•••病院会計
•••病院給食
•••病院経営
••ホスピス
•医療従事者
•医療制度
••医療費
•医療倫理
••安楽死
••インフォームド　コンセント
••生命の倫理
•宇宙医学
•解剖学
••献体
•眼科学
••角膜

階層構造標目表の例（2）

183〈図書館〉
図書館
•学校図書館
••学級文庫
••学校司書
••司書教諭
••図書館教育
•••読書感想文
•••読書指導
•刑務所図書館
•国立図書館
•視聴覚ライブラリー
•児童図書館
••ストーリー　テリング
•情報センター
•専門図書館
••音楽図書館
•大学図書館
•短期大学図書館
•点字図書館
•電子図書館
•図書館（公共）
••家庭文庫
•図書館員
•図書館家具
•図書館機械化
•図書館行政
•図書館協力
••図書館間相互貸借
•図書館経営
•図書館計画
•図書館情報学
•図書館の自由
•図書館用品
•図書館利用
••情報利用法
••文献探索
•病院図書館
•文書館
••公文書
•••書式
184〈図書館資料〉
図書館資料
•郷土資料
•視聴覚資料
••紙芝居
••幻灯
••ビデオ　ディスク
••標本
••模型
•••船舶模型
•••鉄道模型
•••模型自動車
•••模型飛行機
••レコード
••録音資料
••録音図書
•資料選択法
•資料保存
••脱酸処理
•政府刊行物
•逐次刊行物
••雑誌
•••コミック誌
•••週刊誌
•••タウン誌
••新聞
•••学校新聞
•••機関紙
•••新聞印刷
•••新聞記者
•••新聞社

Ｖ－１　一般件名規程［抄］

件名作業にあたって，それぞれの資料に適切な件名標目をあたえてゆくための指針を件名規程という。件名規程には一般件名規程と特殊件名規程とがある。

⑴　個々の資料の主題を適切に表現する件名標目を選んで，その資料に対する目録記入にあたえる。

⑵　主題が明らかな資料，特定の出版形式をもって編集された資料，および多数人の文学作品，芸術作品の集成に対しては，件名標目をあたえる。

⑶　件名標目は，その資料が取り扱っている主題および表現形式の数に応じて，必要な数だけあたえることができる。

⑷　利用上必要な場合には，資料全体に対する件名標目とともに，資料の一部分を対象とする件名標目をあたえることができる。

⑸　各種の細目は，主標目の範囲を限定し特殊化するために用いる。

⑹　細目は，必要なときは主標目のもとに段階的に重ねて用いることができる。

a　地名細目は，主題をあらわす主標目，および「分野ごとの共通細目」,「言語細目」のもとにあたえる。

「地名のもとの主題細目」にあげられている主題には，地名細目を用いることはないが,「対外関係」「貿易」には，相手国の国名を重ねて用いることができる。

例：科学―日本
日本語―方言―近畿地方
アメリカ合衆国―対外関係―日本

b　「一般細目」(「－歴史」を除く）は，他のすべての細目を用いた後に，重ねて用いることができる。原則として，この細目の後に他の細目を重ねて用いることはしない。

例：ラテン音楽―演奏―写真集.

c　一般細目の「－歴史」は，主題を表す細目および地名細目の後に重ねて用いることができる。

例：経済―歴史．日本―政治―歴史

「－歴史」以外の一般細目は,「－歴史」の細目の後に重ねて用いることができる。

例：日本―歴史―辞典

d　「－史料」「－年表」は,「―歴史―史料」「―歴史―年表」の形で用いる。ただし，特定の時代に関する史料，年表は，時代細目の後に重ねて用いる。

例：中国―歴史―史料
日本―歴史―昭和時代―年表

e　「法制史」のもとには，地名細目を用いることができる。さらに，地名細目の後に「－史料」「－年表」を重ねて用いることができる。

例：法制史―日本―年表

f　時代細目は,歴史を表す標目,および「－歴史」の細目の後にのみ用いる。時代細目の後にさらに，一般細目を重ねて用いることができる。

例：中国―歴史―漢時代

⑺　特定の人物，団体，事物，地域，著作などについて記述した資料には，その固有名を件名標目としてあたえる。

⑻　限定された地域における特定主題に関する記述に対しては，その主題が〈地名のもとの主題細目〉の細目表に示されているときは，地名を主標目とし，主題を細目として表す。

それ以外の主題のときは，主題を主標目とし，地名を細目として表す。

⑼　郷土資料に対する件名標目は，前項の規程によらないことができる。

⑽　注釈書や研究書など関連著作の多い古典の

場合は，その古典名のもとに，関連著作の内容に応じて必要な細目を用いることができる。

⑾　主題の明らかな文学・芸術作品に対しては，その主題を表す件名標目をあたえることができる。この場合，主題を表す主標目のもとに，文学形式共通細目を用いる。

⑿　特定の出版形式をもって編集された資料に対しては，その出版形式を表す名辞を形式標目としてあたえることができる。

多数人の文学・芸術の作品集に対しても，形式標目をあたえることができる。

a　総合雑誌には「雑誌」の件名標目を，特定主題に関する雑誌・紀要などにはその主題を表す主標目のもとに「－雑誌」の細目をあたえる。

例：英文学―雑誌

b　特定の分野の新聞には，その分野を表す件名標目をあたえる。

例：出版（『週刊読書人』のような新聞に対してあたえる。）

c　百科事典には「百科事典」の件名標目をあたえることができる。

特定主題に関する辞典・事典には，その主題を表す主標目のもとに「－辞典」の細目をあたえる。

d　全国書誌には「全国書誌」の件名標目をあたえ，対象としている地域を地名細目とする。

各図書館の蔵書目録には，「図書目録(図書館)」を，特定主題に関する図書目録・文献目録などにはその主題を表す主標目のもとに「－書誌」の細目をあたえる。

例：アメリカ文学―書誌

主題を限定できない雑誌記事索引には「雑誌―索引」をあたえる。

e　一般年鑑には「年鑑」の件名標目を，特定の地域・主題に関する年鑑にはその地域または主題を表す主標目のもとに「－年鑑」の細目をあたえる。

例：中国―年鑑．音楽―年鑑

f　一般的な人名録･職員録･名簿には,「名簿」の件名標目をあたえる。

包括的な国の機関の職員録には，「職員録」の件名標目をあたえる。

日本の各地方，外国の名簿・職員録には，その地名を主標目として「－名簿」の細目をあたえる。

例：神戸市―名簿．中国―名簿

一官庁・一団体の名簿には，その官庁名または団体名を主標目として「－名簿」の細目をあたえる。

例：大蔵省―名簿．日本図書館協会―名簿

特定の専門分野・業種の名簿には，その専門分野または業種を表す主標目のもとに「－名簿」の細目をあたえる。

例：化学工業―名簿．医師―名簿

分野・主題・地域などを限定しない包括的な団体名簿には，「団体―名簿」の件名標目をあたえる。

g　主題を限定できない講演集・論文集には「論文集」の件名標目をあたえる。

例：論文集（たとえば『未来のための思索』国際的著名人の講演集）

特定主題に関する講演集・論文集には，その主題を表す件名標目のみをあたえる。

例：図書館情報学（たとえば『公立図書館の思想と実践』）

h　叢書全体を対象とする包括的な件名標目はあたえない。ただし，叢書に収録されている個々の著作および各巻ごとの主題に対しては，件名標目をあたえることができる。

i　多数作家の作品集には，その文学を表す件名標目または文学形式を表す主標目のもとに，作品集を意味する形式細目「－エッセイ集」「－歌集」「－戯曲集」「－脚本集」「－句集」「－詩集」「－シナリオ集」「－小説集」「－随筆集」「－文集」のなかから，適切なものを選んであたえる。

例：小説―小説集．和歌―歌集

j　多数人の芸術上の作品集には，その分野を表す主標目のもとに「－図集」または「－画集」の形式細目をあたえる。分野を表す件名標目には，各芸術の様式を表す標目，絵画・彫刻・工芸の種類などが含まれる。

例：絵画―画集．彫刻―図集

k　特定のテーマをもたない複数の写真家の写真集には「写真―写真集」の件名標目をあたえる。

特定のテーマのもとにまとめられた写真集には，そのテーマを表す件名標目のもとに「－写真集」の細目をあたえる。

例：機関車―写真集

Ⅴ－2　特殊件名規程［抄］

特定の分野にのみ適用される件名規定を，特殊件名規程という。

(1)　歴史的な主題

特定の地域またはある主題についての歴史的記述に対しては，その地名または主題を主標目とし，これに「－歴史」の細目をつけて表す。ただし，「世界史」「西洋史」「東洋史」はこの形で表す。

例：日本―歴史．経済学―歴史．世界史

歴史的記述で，その内容が一時代に限られているものには，その後に時代細目を用いる。また，さらに必要な場合は，一般細目を重ねて用いることができる。

例：日本―歴史―江戸時代
　　経済―歴史―近世―書誌

戦争や歴史上の事件などに関する記述には，その戦争・事件の名称を件名標目として用いる。

例：世界大戦（第一次）．自由民権運動

(2)　伝記書．人名辞典

a　個人の伝記は，各個人名を標目とする。

例：福沢諭吉．ゲーテ

b　叢伝（列伝）

①国籍，職業ともにひとつに限定されていない多数人の伝記は「伝記」を件名標目とする。

②一国・一地方の多数人の伝記は「伝記」に対象としての地域を表す地名細目をつける。

例：伝記―イギリス．伝記―神戸市

③特定の職業，専門分野などに限定された多数人の伝記は，その職業・専門分野などを表す件名標目に「－伝記」を細目として用いる。

例：科学者―伝記

④上記の①から③によりがたい場合は，適切な主標目に「－伝記」の細目を付して表す。

例：女性―伝記

c　一族，一家の家伝は，その氏または家名を件名標目とする。

例：藤原氏

d　人名辞典は，「人名辞典」を件名標目とし，必要に応じて地名細目をつける。

例：人名辞典―日本．人名辞典―大阪市

特定の職業，専門分野などに限定して編纂された人名辞典は，その職業，専門分野を表す件名標目のもとに，「－伝記」の細目をつける。

例：科学者―伝記

(3) **地誌的な記述．地名辞典**

a　特定の地域の事情を記述した資料には，その地名を件名標目としてあたえる。その地名が，ひとつの地名で表現できないときは，複数の地名をあたえることができる。

例：アジア―地域研究
アメリカ合衆国―紀行・案内記
神戸市―地図

b　地名辞典には，「地名辞典」を件名標目とし，必要に応じて地名細目をつける。

例：地名辞典―中国．地名辞典―京都府

(4) **社会事情**

a　政治，行政，対外関係，経済，人口，教育，風俗，国防に関する資料で，一国の事情を記述したものは国名を主標目とし，「地名のもとの主題細目」に示している細目のうちから，適切なものを選んであたえる。

例：中国―体外関係
神戸市―経済

b　それらに含まれる個々の小主題に関する記述に限定されているときは，主題を主標目とし，地名細目をあたえる。

例：財政―日本

c　一地域の一般社会事情および文化一般に関するものは，地名のみをあたえる。

(5) **法　令**

日本の一般法令集には，「法令集」を件名標目としてあたえる。外国の法令集は，国名を地名細目として付す。

例：法令集（例えば「六法全集」にあたえる。）
法令集―中国

(6) **統計書**

一地域または特定主題の統計書は，その地名または主題を主標目とし，「－統計書」を細目として用いる。

例：日本―統計書．教育―統計書

(7) **産業事情**

「地名のもとの主題細目」に挙げられている主題である工業，産業，商業，農業，貿易に関する資料で，一国または一地域の事情を記述したものは，国名または地域名を主標目とし，それぞれの主題を細目として表す。

例：アメリカ合衆国―工業．中国―農業

(8) **病気に関する資料**

個々の病気に関する記述には，その病名を件名標目としてあたえる。

例：胃癌．風邪

臓器系に関する病気の総合的記述には，臓器名を冠した疾患を表す件名標目をあたえる。

例：呼吸器疾患

障害，症状，外傷などは，それぞれを表す名称で表す。

例：意識障害．痛み．創傷

(9) **語学書**

各言語に関する資料は，言語名を件名標目とする。それぞれの言語の各分野についての記述は，その言語名のもとに言語細目を付して表す。「方言」の場合を除き，言語名のもとに地名細目を用いることはしない。

例：英語―会話．中国語―文法

特定の言語にしか用いない用語は，原則として独立した件名標目とする。

例：ハングル．枕詞

(10) **学習書・問題集**

学校図書館で必要となる場合は，教科名または主題を表す件名標目のもとに，「－学習書」の細目を付して一般資料と区別する。

例：数学科―学習書．世界史―学習書

問題集は，各種試験または資格名を表す件名標目のもとに，「－問題集」の細目を付して，一般資料と区別する。

例：司法試験―問題集

Ⅵ　件名標目の管理［抄］

⑴　使用済み件名標目の記録

件名作業には，受け入れた個々の資料に適切な件名標目をあたえる仕事と，あたえた件名標目を記録し，その維持・統一をはかる仕事，利用者の検索の便宜を図るための参照を作成する仕事の三つがある。件名目録の編成・維持にあたっては，使用した件名標目を記録し，適切に管理しないと，同一主題に異なる件名標目があたえられたり，同種の主題の表現形式に不統一が生じたりして，検索機能に混乱が起こる懸念がある。

使用した件名標目とこれに伴って作成した参照は，必ず件名典拠ファイルを作成して記録しておく必要がある。

⑵　件名典拠ファイル

件名典拠ファイルとは，その図書館が編成している件名目録に使用している件名標目と参照語の記録である。個々の記録には，件名標目と直接参照，および連結参照，その標目を採用するにあたって使用した典拠資料，最初に使用した資料，採用した日付などを記録しておく。

件名典拠ファイルの編成・維持には，件名標目表(冊子)を利用する方法と，コンピュータ・ファイルを用いる方法がある。さらに，この二種の方法を組み合わせて複合的に利用する方法もあろう。

該当する件名標目を与えた図書がすべて図書館から除去されたときは，件名記入と関連する参照を除去するとともに，件名典拠ファイル中の記録も抹消する。

以下，記録の方法と参照作成のしかたを説明しておこう。

a　件名標目表（冊子）に記録する場合

典拠として指定した件名標目表に，採用した件名標目を逐次書き加え，作成した参照も逐一記録していく。この方法では，新しく採用した件名標目を音順標目表中から見つけだし，これにチェックする。2回目からは，チェックする必要はない。

次に，その件名標目に設定されている直接参照（を見よ参照）を作成し，該当の参照語と件名標目のもとにある UF の参照語（を見よ参照あり）にチェックする。

さらに，BT，NT，RT の記号で示されている連結参照(をも見よ参照)について，個々にすでに件名標目として使用済みであるかどうかを調べ，使用したものについては連結参照を作成し，各記号のもとの該当する参照の指定にチェックする。

標目表に採録されていない件名標目を追加採用したときは，標目表の該当位置の余白に追加記載しておくか，別ファイルの追加件名典拠ファイル(カードを使用)に記録しておく。

人名，団体名，地名，古典名などは，追加使用するものが多いから，件名典拠ファイルは，別ファイルとして編成しておくことが望ましい。

b　コンピュータ・ファイルを用いる場合

この場合も，新しく採用した件名標目と関連する参照を作成するとともに，コンピュータ・ファイル中の該当標目とそのもとにある参照指示に記録していく。標目表に採録されていない追加件名標目については，コンピュータ・ファイルに補充記録をして，必要な参照を設定し記録する。

Ⅶ　第３版との主な相違点

第４版(当版，1999)において変更された，第３版(1983)との相違点は次のような諸点である。

⑴　採択件名標目の増加

全国的目録情報サービス機関が採用している件名標目を取り入れたので，採録標目が大幅に増加した。これに伴い，従来参照語としていたものを件名標目として採録したものがある。また，同様の理由で，従来例示件名として省略していたものを，表中に採録したものも多い。

⑵　表現形式の変更

従来採用してきた件名標目の表現形式を，一部変更した。変更した主な分野は，次のとおりである。

①法律の名称

個々の法律については，その正式名称または通称を原則として採用する。複数の法令をまとめて取り扱っている著作については，従来どおり「－法令」の細目形式を用いる。

②病気の表現

個々の病名については，原則として固有の病名を採用する。特定の臓器系の内部に起こる複数の疾患をまとめて取り扱っている著作には，各臓器系の名称を冠した「疾患」の表現をとり「○○疾患」の標目を用いる。また，各臓器・部位の病気については，各臓器・部位の名称に「病」の語を付し「○○病」の表現を用いる。従って，従来の「－疾患」の細目形式は用いないことになった。

③慣用が著しく変化したもの

「電子計算機」のようにその機能が拡大し，慣用として「コンピュータ」の表現が一般化したものなどについては，表現を改め慣用に合わせた。これらについては，従来の用語から新しい件名標目に参照語を設定してある。

④特殊細目の表現の見直し

分野ごとの共通細目を整備したことに伴い，特定の標目にのみ適用してきた特殊細目をできるだけ制限することにした。この方針変更によって，従来の特殊細目を熟語形式に修正したものが多い。

⑶　一般細目への追加

従来の20項目に，［エッセイ］［条例・規則］［資料集］［判例］［文献探索］の５項目を追加した。

「統計」は「統計書」に変更し，主題としての「○○統計」との区別を明確にした。

例：工業―統計書．工業統計

⑷　分野ごとの共通細目の整備

従来から，一部の細目が例示，または特定の標目のもとでの形式細目または特殊細目として示してあったものであるが，これを分野別に整備し，明示した。これは，各分野にわたって16分野ある。(「Ⅱ　細目一覧」参照)

⑸　言語細目の増加

言語細目については，国立国会図書館の使用例などを参考に，大幅に増加した。

すべての言語に共通しないものも若干含まれるが，すくなくとも数か国語には共通するものを示したつもりである。全体で53項目にわたる。

⑹　地名のもとの主題細目（従来の「地名のもとの主題区分」）への追加

従来の「政治・行政」を「行政」と「政治」に分離し，「地域研究」を追加した。17項目ある。

⑺　地理区分指定の廃止

いずれの件名標目のもとでも，必要に応じ地名（国名，地方名）による区分を可能にした。これに伴い，従来の㊟，㊞の指定をすべて削除した。

⑻　細目と区分の名称を統合

従来，ダッシュつき標目において，細目と区分の二つの表現を使用してきたが，地名のもとの主題区分，主題の地理区分，時代区分もそれぞれ主題細目，地名細目，時代細目の用語に統一した。

⑼　**限定語の形式修正**

従来用いてきた限定語の「○○上」という表現を，原則として主題語のみとし「○○」に修正した。

例：価値（哲学）

⑽　**連結参照の階層構造に基づく整理**

シソーラスの考え方を導入し，従来の連結参照を見直し，各件名標目を主題分野の階層構造に合わせて整理した。これにより，上位主題から下位主題への参照を明確にすることができた。これを各標目のもとに連結参照（BT，NT，RT）として表示した。

ただし，専門用語と異なる一般用語は厳密な定義が困難なものが多く，階層構造のなかに論理的な上下関係ではなく，検索の際の連想関係に基づいて，NT としたものがある。

⑾　**階層構造標目表の編成**

前項の処理の結果を階層構造標目表として整理し，別表に編成した。これにより NT，BT の構造を一覧することができる。ただし，RT 関係は，この表には示されていない。

⑿　**分類記号の 9 版への修正**

各件名標目に付記した NDC の分類記号を，新訂 8 版から新訂 9 版に改めた。しかし，まだ新訂 8 版を使用している図書館の便宜のため，新訂 8 版の分類記号も並記しておいた。

⒀　**排列方式の変更**

第 3 版においては，頭部の語句による語順的排列を行ったが，コンピュータ処理にはなじまない方式なので，今回は完全な字順排列とした。

⒁　**標目の変更・削除一覧**

採録標目の増加，表現形式の変更などに伴い，第 3 版で採用している件名標目を一部修正したり，削除したものがある。これらについては，巻末に「変更・削除一覧」として示しておいた。第 3 版を採用してきた図書館においては，後で述べる「件名標目の切り替え」の部分を参考に，修正のうえ，この版を使用されたい。

⒂　**機械可読版の作成**

コンピュータ目録の普及に伴い，各図書館の目録作業が機械化されることが多くなったので，これに合わせて，件名標目表も機械検索を可能にすることが要請されている。また，件名標目表という随時追加を必要とするツールの性格をも考慮し，機械可読版を提供することにした。今回の改訂作業が，コンピュータを使用して行われたことも，この作成を容易にした理由である。

これを基礎にして，今後スピーディな件名標目の追加・修正が実現し，コンピュータ目録に新たな可能性が開けることを期待している。

あ と が き

本書は，『図書館資料の目録と分類』増訂第５版（日本図書館研究会，2015年）の全面改訂，改題である。

『図書館資料の目録と分類』は，司書資格取得のための必修科目である「情報資源組織演習」のテキストとして刊行されてきた。内容も，情報資源組織化における三つの基本ツール，すなわち「日本目録規則」「日本十進分類法」「基本件名標目表」（いずれも日本図書館協会編集・発行）を一貫して収録し，1996年の初版から2015年の増訂第５版まで，これら基本ツールの改訂に対応して，数度の改訂を行ってきた。直近の増訂第５版では，「日本目録規則1987年版改訂３版」（2006年），「日本十進分類法新訂10版」（2014年），「基本件名標目表第４版」（1999年）を収録している。

そして今般，日本目録規則（NCR）が2018年版へと抜本改訂が行われたのを機に，書名を『図書館資料の目録と分類』から『情報資源組織法』に改め，装いも新たに刊行することになった。

NCR は，日本の図書館における目録作成の根幹であることは言うまでもないが，近年，書誌調整の分野では国際化・グローバル化の進展が著しい。目録・書誌作成においては，IFLA が「書誌レコードの機能要件」（FRBR，1998年）から「典拠レコードの機能要件」（FRAD，2009年），「主題典拠レコードの機能要件」（FRSAD，2011年）へと続く三つの概念モデルを策定し（これらは現在統合されて IFLA-LRM となった），2009年には「国際目録原則」（ICP）も策定された。さらに2010年には，FRBR 等と ICP に依拠した RDA（Resource Description and Access）が，英語圏共通の目録規則として誕生した。RDA はその後，ヨーロッパ各国やアジア，中東，中南米の国々でも採用され，現在では，ほぼ世界標準の規則となっている。RDA が誕生した2010年当時，NCR は「1987年版改訂３版」の次の規則のあり方を検討していたが，各国が RDA の採用・実用化に向かう中，2013年に RDA を基盤とする目録規則の策定を，NCR 改訂の基本方針として打ち出したのである。（詳細は，本書にも収録されている NCR 2018年版の「序説」をお読みいただきたい。）つまり，「2018年版」は，日本独自の規則というよりも，国際標準の RDA を基盤に据えた，FRBR 等の概念モデルを骨格とする規則と捉えられる。RDA との互換性が重視され，したがって規則の中には，これまでの日本の目録構築のあり方を大きく変更したり，国内の目録慣行と異なる点も見られる。多様なメディア・刊行形態・言語等による様々な情報資源の発見・選択・入手を保障するためには，国内で生産・流通する情報資源だけを視野に置くだけでは不十分である。また，国際間のシームレスな書誌情報流通のためには，世界各国と同様の書誌作成環境とその体制の構築が求められる。「2018年版」は，より広い視野での目録・書誌作成に取り組むべきことを示しているのである。

本書の編集にあたって，以下の編集方針を採用した。

1）NCR では，「2018年版」の「属性の記録」「アクセス・ポイントの構築」「関連」に関する規則は，ほぼ全体を収録した。また規則の条文のみならず，説明のための例示もできるだけ採録し，新 NCR に基づいたデータ作成の演習が過不足なく行えるように配慮した。ただし，紙数の制約上，次に述べる部分を省略した。

① 規則の条文のうち本則のみを収録し，別法・任意規定（任意追加・任意省略）の収録を見送った。「2018年版」は，それまでの「1987年版改訂３版」と比べて非常に大部な規則となっており，別法・任意規定までも収録することは困難であった。また「情報資源組織演習」の限られた授業時間で，本則以外に別法等にまで目配りして演習を行うことも困難と思われた。ただ「2018年版」は，別法や任意規定を採用することで自由度の高い，あるいは「1987年版」との連続性を保ったデータ作成が可能となる。指導の際は，この点を，教員が必要に応じて補足説明するなどしていただきたい。

② 多様な資料種別のうち印刷資料・録音資料・映像資料・地図資料・電子資料・和古書・漢籍等に関する条文を収録し，初期印刷資料（和古書・漢籍を除く），楽譜，法令，音楽作品等の資料に関する条文を省略した。①と同様の理由による。したがって，これも必要であれば，指導の際に補足説明していただきたい。

③ 条文が示されている８実体のうち，「第７章　家族」，「第12章　場所」（一部保留）を省略した。

2）「2018年版」の付録のうち，「A.1　片仮名記録法」と「C.1～C.5　関連指示子」を収録した（一部省略あり）。付録 A.2，A.3，B.1，B.2，D は，紙数の制約上，省略した。特に「D　用語解説」は，初心者には不可欠の用語があるので，指導の際は，教員が適宜補足していただきたい。

3）NDC では，基本的に，前述の「増訂第５版」に収録した内容をそのまま生かしたが，「一般補助表・固有補助表」等，一部で修正または追加を行った。

4）BSH も，基本的に増訂第５版に収録の内容をそのまま生かしたが，「細目一覧」「一般分類規定」等，一部で修正または追加を行った。

5）増訂第５版に収録していた「ワカチガキ」の規則（日本図書館研究会『目録編成規則』1961年，第２章を転載）は割愛した。「2018年版」でも，読みのデータは分かち書きを行うため，規則が必要な場合は「増訂第５版」を参照していただきたい。

6）同じく「増訂第５版」に収録していた図「整理作業の流れ」も割愛した。図の標題・内容が現状にあっておらず，必要性に乏しいためである。

「2018年版」を収録したテキストが未だ見当たらない中，本書を編集・刊行するには，予想以上の検討と作業時間を要した。というのも，「2018年版」が大部な規則であるうえに，従来の「1987年版改訂３版」とは規則の構成も条文の中身も当然ながら全く異なっており，紙数の制約を抱えて，どこまで軽量化できるかの判断が難しかったためである。

「2018年版」の本質を失わず，かつ教員にも学生にも活用しやすく，読みやすいテキストにするため，幾度も校正を重ねたが，この編集作業を通じて，「日本目録規則2018年版」の策定が如何に大変な作業であったかを，つくづく感じた。この場を借りて，日本図書館協会目録委員会の諸氏に深く敬意を表します。

「2018年版」を適用した目録の演習授業が本格的に開始されるのは，2020年度か，あるいは2021年度であろうか。「2018年版」を適用したデータ事例もほとんどない中，各大学や担当教員による模索が行われている。本書が，そうした大学や教員の下，幾ばくかのお役に立てることを願っている。

最後に，本書に「日本目録規則2018年版」「日本十進分類法新訂10版」「基本件名標目表第４版」の転載を許可くださった公益社団法人日本図書館協会に心から感謝申し上げます。

2020年４月　　　　　　　　　　　　コロナ禍の一日も早い終息を願って

松井　純子

視覚障害その他の理由で，活字のままではこの資料を利用できない人のために，音声訳（録音図書）及び拡大写本，電子図書（パソコンなどを利用して読む図書）の製作を認めます。ただし，営利を目的とする場合は除きます。

情報資源組織法

日本目録規則2018年版・日本十進分類法新訂10版・基本件名標目表第４版対応

2020年５月25日　初版発行

編集・発行　日本図書館研究会
〒550-0002
大阪市西区江戸堀２－７－32　ネオアージュ土佐堀205号室
電話06-6225-2530　　E-mail：nittoken@ray.ocn.ne.jp
印刷　㈱天理時報社
〒632-0083　奈良県天理市稲葉町80番地

ISBN 978-4-930992-28-4　　表紙デザイン　坂本咲子